我們甚至失去了被稱作美洲人的權利……今天對世界來說，美洲就是美國，我們充其量只是居住在一個身份模糊的美洲次大陸，一個二等美洲的居民……

一個大陸上的兩個世界，一場歷經世代流轉終無解的矛盾

寫這本書是為了與人們交談。外行作家對外行讀者說話，是想公布被官方歷史，即勝利者講述的歷史所隱瞞或謊報的某些事實。

愛德華多·加萊亞諾
Eduardo Galeano

這是一本罕見在地觀點且極具省思的歷史記述與調查，客觀中流露憐憫，平實中帶有撻伐和針砭，寫出一段人類共同的悲劇史實；是拉丁美洲人最該讀的一本書，也是全世界有良知的人最要看的一本真實好書。

吳錫德
淡江大學法國語文學系教授
法國巴黎第七大學遠東研究博士

LAS VENAS ABIERTAS DE AMÉRICA LATINA

拉丁美洲：
被切開的血管

第一部 地球的富有造成人類的貧困

一、黃金和白銀熱

二、蔗糖國王和其他的農業君主

三、權力的地下源泉

第二部 發展是遇難者多於航行者的航行

四、早夭史

五、掠奪的現代結構

370 作者後記：七年以後

掀開崎嶇真相
縷述殘酷歷史

陳小雀 淡江大學外語學院院長

　　2009 年 4 月 18 日，在第五屆的美洲國家高峰會議上，美國歐巴馬總統與委內瑞拉查維茲（Hugo Chávez）首次正式會面，全球媒體矚目，許多政治觀察家都等著看，查維斯是否如往昔對待小布希一般，以極盡挑釁之能事，向歐巴馬叫囂。結果出乎意料，查維茲沒有咆哮，反而釋出善意送給歐巴馬一本西文書。大家都好奇，為何查維茲一反作風？是歐巴馬的拉美政策較小布希溫和？還是查維茲別有用心？的確，從電視直播畫面，可瞥見委內瑞拉強人的臉上露出一絲詭異微笑。

　　玄機就在那本書上。書名題為《拉丁美洲：被切開的血管》（*Las venas abiertas de América Latina*），不僅血淋淋、同時也赤裸裸地揭開拉丁美洲遭歐美霸權剝削掠奪的悲慘內幕。果然是高招！一改毛躁行為，查維茲儼然智者，以優雅之姿強烈向歐巴馬表達反帝國主義，而此舉意外讓這本書再度竄紅，從亞馬遜網路書店銷售量排名六萬多位，一夕之間成為熱門書籍，尤其英文譯本更躍升亞馬遜網路書店暢銷書排行榜第二名。

　　《拉丁美洲：被切開的血管》是一部經典之作，以史實為經緯，鋪陳拉丁美洲五百多年來的命運，縷述官方所隱瞞的歷史，字裡行間流洩出冷靜筆調和黑色幽默。自 1971 年初版問世以來，曾經被烏拉圭、智利、阿根廷的親美獨裁政府列為禁書，但真金不怕火煉，四十年來不斷再版，並陸續被迻譯為二十種語言。作者愛德華多・加萊亞諾（Eduardo

Galeano）係烏拉圭籍，集記者、小說家、隨筆作家於一身，他負起史學家的使命，寫下一頁頁拉美受難史，卻拒絕史學家這個封號，宣稱以愛情小說及海盜小說方式來分析政治經濟學；他自稱外行作家，卻花了四年光景蒐集資料，從拓殖、霸權、資本、勞動、財富、分配等層面，深入審視拉美的政治經濟環境，引領讀者回溯歷史脈絡，控訴那欲壑難填的帝國主義。

美洲，一個大陸兩個世界，即「盎格魯撒克遜美洲」與「拉丁美洲」，兩個壁壘分明的世界。前者象徵井然有序，後者代表紛擾零亂；前者象徵團結強大，後者代表分崩離析；前者富裕進步，後者代表貧窮落後。質言之，「拉丁美洲」意味著屠弱、動盪、次等，誠如作者加萊亞諾在書中寫道：

我們甚至失去了被稱作美洲人的權利…… 今天對世界來說，美洲就是美國，我們充其量只是居住在一個身份模糊的美洲次大陸，一個二等美洲的居民。

這個身份模糊的美洲次大陸，土地面積約二千一百萬平方公里，人口五億七千七百多萬人，含括的國家有：墨西哥、瓜地馬拉、薩爾瓦多、宏都拉斯、尼加拉瓜、哥斯大黎加、巴拿馬、哥倫比亞、委內瑞拉、厄瓜多、秘魯、玻利維亞、智利、阿根廷、巴拉圭、烏拉圭、巴西、古巴、海地、多明尼加，以及波多黎各、法屬蓋亞那和加勒比海部分法屬島嶼。經歷西班牙、葡萄牙、法國等國三百餘年的拓殖之後，這些地區主要以西班牙語為官方語言，另外巴西講葡萄牙文，其他如海地和法屬殖民地則使用法語。1836 年，美國以強國之姿蠶食墨西哥，南北美洲呈現強烈對比，法國學者於是使用「拉丁美洲」一詞，形容墨西哥以南的「美洲」。自此，「拉丁美洲」表面上成為最魔幻、最戲謔的名詞，實際上乃最無奈、最宿命的代稱。

　　這個身份模糊的美洲次大陸，幅員遼闊、物產豐饒，如此得天獨厚，在哥倫布開啟航海新紀元之前，曾孕育出馬雅、阿茲提克、印加等璀璨文明，怎麼會淪落到成為低度開發之地？甚至是貧窮之域？加萊亞諾一針見血，以「我們的財富哺育著帝國和當地首領的繁榮」，道出這其中的辛酸。的確，拉丁美洲蘊藏金、銀、銅、鐵、錫、鎢、鉛、鋅、銻、鈾、硝石、石油等礦產，也盛產玉米、甘蔗、棉花、橡膠、咖啡、香蕉、馬鈴薯等作物，再加上提供大量的廉價勞工，堪稱世界原料的供應地，歐美強權從中攫取龐大利益，拉丁美洲卻滿目瘡痍，而「被切開的血管」一詞包含了所有的苦楚、批判和指控。

　　《拉丁美洲：被切開的血管》是一部分析拉丁美洲如何淪為貧窮境地的歷史。全書分為兩部分，標題分別為：「地球的富有造成人類的貧困」、「發展是遇難者多於航行者的航行」。加萊亞諾不僅文字洗鍊，更有獨到的見地。

　　一切就從西班牙拓殖者的淘金夢談起，或者「淘金熱」更為貼切。質言之，黃金和白銀是突破海洋禁忌的動力，促使探險家、征服者不顧危險紛紛來到一個陌生之地。彼時的西班牙已邁入文藝復興，而美洲原住民仍處於新石器時代，兩個實力懸殊的文明就此拉開激烈碰撞的序幕，譜寫了一首充滿衝突的史詩，時而扣人心弦、時而腥風血雨。西班牙的火槍大砲占上風，而他們所帶來的天花、麻疹、斑疹傷寒、流行性感冒等疾病，更令印第安人不戰而敗。阿茲提克帝國和印加帝國的黃金白銀被搜括一空之後，征服者便四處找尋金山銀窟，不久便在玻利維亞的波托西（Potosí）、墨西哥的瓜納華托（Guanajuato）等處發現藏量豐富的銀礦。靠著美洲的白銀，西班牙自此進入政治上的「黃金世紀」。

在征服之初，征服者不僅負責探勘地形，尚需研究自然生態，並將奇花異草和香料藥材帶回歐洲，更要引進美洲所缺乏的動植物。1493年，哥倫布進行第二次航道探險，一名加納利群島的甘蔗專家隨行。這位甘蔗專家抵達西班牙島（Isla Española）不久後便身亡，然而甘蔗卻因而在該地蓬勃生長，陸續傳入美洲各地。甘蔗在肥沃土壤、充足陽光和豐沛雨水的催生下，儼如美洲熱帶地區的原生作物。在中世紀的歐洲，糖乃為一項稀有珍品，被視為藥品而置於藥房論公克銷售，僅貴族有能力享用。一旦美洲殖民地成為蔗糖重要產區之後，征服者當然不會放棄這個致富機會，於是建立莊園制，大量種植甘蔗。

隨著國際市場的需求，美洲大莊園又投入橡膠、可可的栽種，這兩項美洲原生種作物影響現代人生活深鉅。少了橡膠，車子無法馳騁，飛機無法起降，世界很難如今日一般動了起來！至於可可，是巧克力的原料，是今日最奢華、也是受歡迎的享樂物質之一；然而，享樂的背後卻暗藏跨國企業對低度開發國家的經濟剝削，影響層面甚至擴及社會與生態問題，無數的叢林變成可可園，巧克力的「激情」（pasión）滋味建立在拉丁美洲奴工的「受難」（pasión）上。

西班牙征服者急於致富，卻鄙視勞動，在不願親自工作的情況下，以殘暴手段奴役原住民，從淘金到種植經濟作物，短短幾十年就把加勒比海的印第安人折磨到幾乎滅種，而美洲大陸的原住民亦同樣備受折磨。為了替補勞動人力，征服者於是從非洲引黑奴，展開長達三世紀的奴隸制度。

不斷揮霍拉丁美洲財富，西班牙終究式微，英國趁虛而入，最後美國崛起，但沒變的是拉丁美洲依然陷入永無止境的苦難之中。沃土耕地所種植的經濟作物越來越多元化，棉花、咖啡、藍靛……全都成了市場寵兒，一般人民所需的玉米、豆類等主食僅能自給自足，其他糧食尚得仰賴美國進口，拉丁美洲的農奴為外國企業賺進大把鈔票，自己卻一貧如洗。

十九世紀末、二十世紀初，從墨西哥到哥倫比亞，拉美各國成為美國聯合水果公司的香蕉生產地。美國聯合水果公司並非普通企業，而是一個富可敵國的超級公司，堪稱國家中的國家，旗下擁有數家鐵路公司、船運公司、郵遞公司和電力公司，也是廣袤土地、海關碼頭的所有權人。此時的拉丁美洲不僅體無完膚，更失去了尊嚴。阿斯圖里亞斯（Miguel Ángel Asturias）在小說《強風》（Viento fuerte）裡，就以魔幻寫實手法勾勒出美國聯合水果公司總裁的影響力，並為他冠上「綠色教宗」的封號：

所謂「綠色教宗」，就是一位先生坐在辦公室中處理數百萬美元的訂單。動一根指頭就可讓一艘船起航或停泊；說一句話就可買下一個共和國；打個噴嚏就可讓一個總統、將軍或是知名人士倒台……摩擦他的辦公座椅即可爆發一場革命。

舊殖民帝國走入歷史，新殖民帝國改以自由貿易、貸款、投資、現代化來控制拉丁美洲，尤有甚者，挑撥拉美各國而坐收漁利；舉例而言，三國聯盟戰爭（Guerra de la Triple Alianza）、太平洋戰爭（Guerra del Pacífico，又稱硝石戰爭（Miguel Ángel Asturias）、夏谷戰爭（Guerra del Chaco），這些悲劇的幕後黑手正是歐美強權。

加萊亞諾以作家的細膩心思、記者的敏銳雙眼、政治觀察家的宏觀視野，為讀者掀開了拉美的崎嶇真相和殘酷歷史，淡淡的筆調為悲劇重重下了註解：

印第安人過去和現在都由於本身的富有而遭到不幸，這是整個拉丁美洲悲劇的縮影。

孤獨的真相不再孤獨

世界新聞工作者　張翠容

當「南方家園」邀請我為《拉丁美洲：被切開的血管》寫導讀時，我有點意外又感激。我是第一次聽到「南方家園」這家出版社，但這名字讓我感到很溫暖，要立足於「南方」，這條道路想必特別艱辛，既然這樣也作出這個選擇，內心必須擁有足夠的熱情與正義心。

南方的聲音也實在是久違了。我在 1997 年第一次前往南美洲，當年便有一位友人介紹《拉丁美洲：被切開的血管》這本書，我一翻閱，作者愛德華多‧加萊亞諾便好像跳了出來，他背後還有一群又一群穿着彩色織布披肩的拉美原住民，他們一臉扭曲，張大了嘴巴，似乎有很多話要說。

閱讀過後，不能自已，我便與書中人物立了一個約，我必重返這片大陸，並把他們書寫出來，同時也重新認識這個世界。

無可否認，加萊亞諾的確是我的啟蒙導師，他終在 1973 年揭開了一頁人類孤獨百年的歷史真相，五百年以來拉丁美洲被切開的血管，其實也是我們的血管。該地區是歐洲資本打響全球化第一炮，最早被掠奪的地區之一，其後歐美在非洲、中東、和亞洲重覆其在拉美的殖民手段。我們的血管裡有否流著拉美的血液？有否感到共同歷史的痛楚？

我想是沒有的，不然，加萊亞諾的《拉丁美洲：被切開的血管》便不會在我們的地區，一直受到冷待。正如交通大學教授陳光興在他的著作《去帝國》裡，一早指出，我們已把殖民的邏輯內化，並慣用殖民者的眼光看世界，而所閱讀的歷史也是勝利者的歷史，我們的主體意識非常薄弱。

相比之下，拉丁美洲的知識份子則十分不一樣，他們一直抵抗著在自己土地上成為「他者」。這是否與他們祖先不屈的性格有關？從墨西哥的阿茲提克族到中美洲的馬雅族，再到南美洲的印加族，都出現過不少拒絕西班牙征服的頑強抗爭者。他們如幽靈般從遠古活到至今，從未在這片大陸上消失，並且化作標竿，後人得以一步一步向前走。

因此，拉丁美洲人民的靈魂至深處總是搖晃著烏托邦的朦朧影子，而革命，在拉美土地上，此起彼落。

新聞記者出身的烏拉圭作家愛德華多·加萊亞諾，正是堅決拒絕用征服者的視角來看待拉美自己的歷史。他一刀剖開受壓迫地區的歷史事實，寫成《拉丁美洲：被切開的血管》，令歷史的瘀血一滴一滴地流淌，迫使大家聆聽「失敗者」的聲音。

書成於上世紀七○年代，一出版雖旋即為拉美地區另類歷史論述的經典，但始終受到西方中心論的遮蔽，未有獲得世界應有的重視，始終加萊亞諾所揭露的真相，對西方而言，是不太方便的真相。

時間一恍差不多四十年，2009 年 4 月 18 日，在千里達及托巴哥首都西班牙港舉行的美洲高峰會上，委內瑞拉總統查維茲突然趨前，將《拉丁美洲：被切開的血管》西班牙文原裝版本親自送給了美國總統歐巴馬，這本書竟因此得以復活，從亞馬遜書榜的六萬多位一躍成為暢銷書榜上的第二位。

我在電視上觀看這一畫面，當查維茲把書塞進歐巴馬手裡去的時候，內心竟也隨之而翻騰、激動。這真是特殊的歷史時刻，一位拉丁美洲領導人要一位美國總統直視他們被切開的血管，是誰製造了血淋淋的歷史傷口？歐美殖民者啊！你們無法廻避、漠視加萊亞諾的質問。加萊亞諾等待這個時刻已經四十年了，而拉美人更一等便是五百年。

可笑的是，歐巴馬接過這本書，卻似乎不太明白當中的意義，他身旁的助手還表示，歐巴馬讀不懂西班牙文。他們不知道，這部經典早已有英文譯本呢！

經典之所以為之經典，就是它雖然述說拉丁美洲被掠奪的故事，但這同時也是自古以來強者掠奪弱者的普遍故事。由古至今，日光之下無新意，加萊亞諾剝去層層歷史的偽裝後，他所揭示的是駭人聽聞的「文明」本質，其實是如此的野蠻。

《拉丁美洲：被切開的血管》主要有兩大部分，第一部分的標題為「地球的富有造成人類的貧困」，這主要講述古老的殖民主義如何圍繞拉丁美洲金銀、農作物和其他礦產所進行的掠奪史，一切從十五世紀西班牙探險家哥倫布發現他眼中的「新大陸」開始。

哥倫布，多熟悉的探險家，在我們的歷史書中，是如此英明神武的出現過，他是開拓全球化的第一人，不是嗎？自他登陸這個後來稱為拉丁美洲的土地後，全球資產逐步大轉移，一切透過歐洲航海事業的發展和歐洲資本主義的擴張需求，而資源豐富的拉丁美洲正好滿足早期歐洲資本因工業化而對重金屬的貪婪追求，自此以西方資本主義主導的全球化正式開始，他們在視之為蠻荒土地上進行資源掠奪、資本累積、文化移殖等等。

這使拉美雖享有優越天然環境，卻又成為世界上最貧窮的地區之一。拉美人經常自嘲說，他們是坐在金山上的窮人。

在這脈絡裡，我們才會理解到，當歐洲人紀念哥倫布發現新大陸五百週年時，拉美人民卻群起推倒哥倫布高大的雕像，在我們眼中的浪漫探險家卻是他們歷史課本上的侵略者。

至於第二部分的標題，則是「發展是遇難者多於航行者的航行」。這部分把我們帶領到現代殖民主義的狀況。新殖民者不再依靠船堅砲利，而是透過自由貿易扼殺了拉丁美洲的本土民族工業發展，並利用投資、技術、經濟援助、合資企業、金融機構、國際組織等標榜推動發展的現代文明手段，美其名是協助現代化，其實與古老的掠奪戰無兩樣。

從原住民一夜間變成農奴到血汗工廠的底層工人，剝削本質依舊。即使西班牙人走了，美國人帶着民主自由的旗幟來到他們的「後花園」，可是，在「門羅主義」下美國對拉美地區所進行的剝削，同樣赤裸裸與肆無忌憚。

正如作者在書中所説：「血液就這樣通過所有這些管道流走了。今日的發達國家過去便是如此發展起來的，不發達國家也就因此變得更加不發達。」

加萊亞諾向我們展示了掠奪的現代結構，為我們提供極具參考的教訓。

其實，早在五、六〇年代已有經濟學家推出「依賴理論」、「世界體系」等大理論，企圖解釋拉美的現象。他們表示，拉美現代化必須擺脫剝削與依賴，過去以西方主導的政策令邊陲地區財富不斷流去中心的發達國家，反之使邊陲地區處於持續性貧窮性狀態。

不過，本身也是詩人的加萊亞諾，他的敍述方式卻不同於冰冷的理論，用他的話説，這是一本以愛情小說和海盜小説的方式來談政治經濟學的書。他寫這本書的目的「是為了和人們交談，是以一個非專業作家面對一個非專業讀者的方式，向人們揭示被官方歷史掩蓋和篡改的歷史即戰勝者講述的歷史。」

加萊亞諾以作家、詩人的敏銳文字敍事，但他又堅守新聞工作者求真精神，避免情緒化的泛泛之談，他遂努力發掘出鮮為人知的豐富資料、搜集了説服力強的數字，引經據典，一絲不苟地進行仔細的分析，他並走入尋常百姓家，從身邊的故事和習以為常的現象說起，卻揭出令人震驚、憤慨的不義世界秩序。

這使我想起中國詩人艾青的兩句著名詩作：「**為甚麼我的眼睛常含淚水，因為我對土地愛得深沉**」。

當閱讀《拉丁美洲：被切開的血管》時，我也感受到作者在字裡行間的淚水，因為他深愛的土地是如此傷痕累累，在孤寂中有多少的委屈、怒吼？

我們常常聽到有不少人把拉美化的問題歸咎於拉美人的惰性，和執政者的昏庸無能，然後作出很簡單的結論：拉美人不能管治好自己！一如那些人把弄「非洲惡習」一樣，但製造南方「原罪」的真正罪魁禍首是誰？我們怎能無知到不談現代資本主義擴張所帶出的殖民主義惡果？！

加萊亞諾無疑是掌握大量的史實，而他對西方的批判立場乃是建基於這些史實之上，如果這就叫做左派，那麼，近年拉丁美洲各國紛紛向左轉，這是不無原因的。

拉丁美洲人從沒有放棄過自己，他們喊出舉世觸目的二十一世紀社會主義革命，令西方世界不知所措，無論西方如何去敵視之、抹黑之，拉美地區的革命對世界自有其啟發，並吸引了國際社會的眼球。不然，當革命大旗手的查維茲把加萊亞諾的書交給歐巴馬這一舉動，怎會引起如此大的反應？這正是一個最好的時機。

就在這個時候，「南方家園」喚起我們對《拉丁美洲：被切開的血管》的認識，好讓我們再次審視全球化的真面目，並重新出發。

如果有人仍認為該書是老了一點、遠了一點，那就實在是不合時宜了。相反，在翻雲覆雨的二十一世紀，《拉丁美洲：被切開的血管》是及時雨，加萊亞諾為我們補上寶貴、真誠的歷史一課。南方是我們的家園，拉美不再孤獨。

一本瞭解拉美必讀的書

中國社會科學院

拉丁美洲研究所研究員／榮譽學部委員　徐世澄

你想瞭解拉丁美洲嗎？你想瞭解拉美的過去、現在和未來嗎？請讀一讀烏拉圭著名記者愛德華多‧加萊亞諾所著的《拉丁美洲：被切開的血管》（以下簡稱《血管》一書）吧！

為什麼作者把拉丁美洲比喻為「被切開的血管」呢？作者在書的序言中寫道：「拉丁美洲是一個血管被切開的地區。自從發現美洲大陸至今，這個地區的一切先是被轉化為歐洲資本，而後又轉化為美國資本，並在遙遠的權力中心積累。這一切包括土地——地上豐富的物產和地下富饒的礦藏；人——人的勞動和人的消費能力；自然資源及人力資源。」顯然，作者認為，拉美是先後被歐洲資本和美國資本殘酷掠奪的、擁有豐富自然資源和人力資源的地區。

作者寫這本書的宗旨是什麼呢？

《血管》初版於 1971 年，作者在初版的序言中說：「本書想提供一部掠奪的歷史」，「本書也將向人們展示失敗了的英雄和我們時代的革命」。1978 年加萊亞諾在《血管》修訂版的後記〈七年之後〉寫道：「寫這本書是為了與人們交談」，「我寫《血管》是為傳播他人的思想和我自己的經驗」，「本書是到歷史中去尋找有助於解釋現時的各種關鍵，因為現實也在創造歷史，但出發點必須是：改變現實的首要條件是認識現實」，「《血管》來自現實，但也來自其他書……也是這些書使我們知道我們來自何方，以便能更好地推測我們要走向何處。」作者寫此書的目的是為了揭露造成富饒的拉丁美洲貧困落後「原罪」的魁首是新老殖民主義制度，同時也謳歌了拉美人民為反抗殖民者的掠奪而展開的英勇的、不屈不撓、前仆後繼的革命鬥爭。

《血管》是記錄和揭露新老殖民主義對拉美進行掠奪和剝削的經典著作，它包括兩大部分，第一部分題為「地球的富有造成人類的貧困」，講述了舊殖民主義對拉美的金銀、農作物和其他礦產資源和財富進行掠奪的歷史；第二部分為「發展是遇難者多於航行者的航行」，深刻地解析了新殖民主義如何通過自由貿易、貸款、投資、技術經濟援助、跨國公司、國際金融機構和組織等現代文明手段以及陰謀和暴力對拉美繼續進行掠奪。

《血管》深刻地揭露了歐洲舊殖民者對拉美大陸的土著印第安人的殘酷統治：「鑲嵌在有錢的、騎士盾牌上的任何一顆鑽石的價錢，都比一個印第安人當苦力一生所掙的錢還要多，但是騎士帶著鑽石跑了」，「當外國征服者出現的時候，美洲印第安人總共不少於七千萬，也許還多，一個半世紀以後就減少到總共只有三百五十萬」，「印第安人過去和現在都由於本身的富有而遭到不幸，這是整個拉丁美洲的悲劇的縮影」。書中揭露了美國新殖民主義對拉美的掠奪和剝削：「1916 年春，列寧寫完關於帝國主義的論著時，美國資本在拉丁美洲外來直接投資總額中還占不到五分之一。到 1970 年則占四分之三」，「蔗糖是屠刀，帝國是凶手」。

《血管》是一本關於拉丁美洲的經典作品，它是用政論文和散文詩寫成的、夾敘夾議的一部揭露歐美新舊殖民主義對拉丁美洲進行掠奪、剝削和侵略的歷史，它不同於一般的歷史書和政治經濟學教科書，作者用富有說服力的事實和確鑿可信的資料，用飽滿的激情、生動的語言、流暢的文筆，通過敏銳的洞察、深刻的分析和獨到的見解來說服和打動讀者，使讀者讀起來感到痛快淋漓，一口氣把它讀完。《血管》具有重要的政治學、經濟學、社會學、歷史學和人類學的價值，書中提及的主要資料、事實、言論都有詳細的注釋和出處。

《血管》的經典意義不限於拉丁美洲，可延伸到亞非地區的第三世界發展中國家。正如作者在書中所說的：「血液就這樣通過所有這些管道流走了。今日的發達國家過去就是這樣發展起來的：不發達的國家也就自此變得更加不發達」。包括中國在內的亞洲國家和非洲國家有著與拉美國家相似的歷史和遭遇，亞非拉國家同屬於發展中國家，在歷史上都經受過新舊殖民主義的掠奪、剝削和侵略。其實，就是在拉美歷史上，亞非拉人民的命運也息息相關，緊緊地聯繫在一起。作者在書中，談到由於慘遭殖民者的屠殺或死於流行性疾病，印第安人的人數劇減，歐洲殖民者不得不從非洲販賣大量黑奴到拉美，以彌補勞動力的不足：「希臘羅馬式的奴隸制事實上在一個不同的世界得到了復甦，除了西班牙語美洲那些已被消滅的帝國中的印第安人遭到不幸之外，那些從非洲的農村被擄來到巴西和安地列斯群島做工的黑人也遭到可怕的命運。」

需要補充的是，在十九世紀下半葉，數十萬名契約華工曾大規模移入拉美，他們不遠萬里、篳路藍縷、飄洋過海，受盡殖民者的歧視、欺凌、剝削和壓迫，他們與印第安人、黑人和土生白人一起，流血流汗，為古巴和加勒比海蔗糖業的發展，為秘魯鳥糞和礦山的開發，為巴拿馬運河和墨西哥北部鐵路的修築，也為古巴的獨立鬥爭不怕犧牲、浴血奮戰，做出了不可磨滅的貢獻。

2009 年 4 月 18 日，委內瑞拉總統查維茲在特立尼達和千里達首都西班牙港召開的第五屆美洲國家首腦會議上，主動走到美國總統歐巴馬跟前，向他贈送了這本書。歐巴馬欣然接受了查維茲送的這本書。一時間，這本書在美國成為風靡一時的暢銷書。查維茲為什麼會選擇這本書給歐巴馬？查維茲在 2009 年 1 月歐巴馬首次就任美國總統後不久曾說過，「他（歐巴馬）是個『可憐又無知的傢伙』……應該多讀點書以便瞭解……拉丁美洲的現實狀況」。不難推測，查維茲之所以要在美洲高峰會上把此書送給歐巴馬，目的是讓歐巴馬瞭解拉丁美洲的歷史和現狀，以便使歐巴馬政府改變以往美國歷屆政府對拉美的干涉政策和對拉美不平等、不重視和不關心的態度，以平等的態度來改善同委內瑞拉和拉美各國的關係。

《血管》帶有鮮明的拉美左派知識份子標記，書中有些評論和結論難免有些偏激。如書中說：「任何一家跨國公司的內聚力和團結意識，都比拉丁美洲這一群島嶼的內聚力和團結意識要大」，作者把拉丁美洲的經濟整合視為「星條旗下的拉丁美洲經濟整合」，認為「目前的經濟整合進程，既與我們的根源無緣，又不能使我們達到自己的目標」；作者還斷言說，「拉丁美洲沒有任何科技」，「拉丁美洲至今沒有能力創造自己的技術來支持保護自身的發展。」又如，書的結尾部分說，「為了使拉丁美洲獲得新生，每一個國家必須從推翻統治者開始。」因此，難免有人認為此書已經「過時」。應該看到，《血管》畢竟是作者四十多年前發表的著作。今天，拉美的政治、經濟、社會和對外關係與上世紀七〇年代初相比，已發生了重大變化，拉丁美洲已不再是美國的「後院」。近年來，加萊亞諾又發表了許多著作和切中時弊的文章。加萊亞諾所代表的是拉美有正義感、反對新自由主義的知識份子。正如巴拉圭總統前盧戈所說的，加萊亞諾「曾經是、現在仍是拉丁美洲的聲音」。

愛德華多‧加萊亞諾是烏拉圭著名左翼新聞記者、小說家和散文家，1940 年 9 月 3 日生於烏拉圭首都蒙特維多，早年經歷坎坷，當過汽車修理工、郵遞員、廣告畫工。十四歲起就開始在烏拉圭《太陽報》上發表漫畫，二十歲在烏拉圭進步報紙《前進報》當記者。1964 年他出版了一本題為《中國》的文集，熱情地讚揚新中國的成就。1971 年，他發表《拉丁美洲：被切開的血管》。1973 年烏拉圭發生軍事政變，他因從事革命活動而被捕入獄，後流亡阿根廷。1976 年阿根廷發生軍事政變，他被列入黑名單，《血管》一書也被列為禁書。後來，他被迫流亡西班牙。1985 年烏拉圭實現民主化進程，由文人執政後，他才得以回到國內。1975 年和 1978 年加萊亞諾曾因小說《我們的歌》（*La cancion de nosotros*）和紀實文學《戰爭與愛情的日日夜夜》（*Días y noches de amor y de guerra*）先後兩度獲得古巴「美洲之家文學獎」。2008 年 7 月 3 日，在蒙特維多接受南方共同市場授予的首個南共市「榮譽公民」稱號。南共市常任委員會主席、阿根廷前副總統卡洛斯‧阿爾瓦雷斯出席了授予稱號的儀式。巴西總統魯拉、阿根廷總統費爾南德斯、智利總統巴契雷特、委內瑞拉總統查維茲、玻利維亞總統莫拉萊斯等各國政要紛紛發來賀電。自 2008 年起，他在阿根廷教育部電視頻道主持《加萊亞諾談生活》的節目，在節目中，他講述拉美文學、藝術、生活和評論時政，頗受歡迎。2009 年 4 月 19 日，當媒體紛紛打電話問加萊亞諾對查維茲將他寫的書送給歐巴馬有什麼評論時，他笑而不語。他的內心應該是興奮和高興的。因為，他的《血管》一書的價值得到全世界這麼多人的承認，有什麼能比這更能使作者感到激動的呢？

序言：
暴風雪中的一億二千萬兒童

　　所謂國際分工就是指一些國家專門營利，而另外一些國家專門遭受損失。地球上我們所居住的這一地區——今日我們稱之為拉丁美洲，過早地成熟了，自文藝復興時期歐洲人越洋過海，吞噬這一地區的遙遠時代起，拉丁美洲就淪為專門遭受損失的地區。幾個世紀過去，拉丁美洲發揮了它的作用。它不再是奇妙的王國，在這裡，現實曾打破了神話，戰利品、金礦和銀山曾超越了人們的想像。但拉丁美洲仍舊淪為附庸之效，繼續為他人之需而存，成為富國的石油、鐵礦、銅礦、肉類、水果、咖啡、原料、糧食的產地和倉庫。富國從消費這些原料中所得的利潤，遠遠超過拉丁美洲在生產這些原料的過程中所獲得的利潤。原料購買者徵收的稅款大大高於原料銷售者的收入。總而言之，正如爭取進步聯盟的協調員奧利弗（Covey T. Oliver）在 1968 年 7 月所宣稱的：「現在談論合理的價格是一種中世紀的觀念，我們正完全處在自由貿易時期……」貿易越是具有更多的自由，就越是需要為蒙受貿易損失的人修築更多的牢籠。我們的審訊和執法制度不僅為處於統治地位的國外市場運轉，而且還從被人主宰的國內市場所得的外國貸款和投資中提供源源不斷的大量利潤。1913 年，美國總統伍德羅·威爾遜（Woodrow Wilson）告誡道：「曾有人說拉丁美洲給外國資本特許權，但從未曾聽人說美國給外國資本特許權，……這是因為我們不給他們這種權利。」他深信：「投資於某個國家的資本會佔有並且統治該國。」此話言之有理。

在此過程中，我們甚至失去了被稱作美洲人的權利，儘管在「五月花」號的移民定居普利茅斯沿海地區的一個世紀之前，海地人和古巴人業已作為新的種族而被載入歷史。今天對世界來說，美洲就是美國，我們充其量只是居住在一個身份模糊的美洲次大陸，一個二等美洲的居民。

拉丁美洲是一個血管被切開的地區。自從發現美洲大陸至今，這個地區的一切先是被轉化為歐洲資本，而後又轉化為美國資本，並在遙遠的權力中心積累。這一切包括土地——地上豐富的物產和地下富饒的礦藏；人—人的勞動和人的消費能力；自然資源及人力資源。各國的生產方式和階級結構取決於每個國家進入資本主義世界體系的程度，及賦予每一地區一種職能，而且總是有利於不同宗主國的發展。持續依附的枷鎖變得越來越沉重，遠遠超出雙重鎖鏈的桎梏。在拉丁美洲，小國遭受鄰近大國的欺壓，在各國的疆域內，則是大都市和大海港剝削國內糧食產地和勞動力（拉美現有的二十個人口最多的大城市中，有十七個誕生於四個世紀之前）。

對那些將歷史看作是一部競爭史的人來講，拉丁美洲的貧窮和落後就是其在競爭中失敗的結果。我們失敗了，別人勝利了。但實際上，只是因為我們失敗了，他們才獲勝。正如人們所說，拉丁美洲不發達的歷史構成了世界資本主義發展的歷史。我們的失敗總是意味著他人的勝利；我們的財富哺育著帝國和當地監工的繁榮，卻總是帶給我們貧困。殖民地和新殖民時期的煉金術使黃金變成了破銅爛鐵，糧食變成了毒藥。波托西（Potosí）、薩卡特卡斯（Zacatecas）和黑金城（Ouro Preto）從生產貴重金屬的光輝頂峰跌入被掏空了的礦井深淵。毀滅是智利硝石礦和亞馬遜橡膠林的命運，巴西東北部的甘蔗園、阿根廷的漆樹森林和馬拉開波湖（lago de Maracaibo）周圍石油村落的命運都以令人辛酸的理由使人相信，自然界賦予的、被帝國主義掠奪走的財富不是亙古存在的。滋潤著帝國主義權力中心的雨水淹沒了該體系廣闊的周邊，與此同時，我們的統治階級（受外部統治的國內統治階級）的舒適安逸就等於詛咒我們廣大民眾永遠要過著牲口般的生活。

鴻溝不斷擴大。至上世紀中葉，富國的生活水準已超出窮國的 50%。發展加劇了不平等。1969 年 4 月，理察‧尼克森（Richard Nixon）在美洲國家組織（Organización de los Estados Americanos）的演講中宣稱，到二十世紀末，美國人平均收入將是拉丁美洲的十六倍。整個帝國主義體系的力量是以局部必須不平等為基礎，這種不平等邁向越來越驚人的程度。在日益擴大的差異推動下，按絕對水準計算，壓迫他國的國家變得越來越富有，如按相對水準計算，他們則變得更加富有。中心資本主義可以製造並使人相信其富裕的神話，但是神話不能充饑。構成資本主義的廣大周邊窮國對此是十分清楚的。一個美國公民的平均收入是一個拉美人的八倍，並以十倍於拉美人的速度增長。而且，由於布拉沃河（rio Bravo）以南拉美地區的廣大窮人和少數富者之間存在的無底深淵，各種平均數字使人迷惑。的確，據聯合國統計，盤踞社會上層的六百萬拉丁美洲人的收入相當於生活在社會底層的 1.4 億人的收入；有六千萬農民平均日收入僅為二十五美分，而在社會頂層，那些依靠他人不幸謀利的人在瑞士或美國的個人帳戶上共存五十億美元，他們把錢財揮霍在炫耀派頭及無謂的奢侈攀比——這是犯罪又是挑釁——和非生產性投資上（足足占全部投資的一半）。拉丁美洲本來可以用這些被浪費的資金建立、補充並擴大生產和勞動力來源。我們的統治階級始終被引入帝國主義權力的星座之中，他們毫無興趣來調查一下愛國主義是否比賣國主義更有利可圖，或者研究一下國際政策的唯一做法是否就是乞求他人。因為「別無它法」，國家主權被抵押出去了。寡頭集團的種種藉口是為了別有用心地將一個階級的軟弱性和每一國家所謂的缺乏使命給混淆。

霍蘇埃‧德‧卡斯楚（Josué de Castro）聲明：「我——一個曾經接受過國際和平獎的人——認為，對於拉丁美洲來講，不幸的是，除暴力之外別無其他解決辦法。」一億二千萬兒童在暴風雪的中心掙扎。沒有任何一個地區的人口像拉丁美洲人口般增長迅速，在半個世紀裡人口增加了三倍之多。每一分鐘都有一名兒童死於疾病或饑餓，但是到 2000 年，拉丁美洲人口將達到 6.5 億，其中近一半是不到十五歲的青少年，這猶如一顆定時炸彈。1970 年末，在 2.8 億拉美人中，有近五千萬的失業或半失業者，近一億文盲。半數人口擁擠在不衛生的住屋中。拉美三個最大的市場——阿根廷、巴西和墨西哥——消費能力的總和抵不上法國或聯邦德國的消費能力，儘管我們三個大國的人口相加之和遠遠超過任何一個歐洲國家。按人口計算，今日拉丁美洲生產的糧食少於第二次世界大戰前；按不變價格計算，自經濟蕭條之前的 1929 年以來，人均出口減少了三倍。從外國主人和我們那些充當代理人的資產階級觀點而言，此制度非常合理。此資產階級以浮士德都感到羞恥的廉價將靈魂出賣給魔鬼。但是，從其他人的角度來看，這個制度卻非常不合理，它越是向前發展就越會加劇國家的不平衡和緊張局面，以及白熱化的矛盾。甚至連依附性、遲到的、安逸地同大莊園和不平等結構共存的工業化，也無助於解決失業問題，反而播下了失業的種子。在這一塊擁有不停地繁衍、沒有工作的大批勞動力地區，貧困在蔓延，財富在集中。新工廠屹立在享有特權的發展中心，即聖保羅、布宜諾斯艾利斯、墨西哥城等，但對勞動力的需求越來越少。該制度沒有預料到這一小小的麻煩：人口過剩。人口激增，人們毫無顧忌地狂熱做愛。被拋在路邊的人越來越多，他們在農村無事可做，因為大莊園主佔有廣漠的荒地；他們在城市同樣無事可幹，在這裡機器主宰著勞力。這一制度排斥著人。美國傳教士們為大批婦女做結紮手術，分發藥丸、保險套、避孕工具和有記號的日曆，但嬰兒還是不斷出生；拉丁美洲的兒童仍頑強地誕生，以爭得在這塊慷慨的土地上有立錐之地的天然權利，這塊土地可能向所有人奉獻出一切，又幾乎向所有人拒絕一切。

1968 年 11 月初，理察‧尼克森（Richard Nixon）大聲地證實道，爭取進步聯盟業已走過了七個年頭，但拉丁美洲的營養不良和食品短缺現象卻不斷加劇。喬治‧鮑爾（George W. Ball）在《生活》雜誌上寫道：「至少在未來的幾十年中，最貧困國家的不滿情緒還不會構成一種摧毀世界的威脅。世世代代以來，世界的三分之二是窮人，三分之一是富人，儘管這是一項令人羞恥的事實。窮國的權利是有限的，雖然這是那麼不公平。」鮑爾曾率領美國代表團出席了在日內瓦召開的第一屆聯合國貿易和發展會議，並且對大會為改變不發達國家在國際貿易中所處的不利地位而通過的十二項總原則中的九項投了反對票。在拉丁美洲，貧困正在悄悄地殺人；每一年都有三顆廣島的原子彈無聲無息地在拉美人民的頭上爆炸，他們已習慣於咬牙忍受痛苦。雖然這種有系統的暴行不是顯而易見的，但卻是實實在在的，並且還在加劇，這種罪行雖然沒有載入到紅色編年史中，但卻被編入聯合國糧農組織的統計年鑑。鮑爾聲稱，富國至今仍然可以逍遙法外，因為窮國還不可能發動一場世界大戰。但是，帝國關心此事，既然無力增加麵包，就要盡可能消滅寄食者。一位黑色幽默大師在拉巴斯城（La Paz）的一面牆上塗寫道：「反對貧困，殺死乞丐！」馬爾薩斯（Malthus）的繼承者除了提出在尚未出世之前消滅每一個未來的乞丐外，還能提出什麼良計妙策呢？世界銀行行長羅伯特‧麥克納馬拉（Robert McNamara 曾任福特基金會董事長和美國國防部長）斷言，人口爆炸已成為拉美進步的最大障礙。他宣佈，世界銀行在發放貸款時，將優先發給實行計劃生育的國家。麥克納馬拉不無遺憾地證實，窮人的大腦思維少了 25%。世界銀行的技術官僚（業已出世了）開動電腦，列出一段十分複雜的有關控制人口的優越性的話：「一個年人均收入在一百五十至二百美元的發展中國家，如果在二十五年內將出生率降低 50% 的話，三十年後人均收入水準將比不降低出生率可能達到的水準高出 40%，而六十年之後將超出一倍。」世界銀行的一份檔案就是這樣斷言的。林登·詹森（Lyndon Johnson）有一句名言：「為控制人口增長而投資的五個美元，遠比為經濟增長而投入的一百美元更有效。」德懷特·艾森豪（Dwight Eisenhower）預言，如果地球上的人口仍按目前的增長速度增加，其後果將不僅是增加發生革命的危險性，而且還將造成「甚至包括我們在內的全人類生活水準的遞減」。

美國國內並未遭到出生率劇增問題的困擾，但它卻比任何人更急於向四面八方推行計劃生育。由於數百萬兒童似蝗蟲般地從第三世界地平線上向前推進，不僅美國政府為此擔憂，連洛克斐勒和福特基金會也都對此深感憂慮。在馬爾薩斯和麥克納馬拉之前，柏拉圖和亞里斯多德已考慮到人口問題。但是在今天，這種全球性攻勢具有一個十分明確的作用，即試圖為各國和各階級之間十分不平等的收入分配辯解，使窮人相信，貧窮是沒有控制生育的結果，以阻擋行動起來和造反的群眾的憤怒情緒。在東南亞，在阻止越南人口增長的努力中，節育環與炸彈和霰彈爭相施用。在拉丁美洲，將未來的遊擊戰士扼殺在子宮內，要比將他們消滅在崇山峻嶺中或城市街道上更加衛生、更加有效。雖然亞馬遜河流域是地球上人煙最稀少的地區，但各種美國使團仍在該地區為數千名婦女做絕育手術。在多數拉美國家中，不是人口過剩，而是人口缺乏。巴西每平方公里的人口較比利時少三十七倍，巴拉圭人口的密度比英國低四十八倍，秘魯的人口密度比日本低三十一倍。拉美人口最稠密的國家——海地和薩爾瓦多的人口密度也低於義大利。某些大國提出的藉口是對人類智慧的侮辱，他們真正的意圖激起了人們的憤怒。總而言之，玻利維亞、巴西、智利、厄瓜多、巴拉圭和委內瑞拉一半以上的地域荒無人煙。烏拉圭是一個老人的國家，其人口增長常低於拉美所有國家，但是近幾年來沒有任何一個拉美國家像它那樣遭受如此殘酷危機的懲罰，這懲罰幾乎將它拖入十八層地獄。烏拉圭荒蕪了，肥沃的大草原本來可以向遠比今日還要多的人口提供食糧，然而烏拉圭人卻在土地上忍受著貧困的煎熬。

一個多世紀之前，一位瓜地馬拉外交部長曾預言：「從給我們造成不幸的美國產生擺脫不幸的出路，這是令人奇怪的。」爭取進步聯盟業已死亡，並被埋葬。現在帝國更加驚慌而不是寬宏大量地提出，解決拉美問題的辦法是預先消滅拉美人。在華盛頓，人們已有理由相信，窮人並不願意成為窮人。但是，如果沒有手段，就不可能達到這一目的。否認拉美的解放的人也否認我們再生的唯一可能，並且順便也就寬恕了現行的結構。青年人在增加，他們成熟了，他們注意這樣的問題：這個現行制度的喉舌向他們提供什麼呢？它以超現實主義的語言建議，在這片空曠的土地上提倡節育；認為那些資本過剩，但被浪費掉的國家缺乏資本；將扭曲變形的貸款和造成財富外流的外國投資稱為援助；號召大地主進行土改，金融寡頭實現社會正義。他們判定，除由外部間諜挑起階級鬥爭外，階級鬥爭並不存在；雖然還有階級存在，但他們將階級壓迫視為西方生活方式。海軍陸戰隊罪行累累的遠征的目的是要重建社會秩序及和平；聽命於華盛頓的獨裁統治者將法制國家建立在監獄之中，為了維護勞動自由禁止罷工，取締工會。

難道一切都遭禁止，惟有袖手旁觀嗎？貧困並非是命中註定的，不發達也不是上帝的黑色旨意。現在是革命的年代，解放的年代。統治階級驚恐萬分，他們宣稱地獄之門向所有人敞開。從某種意義上講，右派將自己與安定和秩序視為一體是對的，雖然實際上是大多數人日復一日蒙受恥辱的秩序，但總歸是秩序，而安寧則是保持饑餓和不公正的安寧。如果將來出現意想不到的事，那麼保守派就可以有充分的理由驚呼：「人們背棄了我。」軟弱無能的思想家——按主子眼色行事的奴才——很快就使人聽到他們的呻吟。在古巴革命勝利的這一天，被推倒的緬因號（Maine）的銅雕大鷹（1898 年 2 月 15 日美國的緬因號艦在古巴沿海被炸毀，美國藉機向當時佔領古巴的西班牙宣戰。美國獲勝後，在哈瓦那豎立的紀念碑。一譯註），如今雙翅折斷被遺棄在哈瓦那舊城區的一座門廊內。自古巴之後，還有其他一些國家透過不同途徑和方式，開創了變革的歷程。維護目前現狀的秩序便是維持罪惡。

在拉美漫長痛苦的歷史中，所有遭扼殺或被出賣的革命的幽靈重新出現在新的革命歷程中，這如同以往的矛盾揭示並孕育了今天的時代。歷史是回首往事的先知，它根據贊成和反對的往事來預告未來。所以，本書想提供一部掠奪的歷史，同時還要述說目前的掠奪機制是如何運轉，征服者如何乘著三桅帆船來到，以及不久前技術官僚們如何乘噴射式飛機來到，還要講講埃爾南·科爾特斯（Hernán Cortés）和海軍陸戰隊，西班牙總督和國際貨幣基金組織的使團，奴隸販子的營利和通用汽車公司的利潤。同樣，本書也將向人們展示失敗了的英雄和我們時代的革命，揭露醜聞，再現死而復燃的希望：前仆後繼的獻身精神。亞歷山大·馮洪堡（Alexander von Humboldt）考察波哥大（Bogotá）高原古老的印第安人的風俗時，得知印第安人將在宗教儀式中祭祀用的人稱作基皮卡（quihica），意即大門，也就是說，每一個被選中者的死，意味著又一個新的為期一百八十五次月圓的開始。

第
一
部

地球的富有造成人類的貧困

一、黃金和白銀熱

在哥倫布首次航海期間，他路過特內里費島時，
曾目睹了一場可怕的火山爆發。這場火山爆發，
猶如一個徵兆，預示了這塊遼闊、切斷了通向亞
洲西路航線的新大陸上即將發生的一切。從望不
到邊際的海域隱約可見美洲大陸就在那裡。征服
就像狂潮排山倒海般地推進。

刻在劍柄上的十字

　　當克里斯多夫‧哥倫布（Cristóbal Colón）開始穿越地球西部廣闊的空間時，他業已接受了傳統的挑戰。他們乘坐的船隻就像漂浮在大海之中的一片葉子，聽憑洶湧浪濤的顛簸，浪頭不時將船拋向魔鬼之口；貪婪於人肉的陰森森的大海，猶如一條貪食的巨蛇，隨時伺機以待。按照十五世紀人們的認識，再過一千年，上帝進行最後審判的淨化之火將毀滅全世界。那時所謂的世界還只有地中海，其海域模模糊糊地伸向非洲和東方。葡萄牙航海家們確信，西風會帶來一些奇怪的屍體，海上有時會漂來精心雕刻過的木頭片，但是沒有任何人懷疑過：世界很快會驚人地擴大。

　　那時還沒有美洲這個名稱。挪威人也不知道他們很久以前就已發現這塊大陸，就連哥倫布本人，經過了多次航行，到死都以為他到達的是亞洲。1492 年，當西班牙人的皮靴首次踏上巴哈馬（las Bahamas）海灘時，哥倫布船長還以為這些島嶼就是日本的前沿地區。哥倫布隨身攜帶一本《馬可‧波羅遊記》，在每頁的空白處他寫滿了批註。馬可‧波羅說：「日本國的居民擁有大量的黃金和取之不盡的金礦……，在這個島嶼上還有許多最純正的珍珠，色彩呈玫瑰色，形狀又大又圓，價值超過白珍珠。」成吉思汗聽說了有關日本國財富的消息，心中激起征服這塊土地的慾望，但是他失敗了。從馬可‧波羅一書誘人的章節中，呈現出天地間的所有財富，那就是在印度洋上約有一萬三千座島嶼擁有金山、堆積如山的珍珠、黑白胡椒和數量龐大的各種香料。

　　胡椒、生薑、丁香、肉豆蔻和桂皮，就像鹽一樣非常受歡迎，它們用於冬季儲存肉類，而又不使肉變質失味。西班牙天主教國王決定資助直接到達這些財富產地的冒險家，以擺脫中間商和商販所構成的沉重枷鎖，因為他們壟斷了來自神秘東方的調料、熱帶植物、薄紗織物和白刃武器的貿易。渴望得到貴金屬（支付貿易運輸費用的手段），也驅使人們去橫渡可憎的海洋。整個歐洲需要白銀，波希米亞（Bohemia）、撒克遜（Sajonia）地區和蒂羅爾（el Tirol）的礦脈已快要枯竭。

西班牙正處於光復時期。1492 年不僅是發現美洲的一年——一個新世界從這個帶來重大結果的誤解中誕生，而且還是收復格拉納達（Granada）的一年。阿拉貢（Aragón）的費爾南多（Fernando）和卡斯蒂亞（Castilla）的伊莎貝爾（Isabel 指國王費爾南多五世和伊莎貝爾王后。—譯註）透過聯姻避免了他們的領土被分裂，1492 年初他們摧毀了西班牙土地上最後一個穆斯林教的堡壘。西班牙人用了近八個世紀的時間才收復了在七年內失去的一切（註1），光復戰爭耗盡了皇家的財富，但那是場神聖的戰爭，是場基督教反對伊斯蘭教的戰爭。另外，十五萬公開的猶太人在 1492 年被驅逐出西班牙也並非是一件偶然的事。西班牙成為一個高舉刻著十字架利劍的民族，伊莎貝爾女王成為神聖的宗教法庭保護人。假如從未有過盛行於中世紀卡斯蒂亞聖戰的軍事傳統，就無法解釋發現美洲的功績；教會很快使征服大洋彼岸陌生的大陸具有神聖的性質。教皇亞歷山大六世是瓦倫西亞人（Valencia），他使伊莎貝爾女王成為新大陸的女主人。卡斯蒂亞王國的擴張壯大了上帝在地球上的領域。

在發現美洲大陸的三年之後，哥倫布親自指揮了和多明尼加印第安人作戰的軍事行動。一隊騎士、二百名步兵和一些受過專門進攻訓練的獵犬大肆屠殺印第安居民。五百多名印第安人被運往西班牙，作為奴隸在塞維亞（Sevilla）出售，最終淒慘地死去。（註2）但是，這種作為遭到一些神學家的反對。十六世紀初葉，雖然形式上禁止把土著人當作奴隸使用，但事實上並沒有禁止，而是讚美奴役：在每次軍事入侵之前，征服軍的指揮官必須在公證人面前向印第安人宣讀一份冗長的、咬文嚼字的責令，規勸印第安人成為虔誠的天主教信徒，「如果你們不這樣做，或者居心不良地故意拖延的話，我向你們保證：在上帝的幫助下，我將對你們發起有力的反擊，並將盡我所能在各地和你們作戰，使你們屈服於教會和陛下的束縛，並且順從他們；我將佔有你們的妻兒，使之淪為奴隸，並當作奴隸予以出售，我將根據陛下的指示支配他們；我還將佔有你們的全部財產，並將竭盡全力地使你們遭受各種不幸和災難……」。（註3）

當時的美洲是不能或難以解救的廣闊的魔鬼帝國。但是，反對印第安人異教徒的狂熱使命和新大陸財富的光彩，在征服者的隊伍中激起的狂熱結合在一起。埃爾南‧科爾特斯征服墨西哥時的忠實夥伴貝爾納爾‧迪亞斯‧德爾卡斯蒂略（Bernal Díaz del Castillo）寫道，他們來美洲是「為了效忠上帝和陛下，也為了得到財富」。

當哥倫布到達聖薩爾瓦多（San Salvador）的環形珊瑚島時，他被加勒比海水的清澈透明、綠色的風景、清新柔和的空氣、色彩斑斕的飛禽、「身材好的小夥子」，以及生長在那裡的「英俊而又溫順的人」搞得眼花撩亂。他向印第安人贈送「一些彩色便帽，玻璃項鍊及其他許多使他們高興無比的價值低廉的東西。受到印第安人如此擁戴簡直像個奇蹟」。哥倫布向印第安人展示利劍，他們並不知這是何物，從劍刃處去拿，結果手被割破了。哥倫布在航海日記中記道：「與此同時，我非常留意，極力想知道這裡是否有黃金。我看到一些印第安人穿透鼻子的洞眼中掛著一小塊黃金，借助手勢我得知，向南或由南折回島上，那裡有一個國王用大罐裝著黃金，並且還有許多許多。」因為「黃金成為財富，誰擁有它，誰就可以

在地球上隨心所欲，甚至可以使有罪的靈魂進入天堂」。在哥倫布的第三次航行中，當船隊駛入委內瑞拉沿海時，他仍然以為是在向中國海前進。他報告說，由此伸展出一片通向人間天堂的一望無際的陸地。十六世紀初葉，巴西海岸的勘探者亞美利哥‧貝斯蒲賽奧（Amerigo Vespucci）也向洛倫索‧梅迪西斯（Lorenzo de Médicis）敘述道：「樹林如此之美麗溫柔，使我們彷彿置身於人間天堂……」（註4）1503年哥倫布自牙買加絕望地給國王寫信說：「當我發現西印度洋群島時，我說過那是世上最大、最富饒的地區，我談到那裡的黃金、珍珠、寶石、香料……。」

在中世紀，一袋胡椒的價格超過一條人命的價值，而黃金和白銀則是文藝復興時期用來打開天堂之門和人間資本主義的重商主義大門的鑰匙。西班牙人和葡萄牙人在美洲大陸上的豐功偉績則是把傳播基督教教義和掠奪當地的財富結合在一起。為了擁有整個世界，歐洲極力向外擴張。有著茂密的原始森林，充滿危險的處女地激起了指揮官、紳士貴族們和衣衫襤褸、被驅使去奪取誘人戰利品的士兵們的貪婪之心。他們相信被稱為「死者之光」的榮譽，也相信勇敢。科爾特斯說過：「運氣幫助膽大的人」。科爾特斯本人為了組織對墨西哥的遠征，抵押了他自己的全部私人財產。除哥倫布或麥哲倫這樣少數幸運者之外，幾乎所有的探險都沒有得到國家的資助，而是由征服者本人承擔費用，或由商人銀行家出錢資助。（註5）

印第安人為了支開入侵者而編造的國王滿身披掛黃金的黃金國神話誕生了，從貢薩洛‧皮薩羅（Gonzalo Pizzaro）到沃爾特‧雷利（Walter Raleigh），一批又一批人在茂密的原始森林中，在亞馬遜河、奧里諾科河（Orinoco）中徒勞地尋找著黃金國。由於發現了波托西，「噴湧出白銀的山巒」的夢想在1545年變成了現實。但是在此之前，卻有許多順巴拉那河（rio Paraná）而上、徒勞地企圖到達銀礦產地的探險者死於饑餓、疾病，或被印第安人的亂箭射死。

墨西哥和安地斯高原確實蘊藏著數量可觀的黃金和白銀。1519 年，埃爾南・科爾特斯向西班牙披露了莫克特蘇馬（Moctezuma）國王的阿茲提克金庫令人震驚的規模。十五年之後，法蘭西斯科・皮薩羅（Francisco Pizarro）在絞死印加帝國國王阿塔瓦爾帕（Atahualpa）之前，令其交納的一筆巨額贖金（一間裝滿黃金和兩間裝滿白銀的房間）運抵塞維亞。幾年前，西班牙政府用從安地列斯群島（las Antillas）掠奪來的黃金給伴隨哥倫布首航的水手們支付報酬。（註6）末了，加勒比海島嶼上的居民不再納稅，因為他們都已不復存在了，所有的印第安人都死於淘金之中。這是一種令人恐懼的勞動，半個身體浸泡在水中，淘洗含金的細砂；或者彎腰躬身，背負來自西班牙的笨重的農具開墾農田，直至精疲力竭地死去。許多多明尼加印第安人提前完成了新的白人剝削者強加於他們的使命，先殺死自己的子女，然後集體自殺。十六世紀中葉，官方的編年史家費爾南德斯・德奧維多是這樣解釋安地列斯群島的集體自殺現象：「許多自盡身亡的人是為了娛樂消遣，為逃避勞動而服毒自殺，另外一些人是用自己的雙手自縊身亡」。（註7）

攜帶秘密武器的神回來了

在哥倫布首次航海期間，他路過特內里費島（Tenerife）時，曾目睹了一場可怕的火山爆發。這場火山爆發，猶如一個徵兆，預示了這塊遼闊、切斷了通向亞洲西路航線的新大陸上即將發生的一切。從望不到邊際的海域隱約可見美洲大陸就在那裡。征服就像狂潮排山倒海般地推進。總督接替船長，全體船員變成了入侵的軍隊。羅馬教皇的聖諭將非洲授予葡萄牙王室，將「餘下的尚未被發現的土地，無論是迄今已由你們派遣的人員發現的，還是將來發現的土地」賜予卡斯蒂亞王朝。把美洲贈給了伊莎貝爾女王。1508 年，教皇在一項新的聖諭中決定，在美洲徵收的全部什一稅永久地歸西班牙王國，也就是說，西班牙對新大陸教會擁有令人垂涎的多方面的保護權，包括有權要求真正管理所有教士的薪俸。（註8）

1494 年簽訂的托德希拉斯（Tordesillas）條約准許葡萄牙佔有由教皇亞歷山大六世確定的分界線以外的美洲土地。1530 年馬丁·阿方索·德索薩（Martim Alfonso de Sousa）驅走了法國人，在巴西建立了第一批葡萄牙居民點。與此同時，西班牙人穿越了可怕的原始森林和廣漠的不毛之地，在征服和開發的進程中取得了很大的進展。1513 年，太平洋展現在巴斯科·努涅斯·德巴爾沃亞（Vasco Núñez de Balboa）的眼前；1522 年秋季，埃爾南多·德·麥哲倫（Fernando de Magallanes）探險隊的倖存者回到了西班牙，他們首次將兩大洋聯結在一起，並且在繞地球環行一周之後證實地球是圓的；在此三年之前，埃爾南·科爾特斯的十艘航船從古巴島出發前往墨西哥方向；1523 年，彼德羅·阿爾瓦拉多（Pedro de Alvarado）前去征服中美洲；1533 年，法蘭西斯科·皮薩羅佔領了印加帝國的心臟，以勝利者的姿態進入庫斯科（Cuzco）；1540 年，彼德羅·德巴爾迪維亞（Pedro de Valdivia）穿過阿塔卡馬沙漠（Atacama），建立了智利的聖地牙哥城（Santiago）。征服者深入查科（Chaco），並且揭開了從秘魯直至地球上流量最大的河流入海處的新大陸的面紗。

美洲印第安人中間什麼樣的人都有，既有天文學家，又有食人肉者；既有工程師，又有石器時代的原始人。但是，沒有一種土著文化懂得使用鐵器、犁、玻璃和火藥，也不會使用輪子。而從大洋彼岸降臨到這塊土地上的文明卻正在經歷文藝復興富有創造力的爆炸時期。美洲大陸的出現，又作為一項新的發現，連同火藥、印刷術、紙張和指南針一道參與了近代時期沸騰的誕生。兩個世界發展的差異在很大程度上解釋了土著文明相對容易被征服。埃爾南・科爾特斯帶著不足百人的水手和五百零八名士兵在維拉克魯斯（Veracruz）登陸。他們帶著十六匹馬、三十二把弩弓、十門銅炮以及一些火繩槍、滑膛槍和大手槍。而當時，阿茲提克人的首都——特諾奇蒂特蘭（Tenochtitlán）的面積卻是馬德里的六倍，擁有兩倍於西班牙當時最大城市塞維亞的人口。法蘭西斯科・皮薩羅僅率領一百八十名士兵和三十七匹馬進入了卡哈馬卡（Cajamarca）。

　　起初，印第安人都被嚇呆了。莫克特蘇馬皇帝在宮殿中得到的最初消息是：一座巨型山丘在海面上漂移。接著，另外一些信使又接踵來報，「皇帝聽說炮彈如何爆炸，爆炸聲如何隆隆作響，人如何昏倒過去，聽力怎樣受影響，這引起了他的極度恐慌。當炮彈落地時，一種類似石球般的東西從內部竄出，火焰四射……」。那些外國人騎在「像房頂一樣高」的「鹿」上。他們全身武裝，「僅僅露出他們的臉，如同石灰一樣白的白臉龐，滿頭金髮，也有滿頭黑髮的，蓄著長長的鬍子……」。（註9）莫克特蘇馬還以為羽蛇神（dios Quetzalcóatl）回來了，因為此前不久，有八種跡象顯示祂將返回。狩獵者曾給祂帶來一隻鳥，頭部有一面圓形王冠，形如一面鏡子，鏡子中反射出夕陽西下的天空。莫克特蘇馬從鏡中看見一列列武士列隊行進在墨西哥的土地上。羽蛇神曾自東方來，又沿東方而去，祂就是白膚色、滿臉鬍子。印加人那具有雙重性別的維拉科查神（Huiracocha）也是白膚色，留有鬍子。東方是馬雅（Maya）人英勇無

比祖先的搖籃。（註10）

　　現在重返大地向人民算帳的復仇之神攜帶著盔甲和鎖子鎧甲，這是把飛鏢和石塊彈射回來的錚錚發亮的外殼。他們的武器發射出致命的射線，令人窒息的煙霧使空氣混濁。征服者還施展政治手腕，運用背信棄義的策略和陰謀詭計。例如，他們懂得如何激發那些受阿茲提克帝國統治的民族的仇恨，知道利用那些使印加人權力瓦解的分歧。特拉斯卡爾特卡斯人（los tlaxcaltecas）成為科爾特斯的同盟者，皮薩羅利用印加帝國繼承人（一對敵對的兄弟）瓦斯卡爾（Huáscar）和阿塔瓦爾帕（Atahualpa）之間的戰爭從中漁利。在利用罪惡的手段使印第安人最高首領屈服之後，征服者在中間統治階層、僧侶、官員和軍人中贏得同謀者。除此之外，他們還運用其他武器──或者說（如果喜歡這樣說的話）──其他因素例如馬和細菌，也在客觀上幫助了入侵者的勝利。

　　馬和駱駝一樣，曾經起源於美洲（註11），但卻在這片土地上絕跡了。馬由阿拉伯騎士引入歐洲，在舊大陸上具有巨大的軍事和經濟價值。當征服者把馬匹帶回美洲時，在印第安人驚奇的眼睛中，馬被賦予了入侵者神奇的力量。據說，印加王阿塔瓦爾帕見到首批西班牙士兵騎在用小鈴和羽飾裝扮起來的健壯的馬匹上，而馬奔馳著，發出嘶叫聲，飛奔的馬蹄揚起一片塵土時，他大吃一驚。（註12）馬雅人繼承者特庫姆酋長（Tecum）用長矛砍掉了彼德羅‧阿爾瓦拉多坐騎的腦袋，因為他深信馬是征服者身體的一部分。但是阿爾瓦拉多站了起來將酋長殺死。（註13）用戰時的馬具裝飾起來的少量馬匹驅散了眾多的印第安人群，散播了恐怖和死亡的陰影。在殖民過程中，「面對當地人的幻覺，神父和傳教士們宣揚馬是神聖的，因為聖地牙哥（西班牙的守護神）騎的就是一匹白色小馬，在上帝的幫助下贏得了反對摩爾人和猶太人的神聖的戰爭。」（註14）

細菌和傳染病是征服者最有效的幫兇。歐洲人帶來了如《聖經》上所描述的疾病：天花、破傷風、各種肺部和腸道疾病、性病、沙眼、傷寒、痲瘋、黃熱病和使滿口牙爛掉的齲齒病。天花最早出現，這種使人發燒、肉體潰爛的陌生而令人厭惡的傳染病難道不是一種超自然的懲罰嗎？「西班牙征服者進駐達斯卡拉（Tlaxcala），於是傳染病蔓延開了。咳嗽，像燃燒著的火燙的水痘。」一個印第安人如此描述。另外一個說：「傳染的、頑固的、難以醫治的水痘使許多人喪生。」（註 15）印第安人像蒼蠅一樣成群死去，他們的身體對新的疾病沒有任何抵抗力，即便倖存也變得非常虛弱無用。巴西人類學家達西·里貝羅估計（註 16），美洲、澳大利亞和大洋洲島嶼上的土著居民中有近一半以上是在首次接觸白人之後被染上疾病而喪生。

像餓狼般貪婪黃金

為數不多的殘酷的美洲征服者，借助於火槍的狂射，利劍的亂砍和瘟疫的擴散，向前推進。被征服者對此有所敘述。喬盧拉（Cholula）大屠殺之後，莫克特蘇馬派遣了新的使者去見正向墨西哥山谷挺進的埃爾南·科爾特斯。使者向西班牙人贈送了金項鍊和用格查爾鳥（quetzal）的羽毛織成的旗。西班牙人「興高采烈，如同一群頑猴一樣高舉黃金，手舞足蹈，精神大振，容光煥發，因為這就是他們渴望的東西。他們心花怒放，強烈地渴望得到黃金，就像一群餓狼一樣貪婪」。保存在佛羅倫斯古抄本中的那瓦特爾語（Náhuatl）原文就是這樣描述的。後來，當科爾特斯到達阿茲提克人首都——金碧輝煌的特諾奇蒂特蘭時，西班牙人闖進金庫，「然後做了一個碩大的金球，接著就縱火點燃剩下的一切東西，不管它有多貴重，一切都在火焰中燃燒。西班牙人將黃金製成金磚……」

也曾有過戰鬥。曾經丟失了特諾奇蒂特蘭的科爾特斯終於在 1521 年重新征服了它。「我們手無寸鐵，已經彈盡糧絕，滴水未進」。被破壞燒毀、屍首遍地的城市終於陷落。「整夜下雨，雨水澆淋著我們」。絞架和酷刑不夠用了，被洗劫一空的金庫永遠無法滿足貪得無厭的要求，在漫長的歲月中，西班牙人不停地挖掘墨西哥湖底，尋找傳說被印第安人埋藏起來的黃金和貴重物品。

彼德羅‧阿爾瓦拉多及其隨從來到瓜地馬拉，「他們殺死了那麼多印第安人，以致死者的血流成河，形成後來的奧林特佩克河（Olimtepeque）」，甚至連「白晝也被印第安人流出的鮮血染紅」。在決戰之前，「受盡折磨的印第安人懇求西班牙人別再折磨他們了，說他們那裡有許多黃金、白銀、寶石和翡翠，已變成鷹和雄獅的內海布‧伊斯金（Nehaib Ixquín）首領擁有這些寶物。後來，印第安人跟了西班牙人並和他們在一起……」（註17）

法蘭西斯科‧皮薩羅在將印加的阿塔瓦爾帕斬首之前，逼他交來「一擔架黃金和白銀作為贖金，其中純白銀兩萬多馬克（金銀衡，一馬克合230 克。—譯註）和一百三十二萬六千埃斯庫多（西班牙古金幣名。—譯註）的純金幣」。之後，他向庫斯科進軍，這座印加帝國的首都非常耀眼奪目，皮薩羅的士兵還以為他們到了古羅馬城。但是，西班牙人很快就從驚愕中清醒過來，立即開始洗劫太陽神廟，「他們互相角逐廝打著，每一個人都力圖從這座寶庫中搶到最好的東西。穿著鎖子鎧甲的士兵踐踏珠寶、雕像，敲打金質器皿或把它錘成便於攜帶的形狀……。太陽神廟的全部金銀財寶都被投入熔爐，鑄煉成金屬錠，其中包括曾經佈滿牆壁的金屬

板和花園中令人讚歎不已的人工鍛造的樹、鳥和其他物品。」（註18）

今天，在墨西哥城市中心空曠的索卡洛（Zócalo）廣場上，天主教堂矗立在特諾奇蒂特蘭最主要的廟宇的廢墟上，市政廳建在被科爾特斯絞死的阿茲提克首領誇烏特莫克（Cuauhtémoc）的住宅上。特諾奇蒂特蘭已被夷為平地。在秘魯，庫斯科也經歷了類似的命運，但征服者卻未能徹底摧毀庫斯科高大的城牆。今天，在殖民時期建築物的旁邊仍能看見印加帝國宏偉建築的石塊遺跡。

波托西的光輝，白銀的週期

有人說在波托西城的昌盛時期，甚至連馬掌都是銀製的。（註19）教堂的聖壇和宗教遊行中的小天使的翅膀也都是由白銀製成的。1658 年為了慶祝聖體節，波托西城中從主教堂至萊科萊托斯教堂（Recoletos）的馬路，原先鋪設的石塊被敲去，全部改用銀磚砌成。在波托西，用白銀蓋起了廟宇和宮殿，修道院和賭場。白銀成為悲痛和喜慶的誘因，白銀導致鮮血和美酒噴湧，白銀燃起貪婪之心，白銀放縱揮霍和冒險。在殖民征服和掠奪中，劍與十字架並駕齊驅。為了掠奪美洲的白銀，軍事首領和苦行者、格鬥的騎士和傳道士、士兵和僧侶都相聚在波托西。富饒山丘的寶藏變成了銀錠和銀塊，有力地哺育了歐洲的發展。自從皮薩羅成為庫斯科的主人之後，「其價值等於一個秘魯」成為對人或事的最高讚譽，但自從發現了波托西山丘之後，拉·曼切（la Mancha）的唐吉訶德（Don Quijote）告誡桑丘時說的諺語是：「其價值等於一個波托西」。據 1573 年人口普查統計，成為總督轄區命脈和美洲白銀產地的波托西擁有十二萬居民。**自從安地斯荒原上冒出這座城市之後，僅僅二十八年的時間，這座城市就猶如魔術般地擁有同倫敦一樣多的人口，居民人數超過了塞維亞、馬德里、羅馬或者巴黎。一項新的人口普查證明，1650 年，波托西已擁有十六萬居民，成為世界上最大、最富有的城市之一，其人口是波士頓人口的十一倍，而那時還沒有紐約市這個名稱。**

波托西的歷史並非隨西班牙人的到來而誕生。先於征服之前，印加王瓦伊納‧卡巴克（Huayna Cápac）曾聽到屬下談論過蘇瑪赫‧奧爾科（Sumaj Orcko），一座美麗的山丘，後來他患病被送到塔拉帕雅溫泉（Tarapaya）時，終於親眼看到了這座山丘。從坎圖瑪爾卡（Cantumarca）村落的草屋，這位印加王第一次目睹了那座昂然挺立在山巔之間的完美的錐形山巒，立刻目瞪口呆。這座山丘有數不清的不同深淺的紅色色調，勻稱的外形，龐大的面積，它始終激起人們的驚歎和讚美。印加王猜測這座山丘深處可能蘊藏著寶石和貴重金屬，他曾想用這些寶藏重新裝修庫斯科的太陽神廟。印加人從科爾蓋‧波爾科（Colque Porco）和安達卡巴礦山（Andacaba）挖掘出的黃金和白銀從來不運出印加王國，這些金銀不是用於交易，而僅僅用來崇拜帝神。當印加礦工在雄偉的山丘的白銀礦中埋下燧石時，一聲沉悶的吼叫嚇跑了他們。這吼叫聲似雷鳴般有力，發自那崎嶇不平的山丘深處，它用克丘亞語（quechua）說道：「**這些財富不屬於你們，上帝將它留給遠方來客。**」印第安人驚恐萬狀地逃走了，印加王拋棄了這座山丘，臨走之前他把這座山丘的名字改為波托西，意即「轟鳴、爆裂和爆炸的山」。

「遠方來客」很快就出現了。征服的首領開道。當他們到來時，瓦伊納‧卡巴克已經去世了。1545 年，印第安人瓦伊巴（Huallpa）在追捕一匹跑散的駱馬時，被迫在這座山崗上過了一夜。為了不致凍死，他點燃了一堆篝火取暖，火光照亮了白色的耀眼的礦脈，那是純正的白銀，這便導致西班牙人雪崩似地蜂擁而來。

財富源源不斷地流出，國王卡洛斯五世迅速表示感謝，他授予波托西帝國城市的稱號和一枚城徽，上面寫著：

「我乃富饒的波托西，我乃人間寶庫，群山之王，我令所有國王傾倒。」

在瓦伊巴發現此山谷僅十一年，剛剛誕生的帝國城市就慶祝費利佩二世加冕。慶祝活動持續了二十四天，耗資八白萬硬通比索。尋寶者紛紛來到這塊令人生畏的地方，這座約五千米高的山峰成為最有吸引力的磁體。但是，在銀山腳下，生活卻是艱辛的，人們必須忍受寒冷，這似乎是一種必要的代價。在短短的瞬間，一個富饒但卻雜亂無章的社會伴隨著白銀在波托西誕生了。這是白銀引起的興盛和騷動。按照烏爾塔多‧德門多薩總督（Hurtado de Mendoza）的說法，波托西成為王國的主要中樞神經。十七世紀初，波托西全城已擁有三十六座裝飾豪華的教堂，眾多的賭場和十四座舞蹈學校。沙龍、劇場和節日舞台都掛著極其華麗的壁毯、掛簾、紋章和金銀手工藝品。住宅的陽台上垂掛著五顏六色的錦緞和金銀絲織物。城裡有來自格拉納達、法蘭德斯和卡拉布里亞的絲綢和紡織品，有巴黎和倫敦的禮帽，錫蘭的鑽石、印度寶石、巴拿馬珍珠、那不勒斯的長筒襪、威尼斯的玻璃製品、波斯地毯、阿拉伯香水和中國瓷器。太太們渾身珠光寶氣，戴著寶石、鑽石和珍珠；紳士們身著地道的荷蘭高級繡花服裝。鬥牛之後便玩傳戒指遊戲，此地總有中世紀式的決鬥，這是愛情與傲慢的決鬥。決鬥士戴著鑲滿綠寶石和鮮豔羽毛的鐵盔，手持托萊多利劍，騎在裝飾華麗的智利小馬上，馬鞍和馬鐙都用金絲裝飾。

1579 年，馬蒂恩（Matienzo）法官抱怨道：「總是少不了新奇的事、厚顏無恥和傲慢無禮。」那時的波托西已經有八百名職業賭徒，一百二十名著名妓女，那些富有的礦主經常光顧她們明亮的沙龍。1608 年，波托西為慶祝聖體聖禮，上演了六天喜劇，舉行了六個晚上的化裝舞會，八天鬥牛，還組織了三場社交晚會，兩天的各種比賽及其他慶祝活動。

西班牙人養牛，別人喝奶

1545 年到 1558 年間，位於現在玻利維亞境內波托西富饒的銀礦、墨西哥的薩卡特卡斯和瓜納華托的蘊藏豐富的銀礦，都相繼被發現；就在這同一時期人們開始熔煉銀汞合金，因為這種合金可以開採含量較低的銀礦。開採銀礦的「狂潮」很快壓倒了金礦。到十七世紀中葉，銀礦出口已經占西班牙語美洲國家礦產出口的 99% 以上。（註 20）

因此，從那時起，美洲就成為一個寬闊、集中的礦井口，波托西尤為如此。至今，一些玻利維亞作家滿懷豪情地說，**西班牙三百年中從波托西得到的礦石足夠架起一座從山頂通向大洋彼岸皇宮門口的銀橋**。這個比喻畢竟是一種想像，但是它暗示了這樣一種看似杜撰但卻是真實的事實：銀子流向廣闊的領域。大量的美洲白銀被偷偷地走私運到菲律賓、中國和西班牙本土，厄爾·漢密爾頓（註 21）的書中並沒有預料這一情況。漢密爾頓根據從交易所獲得的資料，在他論述這個問題的名著中提供了驚人的數字：從 1503 年到 1660 年，有 18.5 萬公斤黃金和 1600 萬公斤白銀運到塞維亞港。在一個半世紀多一點的時間內運到西班牙的白銀，超過歐洲白銀儲備總量的三倍。這些不完整的數字其中還不包括走私。

從新殖民地掠奪來的貴重金屬刺激了歐洲的經濟發展，甚至可以說，使歐洲的經濟有可能得以發展。就連亞歷山大大帝把掠奪來的波斯財富傾倒在古希臘所產生的效果，也無法與美洲對他國巨大貢獻的發展相比擬。不是對西班牙做出貢獻，確實不是，儘管美洲白銀之泉是屬於西班牙的。正如十七世紀人們所說的：「西班牙像一張嘴，它進食、咬碎、嚼爛，立即送到其他的器官，除了一瞬即逝的味覺或者偶然掛在牙齒上的碎屑之外，自己什麼也沒留下。」（註22）西班牙人養牛，但是別人喝奶。王國的債權人大部分是外國人，他們有計劃地掏空了塞維亞交易所，由三個人用三把鑰匙鎖著，保存美洲財寶的金庫。

王朝被抵押出去了。在此之前，它已把各種船隻運載的，幾乎所有的白銀都讓給了德國、熱內亞、法蘭德斯和西班牙的銀行家。（註23）在西班牙徵收的稅款，大部分也遭到同樣的命運：1543 年，皇家收入的 65% 都用來支付債券的年利。只有極少量的美洲白銀被用在西班牙經濟上。儘管白銀表面上是在塞維亞登記入庫，但是它卻流入富格爾（Függer 德國銀行家。—譯註）家族手中，這些有錢有勢的銀行家們早把完成修建聖佩德羅教堂（San Pedro）工程所需要的資金預支給了教皇，這些白銀也流入當時其他一些像韋爾澤（Welser）、謝茲（Shetz）和格里瑪律迪（Grimaldi）家族那樣的大債主手中。白銀還用來支付向新世界出口非西班牙貨品的費用。

富有的帝國有一個貧窮的宗主國，宗主國雖然窮，但對繁榮的幻想卻像越來越膨大的肥皂泡。一方面王朝到處開闢戰場，一方面貴族揮霍無度。在西班牙土地上，教士和武士，貴族和乞丐像物價和金錢利率瘋漲一樣增長。在這個擁有廣闊但貧瘠大莊園的國度裡，工業一誕生就死亡了，病弱的西班牙經濟抵抗不住需求越來越多的食品和商品的猛烈衝擊。這種需求的增長是殖民地擴張不可避免的結果。公共費用的大量增加和海外領地消費需要強大壓力導致貿易赤字激增，通貨膨脹失控。哥爾白（Colbert）這樣寫道：「哪個國家和西班牙人做買賣越多，哪個國家的白銀就越多。」歐洲激烈地爭奪西班牙市場，也就是爭奪美洲市場和白銀。十七世紀末的一份法國檔案使我們瞭解到，儘管從法律的角度看，宗主國有十分迷人的景象，但是，那時西班牙只掌握了同大洋彼岸「它的」殖民屬地進行貿易的 5%，全部貿易的近三分之一掌握在荷蘭人和法蘭德斯人手中，四分之一是屬於法國人的，熱內亞人控制了 20% 以上，英國人控制了 10%，德國人控制得少一些。（註24）**美洲是一宗歐洲的買賣。**

卡洛斯五世通過賄賂被推舉為神聖帝國凱撒大帝們的繼承人，但是他在位的四十年中，只有十六年是在西班牙度過的。這位下巴突出、目光呆滯的君主，一個西班牙單詞都不認識就登上了寶座。他執政時，周圍是一群貪婪的法蘭德斯人，卡洛斯五世給這些人發放通行證，讓他們從西班牙帶走滿載黃金首飾的騾馬，還授予他們主教、大主教的頭銜和官職職位作為犒賞，最後還允許他們把黑奴運到美洲殖民地去。卡洛斯五世在整個歐洲追捕魔鬼，由他挑起的宗教戰爭消耗了美洲的財富。他的去世沒有導致哈布斯堡王朝的覆滅，西班牙在近兩個世紀內忍受著奧地利的統治。反改革運動的偉大領袖是他的兒子費利佩二世。費利佩二世在瓜達拉馬（Guadarrama）山腳下，埃斯寇里亞爾巨大修道院式的皇宮裡，向各地推行宗教裁判所這種恐怖的制度，讓他的軍隊攻打異教徒的中心地。喀爾文教派控制了荷蘭、英國和法國，土耳其人則象徵著阿拉真主教可能捲土重來。為了拯救靈魂付出了巨大代價：那些沒有在墨西哥和秘魯被熔化，為數不多的美洲金銀藝術珍品很快就從塞維亞的交易所被搶奪出來扔到爐子中去。

異教徒和異教徒嫌疑犯被燒死，宗教裁判所聖潔的火焰把他們燒焦了，托克馬達（Torquemada 十六世紀中期西班牙作家。—譯註）焚燒了書籍，魔鬼的尾巴出現在各個角落，反對新教的戰爭也是反對歐洲蒸蒸日上的資本主義的戰爭。埃里奧特在上面提到的那本書中說道：「把十字軍保存下來就等於把參加十字軍的民族的古老社會組織保存下來。」成為西班牙的狂妄和頹敗的美洲金屬都被用來對抗代表現代經濟的新生力量。卡洛斯五世已經在起義者的戰爭中擊敗了西班牙的資產階級，這場戰爭已經成為反對貴族、反對貴族的財產和特權的一場社會革命。布林戈斯城（la ciudad de Burgos）叛變以後，起義失敗。四個世紀之後，這個城市成為法蘭西斯科・佛朗哥（Francisco Franco）將軍的首都。最後，起義之火被撲滅。卡洛斯五世在四千名德國士兵的簇擁下回到了西班牙。與此同時，取得瓦倫西亞（Valencia）市政權並擴展到全區，紡織工人和手工業者十分激進的起義，也被淹沒在一片血泊中了。

捍衛天主教信仰實際上掩蓋了反對歷史進程的鬥爭。驅逐猶太人——即信仰猶太教的西班牙人，使得西班牙在天主教國王統治時期失去了許多能工巧匠和必不可少的資本。人們認為驅逐阿拉伯人——實際上是信仰伊斯蘭教的西班牙人——無足輕重，但是僅僅在 1609 年就有二十七萬五千人被發配到邊疆去，這對瓦倫西亞的經濟造成了摧殘性的後果，埃布羅河

（Ebro）南部阿拉貢地區的肥沃土地毀於一旦。此前，費利佩二世由於宗教的原因趕走了數千名信仰新教或有嫌疑信仰新教的法蘭德斯手工藝人。英國慷慨接受了這些被驅逐的人，而他們的技藝大大推動了英國的工業。

人們可以看出，遙遠的距離和通訊不便不是妨礙西班牙工業發展的主要障礙。西班牙資本家通過購買王朝的債券成了債主，他們並不把資本投入到工業發展中去。多餘的經濟資源不是用於生產。這些掌握生殺大權的老富豪們既有土地，又有貴族頭銜，他們把多餘的錢用來修建宮殿，購買珠寶首飾，而投機商和大商人這些新貴們則購買土地和貴族爵位。不論前者或後者，都不納稅，也不會因欠債而入獄。反之，從事工業活動的人，他的貴族證書就會自動失效。（註25）

西班牙人在歐洲遭到軍事失敗以後，陸續簽訂了一些貿易協定，做出的讓步刺激了取代塞維亞港地位的加的斯港（Cádiz），得以和法國、英國、荷蘭以及德國各港口之間的海上交通發展。每年都有八百至一千艘船在西班牙卸下外地生產的工業品，把美洲的白銀和西班牙的羊毛運到外國的紡織廠去，再把擴張中的歐洲工業所生產的紡織成品運回來。加的斯的壟斷資本家只限於給運往新大陸的外國工業產品重新貼上商標。如果西班牙的工業品連本國市場都照顧不了，怎麼能夠去滿足殖民地的需要呢？

里爾和阿拉斯的花邊織物、荷蘭的布匹、布魯塞爾的掛毯、佛羅倫斯的錦緞、威尼斯的玻璃製品、米蘭的武器以及法國的酒和亞麻（註26）充斥西班牙市場，以犧牲本國生產為代價來滿足一個越來越窮的國家中，人數越來越多、力量越來越大的富有寄生蟲們所講究的排場和揮霍消費的需求。工業夭折。哈布斯堡王朝盡一切可能地加速工業的消亡。到了十六世紀中葉，政府居然准許進口紡織品，同時又禁止西班牙所有的呢料出口

（除美洲之外的國家）。（註27）與此相反，正如拉莫斯指出的，英王亨利八世和伊莎貝爾一世的方針很不一樣，他們禁止這個處於上升階段的國家出口黃金和白銀，他們壟斷了匯票，阻止羊毛出口，並把北海漢薩同盟（Liga Hanseática）的商人從英國港口趕出去。與此同時，義大利諸共和國通過關稅、優惠和嚴格的禁令保護其對外貿易和工業，手工藝匠人不得出國，否則處以死刑。

　　一切都在走下坡路。1558年卡洛斯五世逝世時，塞維亞有一萬六千台紡織機，四十年之後，當費利佩二世去世時只剩下四百台。安達魯西亞（Andalucía）七百萬頭羊減少到二百萬頭。塞萬提斯（Miguel de Cervantes Saavedra）在《唐吉訶德》這本美洲甚為流行的小說中描述了當時的社會。十六世紀中葉頒佈了一條法令，不准進口外國書籍，也不准學生到西班牙以外的地方去學習。在短短幾十年中，薩拉曼卡（Salamanca）的大學生減少了一半。那時有九千所修道院，教士增長速度之快可以和那些戎馬生涯的貴族增長速度相比。十六萬外國人霸佔了對外貿易，貴族們的揮霍使西班牙在經濟上十分虛弱無能。大約在1630年，一百五十多個公爵、侯爵、伯爵和子爵還拿到五百萬杜卡多（西班牙幣名。一譯註）的年金，這些錢使他們光榮的爵位大放異彩。梅迪納塞里公爵（Medinaceli）有七百個傭人，歐蘇納大公爵（Osuna）有三百名奴僕，為了嘲笑俄國沙皇，他讓奴僕們都穿上了皮大衣。（註28）十七世紀是流氓、饑餓和瘟疫的時代。西班牙究竟有多少乞丐？數也數不清，但是這也未能阻止外國乞丐從歐洲各地湧到這裡來。大約在1700年，儘管全國人口已經不多了，西班牙還有六十二萬五千名騎士和軍人。在兩個多世紀中，西班牙人口已經減少了一半，和英國的人口一樣，而英國的人口在那時翻了一倍。1700年哈布斯堡政權結束了，西班牙全面破產。長期的失業、荒蕪的大莊園、混亂的貨幣、一塌糊塗的工業、失敗的戰爭和空空如也的國庫等等，加上中央政府在各省已無權力，費利佩五世面前的西班牙，「比它的已故主人多不了幾口氣。」（註29）

波旁家族使國家有了一種比較現代化的假象，但是到十八世紀末，西班牙的教士竟達到二十萬，其餘的非生產人口也繼續急劇增長，造成了國家的發展遲緩。那時在西班牙還有一萬多城鎮在貴族領主管轄下，不受國王的直接控制。大莊園制和世襲制仍原封未動地保留著，蒙昧主義和宿命論照樣存在。還不及費利佩四世的時代。那時，一群神學家曾聚在一起研究在曼薩納雷斯（el Manzanares）和塔霍（el Tajo）兩條河之間修建一條運河的方案，最後他們宣佈，如果上帝喜歡讓河流通航，祂在創造河流時就會讓它們通航。

騎士和馬的分工

在《資本論》第一卷中，馬克思寫道：「美洲金銀產地的發現，土著居民的被剿減、被奴役和被埋葬於礦井，對東印度進行的征服和掠奪，非洲變成商業性地獵獲黑人的場所：這一切標誌著資本主義生產時代的曙光。這些田園詩式的過程是原始積累的主要因素。」

對內和對外的掠奪都是資本原始累積的重要手段，它從中世紀起，就使世界經濟的發展過程出現了一個新的歷史時期。隨著貨幣經濟的發展，不平等的交換擴展到越來越多的社會階層和世界上越來越多的地區。埃內斯托·曼德爾（Ernest Mandel）把到1660年為止從美洲搶來的金銀的價值，1650年到1780年間荷蘭東印度公司從印尼獲得的戰利品，十八世紀法國資本買賣奴隸所獲的營利，英國在英屬安地列斯群島使用奴隸勞動的收入以及五十年中從印度掠奪來的東西統統加在一起，其總數超過了到1800年為止歐洲的工業總投資額。（註30）曼德爾指出，這筆巨額資本為向歐洲投資創造了有利的條件，刺激了「企業精神」並直接用來建立大大推動產業革命的工業。但同時，有利於歐洲的國際上財富大規模集中，卻妨礙了被掠奪地區跳躍到累積工業資本的階段。「發展中國家的雙重悲劇就在於它們不僅僅是國際集中化進程的犧牲品，而且往後它們還得為自己的工業落後付出代價，也就是得在一個充斥著業已成熟的西方工業產品的世界中，進行工業資本的原始累積」。（註31）

美洲殖民地是在商業資本擴大的過程中被發現、被征服、被殖民化的。歐洲伸出它的雙臂攬住全世界。不論是西班牙還是葡萄牙，都沒有從資本主義的重商主義突飛猛進中獲得什麼好處，儘管它們的殖民地主要為上述商業資本的擴張提供了黃金和白銀。正如我們所看到的，縱然美洲的貴重金屬曾經使西班牙貴族——他們過時地與歷史背道而馳地生活在中世紀——虛偽的財富大放光芒，但它們同時也決定了西班牙在以後幾個世紀中的頹敗。歐洲其他一些地區，在很大程度上依靠掠奪美洲原始居民來孕育現代資本主義。在搶掠大宗財寶之後，便是在礦井和坑道裡強迫土著和從非洲強行買來的黑奴進行勞動，有計劃地剝削他們。

歐洲需要金銀。流通領域的支付方式越來越多樣化，在資本主義即將分娩時，必須幫助它蠕動：資產階級分子佔據了城市，建立了銀行，生產並交換商品，而且爭奪新市場。黃金、白銀、蔗糖，供過於求的殖民地經濟是按照歐洲市場的需要來建立並為其服務的。在十六世紀較長的時期內，拉丁美洲貴重金屬的出口值比進口值大四倍，那時主要進口奴隸、鹽、酒、食用油、武器、呢料和奢侈品。財富外流，落入那些新興起的歐洲國家之手。這就是那些開拓者的主要任務，除了這項任務之外，他們向瀕臨死亡的印第安人傳播福音的次數和使用皮鞭的次數一樣頻繁。伊比利半島殖民地的經濟結構從屬於國外的市場，因此這種經濟結構也就集中在掌管收入和權力的出口部門。

從金屬時代到往後提供食品的時代這一長串的過程中，每個地區都以它所生產的東西為特徵，而它所生產的東西，又是歐洲所希望的。**穿洋過海的大帆船底艙中所運載的每一種產品，都變成了一種志向，一種命運。**就像保羅·巴蘭所說的，「**與資本主義同時興起的國際分工，正如騎士和馬之間的分工一樣。**」（註32）殖民地世界的市場也發展了起來，但它是作為新生資本主義的國內市場其純粹附屬物而存在。

塞爾索·富爾塔多指出（註33），歐洲封建領主從他們所統治的人民那裡得到了一筆額外收入，他們通過各種辦法把這筆額外收入用在自己的地區，而從國王那裡得到美洲的礦井、土地和印第安人的西班牙人，其主要目標則是獲取盈餘並把它轉到歐洲去。這種看法有助於闡明美洲殖民地經濟從建立之時起，所要達到的最終目的：儘管這種經濟表面上顯示了一些封建的特點，但是在其他地方它仍效忠為新生的資本主義。歸根究底，在我們的時代，若是沒有貧苦受奴役的外國地區，也就沒有富有的資本主義中心，二者同屬於一個體系。

但是，不是所有的盈餘都被轉到歐洲去了。殖民地經濟受到商人、礦山老闆和大地主的控制，在朝廷及其主要的同盟——教會機警而無孔不入的監視之下，他們瓜分了印第安人和黑人的勞動成果。權力集中在少數人手中，他們把金屬和食品運到歐洲去，從歐洲得到奢侈品，耗費他們不斷增長的財富。統治階級對國內經濟多樣化和提高人民的技術和文化水準毫無興趣。他們在為之而運轉的國際大齒輪中起了另外的作用，按統治者的觀點來看，人民極大的貧困對他們十分有利，但是這種貧困阻礙了國內消費市場的發展。

　　一位法國女經濟學家（註34）認為，造成目前拉丁美洲狀況極度落後、最糟的殖民遺產，就是缺少資本。然而，所有的歷史資料說明，過去，殖民地經濟在本地區內為那些和殖民主義統治制度合作的階級帶來了巨大的財富。塞爾希奧・巴古（註35）說，大量無償、或實際無償的勞動力，以及歐洲對美洲產品的大量需求「**使得伊比利殖民地能夠提前積累大量資本。受益者不僅遠遠沒有增加，相較於總人口反而減少了，不斷地增加失業的歐洲人和當地白人足以說明此點。**」扣除傾注在歐洲資本主義原始積累過程最優厚部分之後，留在美洲的那一部分資本不像在歐洲那樣用於工業的發展奠定基礎，而是用來修建豪華的宮殿和教堂，購買首飾和奢侈的衣著及傢俱，養活眾多的奴僕並在節日中大肆揮霍。在較大程度上，這筆多餘的資本用來購買新的土地、變為固定資本或繼續在投機和商業活動中運轉。

　　在殖民時代衰落的時期，馮洪堡在墨西哥發現了「一筆巨額資本集中在礦山主或退出商界的買賣人手裡」。根據他的考證，墨西哥田產和全部資本的一半以上是屬於教會的，教會還透過典押控制了相當部分的餘下土地。（註36）像維拉克魯斯和阿卡普爾科（Acapulco）的大出口商一樣，墨西哥礦主把他們多餘的錢用來購買大莊園，放高利貸，教會的高層人士也朝這方向經營他們的財產。能夠把平民百姓變為王宮貴族的住宅以及令人驚歎的教堂就像雨後春筍般拔地而起。

　　在十七世紀中葉的秘魯，村落領主、礦主、宗教法庭法官、王國的行政官員等等都把資本傾注到商業中。在委內瑞拉，十六世紀末開始用鞭子強迫大批黑人種植可可，靠這項經營形成的財富投入到「新的可可種植園和種植其他經濟作物以及礦山，城市不動產，購買奴隸和牲畜等等方面」。（註37）

波托西的廢墟，白銀的時代

當安德列‧岡德‧弗蘭克分析在拉丁美洲歷史長河中「宗主國和衛星國」之間關係的本質時，他把這種關係看作是一條連續從屬的鎖鏈。他在其著作（註38）中指出：**今日最不發達、最貧困的地區正是昔日和宗主國的聯繫最緊密、曾經繁榮一時的地區。這些地區過去生產了大量財富出口到歐洲，後來又出口到美國去，是大量資本的源泉，但由於種種原因貿易不興盛之後就被宗主國拋棄了，波托西就是這種一落千丈的極典型例子。**

墨西哥瓜納華托和薩卡特卡斯銀礦是後來繁榮起來的。在十六和十七世紀，富饒的波托西山是美洲殖民生活的中心，以此形式在這中心周圍運轉的有智利的經濟，它提供小麥、肉乾、皮革和酒；有科爾多瓦（Córdoba）和圖庫曼（Tucumán）的畜牧業和手工業，它們提供牲畜和紡織品；有萬卡維利卡（Huancavelica）的水銀礦以及阿里卡（Arica）地區，它是向當時主要行政中心利馬運去白銀的轉運站。十八世紀是以波托西為中心的白銀經濟枯竭的開始，但是，在獨立戰爭時期，包括今日玻利維亞在內的這一區居民比居住在今日阿根廷這塊土地上的居民還要多。一個半世紀過去，玻利維亞的人口幾乎比阿根廷的人口少了六倍。

那個被豪華和浪費搞得疲弱不堪的波托西如今只給玻利維亞留下對過去輝煌燦爛景象模模糊糊的記憶，留下教堂和宮殿的廢墟以及八百萬具印第安人的屍體。鑲嵌在有錢的騎士盾牌上的任何一顆鑽石的價錢，都比一個印第安人苦力一生所掙的錢還要多，但是騎士帶著鑽石逃跑了。玻利維亞這個今日世界上最貧困的國家之一，可以誇耀其曾經為最富有的國家增添財富——如果這樣做有用的話。在我們的時代，波托西是貧困的玻利維亞一個貧困的城市，我曾和一位裹著長長駝羊毛披巾的老太太，在她那有二百年歷史的安達魯西亞式的庭院裡交談，她對我說：「這個城市給予世界的東西曾經是最多的，但是現在它擁有的東西卻最少。」這個註定要懷舊的、饑寒交迫的城市，至今仍是美洲殖民制度一個敞開的傷口，一份控告書。世界應該開始乞求它的原諒。

人們以瓦礫為生。1640 年，阿爾瓦洛·阿隆索·巴爾瓦神父在馬德里出版了由皇家印刷廠印製，關於金屬藝術的傑出論文。他在書中寫道，錫「是毒品」。（註 39）他提到了一些山，「那裡有很多錫，但是不被人所知，因為在那裡沒有發現大家所要尋找的白銀，所以把錫扔到一邊去。」現在在波托西正在開採被西班牙人當作垃圾扔在一旁的錫礦。一些老房子的牆壁被出售，因為它含有高品質的錫。西班牙人在那座富饒的山上開掘的五千個礦井口，從過去幾百年來源源不斷地噴出財富。隨著炸藥慢慢把山炸空，山頂慢慢塌陷，山也正在改變顏色。堆放在無數洞口邊的大堆岩石有各式各樣的顏色：粉紅色、淡紫色、紫紅色、黃褐色、灰色、金黃色、棕色，簡直是一條用各色小布塊做成的床單。鑿石者敲開岩石，善於掂量和選礦的印第安婦女，則像小鳥一樣銜啄餘下的礦石，從中尋找錫。礦工們手持電石燈，佝僂著身子，鑽到那些尚未被水淹沒的礦井裡去挖掘所能採到的東西。沒有白銀，連一點點閃光的東西都沒有。西班牙人甚至用小掃帚把礦井掃得乾乾淨淨。礦工們用鎬頭和鐵鍬在狹小的坑道裡從礦石殘渣中掏掘一些礦石。「山還是富饒的」——一個用手扒土的失業者平靜地說，「上帝保佑，你看，礦山像植物一樣也在長大。」波托西富饒山巒的對面，有一座名叫瓦卡奇（Huakajchi）的山，它是礦山被毀的見證人。瓦卡奇在克丘亞語中是「哭泣過的山」的意思。山坡上有許多「泉眼」，流下了一股股清澈的泉水，讓礦工們飲用。

十七世紀中葉是這個城市的昌盛時期，它曾經吸引了許多西班牙和當地白人畫家、手工藝者以及印第安的肖像畫家，在美洲殖民藝術中刻下自己的烙印。被稱為美洲格雷戈（El Greco 著名的西班牙畫家。—譯註）的梅爾喬‧佩雷斯‧德奧爾金（Melchor Pérez de Holguín）留下了為數眾多的宗教題材作品，既顯示了畫家的創作天才，又反映了這塊土地的宗教熱情，例如令人難以忘懷的聖母瑪利亞的光輝形象，她敞開胸懷，用一邊乳房餵襁褓時的耶穌，用另一邊乳房餵聖約瑟。首飾店的金銀匠、做凸出花紋的師傅、木匠和做金、木、石膏及珍貴象牙工藝的師傅，他們用無數閃閃發光的金銀絲做成的雕塑、祭壇以及極珍貴的佈道台、祭壇畫來裝飾波托西許許多多的教堂和修道院。和那些受到致命潮濕侵蝕的繪畫、次要的人像和物品不同，用石頭雕鑿的廟宇正門則經歷了幾個世紀風風雨雨的吹打。旅遊者和神父們把教堂搶劫一空，從聖杯、大鐘到用歐洲小山毛櫸木和白蠟木雕成的聖法蘭西斯科（San Francisco）雕像和基督雕像，能拿的都拿走了。

這些被搶劫一空、大部分已關閉的教堂正逐漸被歲月所摧毀。這確實很可惜，因為它們雖然被掠奪殆盡，卻仍然是尚存的、把各種風格融合在一起並加以發揮的殖民地藝術的巨大財富。這種藝術的寶貴之處在於它的風格和異教情調，代替了十字架的蒂亞瓦納科（Tiahuanaco）的「階梯式標誌」；同神聖的太陽、神聖的月亮在一起的十字架；披著自然長髮的聖男聖女，環繞柱子一直到柱頂上的葡萄和麥穗，同印加帝國的國花──康圖塔花（Kantuta）在一起；美人魚、酒神和歡樂的生活同羅馬式的苦行僧、一些面頰黝黑的神像以及帶有印第安特色的女人像柱交織在一起。一些已經沒有教徒光臨的教堂被重新修建改作他用。聖安布羅西奧教堂（San Ambrosio）變成了奧米斯特影院，1970 年 2 月在用淺浮雕裝飾的正門上登出了下次公映的廣告：「*世界發瘋了，發瘋了，發瘋了。*」耶穌會的教堂也變成了電影院，後來又變成了格拉斯公司的商品倉庫，最後變成了公共慈善事業的食品倉庫。少數教堂還在勉勉強強地舉行一些宗教活動，波托西居民由於貪求而開始向神祈禱已經有一個半世紀了。以聖法蘭西斯科教堂為例，據說這個教堂的十字架每年都長高幾公分，維拉克魯斯主神的鬍子也在長長，這是四個世紀前不知由誰帶到波托西，穿絲戴銀的令人生畏的耶穌像，神父們每隔一段時間少不了要給祂剃剃鬍子，甚至寫下了祂所做的一切神奇的事：不斷地驅除乾旱和瘟疫，奮起捍衛被圍困的城市云云。

　　但是，維拉克魯斯主神對波托西的衰落無能為力。人們說，銀礦的枯竭正是上帝懲罰礦主的暴行和罪孽。壯觀的彌撒是往日的事，宴會、鬥牛、舞會、焰火也已成為過去。豪華的宗教儀式歸根究底也都是印第安奴隸勞動的副產品。在繁榮時期，礦主們為教堂和修道院提供了大量的捐贈，他們經常舉行隆重的葬禮活動。通往天堂的大門的鑰匙是純銀的，商人阿爾瓦羅‧貝哈拉諾（Álvaro Bejarano）在他 1559 年的遺囑中命令「波托西所有的神父和教士」都要為他送葬。在殖民社會熾熱恐懼的瘋狂行為中，庸醫和巫師與正式的宗教摻雜在一起。隆重的施塗油禮，同施聖餐一樣，能拯救垂死的人，儘管留下豐厚的遺產來修建一座寺廟或一個銀祭壇比這更有效得多。念福音可以退燒，在一些修道院念經可以降低體溫，在另一些修道院念經又可以使身體發熱。「宗教教義像羅望子樹和甜硝石一樣涼爽，聖母頌就像柑橘花和嫩玉米鬚一樣使人感到溫暖……」（註40）

在丘吉薩卡大街，可以看到被幾百年歲月侵蝕的卡爾馬（Carma）和卡雅拉（Cayara）伯爵宮殿的正面，昔日的宮殿如今已變成一個牙科醫生的診所。軍團長安東尼奧·洛佩斯·德基羅加（Antonio López de Quiroga）先生的族徽，現在是蘭薩街一個小小的學校的裝飾品。畫著張牙舞爪獅子的奧塔維侯爵（Otavi）的族徽，現在掛在國家銀行的門廊上，「他們現在都住在哪裡呢，大概已走到很遠的地方去了……」。仍然死守在家鄉的波托西老太太告訴我，富人們先走了，後來窮人們也走了。波托西現在的人口比四個世紀前少了三倍。我從烏尤尼大街一個屋頂的平台上遙望那座山，烏尤尼大街是一條狹窄的、曲曲彎彎的殖民地小巷，這裡的房子都有大大的木結構陽台，小巷兩邊的陽台挨得很近，街坊人們不論接吻還是打架都不必下到街上來。像整個城市一樣，這條街上還保留著古老昏暗的油燈，海梅·莫林斯（Jaime Molins）曾經這樣描寫：「在這昏暗的油燈下，遮面的騎士、漂亮的婦人以及賭徒們像幽靈一樣談情說愛並悄悄溜走。」這個城市現在已經有了電燈，但是並不怎麼顯眼。在黑暗的廣場上，在古老的燈籠的照耀下，為慈善事業舉行摸彩晚會。我看到人群中有人抽中了一塊餅乾。

蘇克瑞（Sucre）和波托西一起衰落。這座氣候宜人的小城，曾先後被稱作恰爾卡斯（Charcas）、拉普拉塔（La Plata）和丘基薩卡

（Chuquisaca）。它在很大程度上享用了從富饒的波托西山中流出來的財富。法蘭西斯科‧皮薩羅的兄弟貢薩洛‧皮薩羅想當國王卻未能如願，他在蘇克瑞修建了一座王宮般富麗堂皇的宮殿。教堂、豪宅、公園和療養花園，一起和法學家、信徒們以及咬文嚼字的詩人們，不斷地湧現。一個世紀又一個世紀，它們漸漸給城市留下了烙印。「寂靜，這就是蘇克瑞的寂靜，蘇克瑞已不存在，但是從前……」。從前，這裡是兩任總督的文化首府，是美洲主要大主教區的所在地，是殖民地最有權勢的法庭的所在地，是南美洲最繁榮、最文明的城市。烏比納（Ubina）和科爾蓋恰卡（Colquechaca）兩位夫人，即塞西莉亞‧孔特雷拉斯‧德托雷斯夫人（Cecilia Contreras de Torres）和瑪麗亞‧德拉斯梅塞德斯‧托拉爾瓦‧德格拉馬霍夫人（María de las Mercedes Torralba de Gramajo）舉行豐盛的宴會，比賽誰更能揮霍她們從波托西的礦產所得到的巨額盈利，當豐盛的宴會結束時，她們從陽台扔下銀餐具，甚至扔金製器具，讓走運的過路人拾揀。

　　蘇克瑞現在還有一個艾菲爾鐵塔，與它自己的凱旋門。人們說，用它的聖母瑪利亞身上的珠寶就能付清玻利維亞的巨額外債。但是那些著名教堂的鐘曾在 1809 年歡樂地歌頌美洲解放，今日的鐘聲卻是淒慘的。聖法蘭西斯科教堂喑啞的鐘聲曾經多次宣告起義和暴動，今日卻只能為蘇克瑞死一般的沉寂敲響喪鐘。蘇克瑞仍然是玻利維亞的合法首都，最高法庭仍然設在蘇克瑞，這都無關緊要。走在街上的是數也數不清的律師，他們病病歪歪，皮膚發黃，是這個城市走向衰亡的倖存見證人，他們曾經是戴著拴有黑帶子的金邊眼鏡博士。蘇克瑞高貴的長者們，從空空如也的大宮殿派出他們的僕人到火車窗戶下賣燒餅。以往走運時，有人甚至買下了王子的頭銜。

在波托西和蘇克瑞，只有已不復存在的財富的幽靈還活著。萬恰卡（Huanchaca）是玻利維亞的又一場悲劇，在上個世紀，英國和智利資本耗盡了此區寬度為兩米多、含銀量較高的銀礦礦脈，現在只剩下灰塵彌漫的廢墟。地圖上還標有萬恰卡這個地名，好像它還存在似的，交叉著的鎬頭和鐵鍬表示它仍然是存在的礦業中心。墨西哥的瓜納華托和薩卡特卡斯礦的命運是不是較好一些呢？根據亞歷山大·馮洪堡提供的材料估計，**從1760到1809年僅僅半個世紀裡，由於出口白銀和黃金，墨西哥外流的經濟款項就相當於現在約五十億美元。**（註41）那時在美洲還沒有更重要的礦產。德國的大學者把瓜納華托的瓦倫西亞納礦（Valenciana）與歐洲撒克遜地區最富的欣梅爾茲·富施特礦（Himmels Furst）作一比較，在那個世紀初葉，瓦倫西亞納礦所生產的白銀比欣梅爾茲礦多三十六倍，它給股東們留下高出三十三倍的利潤。1732年，聖地牙哥·德拉拉古納伯爵（Santiago de la Laguna）激動地描寫薩卡特卡斯礦區和「礦井深處所埋藏的珍寶」，在山區，「四千多個礦井口用自己身體深處的果實去更好地為上帝和國王效勞，也為了讓所有的人都來吸吮和分享偉大的、豐滿的、淵博的、文明的和高貴的東西」，因為這是「智慧、禮貌、戰績和高尚的源泉」。（註42）瑪律莫萊霍神父（Marmolejo）後來描寫瓜納華托城説，橋樑穿過城市，城內有酷似巴比倫城塞米拉斯（Semíramis）那樣的花園，有使人眼花繚亂的廟宇、劇院、鬥牛場、鬥雞場，有面對綠色山坡的寶塔和圓形屋頂。但是，「這是一個不平等的國家，」馮洪堡曾經這樣描述墨西哥，「也許在其他任何地方都不會有如此可怕的不平等……，公有房屋和私有房屋的建築式樣，婦女的漂亮嫁妝，社會的氣氛，所有這一切都顯示著一種與老百姓的貧窮、愚昧和粗俗極為格格不入的過分精心。」山丘上的礦井口吞噬著人和牲畜，「有今天沒有明天」的印第安人長期忍饑挨餓，就像蒼蠅一樣死於瘟疫。僅僅在 1784 年一年，嚴重的霜凍使食品短缺，僅瓜納華托就有八千人死於饑餓引起的疾病。

資本沒有累積起來，而是揮霍掉了。像一句成語所說的：「父親是商人，兒子是騎士，孫子是乞丐。」盧卡斯·阿拉曼（Lucas Alamán）1843年向政府提交了一份報告，提出嚴肅的勸告，同時，他堅持要通過一系列的禁令和高額關稅來對抗外國競爭，保護民族工業。他說，「必須發展工業，這是普遍繁榮的唯一源泉。除了消費工業產品外，薩卡特卡斯的財富對普埃夫拉（Puebla）一點用處也沒有，如果這些工業像以前一樣又衰退了，那麼現在蒸蒸日上的普埃夫拉也將破產，礦山的財富也無法把它從貧困中挽救出來。」預言應驗了。

今天，薩卡特卡斯和瓜納華托甚至在它們所處的地區裡都不是最重要的城市，兩個城市有氣無力地支撐著，周圍是礦業繁榮時期留下的一些帳篷支架。薩卡特卡斯十分荒涼，以農業為生，向其他州出口勞力。和過去好年景相比，這個地區的金礦含金度和銀礦含銀度極低。瓜納華托過去開採了五十個礦井，現在只剩下了兩個。這個美麗城市的人口並沒有增加，但是旅遊者蜂擁而至，他們來欣賞昔日留下的榮華富貴景象，在以浪漫名稱命名、留下許多傳說的小巷中散步，懷著恐懼的心情觀看那一百個被土地的鹽分保護得完整無缺的木乃伊。瓜納華托州一半的家庭——平均每家五口人以上——今天仍然住在只有一個房間的茅草棚裡。

灑下鮮血和熱淚
教皇裁決印第安人是有靈魂的

　　1581 年，費利佩二世在瓜達拉哈拉法庭（Guadalajara）斷言，美洲有三分之一的印第安人已被消滅，倖存者必須為死者交納賦稅。此外，這位君主還說，印第安人是可以買賣的。他們在露天住宿，母親把自己的孩子弄死免得他們在礦區遭受磨難。（註 43）與帝國（指教會。－譯註）相比，王朝不那麼虛偽。除了其他的稅收之外，王朝還得到了它的臣民們在整個講西班牙語的新大陸掠奪到的金屬價值的五分之一。到十八世紀，葡萄牙王朝也是這樣掠奪巴西的。恩格斯（Friedrich Von Engels）曾經說過，美洲的白銀和黃金就像具有腐蝕性的酸劑一樣，滲透到歐洲垂死的封建社會的各個毛孔，那些為新生資本主義的重商主義效勞的礦山企業主們把印第安人和黑奴變成了歐洲經濟無計其數的「國外無產者」。希臘羅馬式的奴隸制事實上在一個不同的世界得到了復甦，除了西班牙語美洲那些已被消滅的帝國中的印第安人遭到不幸之外，從非洲的農村被擄來巴西和安地列斯群島做工的黑人也遭到可怕的命運。**拉美殖民地經濟前所未有、最大程度地集中了勞動力，以便最大限度地集中世界史上任何文明都未曾有過的財富**。這一貪婪、恐嚇和兇猛的巨浪在席捲美洲時，美洲付出的代價是土著居民被殺絕。最近進行的比較有根據的調查說明，哥倫布以前的墨西哥約有二千五百萬到三千萬人口，在安地斯山地區也有同樣數量的印第安人，中美洲和安地列斯群島有一千萬到一千三百萬居民。**當外國征服者出現的時候，美洲印第安人總共不少於七千萬，也許還要更多，一個半世紀以後就減少到總共只有三百五十萬。**（註 44）

　　按照巴里納斯侯爵（el marqués de Barinas）的看法，在利馬（Lima）

和派塔（Paita）之間曾經居住過兩百多萬印第安人，但到了 1685 年，只剩下了四千戶。里尼昂·伊西斯內羅斯大主教（Liñán y Cisneros）否認滅絕印第安人一事，他說：「那是他們為了免繳賦稅藏起來了，他們蹧踏了所享有的自由，在印加時期他們沒有自由。」（註45）

　　金屬源源不斷地從美洲的礦井中流出去，紙上談兵的保護和尊重印第安人的命令也從西班牙朝廷源源不斷地發來。虛偽的法律保護了印第安人，但是現實的剝削使印第安人耗盡了氣血。從奴隸制到服役制，又從服役制到納稅制和薪金制，所有這些在合法條件下變相使用印第安勞動力的做法，只不過是表面上改變了他們的實際處境。王朝認為對土著勞動力進行非人的剝削是非常必要的。1601 年費利佩三世頒佈禁止在礦井實行強迫勞動的法令，同時還下達秘密指示，命令「如果上述禁令影響生產」（註46），就要繼續使用強迫勞動。1616 年至 1619 年間，胡安·德索洛爾薩諾（Juan de Solórzano）總督兼視察員在萬卡維利卡水銀礦區調查勞動條件，他向西印度委員會和君主報告說：「……水銀的毒浸入到骨髓，使人全身發軟，不斷顫抖，工人一般撐不了四年就會死亡。」可是費利佩四世在 1631 年下令那裡繼續執行原體制，他的繼承人卡洛斯二世後來重申了這條法令。水銀礦是直接由王朝經營的，而銀礦則是由私人企業家所控制。

　　根據喬賽亞·康得（Josiah Conder）的材料，**富饒的波托西山在三百年的時間內耗掉了八百萬條生命**。印第安人攜家帶眷從村社被趕到山上去。每十個去到那寒冷不毛之地的人就有七人永遠回不來。礦業主和甘蔗園主路易士·卡波切（Luis Capoche）曾經這樣寫道：「公路上全是人，好像全國在搬家。」留在村社的土著看到的是「很多失去丈夫的悲傷的婦女和失去雙親的孤兒們回來了」，他們知道礦山上「籠罩著死亡和災難」。

西班牙人在波托西方圓幾百英里內搜尋勞動力。很多印第安人在到達波托西之前就死在半路，但是礦山惡劣的勞動條件使更多的人死亡。多明戈會的修士多明戈·德聖托馬斯（Domingo de Santo Tomás）在 1550 年礦山發現不久時向西印度委員會揭露說，**波托西是一張「地獄之口」，它每年吞噬成千上萬個印第安人，貪婪的礦主「就像對待無主的野獸」那樣對待當地人**。後來羅德里戈·德洛艾薩修士（Rodrigo de Loaysa）說道：「這些可憐的印第安人就像海裡的沙丁魚一樣。正如其他的魚要追捕和吃掉沙丁魚一樣，這塊土地上的所有人都在迫害可憐的印第安人……」（註47）村社的首領有責任用十八至五十歲的人替補死去土著役工的空缺。一個磚頭壘牆的大廣場曾是礦主和甘蔗園主分配印地安人的場地，今天已變成工人踢足球的地方。關押土著役工的監獄，現在是不成樣子的瓦礫堆，在波托西的入口處還依稀可見。

在西印度的法律彙編中，不乏那時的法令：印第安人和西班牙人有經營礦山的同等權利；明確禁止損害當地人的權利等。僅從這些法令來看，冠冕堂皇的歷史——從過去的一紙公文抄襲來的現在的一紙公文——是沒有什麼可抱怨的。在西班牙，人們無休止地討論印第安人的勞動法，西班牙律師用筆墨顯示了自己的才能，可是在美洲，法律「得到尊重，但不必履行」。事實上，正如路易士·卡波切所說，「可憐的印第安人好比是一塊硬幣，有了它就能得到所需要的一切，這比用金子和銀子強得多」。許多人在法庭上一再申明自己是黑白混血人，以免被派到礦井上去，或在市場上一而再、再而三地被轉賣。

十八世紀末葉，儘管孔科洛爾科爾沃（Concolorcorvo）的血管裡流淌著印第安的鮮血，他卻這樣背叛了自家人：「我們不否認礦山吞噬了大量印第安人，但這不是由於他們在白銀和水銀礦上幹活的緣故，而是他們的放蕩生活所致。」在這個意義上，擁有很多印第安人為其效勞的卡波切的證詞是很有說服力的。外面天寒地凍，礦山深處又熱死人。印第安人活著進入礦井，「常常是死的抬出來，或是頭打破了，四肢摔斷了。在糖廠每天都有人受傷」。土著役工用丁字鎬鑿下礦石，然後背在背上，在蠟燭的光亮下從梯子上爬出來。在井口外面勞動的人，或是在糖廠滾動長長的木制軸棍，或是粉碎、洗淨銀礦石，然後用火冶煉這些礦石。

「徭役（Mita）」可以說是擠榨印第安人的機器。用汞提煉白銀所產生的毒氣同礦井深處的毒氣一樣致毒於人，或有甚之。汞毒使人頭髮、牙齒脫落，控制不住的發抖。中汞毒者在地上匍匐沿街乞討。夜晚，六千五百堆火在富饒的山坡上燃燒，人們利用天上「光榮的聖‧奧古斯丁神（glorioso San Agustín）」送來的風力在這些火堆上煉銀。煉爐噴出的煙使波托西方圓六西班牙哩（5,5727 米）的範圍內寸草不生，也不長莊稼，煉爐放出來的氣體對人體也是不無害處的。

有人為此事辯解，說什麼大量拿走新大陸的財富是一項慈善活動或是一種信仰。和罪過一起產生的是一整套洗刷罪名的理由。人們把印第安人變成了載重的牲畜，因為他們比大羊駝那弱不禁風的脊背能馱更重的東西，這證明印第安人事實上就是馱重的牲口。墨西哥一位總督認為，沒有比在礦井勞動能治癒印第安人「天生的劣根性」更好的辦法了。人文學家胡安‧希內斯‧德塞普爾韋達（Juan Ginés de Sepúlveda）認為，印第安人現在的處境是罪有應得，因為他們的罪孽和他們所崇拜的偶像是對上帝的褻瀆。布豐伯爵（El Conde de Buffon）斷言印第安人是冷漠無情、虛弱不堪的動物，是「沒有靈魂的」。德帕（De Paw）烏神父把美洲描繪成墮落的印第安人和不會吠的狗、不能吃的牛和不會馱重的駱駝混合在一起的地方。伏爾泰筆下的美洲居住著又懶又笨的印第安人，在那裡，豬的肚臍是長在背上的，獅子是無毛的、怯懦的。培根、德邁斯特（Joseph de Maistre）、孟德斯鳩、休姆（David Hume）和博丁（Jean Bodin）等則拒絕承認新大陸「卑賤的人」與自己是同類。在談到美洲在物質上和精神上的空虛時，黑格爾認為土著居民是隨著歐洲人的到來而消逝的。（註48）

　　十七世紀，葛列格里奧·加西亞神父（Gregorio García）認為，印第安人的祖先是猶太人，因為他們同猶太人一樣「懶惰」，不相信基督的神靈，也不感謝西班牙人給他們帶來的一切好處。至少這位教士不否認印第安人是亞當和夏娃的後裔，有許許多多神學家和思想家並不相信保羅教皇三世（Paulo Ⅲ）1537年宣佈印第安人為「真正的人」的聖諭。巴托洛梅·德拉斯·卡薩斯神父（Bartolomé de Las Casas）憤怒地揭露美洲征服者們的殘酷，這震撼了西班牙朝廷。1557年，皇家委員會的一名委員回答他說，在人類的各種等級中，印第安人處於最底層，因此，他們不可能有信仰。（註49）面對礦井和村落領主的暴行，拉斯·卡薩斯用他熱情的一生捍衛了印第安人。他常說，印第安人寧可下地獄，也不願同基督教徒在一起。

　　印第安人被「託付」給征服者和殖民主義者，由他們給印第安人講解天主教教義。但是因為印第安人要為「領主」幹活和進貢，所以他們沒有很多時間被灌輸天主教拯救靈魂之路。作為犒賞，埃爾南·科爾特斯得到了兩萬三千名臣僕。在當時，人們是通過朝廷的恩賜得到土地，或者是直接去奪取土地，而印第安人也隨著土地被分配。從1536年起，印第安人以及他們的子子孫孫被委託給領主去管理，為期兩代人，即領主及其直接繼承人。從1629年起，這種規定實際上有所發展。土地連同印第安人一起出賣。（註50）到了十八世紀，倖存的印第安人為以後的世世代代過上舒服的生活提供了保證。因為他們像被戰勝的神靈一樣，一直懷念往事，而勝利者則總是能找到神聖的理由去佔有印第安人的勞動。勝利者認為，印第安人是異教徒，命該如此。難道這僅僅是過去才會發生的事嗎？教皇保羅三世的聖諭頒佈四百二十年之後，1957 年 9 月，巴拉圭最高法庭通報全國所有的法官，「印第安人和共和國其他居民一樣也是人……」。後來亞松森天主教大學的人類學研究中心在首都和內地作了一個很具代表性的調查：每十個巴拉圭人中有八個人相信「印第安人就像動物一樣」。在卡瓜蘇（Caaguazú）、上巴拉那（Alto Paraná）和查科地區，印第安人像野獸一樣被獵取和出賣，實際上是作為奴隸而被剝削。但是，幾乎所有的巴拉圭人都有印第安血統，巴拉圭還不停地譜寫歌曲，撰寫詩文，發表演說來紀念「瓜拉尼的靈魂」（alma guaraní）。

懷念圖派克・阿馬魯的鬥爭

西班牙人闖入美洲時，印加神權帝國正處於全盛時期，其勢力範圍包括今天的秘魯、玻利維亞和厄瓜多，以及哥倫比亞和智利的一部分，一直延伸到阿根廷北部和巴西叢林；在墨西哥山谷，阿茲提克人聯盟獲得了高水準的勞動效益，在猶加敦半島（Yucatán Peninsula）和中美洲，馬雅人的燦爛文明持續到後幾代人民，他們都是群體組織進行勞動和戰鬥。

儘管長期遭到破壞，這些社會還是留下了不少東西以證明它的偉大，如修建比埃及金字塔更能反映人類智慧的宗教建築，發明和大自然進行鬥爭的高效率技術以及反映永恆才能的藝術品。從收藏在利馬博物館的幾百個頭顱可以看到，當時的印加外科醫生用金和銀做的刀片施行開顱術進行醫療。馬雅人亦是偉大的天文學家，他們計算了時間和空間，其精確度令人吃驚。他們還比世界上任何一個民族都更早地發現「零」這個數字的價值。阿茲提克人修建的水渠和人工島嶼儘管不是用金子修建，卻使埃爾南‧科爾特斯眼花撩亂。

對美洲的征服粉碎了這些文明的基石。礦業經濟的確立帶來比戰火和流血犧牲更嚴重的後果。礦區造成人口大規模遷徙和村莊農業單位的解體，強迫勞動不僅毀滅了無數的生命，而且間接地摧毀了集體耕作制。印第安人被送到礦井去，他們要為領主服勞役，被迫無償地交出土地並離開，使土地荒蕪。在太平洋沿岸，西班牙人摧毀、丟棄了大面積的玉米、樹薯、豆子、菜豆、花生和番薯。沙漠很快吞食了大面積的土地，印加帝國時期的灌溉系統曾使這些土地有了生命。在征服美洲四個半世紀以後，在印加帝國時期四通八達的大多數道路，只剩下了岩石和荊棘。印加人的巨大公共工程大部分隨著歲月而消失，或被搶奪者毀壞，但是在安地斯山還留下了無窮無盡的梯田痕跡，山坡上的這些梯田過去用於耕種，現在仍然如此。一位美國技術人員（註51）於 1936 年曾估計，倘若在這一年用現代化的方法修建那些梯田的話，那麼，每一英畝就要花大約三萬美元。而當時那既不會使用輪子，又沒有馬匹和鐵器的帝國，修建梯田和灌溉水渠之所以可能，靠的全是由明智的勞動分工而產生的驚人組織程度和技術成熟程度，當然也靠主宰人和土地關係的宗教力量。印第安人認為土地是神聖的，因而也是永遠具有生命力的。

阿茲提克人回答大自然挑戰的能力也是驚人的。今天的旅遊者們知道在被淘乾的湖泊裡留存的少數島嶼稱為「漂動的花園」，正是在這個乾湖上，在印第安廢墟之上建立了墨西哥的首都。這些島嶼是阿茲提克人為了解決在修建特諾奇蒂特蘭城缺少陸地而人工建造的。印第安人從湖邊運來大量的爛泥，然後用薄薄的一堵竹牆把新的爛泥島嶼圍起來，直至樹根慢慢把這些島嶼固定住。水渠就穿過新的陸地。在這些異常肥沃的島嶼上，建立了阿茲提克人的首府，它有廣闊的街道、樸素美麗的宮殿以及帶階梯的金字塔，它神話般地從湖泊中誕生，而命中註定要在外國征服的衝擊之下消失。墨西哥經歷了四個世紀才達到當時那樣眾多的人口。

正如達西・里貝羅所說的，印第安人是殖民生產制度的燃料。塞爾希奧・巴古寫道：「有成百成千的印第安雕塑家、建築師、工程師和天文學家和眾多的奴隸混在一起，被拋到西班牙人的礦井中從事粗笨、累垮人的採掘勞動，這幾乎是毫無疑問的。殖民經濟對這些人的技能手藝不感興趣，僅把他們看作是非技術工人。」但是那些已被破壞的文化並非一點殘垣片瓦也沒留下，恢復失去的尊嚴這一願望照亮了無數次的印第安人起義活動。1781 年，圖派克・阿馬魯（Túpac Amaru）圍困了庫斯科。

圖派克・阿馬魯首領是印加皇帝的嫡親，是白人與美洲土著人的混血，他領導大規模救世主式的革命運動。大規模的起義運動爆發於廷塔省（Tinta）。圖派克・阿馬魯騎著白馬，進入通加蘇卡廣場，在一陣陣戰鼓聲中宣佈把西班牙皇家總督安東尼奧・胡安・德阿里亞加（Antonio Juan de Arriaga）處以絞刑，並禁止實行波托西的那種徭役。由於強迫人們在富饒的波托西銀礦上服勞役，廷塔省幾乎渺無人跡。幾天以後，圖派克・阿馬魯發佈了一道新命令，宣佈給奴隸自由，取消了所有賦稅和一切形式剝削印第安勞動力的作法。印第安人成千上萬地加入到「所有貧苦的、無依無靠的人之父」的隊伍。這位首領率領遊擊隊員向庫斯科進軍。他一邊前進一邊發表鼓動性的演說：所有在他的領導下死於這場戰爭的人，都將死而復生並享受過去被侵略者奪去的幸福和財富。勝敗此起彼伏，最後圖派克‧阿馬魯被手下的一個頭目出賣而被俘，他帶著鎖鏈，被押送到保皇黨人面前。一個叫阿切的監察員進到他的地牢裡，向他作出許諾，並要他交出發動起義的同謀名字作為交換。圖派克‧阿馬魯輕蔑地對他說：「這裡除了你和我之外沒有什麼同謀可言了，你是壓迫者，我是解放者，咱們兩人都該死。」（註 52）

圖派克‧阿馬魯和他的妻子、兒女和主要的黨羽一起，在庫斯科的瓦卡依帕塔廣場被處以極刑。人們割下了他的舌頭，把他的四肢分別綁在四匹馬上，但是他的軀體沒有被撕裂。於是，在絞刑架上砍下了他的頭。他的頭被送到廷塔，一隻胳臂送到通加蘇卡，另一隻送到卡拉巴亞，一條腿送到聖羅莎，另一條送到利維塔卡。他的軀體被燒，骨灰被扔到了瓦塔納依河，一直到他的第四代後代都要被斬盡殺絕。

1802 年，馮洪堡拜訪了另一名印加人的後裔，即阿斯托爾比爾科（Astorpilco）首領。會見地點恰恰就在卡哈馬卡，他的祖先阿塔瓦爾帕正是在此地第一次見到征服者皮薩羅。這位首領的兒子陪著這位德國學者參觀了城鎮和古老印加宮殿的遺址，邊走邊向他介紹埋藏在塵土和瓦礫中的神話般的寶物。「你們難道不想挖尋寶物來滿足你們的需要嗎？」馮洪堡問他道。這位青年回答說：「我們沒有這個念頭。我父親說要是這樣做就是犯罪。如果我們有了那些用黃金做成的各種果實和樹枝，那麼，我們的白人鄰居就會嫉恨我們，就會傷害我們。」（註 53）這位首領種著一小塊麥田。但是這不能使他免遭外來的嫉妒。當農作物能提供誘人的利潤時，這些貪圖黃金和白銀並極需要奴隸去採礦的搶劫者就毫不遲疑地撲向這些土地。土地的掠奪從未停止。到了 1969 年，當秘魯宣佈要搞土地改革時，報紙還常常報導，山區那些已經解體的村社的印第安人，不時打著他們的旗幟闖入從他們手上或從他們的祖先手上被奪走的土地，但他們都遭到軍隊的槍擊而被迫退回來。差不多距圖派克·阿馬魯兩個世紀以後，才出現了民族主義將軍胡安·佛朗西斯科·貝拉斯科·阿爾瓦拉多（Juan Francisco Velasco Alvarado），他拾起了以前那位首領響徹雲霄、令人難忘的一句名句，並把它付諸實施，這就是：「農民們，決不能讓老闆繼續肥了自己，窮了你們！」

歷史不會忘記其他英雄如伊達爾戈和莫雷洛斯，他們是墨西哥人。米格爾·伊達爾戈（Miguel Hidalgo y Costilla）直到五十歲還是一個溫和的農村牧師，有一天，他敲響了多洛莉絲教堂的鐘，號召印第安人為自己的解放而鬥爭：「你們願意為從可恨的西班牙人手中奪回三百年前他們從你們祖先手中奪走的土地而奮鬥嗎？」他舉起了瓜德羅普（Guadalupe）印第安聖母像的旗幟，在不到六個星期的時間內，有八萬人手持砍刀、鎬頭、投石器、弓箭等等追隨他。這位革命的牧師宣佈停止納稅，把瓜達拉哈拉（Guadalajara）的土地分掉了；他頒佈法令宣佈奴隸自由了，然後率兵攻打墨西哥城。但是，在一次軍事失敗之後，他終於被處決了。據說，臨死前他留下了一份熱情的懺悔書。（註54）革命很快就有了一個新的領袖，即何塞·瑪麗亞·莫雷洛斯教士（José María Morelos）。「應當把所有的富人、貴族、高級職員等等都視為敵人……。」他所領導的印第安人起義和社會革命運動曾波及墨西哥的大片領土。但是莫雷洛斯最後也被擊敗、被槍殺，六年以後，墨西哥的獨立「成了歐洲人和美國出生的人之間的一椿完完全全西班牙式的買賣，……是同一個統治階級內部的政治鬥爭」。（註55）土著居民變成了雇工；村落領主變成了農場主。（註56）

印第安人的聖週沒有復活節

　　一直到二十世紀初，「蓬戈」（los pongos）人（即從事家務勞動的印第安人）的主人還在拉巴斯報紙登廣告出租這些印第安人。1952 年革命恢復了玻利維亞印第安人被踐踏了的尊嚴，在此之前，「蓬戈」人吃的是狗剩下來的東西，和狗睡在一起，還要跪著同任何一個白皮膚的人說話。印第安人曾經像牲畜一樣為征服者馱運行李，那時馬匹稀少。但是今天，在安地斯高原，到處可以看到印第安艾馬拉族人和克丘亞族人的搬運工，他們甚至用牙齒搬運貨物，為的是換取一塊硬麵包。矽肺病是美洲的第一號職業病。當玻利維亞礦工到三十五歲時，他的肺已經不能再繼續工作了。無情的矽塵埃浸入礦工的皮膚，使他們的臉和手都裂開傷口，失去了嗅覺和味覺，侵蝕到肺部，使肺葉變硬，直至最後死亡。

　　旅遊者們喜歡給高原上穿著民族服裝的印第安人拍照。但是他們不知道現在的印第安人服裝是十八世紀末卡洛斯三世規定的。西班牙人強迫印第安婦女穿的服裝是效仿埃斯特雷馬杜拉（Extremadura）、安達魯西亞和巴斯克（el país Vasco）地區勞動婦女的服裝樣子。印第安婦女的髮式為中分式，也是托萊多總督（Toledo）規定的。但嚼古柯葉不是從西班牙人那裡來的，在印加帝國時期就有這種習慣了。不過，不能隨便使用古柯葉，印加帝國政府壟斷古柯葉，只允許在舉行宗教儀式和在沉重的礦井勞動中使用。西班牙人大力鼓勵嚼古柯葉。這是一樁很不錯的買賣。在十六世紀，波托西用於為被壓迫者購買古柯葉和用於為壓迫者購買歐洲服裝的錢是一樣多的。當時在庫斯科有四百個西班牙商人以走私古柯葉為生。每年有一百萬公斤古柯葉裝在十萬個大筐子裡運到波托西的銀礦去。教會還抽古柯葉稅。印加人加爾西拉索·德拉貝加（Garcilaso de la Vega）在他的《真實的評論》中説到，庫斯科的主教、修士和其他人員的大部分收入來自抽古柯葉的什一税。

　　他也談到許多西班牙人靠運輸和販賣古柯葉發了財。印第安人用勞動換來的一點點錢不是用來買衣物，而是用來買古柯葉，嚼古柯葉可以更好地承受強加給他們、累死人的勞動，儘管這要以縮短生命為代價。除了嚼古柯葉之外，印第安人還酗酒，他們的主人抱怨「害人的惡習」到處蔓延。到了二十世紀時期，波托西的印第安人仍然用嚼古柯葉來抗餓和自殺，仍然用純酒精燒肚腸。這是那些註定倒楣的人進行的毫無結果的報復行動。在玻利維亞的礦井，工人仍然像過去一樣把他們的勞動叫做「徭役」。

　　隨著當時占領者統治地位的文明不斷擴展，美洲的印第安人被迫在自己的土地上奔波遷徙，他們被驅趕到最貧困的地區、最荒涼的山區或沙漠的深處。**印第安人過去和現在都由於本身的富有而遭到不幸，這是整個拉丁美洲悲劇的縮影**。在尼加拉瓜，當人們發現布魯盧菲爾茲河（río Bluefields）有黃金時，保守的印第安加爾卡族人立即被迫遠離在河邊的家鄉，這也就是布拉沃河以南所有生活在富庶的山谷和地下資源豐富的地區的印第安人的歷史。從哥倫布開始，對印第安的屠殺從未停止過。在烏拉圭和阿根廷的巴塔哥尼亞地區（Patagunia），印第安人在上個世紀就被軍隊滅絕了，軍隊在森林或沙漠中追捕圍困他們，目的是不讓他們妨礙畜牧業莊園的發展進程。（註57）墨西哥索諾拉州（Sonora）的印第安亞基族人被淹沒在血泊之中，為的是把他們蘊藏著豐富礦產又肥沃的土地順順當當地出賣給各種各樣的美國資本家。倖存者被驅趕到猶加敦的種植園。這樣猶加敦半島不僅變成了原來這塊土地的主人印第安馬雅族人的墳墓，而且也成為遠方而來的亞基人的墳墓。本世紀初，五十名龍舌蘭大王在自己的種植園裡共擁有十多萬印第安奴隸。儘管他們屬於高大健美的人種，因而有特別強壯的身體，但是三分之二的亞基人還是在進行奴隸勞動的第一年就死去了。**(註58)**在今天，龍舌蘭纖維之所以能和合成龍舌蘭纖維競爭，僅僅是由於種植工人生活水準極低。事物確實在改變，但不是像人們所想像的發生那麼大的變化，至少對猶加敦的印第安人來說是這樣的。阿爾圖洛・博尼利亞・桑切斯教授說：「這些勞動者的生活條件有很多地方很像奴隸勞動」。**(註59)**在靠近波哥大的安地斯山脈的山坡上，印第安雇工不得不無償地為莊園主幹活，以便莊園主能允許他們在月明的晚上耕種自己的一小塊土地。「這些印第安人的祖先過去可以自由地在這塊並不屬於任何人的富饒平原土地上耕作，不負任何債，而如今的印第安人卻要無償地為他人勞動，為的是能夠獲得在這塊貧瘠的山區耕作的權利」。**(註60)**

今天，連居住在深山野林裡的印第安人也還沒有逃脫厄運。**20 世紀初，在巴西還有二百三十個印第安人部落，從那時到現在已經有九十個部落從地球上消失，這全是火器和細菌的功勞及恩賜。暴力和疾病是文明的先鋒，對於印第安人來說，同白人接觸仍然如同和死亡打交道一樣**。從1537 年起就有保護巴西印第安人的法令，這些法令到頭來又變成反對印第安人的規定。根據巴西歷次憲法的條文，印第安人是他們所佔有土地的「最早、天然的主人」，而事實是，這些處女地越富饒，對印第安人生命的威脅就越嚴重。大自然的慷慨使他們註定要遭掠奪被屠殺，最近幾年，捕獵印第安人已到了瘋狂、殘忍的程度。世界上最大的原始森林，這塊可以去冒險、帶有傳奇色彩的巨大的熱帶空間，變成了新的「美洲之夢」的舞台。美國人和美國企業以征服者的姿態撲向亞馬遜河地區，就好像它是又一個遙遠的西部般。美國的入侵，前所未有地煽起了巴西冒險者的貪婪之火。印第安人不留任何痕跡地死去，他們的土地被當成美元賣給了有興趣的人。土著人不瞭解黃金、其他大量的礦產、木材、橡膠等財富的經濟價值，每當進行為數不多的調查時，調查報告總是同這些財富聯繫在一起。人們知道，曾從直升機和輕型飛機向印第安人掃射，給他們接種天花病毒，向他們的村子投下炸彈，也曾贈送給他們摻了馬錢子鹼的白糖和摻了砷的食鹽。卡斯特略‧布朗庫（Castelo Branco）獨裁政權為了整頓管理工作而任命的印第安人保護所所長就被指控對印第安人犯下了四十二種不同的罪行，證據確鑿。這件醜事發生在 1968 年。

今天的印第安社會並不是處於真空地帶，不是處於拉丁美洲經濟總體之外。目前巴西的確還有一些部落生活在原始森林中，處於封閉狀態，高原還有一些村社完全與世隔絕，在委內瑞拉邊境還有少數野蠻部落，但是總的來說，印第安人已參與了現行的生產體系和消費市場，儘管是間接的。他們是現行的經濟和社會秩序的犧牲品，在這種秩序中，他們是被剝削者中最受剝削的不幸者。他們向貪婪的、有權勢的中間商購買並出賣自己消費和生產的極少東西，這些中間商人總是賤買貴賣。印第安人民種植園裡當短工，是最便宜的勞動力，或是在山區當兵。他們終日為世界市場幹活，或是為制服他們的人去打仗。例如像在瓜地馬拉這樣的國家，他們已經成為國家經濟生活的軸心。年復一年，有二十萬印第安人拋棄他們「神聖的土地」——位於高原、像一個屍體般大小的一小塊土地——來到平原，收割咖啡、棉花和甘蔗。那些和他們簽訂合約的人像運牲畜一樣用卡車把他們運走。印第安人有時並非只能這樣做不可，往往是酒精在作祟。和他們簽訂合約的人常常雇來一個鼓樂隊，拿出大量烈酒。等到印第安人從酩酊大醉中醒來時，他們已經負債累累了。他們只得到生疏的炎熱地區去工作，以此來償債。在那裡工作幾個月後回來，可能口袋裡裝著幾分錢，也可能帶著結核病和瘧疾回來。在對付那些懶散的人方面，軍隊的合作有效。（註61）霸佔印第安人的土地，剝削他們的勞動力，這歷來同種族歧視並駕齊驅，對美洲的征服破壞了它原先的文明，而種族歧視正是藉客觀上已衰落的文明而發展起來的。征服的後果以及隨後長時間的受欺凌，粉碎了印第安人已經獲得的文化和社會的一致性。然而，這種已被打碎的一致性只在瓜地馬拉保存了下來（註62），是在悲劇中得以保存。

在聖週中，在馬雅人後代的遊行隊伍中，可以看到一種可怕的集體受虐狂。他們背著沉重的十字架匍匐前進，在重現耶穌走向受難的各各他山（Golgotha）的漫長爬行過程中，他們也像當時鞭打耶穌那樣鞭打自己。在痛苦的吼叫聲中，耶穌的死亡和埋葬變成自己的死亡和埋葬，——象徵著那美麗而遙遠的生活一去不復返——瓜地馬拉印第安人的聖週沒有復活節。

黑金城：富饒的城鎮，黃金的波托西

繼續造成亞馬遜地區印第安人死亡和迫使他們進行奴隸勞動的黃金熱，在巴西不是什麼新鮮事，它的危害在巴西也非罕見。

自從巴西這塊地方被發現以來的兩個世紀，它頑強地拒絕把金屬交給它的葡萄牙主人。殖民開發沿海地區的第一個時期是開發木材，即開發「巴西木」，不久，東北部地區出現了大的甘蔗種植園。但是，與西班牙語美洲不同的是巴西好像沒有金子和銀子。在巴西，葡萄牙人沒有發現具有高度發展水準和組織水準的印第安文明，只找到了一些野蠻的、居住分散的部落。土著人不懂什麼是金屬。葡萄牙人民征服這塊土地的過程中擊敗並消滅了印第安人，在這塊逐步開發的闊寬土地上得自己去發現儲有大量黃金的地方。

聖保羅地區的開拓者（註63）曾經穿過曼蒂蓋伊拉山（la Serra da

Mantiqueira）和聖法蘭西斯科河源頭之間的寬闊地區，他們曾經發現這一帶一些河流和小溪的河床和沖積地帶，有著少量可見的淤積黃金。在數千年的沖洗中，雨水浸蝕了岩石上的金礦脈，把它沖到河裡、山谷底部和山谷盆地。在沙石層、地層和黏土層的下面，多石的地下層裡有金砂，很容易從石英石的表層提取到，由於表層的儲量逐漸被耗盡，提取金砂的方法越來越複雜。米納斯吉拉斯（Minas Gerais）闖進了歷史，當時世界上發現的大量金子都是在很短的時間內從這兒開採出來的。

「這裡的金子曾經像森林一樣，」一個乞丐這樣說。他的目光從教堂頂上飄過，「遍街是金子，像牧草一樣生長。」他現在有七十五歲高齡，自認為是馬里亞納（Mariana）這個靠近黑金城的小礦城的　個傳統人物，這個小城鎮像黑金城一樣，停滯不前。「人是要死的，但什麼時候死卻是不定的，每個人死亡的時間都是命中註定，」乞丐這樣對我說。他向石頭台階吐了一口痰，搖搖頭說：「他們有的是錢，」好像他看見了似的。「他們不知道怎麼用這些錢才好，所以就蓋教堂，一個挨著一個地蓋。」

這個地方曾經是巴西最重要的地方。現在呢？「現在不了，」老頭兒對我說。「現在這裡已沒有生命，沒有年輕人，他們都走了。」在下午溫柔陽光的照射下，他赤腳漫步走在我的身旁，「你看見了嗎？教堂的正面畫有太陽和月亮，這意味著奴隸們日日夜夜地幹活兒。這個教堂是黑人建的，那一個是白人建的。這曾是阿利皮奧主教（Monseñor Alipio）的住房，他死的時候正好九十九歲。」

在十八世紀，巴西令人嚮往的黃金的產量超過了西班牙在前兩個世紀從它的殖民地所開採的黃金總量。（註64）冒險家和想發財的人紛至沓來。1700 年巴西有三十萬居民，一個世紀之後，經過了黃金時代，人口增加了十倍。在十八世紀，不少於三十萬葡萄牙人移居巴西，「比西班牙向其美洲所有的殖民地移居人數還要多。」（註65）據估計，從征服巴西到廢除奴隸制這一段時間裡，從非洲共運來了約一千萬黑奴。儘管我們無法掌握十八世紀的確切數字，但仍能看到黃金時期大量利用的奴隸勞動力。

在東北部甘蔗種植的繁榮時期，巴伊亞的薩爾瓦多（Salvador de Bahía）曾是巴西的首都，但是到了米納斯吉拉斯「黃金時代」，國家的經濟與政治軸心轉到了南方，自 1763 年起，南部的港口，里約熱內盧成為巴西的新首府。在新興礦業經濟的生氣勃勃中心，城市拔地而起，這些城市是在突然到來的繁榮中誕生，又在輕易發財的漩渦中急劇增長的營地，按當時殖民當局彬彬有禮的話說：「這是罪犯、流浪漢和歹徒們的避風港。」富有的黑金城於 1711 年獲得了城市的資格，在礦工雪崩似到來的過程中誕生的黑金城，是黃金文明的精華。二十三年之後，西蒙·費雷伊拉·馬查多（Simão Ferreira Machado）在描寫它時說，該城商人的權力大大超過了里斯本生意最興隆的商人權力，他還說：「所有礦井開採的大量黃金就像要找到歸宿那樣，都湧到這裡來，集中在皇家造幣所。這個城市裡住著最有教養的俗人和教士。這裡是所有貴族的大本營，是軍事力量之所在。從其自然地位來看，這個城市是全美洲的首腦，從它所擁有的財富來看，它又是巴西的『明珠』。」那個時代另一個名叫法蘭西斯科·塔瓦雷斯·德布里托（Francisco Tavares de Brito）的作家，在 1732 年把黑金城說成是「黃金的波托西」。（註66）

對黑金城、薩瓦拉（Sabará）、聖若昂德爾雷伊（São João dÉl Rei）、里貝朗都卡爾莫（Ribeirão do armo）以及整個動亂礦區的罪惡生活的埋怨聲和抗議聲不斷傳到里斯本。走運或倒楣是在一眨眼間發生。安東尼爾神父（Antonil）揭露說，用一大筆錢買下一個喇叭吹得很好的黑人，用雙倍的錢買下一個混血妓女,「然後不斷地和她鬼混」的礦主大有人在,但是那些神父的所作所為並不比礦主好,當時的官方通訊可以充分證實,那個地區確實有「壞教士」騷擾。他們被控告憑藉本身的豁免權用木製的小神像走私黃金。1705 年,人們斷言,在米納斯吉拉斯沒有一個神父熱衷於人民的宗教信仰事業,六年以後,王朝不得不禁止一切宗教團體在礦區設點。

不管怎麼說,按照當地巴洛克式的原始風格建立和裝飾的美麗教堂還是日益增多。米納斯吉拉斯吸引了當時最好的手工藝人。從外表上看,教堂很簡樸,沒有什麼裝飾,但是象徵著聖靈的教堂內部,祭壇、神龕、柱子和浮雕上的純金閃閃發光。像米格爾,德聖法蘭西斯科教士(Miguol do São Francisco)在 1710 年所說的,為了使教堂也「得到上帝的財富」,人們不惜使用貴重金屬。教會的各項服務的價格極高,但在礦區一切都貴得驚人。就像過去的波托西一樣,黑金城也大量耗費意外之財。宗教儀式和演出成為展示豪華服裝和服飾的機會。1733 年,一次宗教慶祝活動持續了一個多星期。人們參加宗教遊行儀式時,不僅步行騎馬,還穿著化妝服,乘坐用珍珠母、絲綢和黃金裝飾的彩車。除此,還組織騎馬比賽,鬥牛和用笛子、風笛和吉他樂器伴奏的街頭舞會。(註67)

由於礦主們不重視土地耕種,大約在 1700 年和 1713 年的全盛時期,該地區曾發生饑荒,百萬富翁們不得不吃貓、狗、老鼠、螞蟻和雀鷹。奴隸們在洗金場耗盡了精力和時光。路易士‧費雷拉(Luis Gomes Ferreira)(註68)寫道:「他們在那兒幹活、吃飯,有時還得在那兒睡覺。幹活兒的時候都是大汗淋漓,由於雙腳站在冰冷的土地上、石頭上或泡在水中,當他們休息或吃飯時,皮膚上的毛孔就會發冷收縮,很容易染上許多危險的疾病，諸如非常嚴重的肋膜炎、中風、抽搐、癱瘓、肺炎以及其他許多疾病。」疾病是上天的一種祝福，它使死亡很快降臨。米納斯吉拉斯的綠林好漢如果帶來外逃奴隸的頭顱，就可以得到黃金支付的犒賞。

給奴隸們測身高、量體重並在盧安達（Luanda）把他們裝上船，他們被稱為「西印度的貨物」。那些遠涉重洋之後仍然生存的奴隸，一到巴西就變成了白人主子的「手和腳」。安哥拉（Angola）出口班圖奴隸和象牙，以換取服裝、酒類和火器，但是黑金城的礦主卻寧願要來自幾內亞（Guinea）海岸懷達（Whydah）小海灘的黑人，因為他們比較強壯，有更大的耐力，且有發現黃金的神奇本領。此外，每個礦主至少還需要一個懷達地區的黑人情婦，以便他們在採礦時幸運加持（註69）。開採金礦不僅增加了奴隸的進口，也吸收了在巴西其他地區的甘蔗和煙草種植園相當一大批的黑人勞動力，從而使這些種植園失去勞工。1711年，皇家頒佈一項法令，禁止把從事農業的奴隸賣去從事採礦業，除非是「性格奸詐」的奴隸。黑金城對奴隸的要求貪得無厭。黑人會很快地死去，只有個別情況才能堅持連續做七年。在黑人穿越大西洋以前葡萄牙人給他們都施了洗禮。到了巴西後，黑人必須去做彌撒，儘管他們被禁止進入大教堂的主庭和坐在教堂的椅子上。

十八世紀中葉，很多礦工轉移到弗里約山（la Serra do Frio）去尋找鑽石。淘金者在河床上採掘金子時扔在一邊的水晶石竟然是鑽石。米納斯吉拉斯按照對等的比例又出金子又出鑽石。繁榮的蒂茹科（Tijuco）營地變成了產鑽石的中心，在那裡就像在黑金城一樣，富人們穿著歐洲最時髦的衣服，從大洋彼岸運來最豪華的服裝、武器和傢俱，這是狂妄和揮霍浪費的時刻。一個叫做法蘭西斯卡‧達席爾瓦（Francisca de Silva）的混血女奴隸，在成為百萬富翁若昂‧費爾南德斯‧德奧利韋拉（João Fernqndes de Oliveira）的情婦之後就獲得了自由。這個百萬富翁實際上是蒂茹科的統治者，而長相醜陋、已有兩個兒子的她就變成了「**主宰一切的法蘭西斯卡**」（註70）。她從沒見過大海，又很想讓大海在身邊，於是她的男人就給她建了一座碩大的人工湖，在湖上放上一艘配有船員和一切物資的船，在聖法蘭西斯科山的山坡上為她修建了一座城堡，裡面有花園，內有奇花異草和人工瀑布。以她的名義舉行美酒佳餚的豐盛宴會，沒完沒了的夜間舞會以及戲劇和音樂演出。到 1818 年，蒂茹科還大規模慶祝葡萄牙王朝王子的婚禮。在此十年之前，一個名叫約翰‧梅韋（John Mawe）的英國人訪問了黑金城，他為這個地方的貧困感到吃驚。他看到的是空空蕩蕩和毫無價值的房子，掛著無人問津的出售招牌，當時他吃了骯髒、量少而單調的飯食（註71）。此前曾發生過暴動，它正好同黃金之鄉的危機不謀而合。若澤‧哈威爾（José Joaquim da Silva Xavier）綽號「技牙」（Tiradentes），被絞死、分屍，其他的為獨立而戰的戰士從黑金城被投入監獄，或是被流放。

巴西的黃金促進了英國的進步

黃金恰是在 1703 年葡萄牙和英國簽訂梅休因條約（el tratado de Methuen）時大量湧出的。這是英國商人在葡萄牙取得一系列特權的高峰時期。葡萄牙在英國市場為自己的酒類贏得了好處，作為交換，葡萄牙向英國產品開放了本國和葡屬殖民地的市場。鑒於當時已存在的工業發展不平衡狀況，這個措施意味著地方工業的破產。不是用酒來換英國的紡織品，而是用金子，用巴西的金子來換，在此過程中，葡萄牙的織布機癱瘓。葡萄牙不僅把自己的工業扼殺於搖籃中，而且順帶也消滅了巴西以任何形式發展工業的萌芽。1715 年王國禁止煉糖廠開工；1729 年宣佈在礦區開闢新的交通線是有罪的；1785 年下令燒掉巴西的織布機和紡織機。

英國和荷蘭這兩個走私黃金和奴隸的冠軍，靠非法販運黑奴撈取了大量財富，據估計，它們通過不正當的手段獲取了相當於「皇家五一稅」一半以上的錢財，而這本應是葡萄牙王朝從巴西得到的。但是英國還不僅僅是借助禁止的貿易活動將巴西黃金運到倫敦去，它還利用合法途徑。黃金時代造成葡萄牙大批人口流向米納斯吉拉斯，這大大刺激了殖民地對工業產品的需求，同時也提供了購買這些產品的手段。像波托西的白銀在西班牙只是蜻蜓點水一樣，米納斯吉拉斯的黃金也只是路過葡萄牙而已。宗主國變成了純粹的中間商。1775 年，葡萄牙首相龐巴爾侯爵（Pombal）試圖恢復一項保護性政策，但是已為時太晚，他聲稱，英國人沒有遇到進行征服時會遇到的麻煩就把葡萄牙征服了，英國人提供葡萄牙所需物品的三分之二，英國代理人是統管葡萄牙全部商業活動的主人。葡萄牙實際上什麼也不生產，黃金財富是虛構的，以至於連在殖民地井上幹活兒的黑奴都穿著英國製造的衣服。（註72）

塞爾索·富爾塔多曾經指出（註73），英國在工業發展方面執行了一條很有遠見的政策，它用巴西的黃金來償付從其他國家進口的基本產品，從而能把它自己的投資集中用於工業部門。由於葡萄牙的這種歷史性的慷慨，技術革新才能夠很快、很有效地進行。歐洲的金融中心從阿姆斯特丹轉到了倫敦。**根據英國的資料，有些時候，巴西每週有五萬磅黃金**

運入倫敦。如果沒有累積這樣大量的黃金儲備，英國在後來是不可能對付拿破崙的。

　　除了教堂和藝術品之外，生氣勃勃黃金的時期沒有給巴西留下什麼。到了十八世紀末，雖然鑽石還沒有採盡，但是國家已經衰落了。根據富爾塔多的估計，按目前的購買力指數計算，當時巴西三百多萬人的年平均收入沒有超過五十美元，相當於整個殖民時期是最低的水準。米納斯吉拉斯墜入衰落和毀滅的深淵，讓人難以置信的是有個巴西人還感謝這種恩賜，他認為米納斯吉拉斯向英國提供的資本「是用於建立巨大的銀行網絡，以促進國與國之間的貿易並提高不斷進步的人民生活水準。」（註74）礦區人民為了別人的發展不得不忍受貧窮，他們這些「無能的人」與世隔絕，不得不在那已被掠走金屬和寶石的土地上尋找東西吃。維持生存的農業代替了礦業經濟（註75）。在今天，米納斯吉拉斯農村就像東北部地區一樣，是大莊園和「莊園上校們」的王國，是誰也不怕的落後堡壘。就像東北地區的人販賣奴隸一樣，把米納斯州的勞動者賣到其他州的莊園中去是司空見慣的事。後來，佛蘭克林·德奧利韋拉（Franklin de Oliveira）也到米納斯吉拉斯去轉了一下。他看到的是鐵絲網柵欄圍著的房屋，沒有水也沒有電的小村莊，在通向赫吉丁翁阿山谷（valle de Jequitinhonha）的路旁，他見到了只有十三歲的妓女，還有瘋子和饑餓的人。他的作品《巴西革新的悲劇》（A tragédia da renovação brasileira）對此進行了描述。亨利·約爾塞克斯（Henri Gorceix）說得好，米納斯吉拉斯鐵石一般的胸膛裡有一顆金子的心（註76），但是開採巨大的四邊形地區鐵礦，最終卻落到為此而聯合起來的漢納礦業公司（Hanna Mining Co.）和伯利恒鐵礦公司（Bethlehem Steel Co.）這兩家公司的手中。在結束了一段不幸的歷史之後，於1964年把礦藏交了出去。掌握在外國人手中的鐵礦無法留下比過去金礦所留下更多的東西。

　　只有才能的迸發是黃金的繁榮留下的紀念，至於採掘黃金留下的洞口和被遺棄的小城市那就不必再提及了。除了美學革命，葡萄牙也不能獲得其他的東西。馬夫拉修道院（El Convento de Mafra）是唐・若昂五世（Dom João）的驕傲，它使葡萄牙從藝術的衰落中又站立了起來，在那帶有三十七個鈴鐺的有輪桌子、杯子和實心的金燭台至今仍然閃爍著米納斯吉拉斯黃金的光芒。礦區的教堂多次被搶劫過，在教堂中保存、能夠隨手帶走的聖物極少，但是巴洛克式的建築物、山牆、祭壇、神龕、講台和人像卻永遠留在殖民地的廢墟上，這些是由一個名叫安東尼奧・法蘭西斯科・里斯本（Antonio Francisco Lisboa）的「小殘疾人」設計、刻製和雕塑而成的，他是一個女奴和一個手工藝匠所生的天才男孩。當這個「小殘疾人」在貢科尼阿斯・都坎坡（Congónhas do Campo）的德馬托西尼奧斯神廟（el santuario de Bom Jesus de Matosinhos）門口開始用石頭鑿刻一組大型聖像時，已經是十八世紀快要結束的時候了。此時，黃金熱已成為過去的事了。他的作品叫預言家，但是已經沒有什麼光榮可預言了。奢華和歡樂卻已一去不復返了，沒有給人們留下什麼希望。巴西歷史上最有才華的藝術家給後人留下最後的證據，像為這個短暫的、轉瞬即逝的黃金文明舉行的偉大葬禮。這個被痲瘋病毀壞了容貌、斷掉了手指的「小殘疾人」，把鑿刀和斧子綁在無指的手上來製作他傑出的作品，每天清晨用膝蓋爬到工作室去。

　　傳說有根據地指出，在米納斯吉拉斯大慈大悲聖母的教堂裡，那些死去的礦工在寒冷的雨夜仍然做彌撒。當教士回過身來，面向大殿伸出雙手時，人們還能看到他臉上的骨頭。

**刻在劍柄上
的十字**

1— Ｊ·Ｈ·埃里奧特(J. H. Elliott)：*"La España imperial"*，巴賽隆納，
1965 年。

2— Ｌ·卡皮坦 (L. Capitán) 和亨利·洛林 (Henri Lorin)：*"El trabajo
en América antes y después de Colón"*，布宜諾斯艾利斯，1948 年。

3— 丹尼爾·維達爾特 (Daniel Vidart)：*"Ideología y realidad de
América"*，蒙特維多，1968 年。

4— 路易士·尼克芬·多爾沃 (Luis Nicolau D'Olwer)：*"Cronistas de
las culturas precolombinas"*，墨西哥，1963 年；安東尼奧·德萊昂·
皮內洛 (Antonio de León Pinelo) 律師用了整整兩卷的篇幅證明美洲是
人間樂土。在 *"El Paraiso en el Nuevo Mundo"*（馬德里，1656 年）
一書中有一幅南美地圖，圖中央可以看到亞馬遜河、拉普拉塔河、奧里
諾科河和馬格達萊納河水澆灌的伊甸樂園。禁果是香蕉。地圖上還標明
宇宙洪水爆發時，諾亞方舟出發的準確位置。

5— Ｊ·Ｍ·奧特斯·卡德基(J. M. Ots Capdequi)：*"El Estado
español en las Indias"*，墨西哥，1941 年。

6— 厄爾·漢密爾頓 (Earl J. Hamilton)：*"American Treasure and the
Price Revolution in Spain"*（1501-1650），麻塞諸塞，1934 年。

7— 貢薩洛·費爾南德斯·德奧維多 (Gonzalo Fernández de Oviedo)：
"Historia general y natural de las Indias"，馬德里，1959 年。此
種解釋成為一種新的流派。我在勒內·迪蒙 (René Dumont) 的一本書
"Cuba, est-il socialiste?"（巴黎，1970 年）中驚奇地讀到：「印地
安人沒有全部滅絕，他們的基因遺傳在古巴人的染色體中。他們對連續勞
動所需要的緊張程度頻感反感，以致一些人在接受強制勞動之前便自殺身
亡⋯⋯」。

攜帶秘密武器
的神回來了

8— 吉列爾莫·巴斯克斯 (Guillermo Vázquez Franco)：*"La conquista justificada"*，蒙特維多，1968 年；以及 J·H·埃里奧特 (J. H. Elliott)，同前引書。

9— 據向貝爾納迪諾·德薩阿貢 (Bernardino de Sahagún) 道士報告情況的印地安人。載於佛羅倫斯的古抄本，米蓋爾·萊昂—波蒂利亞 (Miguel León-Portilla)：*"Visión de los vencidos"*，墨西哥，1967 年。

10— 這些令人吃驚的相似引起了下述假定：所有印地安人宗教中的神實際上是先於哥倫布之前到達這塊土地上的歐洲人。拉斐爾·皮內達·亞涅斯 (Rafael Pineda Yañez)：*"La isla y Colón"*，布宜諾斯艾利斯，1955 年。

11— 哈克達·霍克斯 (Jacquetta Hawkes)：*"Prehistoria"*，見 *"Historia de la humanidad"*，聯合國教科文組織 (UNESCO)，布宜諾斯艾利斯，1966 年。

12— 米蓋爾·萊昂—波蒂利亞 (Miguel León-Portilla)：*"El reverso de la conquista. Relaciones aztecas, mayas e incas"*，墨西哥，1964 年。

13— 米蓋爾·萊昂—波蒂利亞，同前引書。

14— 古斯達沃·阿道弗·奧特羅 (Gustavo Adolfo Otero)：*"La vida social en el coloniaje"*，拉巴斯，1958 年。

15— 特拉特洛爾科 (Tlatelolco) 的無名作者和薩阿貢 (Sahagún) 提供情報的人，見米蓋爾·萊昂—波蒂利亞，同前引書。

16— 達西·里貝羅 (Darcy Ribeiro)：*"Las Américas y la civilización"* 第 1 卷：*"la civilización occidental y nosotros : Los pueblos testimonio"*，布宜諾斯艾利斯，1969 年。

像餓狼般
貪婪黃金

17— 米蓋爾·萊昂—波蒂利亞，同前引書。

18— 同上。

波托西的光輝：
白銀的週期

19─ 為了重現波托西 (Potosí) 極盛時期，作者查閱了下述過去的見證材料：彼德羅・維森特・卡涅特・多明格斯 (Pedro Vicente Cañete y Domínguez)：*"Potosí colonial; guía histórica, geográfica, política, civil y legal del gobierno e intendencia de la provincia de Potosí"*，拉巴斯，1939 年；路易士・卡波切 (Luis Capoche)：*"Relación general de la Villa Imperial de Potosí"*，馬德里，1959 年；尼庫拉斯・德馬丁內斯・阿桑斯・貝拉（Nicolás de Martínez Arzans y Vela）：*"Historia de la Villa Imperial de Potosí"*，布宜諾斯艾利斯，1943 年；此外還有，維森・G・克薩達（Vicente G. Quesada）：*"Crónicas Potosinas"*，巴黎，1980 年；海梅・莫林斯（Jaime Molins）：*"La ciudad única"*，波托西，1961 年。

西班牙人養牛
別人喝奶

20─ 厄爾・漢密爾頓，同前引書。

21─ 同上。

22─ 引自古斯塔沃・阿道弗・奧特羅，同前引書。

23─ J・H・埃里奧特，同前引書，和厄爾・漢密爾頓，同前引書。

24─ 羅朗・穆尼耶（Roland Mousnier）：*"Los siglos XVI y XVII"* 第 4 冊。見莫里斯・克魯澤（Maurice Crouzet），*"Historia general de las civilizaciones"*，巴賽隆納，1967 年。

25─ 維桑・維章斯（J. Vicens Vives）主任：*"Historia social y económica de España y América"*，第 2、3 卷，巴賽隆納，1957 年。

26─ 豪爾赫・阿韋拉多・拉莫斯（Jorge Abelardo Ramos）：*"Historia de la nación latinoamericana"*，布宜諾斯艾利斯，1968 年。

27─ 埃里奧特，同前引書。

28─ 這種人還沒有死絕。我打開一本 1969 年底馬德里的雜誌讀到：阿爾布格爾格 (Albuquerque) 公爵夫人又是阿爾卡尼塞斯・巴爾巴塞斯 (Alcañices y de los Balbases) 侯爵夫人的特雷莎・貝爾特蘭・里斯・皮達爾・戈羅斯基・契科・德古斯曼 (Teresa Bertrán de Lis y Pidal

Gorouski y Chico de Guzmán) 夫人去世了，鰥夫、曾三次任西班牙大公的阿爾布格爾格公爵又是貝爾特蘭·阿隆索·奧索里奧·迪亞斯·德里維拉·瑪律托斯 (Beltrán Alonso Osorio y Díez de Rivera Martos) 和菲格羅亞 (Figueroa) 先生，他也是阿爾卡尼塞斯·巴爾巴塞斯、卡德雷伊塔、格利亞爾、庫亞拉、蒙特奧斯 (Alcañices, de los Balbases, de Cadreita, de Cuéllar, de Cullera, de Montaos) 侯爵，又是富恩薩爾達尼亞 (Fuensaldaña)、格拉哈爾 (Grajal)、烏艾爾馬 (Huelma)、雷德斯馬 (Ledesma)、拉托雷 (la Torre)、比利亞努埃瓦·卡涅多 (Villanueva Cañedo)、比利亞翁布羅薩 (Villahumbrosa) 伯爵，為之痛哭。

29— 約翰·林奇 (John Lynch)："*Administración colonial española*"，布宜諾斯艾利斯，1962 年。

**騎士和馬
的分工**

30— 埃內斯托·曼德爾 (Ernest Mandel)："*Tratado de economía marxista*"，墨西哥，1969 年。

31— 埃內斯托·曼德爾："*La teoría marxista de la acumulación primitiva y la industrialización del Tercer Mundo*"，見"*Amaru*"雜誌第 6 期，1965 年 4-6 月號，利馬。

32— 保羅·巴蘭 (Paul Baran)："*Economía política del crecimiento*"，墨西哥，1959 年。

33— 塞爾索·富爾塔多 (Celso Furtado)："*La economía latinoamericana desde la conquista ibérica hasta la revolución cubana*"，智利，聖地牙哥，1969 年，墨西哥，1969 年。

34— 博若·加尼耶 (J. Beaujeu-Garnier)："*L'économie de l'Amérique Latine*"，巴黎，1949 年。

35— 塞爾希奧·巴古 (Sergio Bagú)："*Economía de la sociedad colonial. Ensayo de historia comparada de América Latina*"，布宜諾斯艾利斯，1949 年。

36— 亞歷山大·馮洪堡 (Alexander von Humboldt)："*Ensayo sobre*

el Reino de la Nueva España"，墨西哥，1944 年。

37— 塞爾希奧・巴古，同前引書。

波托西的廢墟
白銀的時代

38— 歷史學家安德列・岡德・弗蘭克 (André Gunder Frank)：*"Capitalism and Underdevelopment in Latin America"*，紐約，1967 年。

39— 阿爾瓦羅・阿隆索－巴爾瓦 (Álvaro Alonso-Barba)：*"Arte de los metales"*，波托西，1967 年。

40— 古斯塔沃・阿道弗・奧特羅，同前引書。

41— 費爾南多・卡莫納 (Fernando Carmona) 為迭戈・洛佩斯・羅薩多 (Diego López Rosado) 的 *"Historia y pensamiento económico de México"* 一書所寫的序，墨西哥，1968 年。

42— D. 約瑟夫・里韋拉・貝爾南德斯 (D. Joseph Ribera Bernárdez)，孔德・聖地牙哥・德拉拉古納 (Conde Santiago de la Laguna)：*"Descripción breve de la muy noble y leal ciudad de Zacatecas"*，刊登在加夫列爾・薩里納斯・德拉托雷 (Gabriel Salinas de la Torre) 所著的 *"Testimonios de Zacatecas"* 一書中，墨西哥，1946 年。除了這本書和馮洪堡 (von Humboldt) 的論文外，作者還參考了路易士・查韋斯・奧羅斯科 (Luis Chávez Orozco)：*"Revolución industrial - Revolución política"*，墨西哥工農圖書館 (Biblioteca del Obrero y Campesino)；盧西奧・瑪律莫萊霍 (Lucio Marmolejo)：*"Efemérides guanajuatenses, o datos para formar la historia de la ciudad de Guanajuato"*，瓜納華托，1883 年；何塞・馬麗亞・路易士・莫拉 (José María Luis Mora)：*"México y sus revoluciones, México"*，墨西哥，1965 年；關於目前的材料還參考了 *"La economía del estado de Zacatecas y La economía del estado de Guanajuato"*，選自商業銀行系統的系列調查材料，墨西哥，1968 年。

**灑下鮮血和熱淚
教皇裁決印第安人
是有靈魂的**

43— 約翰·科列爾 (John Collier)："*The Indians of America*"，紐約，1947 年。

44— 達西·里貝羅，同前引書，根據亨利·F. 多賓斯 (Henry F. Dobyns)，保羅·湯普森 (Paul Thompson) 等人所提供材料。

45— 埃米里奧·羅梅羅 (Emilio Romero)："*Historia económica del Perú*"，布宜諾斯艾利斯，1949 年。

46— 恩里克·菲諾特 (Enrique Finot)："*Nueva historia de Bolivia*"，布宜諾斯艾利斯，1946 年。

47— 同前引書。

48— 安東內略·格爾比 (Antonello Gerbi)："*La disputa del Nuevo Mundo*"，墨西哥，1960 年和丹尼爾·維達爾特 (y Daniel Vidart)，同前引書。

49— 路易士·漢克 (Lewis Hanke)："*Estudios sobre fray Bartolomé de Las Casas y sobre la lucha por la justicia en la conquista española de América*"，卡拉卡斯，1968 年。

50— JM 奧特斯·卡德基，同前引書。

**懷念
圖派克·阿馬魯
的鬥爭**

51— 這是美國土地保護服務中心的一名成員。根據約翰·科列爾 (John Collier)，同前引書。

52— 達尼埃爾·瓦爾卡塞爾 (Daniel Valcárcel)："*La rebelión de Túpac Amaru*"，墨西哥，1947 年。

53— 亞歷山大·馮洪堡 (Alexander von Humboldt)"*Ansichten der Natur*"第二冊，阿道弗·邁爾－阿比希 (Adolf Meyer-Abich) 等人【亞歷山大·馮洪堡 (1769-1969) 原文如此。一譯註】，巴特戈德斯貝格 (Bad Godesberg)，1969 年。

54— 圖利奧·霍爾珀林·唐伊 (Tulio Halperin Donghi)："*Historia contemporánea de América Latina*"，馬德里，1969 年。

55— 埃內斯托·格呂寧 (Ernest Gruening)："*Mexico and its*

Heritage"，紐約，1928 年。

56— 阿隆索・阿吉拉爾・蒙特維爾德 (Alonso Aguilar Monteverde)：
"*Dialéctica de la economía mexicana*"，墨西哥，1968 年。

**印第安人
的聖週
沒有復活節**

57— 大約在 1832 年，倖存的最後一批恰盧亞人 (charrúas) 以搶劫烏拉
圭北部荒野地帶的小牛犢為生，當時的弗魯克托索・里維拉 (Fructuoso
Rivera) 總統把他們給出賣了，虛情假意與他們講友誼。受了騙的恰盧
亞人離開了能夠保護他們的密林，不騎馬並放下武器，結果在一個叫做
老虎口的地方被消滅了。

作家愛德華多・阿塞韋多・迪亞斯 (Eduardo Acevedo Díaz)1890 年 8
月 19 日在《時代》日報上寫道：「號角吹響，屠殺開始了。遊牧民族
絕望了，英勇不屈的小夥子一個個倒下，就像後頸受了傷的公牛一樣。
一些首領死了。少數能衝出包圍的印地安人不久之後進行了復仇。
當里維拉總統的兄弟追趕他們時，他們搞了一次伏擊，用長矛把他和
他的士兵刺得遍體鱗傷。塞佩首領用屍體的幾根神經纏住他長矛的矛
頭。」上個世紀末，在阿根廷巴塔哥尼亞地區，士兵們每拿出一對睪丸
就能得到錢，大衛・比尼亞斯 (David Viñas) 的小說 "*Los dueños de la
tierra*"（布宜諾斯艾利斯，1959 年）一開頭就講述捕獵印地安人：「殺
印地安人就好像強姦一個人一樣，是一件美事。有人甚至喜歡殺人。因
為在殺人的過程中可以跑，可以喊叫，出汗，然後感到饑餓……後來，
槍聲逐漸稀疏。說不定在什麼地方還掛著印地安人的屍體，還仰面躺著
某一個大腿之間有一片黑血跡的印地安人……。」

58— 約翰・肯尼士・特納 (John Kenneth Turner)："*México bárbaro*"，
墨西哥，1967 年。

59— 阿爾圖洛・博尼利亞・桑切斯 (Arturo Bonilla Sánchez)："*Un
problema que se agrava: la subocupación rural, en Neolatifundismo
y explotación*"，選自若干個作家所著的 "*De Emiliano Zapata a
Anderson Clayton & Co.*"，墨西哥，1968 年。

60— 勒內・迪蒙 (René Dumont)："*Tierras vivas. Problemas de la* *reforma agraria en el mundo*",墨西哥,1963 年。

61— 愛德華多・加萊亞諾:"*Guatemala, país ocupado*",墨西哥,
1967 年。

62— 馬雅基切族人只相信一個神,他們吃齋,苦行,禁欲和懺悔;他
們相信洪荒和世界的末日,所以基督教沒有給他們帶來什麼新鮮的東
西。宗教解體是從殖民地開始的。天主教只是從馬雅教中吸收了一些神
秘的和崇拜圖騰的部分,妄圖使馬雅人的信仰服從於征服者的思想。
破壞原先的文化為調和主義開闢了道路,目前,從當時的進化中可以
看到倒退的跡象:「火山神需要吃烤得很好的人肉。」卡洛斯・古斯
曼・伯克勒爾 (Carlos Guzmán Böckler) 和讓・洛普赫伯特 (Jean-Loup
Herbert):"*una interpretación histórico-social*",墨西哥,1970 年。

黑金城:
富饒的城鎮
黃金的波托西

63— 聖保羅地區的開拓者的隊伍是準軍事組織的、由各種各樣力量構
成的流竄的集團。他們進入原始森林深處的探險,對開發巴西內地起了
重要的作用。

64— 塞爾索・富爾塔多 (Celso Furtado),同前引書。

65— 塞爾索・富爾塔多:"*Formación económica del Brasil*",墨西哥,
1959 年。

66— C.R. 博克瑟(C. R. Boxer):"*The Golden Age of Brazil (1695-1750)*
",加利福尼亞,1969 年。

67— 奧古斯托・德利馬・茹尼奧爾 (Augusto de Lima Júnior):"*Vila
Rica de Ouro Preto. Sintese histórica e descritiva*",貝洛奧里藏特,
1957 年。

68— C.R. 博克瑟,同前引書。

69— C.R. 博克瑟,同前引書。在古巴,人們認為女奴隸可以治病。根
據埃斯特萬・蒙特霍 (Esteban Montejo) 的材料,「有一種病白人才會
得。這是一種在血液和男性器官中的病。和黑女人在一起就能除病。得
了這種病的人只要同黑女人睡覺,就能把病傳給她,自己很快就痊癒

了。」米蓋爾‧巴尼特 (Miguel Barnet)："*Biografía de un cimarrón*"，布宜諾斯艾利斯，1968 年。

70— 若阿金‧費利西奧‧多斯桑托斯 (Joaquim Felício dos Santos)："*Memórias do Distrito Diamantino*"，里約熱內盧，1956 年。

71— 奧古斯托‧德利馬‧茹尼奧爾 (Augusto de Lima Júnior)，同前引書。

巴西的黃金
促進了
英國的進步

72— 阿倫‧K. 曼徹斯特 (Allan K. Manchester)："*British Preeminence in Brazil: its Rise and Fall*"，查佩爾希爾，北卡洛來納，1933 年。

73— 塞爾索‧富爾塔多 (Celso Furtado)，同前引書。

74— 奧古斯托‧德利馬‧茹尼奧爾 (Augusto de Lima Júnior)，同前引書。作者為「殖民帝國主義的擴張」感到高興，「今天，那些得到莫斯科教師指導的愚昧者，卻把這種擴張看成是一種罪行」。

75— 羅伯托‧C. 西蒙森 (Roberto C. Simonsen)："*História econômica do Brasil（1500-1820）*"，聖保羅，1962 年。

76— 埃波尼納‧魯阿斯 (Eponina Ruas)："*Ouro Preto. Sua história, seus templos e monumentos*"，里約熱內盧，1950 年。

二、蔗糖國王和其他的農業君主

馬克思 1848 年說過：「先生們，你們也許認為生產咖啡和砂糖是西印度的自然稟賦吧。二百年以前，跟貿易毫無關係的自然界在那裡連一顆咖啡樹、一株甘蔗也沒有生長出來。」國際分工並不是由聖靈的功績或恩賜而形成起來的，是由人創造的，確切地說是由於資本主義在全世界的發展而形成的。

種植園、大莊園和命運

　　毫無疑問，尋找黃金和白銀是進行殖民征服的主要動力。不過，哥倫布第二次航行時從加那利群島（las islas Canarias）帶去了最初的甘蔗根，把它種在今日多明尼加共和國的所在地。甘蔗根種下後，很快就冒出新芽，使哥倫布這位遠征軍司令大為高興。（註1）甘蔗在西西里島、馬德拉島（las islas Madeira）和維德角（Cabo Verde）都是小規模種植，在東方要出高價才能買到蔗糖，這是歐洲人渴望得到的東西，以至於成為皇后嫁妝的一部分。蔗糖是在藥房中出售的，以克為單位來秤量。（註2）在發現美洲以後的近三個世紀中，美洲生產的蔗糖成為歐洲市場最重要的農產品。巴西東北部潮濕炎熱的沿海地區出現了大片的甘蔗田，隨後，在加勒比海諸島——巴貝多（Barbados）、牙買加、海地和多明尼加、瓜德羅普、古巴、波多黎各以及維拉克魯斯和秘魯沿海地區，也一個個地成了大規模經營「白色金子」最適宜的場所。從非洲來了大批奴隸，以便向蔗糖國王提供他所需要的眾多無償的勞動力，這是可消耗的活燃料。土地讓這種自私的作物給毀壞，甘蔗侵入新大陸，夷平了森林，浪費了土地的天然肥力，耗盡了土地所累積的腐植層。**在拉丁美洲，長時期生產蔗糖造成了像白銀和黃金熱在波托西、黑金城、薩卡特卡斯和瓜納華托所造成的那種致命的繁榮。但是，同時它也有力地以直接或間接的方式推動了荷蘭、法國、英國和美國的工業發展。**

　　海外需要蔗糖，應運而生的甘蔗種植園是由園主獲得營利的欲望作為推動力的企業，為歐洲逐步國際化的蔗糖市場服務。但是從種植園的內部結構來看，主要特點是封建性，因為在很大程度上它是自給自足的。另一方面，它使用奴隸。三個不同的歷史階段——重商主義、封建主義和奴隸制就這樣在一個經濟和社會實體中結合在一起，但是國際市場是各種權力的中心，從早期開始，種植園體制就成為這個中心的組成部分。

殖民地種植園從屬於外國的需要，在很多情況下也是由外國資助，我們今日的大莊園就是直接從種植園演變而來。大莊園制是扼殺拉美經濟發展的瓶頸，是拉美人民被排斥、受貧窮的首要原因之一。今日的大莊園機械化程度已相當高，使剩餘勞動力成倍增加，儲備了大量的廉價勞動力。它已不仰仗於進口非洲奴隸或以「託管」的形式攫取印第安人的勞動力。大莊園只要付極少的工資、用實物支付勞動報酬或以允許使用一小塊土地來換取他人的無償勞動就足夠了。大莊園擴大時就繁衍出小莊園，在饑餓的驅使下，勞動大軍隨著一個接一個的糖季而在國內不斷遷徙，大莊園是從小莊園和勞動大軍吸取營養的。

種植園這種聯合式的結構在過去行之有效，而如今的大莊園，就像一個篩檢程式一樣，把自然財富過濾掉了。凡是參與世界市場的地區，都經歷過一個生機勃勃的週期，然後，由於代用品的競爭，由於土地的衰竭或由於出現了條件更好的地區，便出現了衰落現象。隨著時間的推移，貧困的文化、維持生計的經濟和停滯不前的狀態成了為原先的生產發展付出的代價。巴西東北部曾是最富庶的地區，今天卻是最貧困的；在巴貝多和海地，成群的人們忍饑受餓；以單一作物和土地的急劇貧困化為代價，蔗糖成為美國控制古巴的萬能鑰匙。這不僅僅是蔗糖的歷史，也是可可的歷史。可可使卡拉卡斯的寡頭壟斷集團發了財；是突然興旺又突然衰落的馬臘尼翁（Maranhão）棉花的歷史；是亞馬遜地區的橡膠種植園的歷史，這些種植園變成了東北部工人（他們為了一點點錢被招募來幹活兒）的墓地；是阿根廷北部和巴拉圭被已夷為平地的栲樹森林歷史；是消滅了印第安亞基族人的猶加敦龍舌蘭莊園的歷史。

這也是咖啡的歷史，咖啡在前進時留在它背後的是變成沙漠的農田；也是巴西、哥倫比亞、厄瓜多和不幸的中美洲各國的水果種植園的歷史。**不管是走運還是倒楣，每種產品對那些國家、地區和人民來說，都是一種命運，很多情況下這是一瞬間的命運。礦產生產區也確實走了同樣的道路。一種產品越是受到世界市場的青睞，它帶給為生產此產品而作出犧牲的拉美人民的災難也就越大。**像拉普拉塔河流域先向國際市場投放了皮革，接著又投放肉類和羊毛，它雖是受到較少這種鐵律似的懲罰的地區，然而也未能擺脫不發達的桎梏。

巴西東北部土地的厄運

西班牙殖民地首先是提供金屬。在這些地方很早就發現了寶藏和礦脈。居第二位的甘蔗先是在聖多明哥（Santo Domingo）種植，後來在維拉克魯斯，再之後就在秘魯沿海地區和古巴種植。直到十七世紀中葉，巴西一直是世界上最大的產糖國。同時，美洲的葡萄牙殖民地是販賣奴隸的主要市場，數量不多的印第安勞工在強制性的勞動中很快就死亡，而甘蔗及蔗糖的生產則需要大量的勞動力來清理和平整土地，種植、收割和運輸甘蔗，最後還要榨糖和製糖。巴西殖民社會是蔗糖的副產品，它在巴伊亞（Bahía）和伯南布哥（Pernqmbuco）大放異彩，發現了黃金後，殖民社會的中心才移到米納斯吉拉斯去。

葡萄牙王朝把土地有償地讓給了最初的幾個巴西大地主。征服和組織生產同時進行。僅僅十二個「特別自治區首領」以饋贈的形式接受了全部未開墾的廣大殖民地領土，（註3）以便為君主開墾土地。但是，在很大程度上是荷蘭資本資助了這一事業，其結果，與其說是葡萄牙的事業，不如說是法蘭德斯的事業。荷蘭企業不僅參與建立糖廠和進口奴隸，而且從里斯本獲得原糖，進行加工，獲得了相當於產品價值三分之一的利潤，（註4）然後把糖賣到歐洲去。1630 年，荷蘭西印度公司侵入並佔領了巴西東北部的沿海地區，以直接控制糖的生產。要成倍地增加營利就必須成倍地增加糖源，於是該公司就給了巴貝多島上的英國人一切方便條件，讓他們在安地列斯群島開始進行大規模的種植。公司把加勒比海的墾殖農帶到巴西去，好讓他們在公司新得的領地內獲得必要的技術知識，學會組織生產。當荷蘭人最終在 1654 年從巴西東北部被趕走的時候，他們已經為巴貝多進行激烈而破壞性的競爭打下了基礎。荷蘭人把黑人和甘蔗根帶到巴貝多，在那兒修建了糖廠並提供了一切設備。巴西的出口一下子降了一半，到了十七世紀末，糖價也降了一半。與此同時，在二十年的時間裡，巴貝多的黑人增加了十倍。安地列斯群島離歐洲市場更近，巴貝多擁有仍然肥沃的土地，並以較好的技術水準進行生產。巴西的土地都已衰竭，大規模的奴隸起義以及在南方出現奪走種植園勞動力的黃金礦，加速了東北部的糖業危機。這是一次徹頭徹尾的危機，令人痛心地一個世紀又一個世紀延續下去，直到今天。

蔗糖毀壞了東北部。沿海潮濕的地帶，受到雨露的滋潤，土地非常肥沃，有著豐富的腐植土層和礦鹽，從巴伊亞到西阿拉（Ceará）覆蓋著森林。正如霍蘇埃·德·卡斯楚所說的，這個熱帶林區變成了一片大草原。（註5）這個本來是生產食品的地區變成了饑餓的地區。在那裡原本是萬物都蓬勃地生長，但具有破壞性和吞噬一切的蔗糖莊園留下的是貧瘠的岩石、耗盡肥力和風化的土地。起初還創辦了一些柑橘和芒果種植園，後來種植園被遺棄，縮小成糖廠主家周圍的小果園，專供白人種植者的家庭享用。（註6）在放火燒荒開闢甘蔗田的同時毀壞了樹林，也消滅了林中的動物。鹿、野豬、兔子、羊駝、犰狳等等都消失了。植被、植物和動物都在單一作物的祭壇上成為甘蔗的犧牲品。大面積的生產很快便耗盡了土地的肥力。

十六世紀末，巴西的糖廠不少於一百二十家，其總資本接近二百萬英鎊，但是擁有最好土地的糖廠主卻不種植糧食作物。他們就像從海外進口大量的奢侈品一樣，除了進口奴隸和食鹽之外，也進口糧食。按照慣例，富裕和繁榮總是和長期營養不良的大多數人民的貧困並存。畜牧業被安置在遠離沿海潮濕地帶的內部沙漠地區，也就是腹地。在那裡，每平方公里只有兩頭牛，從過去到現在，這裡的牛肉堅硬而無味，產量總是很低。

從殖民時期就傳下來一種至今仍然存在的習慣，就是吃土。缺鐵造成貧血，東北部孩子們經常吃的是樹薯粉和菜豆，運氣好還可以吃一些乾醃肉，由於這種食品缺少礦鹽，孩子們出於本能，就吃泥土來彌補。從前，人們在懲罰孩子們的這種「非洲惡習」時，會給他們套上牲口用的口套，或是把他們放在柳條筐裡，吊在高處離地面遠遠的。（註7）

巴西東北部目前是西半球最不發達的地區，（註8）**這是一座容納三千萬人的巨大集中營。如今它繼承了單一種植甘蔗的遺產。過去在這塊土地上曾萌生拉丁美洲殖民農業經濟「最能營利的買賣」。**目前，不到五分之一的伯南布哥潮濕地帶的土地用來種植甘蔗，其餘部分則什麼也不種。（註9）大糖廠主也就是甘蔗種植者，他們讓廣闊的莊園什麼也不生產，以此來擺闊。並非像人們所誤解的，只在東北部內地貧瘠和半貧瘠的地區人們才吃得不好。腹地是佈滿石子、灌木稀疏、沒有什麼植物的荒漠，那裡常發生週期性的饑荒。猛烈的陽光射向乾裂的大地，把它變得像月球那樣荒涼。人們被迫背井離鄉，路邊佈滿了插上十字架的墳墓。但是在潮濕的沿海地帶卻常常發生饑荒。哪裡越是富得不能再富，**哪裡就越是窮得不能再窮**。這是充滿各種矛盾的地方。大自然選定讓它生產各種食物的地區，什麼也不生產。具有諷刺意義的是，沿海地帶至今還叫做叢林地帶，或者「森林區」，以紀念遙遠的過去，紀念從產糖年代倖存下來已少得可憐的森林。蔗糖莊園這種耗費的結構仍然迫使人們以越來越高的價格從其他地區——特別是從國內的中南部地區運進糧食。雷西費（Recife）的生活費用居巴西之冠，超過了里約熱內盧的平均指數。在東北部，菜豆的價格比里約熱內盧海灣豪華的伊巴內馬（Ipanema）海灘上還要貴。半公斤樹薯粉相當於一個甘蔗種植園成年工人日出而作、日沒而息一整日的工資。如果某個工人抗議，工頭就派人去把木匠找來，讓他給這位工人量身型，好準備棺材。在廣大地區，莊園主或管家還對每個女孩子實行「初夜權」。雷西費三分之一的人口仍生活在流氓居住區的茅草房中。在卡薩阿馬雷拉區（Casa Amarela），一半以上的孩子生下來不到一歲就夭折了。（註10）東北部各城市中，經常發生幼女賣淫現象，不少才十一、二歲的女孩子就被父母賣掉。在一些種植園，日工資比印度最低的標準工資還要低。聯合國糧農組織 1957 年的一份報告稱，在靠近雷西費的維多利亞，由於兒童缺乏蛋白質，體重下降情況比在非洲普遍看到的還要嚴重。好多種植園裡還設有自己的監獄。勒內‧迪蒙說：「**使人們營養不良而死亡的罪魁禍首卻沒有被關進這些監獄裡，因為監獄的鑰匙是在他們手中。**」（註11）

目前，伯南布哥糖的產量不足聖保羅州產量的一半，每公頃的單位面積產量也低。但是伯南布哥以糖為生，聚居在潮濕地帶的伯南布哥居民也以糖為生，而聖保羅州卻是拉丁美洲最強大的工業中心。在東北部，即便是發展也不是進步的，因為連發展也掌握在少數企業主手中。少數人的美食就是大多數人的饑餓。1870 年以來，由於建立了大型的榨糖廠中心，製糖工業大大現代化了，於是，「大莊園以驚人的程度，加重了該地區食品短缺的狀況」。（註 12）五〇年代，處於高峰中的工業化促進了巴西對糖的消費。東北部的生產有較大的發展，但是每公頃的單位面積產量並未增加。一些低質的土地也用來種甘蔗，甘蔗再次吞併了用於生產食品的土地。農民以前在自己一小塊土地上耕作，現在變成了雇工，在這種新形勢下，他們的處境未得到改善，因為他們掙到的錢不足以購買他們以往生產的食品。（註 13）

擴張使得饑餓層面擴大了，從來如此。

在加勒比海諸島急速前進

安地列斯群島是蔗糖之島，它們作為糖生產國相繼加入到世界市場，直到今天，巴貝多、背風島（Sotavento）、千里達及托巴哥（Trinidad Tobago）、瓜德羅普、波多黎各、海地和多明尼加共和國還都得生產糖。在這些島嶼，人們在大莊園廣闊而貧瘠的土地上種植甘蔗，承受單一種植的束縛，忍受著失業和貧困。大面積地種植甘蔗，惡果也大面積地擴散。古巴仍然主要依賴出賣其蔗糖為生，但是從 1959 年土地改革以來，開始了激烈的經濟多樣化進程，從而結束了失業，古巴人已經不是只在糖季中才幹五個月的活兒，而是十二個月，在一個新社會不間斷的、困難重重的建設過程中，都要幹活兒。

馬克思 1848 年說過：「先生們，你們也許認為生產咖啡和砂糖是西印度的自然稟賦吧。二百年以前，跟貿易毫無關係的自然界在那裡連一顆咖啡樹、一株甘蔗也沒有生長出來。」**(註14) 國際分工並不是由聖靈的功績或恩賜而形成起來的，是由人創造的，確切地說是由於資本主義在全世界的發展而形成的。**

實際上，從 1641 年起，巴貝多是加勒比海地區第一個種植甘蔗以供出口的島嶼，而且出口量較大，儘管此前西班牙人已經在多明尼加和古巴種了甘蔗。正如我們所見到的，荷蘭人把甘蔗種植引進到這個英國的小島上來。到 1666 年，巴貝多已經有八百個甘蔗種植園和八萬多奴隸，巴貝多全方位地被新生的大莊園所佔領，它的命運並不比巴西東北部好。以前，這個島是做多重種植的，在小塊小塊的土地上種植棉花、煙草、柑橘，還飼養牛和豬。為了所謂的繁榮，甘蔗田吞噬了農田，毀壞了茂密的森林，可是這種繁榮是短命的。不久，這個島發現其土地的肥力已經耗盡了，它已無力養活本國人口，而且從所生產的蔗糖的價格來看，它是無法參與競爭的。(註15)

此時，甘蔗的種植已波及到其他島嶼，傳到了背風島、牙買加，還傳到了大陸的蓋亞那（las Guayanas）。在十八世紀初，牙買加的奴隸人數比白人墾殖農多十倍。牙買加的土地也很快疲乏了。十八世紀下半葉，世界上最好的甘蔗是生長在海地沿海平原地區鬆軟的土地上，那時的海地是法國殖民地，名叫聖多明哥，海地是奴隸集中的地區，而在北部和西部，蔗糖生產需要越來越多的勞動力。1786 年有二十七萬名奴隸到這來，第二年就增加到四十萬。1791 年秋天爆發了革命。僅僅在九月一個月內，就有二百個甘蔗種植園被大火吞沒，起義的奴隸不斷把法國軍隊趕向大海，大火和交戰也不斷地發生。輪船運走的法國人越來越多，運走的蔗糖越來越少。戰爭使鮮血染紅了河流，種植園被夷為平地，戰爭持續了很長時間，國家是一片灰土瓦礫，處於癱瘓狀態。到十八世紀末，生產已直線下降。萊普考斯基（Lepkowski）（註16）説：「曾一度繁榮的殖民地，到了1803年11月，幾乎成為滿是瓦礫和灰塵的墓地。」海地革命不僅僅在時間上同法國革命恰相吻合，因為英國控制著海面，海地也親身為國際聯盟封鎖法國而受苦。後來，隨著海地的獨立越來越不可避免，海地也受到法國的封鎖。在法國的壓力之下，美國國會在1806年禁止和海地進行貿易。1825年法國承認了它這塊老殖民地的獨立，但是得到了一大筆現款作為賠償。1802年，奴隸軍首領圖森特・盧維杜爾將軍（Toussaint-Louverture）被俘不久，勒克雷爾克（Leclerc）就從海地島寫信給他的姐夫拿破崙説：「我對這個國家的意見是：應該消滅山區的所有黑人，不管是男的還是女的，只留下十二歲以下的兒童；要消滅平原上的一半黑人，在殖民地不留一個帶肩章的混血人。」（註17）熱帶向勒克雷爾克報復，儘管保利納・波拿巴（Paulina Bonaparte）（註18）施了魔術，他還是死於黃熱病，未能完成其計畫。但是現金賠款就像一塊沉重的石頭壓在獲得獨立的海地人民的背上。在法國不斷派兵血洗海地後，這些海地人是倖存者。海地誕生於廢墟中，它從來沒有恢復元氣。今天，海地是拉丁美洲最貧窮的國家之一。

海地的危機導致古巴蔗糖業的發展，古巴很快就成為世界上居於首位的蔗糖供應國。海地咖啡生產的衰落還推動了古巴另一種海外需求極大的物品——咖啡的生產，但是在單一種植的競賽中蔗糖獲勝了。1862年，古巴不得不從國外進口咖啡。古巴「甘蔗集團」的一個得寵的成員甚至撰文論述「從別人的不幸中可以撈到實惠」的問題。（註19）在海地的叛亂後，歐洲市場的蔗糖價格漲至史無前例的天價，而古巴的蔗糖場和生產力在1806年已經翻了一倍。

在古巴焦土上的蔗糖堡壘

　　1762 年，英國人曾一度佔領了哈瓦那。那時，煙草小種植園和畜牧業是古巴島農村經濟的基礎；哈瓦那是一個重要的軍事要塞，手工業有相當的發展，鑄造業也很可觀，可以製造大炮，還擁有抗美第一家造船廠，可以大量製造商船和戰艦。英國佔領者只用了十一個月就運進了大量的奴隸，而在通常情況下這需要十五年。從那時起，古巴的經濟就隨著外國對糖的需求而發展。奴隸們生產世界市場上的熱門商品，從此，大量的剩餘價值就由當地壟斷集團和帝國主義所享有。

　　莫雷諾‧弗拉希納爾斯用確鑿的材料描寫了英國佔領古巴之後蔗糖迅速發展的狀況。西班牙對貿易的壟斷事實上已經土崩瓦解，再也不能限制進口奴隸。糖廠吞噬了一切，吞噬了人和土地。本來可以為工業發展作出貢獻的造船廠、鑄造廠的工人和數不盡的小手工業者都到糖廠勞動去了，甘蔗田野蠻地吞併了土地，迫使種植煙草和水果的小農也投入到甘蔗生產中去。大規模的種植逐步消耗了土地的肥力。在古巴土地上，糖廠成倍地增長，每個糖廠都要求越來越多的土地。大火毀壞了種植煙草的土地和大片森林，牧場也遭破壞。以前古巴還出口乾醃肉，但到了 1792 年卻要大量進口，之後還繼續進口醃肉。（註20）造船業和鑄造業一蹶不振，煙草生產直線下降。蔗糖業的奴隸每日勞動的時間長達二十小時。「蔗糖集團」的權力就在這塊冒著濃煙的土地上得到了鞏固。十八世紀末，國際糖價飛漲，投機買賣盛行。在韋內斯（Güines），土地價格上漲了二十倍。在哈瓦那，放貸的實際利息是法定利息的八倍。在整個古巴，做彌撒、行洗禮和葬禮的費用，隨著黑奴和黃牛價格的飛漲而飆高。

　　從前有些記者說過，人們可以和巨大的棕櫚樹和茂密森林的樹蔭為伴，走遍整個古巴。森林中盛產桃花心木、雪松、烏檀樹和白花亮皮茜樹。如今還可以從埃斯克里亞爾的桌子和窗戶，從馬德里皇宮的門欣賞古巴的珍貴木材。可是為了擴種甘蔗，連續放了幾把大火，把過去覆蓋古巴土地最好的原始森林都給燒掉了。森林被毀壞之後，古巴變成了美國木材的主要買主。大規模地種植甘蔗這種破壞性的作物，不僅僅毀滅了森林，而且天長日久「破壞了島嶼土地神話般的肥力」。（註21）森林被大火吞沒了，未加保護的土地很快地被風化了，千百條河溪乾涸了。目前古巴甘蔗種植園每公頃的單位面積產量比秘魯的種植園低了三倍多，比夏威夷低四倍半。（註22）灌溉和給土地施肥是古巴革命當前的首要任務。古巴修建了許多大大小小的水壩，同時在田野開渠造河，在被懲罰的土地上施散肥料。

「蔗糖集團」使古巴的命運放射出虛假的光芒，同時也確定了它的附屬地位，古巴成了一個出眾的工廠，但它的經濟患了糖尿病。在那些用野蠻的手段毀壞了最肥沃土地的人當中，也有歐洲的文人雅士，他們會鑒別真正的布勒哲爾（Bruéghel 法蘭德斯著名畫家。—譯註）的作品，並有能力把它買下。他們經常往來於巴黎，帶來了古義大利伊特盧里亞（Etruria）的大缸，希臘的兩耳細頸小瓶，法國哥白林的雙面掛毯，中國明朝的屏風，以及英國要價最高的藝術大師們所畫的風景畫和肖像。我很驚奇地在哈瓦那一幢大房子的廚房裡發現了一個非常大、帶密碼鎖的保險櫃，它曾經被一位伯爵夫人用來放餐具。一直到 1959 年，古巴不是在建工廠，而是在建城堡，蔗糖可以產生或打倒獨裁者，可以讓工人有活兒幹或失業，可以決定幾百萬元運轉的速度，也可以決定是否發生可怕的危機。

特立尼達市（Trinidad）今日是一具閃閃發光的屍體。在十九世紀中葉，該市有四十多家糖廠，生產七十萬阿羅瓦（1 阿羅瓦等於 25 磅。—
譯註）糖。種植煙草的貧農被人們用暴力趕出自己的土地，曾經作過牧場
的地區過去出口肉類，現在卻要吃從外面運來的肉。殖民式的宮殿拔地而
起，帶有遮蔭的門廊，高高的房子，裝飾著玻璃穗的吊燈，波斯地毯，像
天鵝絨那樣柔媚的寧靜，空氣中迴盪著小步舞曲，大廳中的鏡子照出了頭
戴假髮、腳蹬帶扣袢鞋的老爺們形象。在這裡，今日依然可以看到大理石
和石頭的房屋框架，傲然聳立的無聲鐘樓以及長滿野草的敞篷馬車。現在
人們管特立尼達叫「曾經有過城」，因為此城的白人後代總愛說他們的某
一個祖宗曾經有過權力、有過榮譽。但是發生了 1857 年的危機，糖價下
跌，這個城市同糖價一起衰落，再也沒有崛起。（註 23）

　　一個世紀以後，當馬埃斯特臘山（Sierra Maestra）的遊擊隊員奪取
政權時，古巴的命運仍然和糖的行情捆綁在一起。民族英雄何塞·馬蒂
（José Martí）曾經預言：「**如果一個國家的人民把自己的生存押在一種
產品上，那無異於自殺。**」1920 年，古巴以每磅二十二美分的糖價打破
了人均出口的世界紀錄，甚至超過了英國，成了拉丁美洲人均收入最高的
國家。但是就在這一年的十二月，糖價下跌到每磅四美分，1921 年，危
機像火山一樣地爆發了，美國把許許多多倒閉的糖廠以及所有的古巴銀行
和西班牙銀行，包括國家銀行在內，都買走了，只剩下美國銀行的分行。
（註 24）後來，像古巴這樣依附性、脆弱的經濟無法逃脫 1929 年美國那場
危機的猛烈打擊。1932 年，糖價猛跌到每磅遠遠不到一美分，三年中出
口值下降到只有原來的四分之一。而這時古巴的失業指數之高「是任何其
他國家都很難比擬的」。（註 25）1921 年的災難是由美國市場的糖價下跌
而引起，古巴很快從美國得到了五千萬美元的貸款。在貸款之後，克勞德
將軍（el general Crowder）也來了，以監督貸款使用情況為藉口，實際上

將統治這個國家。由於他經營有方，馬查多獨裁統治在 1924 年上台了。但是，三〇年代的大蕭條加上古巴的總罷工而使馬查多政府陷於癱瘓，這個靠血和火建立起來的政權倒台了。

物價方面發生的問題也同樣發生在出口量方面。從 1948 年起，古巴恢復了它供給美國市場所需糖的三分之一份額，價格低於美國生產者的價格，但是比國際市場的價格要高而且穩定。在此之前，美國對從古巴進口的糖是免稅的，但作為交換，要求古巴對所進口的美國貨也給予同樣的特權。所有這些恩賜條件使得古巴的依附性更加牢固。「買方可以發號施令，賣方只能效勞。應當平衡貿易以保證國家的自由。欲死者只會和一個國家做買賣，而欲生者則會和一個以上的國家做生意」，這是馬蒂說的話。1961 年切・格瓦拉（Che Guevara）又在埃斯特角（Punta del Este）的美洲國家組織會議上重複了這句話。根據華盛頓的需要，可隨心所欲地限制出口國的生產。1925 年古巴的年產糖量五百萬噸左右，五〇年代的平均產量仍然是這樣，在取得了有史以來最高的七百多萬噸的年產量之後，獨裁者富爾亨西奧・巴蒂斯塔（Fulgencio Batista）於 1952 年取得了政權，他的任務是嚴厲控制本國的糖生產量。次年，為了服從美國的需要，糖年產量下降到四百萬噸。（註 26）

革命與無能的結構

在拿破崙戰爭時期，法國和德國農村出現了甜菜糖，再加上地理位置十分接近，美國就成為安地列斯群島蔗糖的主要買主。早在 1850 年，美國已掌握了古巴貿易的三分之一份額，雖然古巴島當時是西班牙的殖民地，但是美國賣給古巴的東西、從古巴進口的東西都比西班牙多，而且到達古巴的船隻有一半以上的桅杆上都飄揚著星條旗。大約在 1859 年，一個西班牙旅遊者在古巴內地偏僻的小鎮裡發現了美國造的縫紉機。（註 27）哈瓦那主要街道都是用波士頓的花崗岩鋪砌的。

二十世紀開始時，《盧西亞那種植園主報》（Louisiana Planter）這樣寫道：「古巴全島慢慢地落到美國公民的手中，這是美國兼併古巴最簡單、最可靠的辦法。」美國參議院已經在談論國旗上加上一個星的問題了。打敗西班牙之後，由萊奧納爾·伍德將軍（el general Leonard Wood）統治古巴島。與此同時，菲律賓和波多黎各也落入美國人之手。（註 28）麥金利總統（McKinley）說過：「是戰爭把這些地方給了我們，也是靠了上帝的幫助。以人類的進步和文明的名義，我們有責任不辜負這一巨大的信任。」他說這番話時也把古巴包括在內。1902 年，湯瑪斯·埃斯特拉達·帕爾馬（Tomás Estrada Palma）不得不放棄他在流放時獲得的美國公民身份，因為美國佔領軍使他成為古巴第一任總統。1960 年，美國前駐古巴大使厄爾·史密斯（Earl Smith）向參議院一個委員會報告時說：「在卡斯楚上台以前，美國在古巴的影響不可抗拒，美國大使就是古巴的第二號人物，有時甚至比古巴總統還重要。」

巴蒂斯塔倒台的時候，古巴幾乎把全部蔗糖都賣給了美國。五年前（1969 年），一個年輕的革命律師，在那些因為攻打蒙卡達兵營（Cuartel Moncada，1953 年）而對他進行審判的人面前準確地預言，歷史將宣判他無罪。他在那激動人心的辯護詞中說道：「古巴還是一個生產原料的工廠，出口蔗糖以進口糖果……」。（註 29）當時，古巴不僅從美國購買汽車、機器、化工產品、紙張和服裝，而且也購買大米和菜豆、蒜和洋蔥、油脂、肉類以及棉花。從邁阿密運霜淇淋，從亞特蘭大運麵包，甚至從巴黎運豪華的晚餐。這個蔗糖之國所消費的近一半的水果和蔬菜要靠進口，儘管只有三分之一的就業人口有固定的工作，糖廠一半的土地是閒置無用的，什麼也不生產。（註30）十三家美國糖廠擁有全部甘蔗種植地的 47% 以上，每個糖季營利約一點八億美元。鎳、鐵、銅、錳、鉻、鎢等地下礦藏都是美國的戰略儲備物資，美國企業只需根據美國佬軍隊和不同程度的工業急切需要來開採這些礦產。1958 年，古巴登記的妓女比礦工還要多。（註31）根據努涅斯・希門尼斯（Núñez Jiménez）引用的瑟雷（Seuret）和皮諾（Pino）的調查材料證明，古巴當時有一百五十萬人失業或半失業。

古巴全國的經濟是隨著蔗糖生產的速度來運轉的。1952—1956 年間，儘管對外匯的需求大大增加了，古巴出口商品所代表的購買力也沒有超過三十年以前的水準。（註32）三〇年代，當危機加重了古巴經濟的依附性而不是打破它時，古巴竟到了拆除新建的工廠賣給其他國家的地步。1959 年的第一天，革命取得了勝利，那時古巴的工業發展很慢、很可憐，一半以上的工業生產集中在哈瓦那，僅有的少數幾家具有現代化技術的工廠則由美國遠距離操縱。雷希諾・博蒂（Regino Boti）是一位古巴經濟學家，他和別人一起提出了馬埃斯特臘山遊擊戰士的經濟理論。他舉了一個在巴亞莫（Bayamo）生產煉乳的雀巢分公司的例子：「如果出了故障，技術員就打電話給康乃狄克州，說他的部門什麼機器不運轉了。他立刻就能得到指示，要他採取什麼措施，他就機械地執行這些指令⋯⋯。如果進行得不順利，四個小時之後就會有一架飛機帶來高水準的專家小組，他們會把一切都修理好。在古巴實行國有化之後，再也不能打電話去求援了，就算技術人員可能會遭遇次要的故障，但他們也已棄國而去。」（註33），這再清楚不過地證明了自從革命冒險要把殖民地變為自己的祖國之後所遇到的困難。

古巴被附屬國地位砍去了雙腿，自己走路絕非易事。在 1958 年，有一半的古巴兒童沒進學校，但是正如菲德爾‧卡斯楚多次揭露的，愚昧比文盲更普遍、更嚴重得多。1961 年發動了一場大規模的運動，動員了一批青年，志願去教所有的古巴人讀書寫字，其結果使全世界震驚：根據聯合國教科文組織國際教育辦公室的材料，古巴現在是拉丁美洲文盲比例最低、中小學生比例最高的國家。但是愚昧，這詛咒的遺產並非一朝一夕、亦非十二年所能克服的。缺乏能幹的技術幹部、行政管理部門無能、生產機構組織渙散、官僚們不敢有創造性的想像和沒有決定權的自由，這些都在繼續妨礙社會主義的發展。然而，儘管四個半世紀的壓迫史所造就的制度是多麼的無能，古巴正以無限的熱情獲得新生，以它的力量、歡樂和自由與困難較量。

蔗糖是屠刀，帝國是凶手

「在蔗糖上面進行建設是不是比在沙地上進行建設要好一些呢？」1960 年，保羅‧薩特（Jean-Paul Sartre）在古巴這樣自問。

在出口散裝糖的瓜亞巴爾（Guayabal）碼頭上，鰹鳥在一個大棚子的上面飛旋。我走進碼頭，驚愕地看到一座蔗糖堆起的金黃色金字塔。隨著下面的閘門打開，鬥車把沒有包裝的糖運到船上，從房頂的空隙處流出了一股股黃金，這是從榨糖廠新運來的蔗糖。太陽光從縫中透了進來，使糖粒閃閃發光。這座我用手能摸得著但是不能盡收眼底的溫暖小山價值約四百萬美元。我想這裡概括了 1970 年糖季的全部喜悅和悲傷。儘管做了驚人的努力，1970 年糖季想達到但是未能達到一千萬噸的產量。

看著這座糖山，一個很漫長的歷史呈現在我眼前。我想到了法蘭西斯科糖業公司（Francisco Sugar Co.）這個王國，這曾經是艾倫·杜勒斯（Allen Dulles）的企業，我在那裡度過了一個星期，傾聽人們講述過去的故事，親眼看看未來是如何誕生。我見到了何塞菲娜，她是卡里達·羅德里格斯的女兒，她現在上課的教室過去是兵營的牢房，也正是她的父親臨死前被監禁並受刑的地方；我見到了安東尼奧·巴斯蒂達斯，一個七十歲的黑人，在這年的一個清晨，他兩手抓住汽笛的槓桿，因為糖廠超額完成了指標，他高呼：「他媽的！」「他媽的，我們完成了。」沒有一個人能把槓桿從他痙攣的雙手中抽出來，而那個把所有的人叫醒了的汽笛，也正在喚醒整個古巴。我聽到了被驅趕、行賄、謀殺和挨餓的故事。還有人因為有半年以上的時間被迫失業而從事奇怪的職業，例如在種植園裡捕捉蟋蟀。我想，人們的不幸是因為挨餓而得了大肚子病。死去的人並沒有白死，例如阿曼西奧·羅德里格斯在一次集會上被破壞罷工的人的子彈打中，他曾憤怒地拒絕收下公司給他的一張空白支票，當他的同伴們埋葬他時發現，他入殮時沒有褲襠也沒有襪子。再如二十歲就被捕的佩德羅·普拉薩，他把滿載士兵的卡車帶到他親自埋下地雷的地方，他和卡車和士兵一起同歸於盡。像這樣的人在這個地區和其他地區還有無數個。一個老蔗農曾對我說：「這裡的人們是很尊敬烈士的，但是都是在他們死了以後，在這之前只會發牢騷。」我想，菲德爾·卡斯楚的遊擊戰士有四分之三是從農民、從做蔗糖的人當中招募來的，這並非偶然，奧連特省（la provincia de Oriente）是蔗糖的最大源泉，同時又是古巴歷史上多次起義的發源地，這也不是偶然。我理解他們多年累積的仇恨。1961 年糖季豐收之後，革命決定向蔗糖報復。蔗糖使人們記憶猶新地回憶起過去受奴役的情景。在過去，蔗糖是不是一種命運？後來是不是變成一種懲罰？現在能不能成為推動經濟發展的槓桿和動力？在可理解的急躁情緒影響下，革命毀壞了好多甘蔗田，企圖在一瞬間就實行農業生產的多樣化。雖然沒有犯下過去的錯誤，即把大莊園分成生產不出東西的小莊園，但是每一個社會化的莊園一下子都種上了各式各樣的作物。為了國家的工業化，為了提高農業生產率，為了滿足革命重新分配財富而大大增加的消費需要，必須大規模地進口。如果不生產大量的糖，從哪裡獲得進口所需的外匯呢？發展礦業，特別是鎳的生產，要進行這方面的計畫，也需要大量投資。由於船隻增加，漁業生產增長了七倍，這也需要大量投資。生產酸性水果的宏偉計畫正在實施當中，但是從播種到收穫還要耐心等待若干年。於是，革命政權發現把屠刀和凶手弄混了。蔗糖曾經是不發達的因素，現在成了發展的工具。因此不得不用單一作物和依附狀態（這是古巴加入世界市場所造成的）之矛，去攻單一作物和依附狀態之盾。

蔗糖生產所獲的收入已不用來鞏固奴役性的結構。（註34）與 1958 年相比，機械和工業設備的進口增加了 40%，蔗糖生產所造成的多餘的經濟力量用來發展基礎工業，也用來使土地不致閒置，工人不致失業。巴蒂斯塔獨裁政權倒台的時候，古巴有五千台拖拉機和三十萬輛汽車。今日（1971 年）已有五萬台拖拉機，儘管由於管理不善，有很大程度的浪費。至於汽車，大部分是豪華型的，除了值得送到廢銅爛鐵博物館的以外所剩也無幾。水泥工業和發電廠有了驚人的發展。由於新建了化肥廠，今天（1971 年）使用的化肥比 1958 年多五倍。各地修建的水庫現在的儲水量比 1958 年水庫總儲量多七十三倍（註35），灌溉地區也飛快地增加。古巴到處是新開的公路，結束了許多好像永遠與世隔絕的地區交通不便的狀況。為了提高原來產量不大的牛奶產量，古巴引進了荷蘭種牛，通過人工授精，繁殖了八十萬頭雜交牛。

甘蔗的機械砍割和運輸方面也取得了很大進步，這些大部分是在古巴自己發明創造的基礎上進行的，儘管這些進步還是不夠。雖然遇到困難，但正在形成一種新的勞動制度，過去的砍蔗工──蔗糖的囚徒，今日已經絕種。對他們來說，革命也意味著可以自由選擇其它不太笨重的勞動和讓他們的子女能夠享受獎學金到城裡去上學。解救甘蔗農的結果是引起國家經濟的嚴重紊亂，這是不可避免要付出的代價。1970 年，古巴用了比原來工人多三倍的勞動力收割甘蔗，其中大部分是志願勞動者、士兵和其他行業的工人，這就影響了城鄉的其它活動，影響了其它產品的收穫和工廠的勞動進度。應該看到，社會主義社會不同於資本主義社會，工人幹活兒既不是因為害怕失業，也不是因為貪得無厭，其他的動力諸如互助精神、集體責任感、丟掉個人主義而意識到自己的權利和義務等等，也應當起作用。全體人民的覺悟不是頃刻間就能轉變過來的。據菲德爾‧卡斯楚說，革命奪取政權時，大部分古巴人甚至不是反帝國主義的。

隨著哈瓦那和華盛頓之間不斷發生挑釁與應戰、打擊與反打擊，隨著革命已逐漸把關於社會正義的許諾變為具體的事實，古巴人民和他們的革命一起，變得越來越激進了。古巴成立了一百七十家新的醫院和同等數量的醫務所，醫療是免費的。各級學校的學生人數增加了三倍，教育也是免費的。今天有三十多萬兒童和青年享受助學金，住宿生和幼稚園都成倍增加了。大部分居民不必付房租，水電、電話、安葬和體育表演都是免費的。在短短幾年中，社會服務費增加了五倍。現在（1971 年），每個人都能受教育、都有鞋穿，人們的需要以幾何級數增長，而生產卻只能以算術級數增長。現在是全民消費而不是少數人消費，所以消費的壓力也迫使古巴迅速增加出口，蔗糖仍然是最大的資金源泉。

革命確實正在經歷艱難的時期，這是過渡和犧牲的時期。古巴人終於懂得要咬緊牙關去建設社會主義，懂得了革命決不是散步。歸根究底，如果一切都是他人贈送的，那麼，這塊土地就沒有前途了。有些產品確實匱乏，1970 年古巴缺少水果、冰箱和服裝。排隊是常有的事，這不完全是由於分配的紊亂狀況所造成。物品匱乏的根本原因是新湧現的大量消費者，也就是說，現在的國家是屬於大家的，因此物品匱乏和拉美其他國家的物品匱乏是不一樣的。

　　國防費用也面臨同樣的情況。革命政權不得不睜著眼睛睡覺，從經濟上來說，這也要付出很大代價。這個被包圍的革命，不停地受到侵略和破壞，它之所以沒有倒下，是因為手握武器的人民在捍衛它。多麼奇特的專制！被剝奪了財產的剝削者並不甘心。1961 年 4 月，在吉隆灘（Playa Girón）登陸的隊伍不單單是由巴蒂斯塔的舊軍人和舊員警組成的，參加這個隊伍的還有擁有三十七萬公頃土地的地主們、近一萬所房產的房產主、七十家工廠、十家糖廠、三家銀行、五座礦井和十二個夜總會的老闆們。瓜地馬拉的獨裁者米格爾‧伊迪戈拉斯（Miguel Ydígoras）把訓練營地讓給遠征軍以換取美國人對他的許諾，後來他本人供認，美國人曾許諾給他現鈔（但從未兌現），也答應在美國的市場上增加瓜地馬拉糖的份額。

　　1965 年，另一個產糖國多明尼加共和國遭受到約四萬名海軍陸戰隊員的入侵。他們的司令布魯斯‧帕爾默將軍（el general Bruce Palmer）宣稱：「鑒於該國局勢十分混亂，海軍陸戰隊準備永遠駐紮在那裡。」糖價急劇下降是促使人民憤怒抗議的原因之一。人民奮起反對軍事獨裁，美國軍隊馬上前來維持秩序。在奧薩馬河（el río Ozama）和加勒比海之間一個被圍困的聖多明哥市市區內，愛國者與入侵者展開了肉搏戰，四千人被打死了。（註36）美洲國家組織——它的記憶力是驢子的記憶力，因為從來不會忘記在哪裡吃東西——給入侵者打氣，派新的力量來推進侵略。必須消滅產生另一個古巴的萌芽。

靠奴隸們在加勒比海的犧牲
才有了瓦特的機器和華盛頓的大炮

　　切‧格瓦拉曾經說過，不發達狀況好像一個頭和肚子都大的侏儒，他的腿很瘦，胳膊很短，和身體的其他部分很不協調。哈瓦那閃爍著光芒，在它的豪華大街上，豪華的汽車嗡嗡作響，在世界上最大的夜總會裡，最美麗的舞女隨著萊庫納（Ernesto Lecuona y Casado 古巴音樂家。─譯註）的音樂翩翩起舞。而與此同時，在古巴農村，每十個農業工人中只有一人能喝上牛奶，不到 4% 的人能吃到肉。根據全國經濟委員會的材料，五分之三的農業勞動者所獲得的工資要比生活費用低二到四倍‧

　　但是蔗糖不只是生產侏儒，它也生產巨人，至少它極大地促進了巨人的發展。**拉丁美洲熱帶地區的蔗糖大大推動了英國、法國、荷蘭以及美國工業發展所需的資金累積，同時又破壞了巴西東北部和加勒比海諸島的經濟，加重了非洲歷史性的衰落。歐、非、美三角貿易是以向甘蔗種植園販賣奴隸作為主要支柱的。**奧古斯托‧柯欽（Augusto Cochin）曾說過：「一顆糖的歷史是有關政治經濟學、政治和道德的一堂完整的課。」

　　西非的部落一向互相殘殺，其目的是用戰俘來增加自己的奴隸儲備。這些部落屬於葡萄牙的殖民統治範圍，但是在販賣黑奴的高峰時期，葡萄牙人既沒有船隻，也拿不出工業品作為交換，他們只能成為其他強國的黑奴販子和非洲部落頭子之間的純粹掮客。英國是最大的人肉買賣冠軍，直到它認為不適宜繼續作此買賣為止。但是荷蘭人買賣黑奴的傳統更悠久，因為在英國獲得向其他國家的殖民地運送奴隸的權利之前，卡洛斯五世早已把將黑奴運到美洲的壟斷權賜予荷蘭人。至於法國，路易十四這位太陽之王和西班牙國王對等平分幾內亞公司的利潤，這家公司是 1701 年末為向美洲販賣黑奴而設的，法國工業化的締造者哥爾白（Colbert）曾振振有詞地說，他有充分的理由可以肯定，販賣黑奴「**對於發展國家商船隊是有好處的**」。（註37）

如亞當・斯密（Adam Smith）曾說過，由於發現了美洲，「**商業被提升到一個透過其他方式永遠不會達到的光輝燦爛的水準。**」塞爾希奧・巴古認為，歐洲商業資本累積的最巨大的動力就是美洲的奴隸制，而這資本又構成「**建立現代巨大工業資本的基石**」（註38）。希臘羅馬奴隸制在新大陸的興起，起了神奇的作用：一些國家的船隻、工廠、鐵路和銀行都成倍地增加，而對穿過大西洋的奴隸來說，他們不是來自這些國家，也不是到這些國家去，除了去美國之外。從十六世紀初到十九世紀末，有好幾百萬非洲人漂洋過海，誰也不知道到底有多少人，但是大家都知道他們比歐洲的白人移民要來得多，但生存下來的人卻比他們要少得多。從波托馬克河到拉普拉塔河之間，奴隸們為他們的主人蓋房子、砍伐樹木、砍割甘蔗、榨糖、種植棉花、可可，收穫咖啡、煙草，還到河裡找黃金。他們接連地死去，相當於幾個廣島死去的人呢！正如牙買加的一個英國種植者所說：「**買黑奴比養黑奴容易。**」卡約・普拉多估計，到十九世紀初，抵達巴西的非洲人在五百萬到六百萬之間，那時古巴已是一個大型奴隸市場，像過去整個西半球市場那麼大。（註39）

大約在 1562 年，約翰・漢金斯船長（John Hawkins）從葡屬幾內亞走私了三百個黑奴。伊莎貝爾女王勃然大怒地斷言：「**這種冒險行為定要受到上天懲罰的。**」但是當漢金斯告訴她，在加勒比海用奴隸換來了蔗糖、皮革、珍珠和生薑時，女王饒恕了這個海盜，還變成了他的交易夥伴。

一個世紀以後，約克公爵把他的爵位和名字的前兩個字頭 D 和 Y 用熾熱的烙鐵燙在他的公司每年向「蔗糖之島」送去的三千名黑奴的左臂或胸口上。卡洛斯二世是非洲皇家公司的一個股東，此公司支付百分之三百的股息，儘管從 1680 年到 1688 年裝上船的七萬個奴隸中，漂洋過海之後只剩下了四萬六千人。在旅途中許多非洲人病死或餓死，或絕食死去，或用鎖鏈把自己勒死，或者跳到海裡去餵鯊魚。在販賣黑奴的買賣中，英國緩慢但堅定地粉碎了荷蘭的霸主地位。南海公司（South Sea Company）是西班牙讓給英國的「交椅權」的主要受益者，英國政界和財界最顯赫的人物都捲進這公司裡頭了，無比興盛的買賣使倫敦的交易所欣喜若狂，神奇的交易發展了起來。

運輸奴隸把造船基地布里斯托爾（Bristol）提高到英國第二大城的地位，把利物浦變成世界上最大的港口。船隻出發了，船艙裡裝著武器、布匹、杜松子酒和甘蔗酒、小擺設、彩色玻璃等等，用這些東西換取非洲的人貨，再拿這些人貨來換美洲殖民地種植園的蔗糖、棉花、咖啡和可可。英國人在海上稱王稱霸。到了十八世紀末，曼徹斯特已有十八萬紡織工人為非洲和加勒比海生產，謝菲爾德生產刀子，每年從伯明罕運來十五萬支火槍。（註40）非洲的酋長把奴隸交給人口販子，換取英國工業品。這樣他們就擁有新的武器和大量的烈酒，以便在各村子裡開始下一輪的捕獵。他們也提供象牙、蜂蠟和棕櫚油。很多奴隸是從原始森林中來的，他們從未見過海，常常把海嘯當作是某種埋伏起來準備吃掉他們的野獸的吼叫聲。據當時的一個人販子說，這些黑人以為「**他們要像綿羊一樣被送到屠宰場去，因為歐洲人很喜歡吃他們的肉**」（註41）。在某種程度上他們並沒有錯。九尾鞭也難遏制非洲人不想活下去的絕望情緒。

那些從長途販運的饑餓、疾病和擁擠中生存下來的「貨物」，先被帶到殖民地的大街上，在笛子的伴奏下遊街，然後就在廣場上展覽，身上只掛些破布片，全是皮包骨。在把這些精疲力竭地到達加勒比海的奴隸展現給買主之前，先在奴隸庫房裡把他們餵肥；而那些生病的奴隸，就讓他們死在碼頭。奴隸可以賣現鈔，或在三年之內償付。輪船起錨回利物浦時滿載各種不同的熱帶產品。十八世紀初，英國紡織工業所需的四分之三的棉花都是來自安地列斯群島，雖然後來它的棉花供應主要來自喬治亞州和路易斯安那州。十八世紀中英國有一百二十家製糖廠。

那時候，一個英國人每年只用六英鎊就能維持生活了，而利物浦的奴隸販子每年能獲得一百一十多萬英鎊的利潤，這只是從加勒比海得來的錢，還不算他們附帶做買賣所得的利潤。有十個人公司壟斷了三分之二的買賣。利物浦啟用了一系列新碼頭，造的船越來越多、越大，吃水越深。金銀匠打出了「拴黑人和狗的銀鎖、銀鏈條」，漂亮的貴婦們出門時，身邊帶著一個身著繡花上衣的猴子和頭纏包頭布、身穿絲織褲的小黑奴。一位經濟學家描寫當時的黑奴買賣是「**一切事物中基本、主要的原則，是使機器的各個齒輪得以轉動的主要元件。**」銀行遍及利物浦、曼徹斯特、布里斯托爾、倫敦和格拉斯哥（Glasgow）。勞埃德保險公司（Lloyd's）為奴隸、船隻和種植園保險而累積了利潤。《倫敦早報》早就通告，凡是逃跑的奴隸都應被交回到勞埃德公司去。用買賣黑奴的資金建立了英國西部的大型鐵路，加勒斯（Gales）的石板工廠等工業。**在工業品、奴隸、蔗糖這樣的三角貿易中累積的資本使發明蒸汽機成為可能。詹姆斯·瓦特（James Watt）是得到靠上述貿易發財的商人資助**。埃里克·威廉斯（Eric Williams）在他有關這個問題的資料豐富的著作中就曾這樣說過。

十九世紀初，英國成為反奴隸制運動的主要推動者。此時的英國工業需要具有較大購買力的國際市場，所以必須推廣工資制。此外，由於加勒比海英屬殖民地實行工資制，巴西用奴隸勞力生產的蔗糖因成本相對低廉而又重新獲得營利。（註42）英國海軍襲擊販運黑奴的船隻，但是為了供應古巴和巴西的需要，黑奴買賣越做越大。在英國小艇快到達海盜船隻之前，奴隸就被拋到大海中去了，在船上只能聞到氣味、看到發熱的鍋爐和在甲板上捧腹大笑的船長。限制販賣黑奴反而提高了黑奴的價格並大大增加了營利。到了十九世紀中葉，在非洲，奴隸販子用一支舊步槍換來一個身強力壯的奴隸，然後以六百多美元的價格在古巴賣掉。

對英國來講，加勒比海的小島遠比英國的北美殖民地更為重要。英國禁止巴貝多、牙買加和蒙哲臘（Montserrat）自己生產一根針、一塊馬蹄鐵。而新英格蘭的情況則大為不同，這有利於此地區的經濟發展和政治獨立。

確實，促進美國工業革命所需資本的大部分是來自新英格蘭的黑奴買賣。十八世紀中葉，販賣黑奴的船隻從波士頓、新港（Newport）和普羅維登斯（Providence）向非洲運去許多滿裝甘蔗酒的大桶，用它們換取奴隸，把奴隸賣到加勒比海，再從那裡運糖蜜到麻塞諸塞州，把糖蜜提煉成甘蔗酒，結束全過程。安地列斯群島最好的甘蔗酒即西印度蘭姆酒，但不是在西印度製作的。**普羅維登斯的布朗兄弟用販賣奴隸所獲得的資金修建了一個冶煉爐，向喬治·華盛頓將軍提供獨立戰爭所需的大炮。**（註43）由於販賣黑奴促進了新英格蘭的造船工業和冶煉業的發展，這些註定要搞甘蔗單一作物的種植園不僅被認為是「十三個殖民地」發展的動力，也是促進向糖廠出口口糧、木材和各種用具的大市場，這樣，北大西洋的莊園經濟和提早發展的製造業在經濟上獲得了可行性。北部移民的造船廠建造的船隻向加勒比海輸送大量鮮魚、燻魚，燕麥和其他穀物、菜豆、麵粉、黃油、乳酪、洋蔥、馬、牛、蠟燭、肥皂、布匹和做裝糖箱子的松木、櫟木及雪松木板（古巴有西班牙語美洲的第一個蒸汽鋸，但是卻沒有木材可鋸）以及桶板、桶箍、桶圈、鐵環和鐵釘。

血液就這樣通過所有這些管道流走了。今日的發達國家過去就是這樣發展起來的；不發達的國家也就此變得更落魄。

彩虹指引著返回幾內亞之路

1518 年，阿隆索‧蘇亞索律師（Alonso Zuazo）從多明尼加給卡洛斯五世寫信說：「用不著害怕黑人造反，在葡屬島嶼上有些寡婦平安地同八百名奴隸生活在一起，一切問題在於如何統治他們。我剛來的時候發現一些黑人很狡猾，還有一些逃到山上去，我用鞭子抽打其中的一些人，還把另些人的耳朵割下來，這樣就再也沒有怨聲了。」四年以後，爆發了美洲第一次奴隸起義。美洲發現者的兒子迭戈‧哥倫布（Diego Colón）屬下的奴隸率先造反，他們最後被吊死在糖廠路旁的絞刑架上。**（註 44）**後來又在聖多明哥和加勒比海地區，所有種植蔗糖的島嶼上接二連三地發生了暴動。**迭戈‧哥倫布的奴隸暴動兩個世紀之後，在同個島的另一端，逃往山野的奴隸逃到海地最高的地區，他們在山上重建非洲的生活、種植非洲的糧食、崇拜非洲的神靈、遵守非洲的習俗。現在，彩虹還在給海地人民指出返回幾內亞之路——要乘坐掛著白帆的船隻……**。在荷屬蓋亞那（Guayana，位於南美洲北部，現今蘇利南共和國）科朗蒂納河（el río Courantyne）的那邊，三個世紀以來一直存在著朱卡人（los djukas）的村社，他們是穿過蘇里南森林（Surinam）逃走的奴隸的後裔。在這些村莊還遺存著「*和幾內亞神廟相似的神廟，跳迦納的舞蹈，行迦納的禮儀，還敲鼓傳話，鼓與亞山蒂（Ashanti）的鼓類似*」。**（註 45）**

蓋亞那第一次大型奴隸暴動發生在朱卡人逃跑一百年之後。荷蘭人收復了種植園，用火慢慢燒死奴隸的領袖。但是在朱卡人遷徙之前，巴西逃居荒野的奴隸就已經在巴西東北部建立了帕爾馬雷斯（los Palmares）黑人王國，他們在整個十七世紀勝利地粉碎了荷蘭人和葡萄牙人為了摧垮這一王國而發動的數十次軍事圍剿。幾千名士兵的攻擊對付不了黑人的遊擊戰術，也因此，這個廣闊的庇護所直到 1693 年還是無法被征服。帕爾馬雷斯獨立王國是起義的宣言，是自由的大旗，它建立起一個「像十七世紀在非洲存在的許多國家那樣」（註46），這個國家的疆域從伯南布哥的聖阿戈斯蒂紐岬角地區（Cabo de Santo Agostinhu）一直擴展到阿拉戈斯州（Alagoas）聖法蘭西斯科河的北部地方，相當於葡萄牙本土的三分之一，被原始森林密密地包圍著。這個王國的最高領袖是從最能幹、最機智的人當中選出來的，是由「在戰爭中或在指揮中最有威望、運氣最好的人」（註47）來統治的。在萬能的甘蔗種植園的全盛時期，帕爾馬雷斯是巴西唯一發展多樣種植的地方。這些黑人根據自己或他們的祖先在非洲大平原和熱帶叢林中累積的經驗，種植了玉米、甘薯、菜豆、樹薯、香蕉和其他食糧。毀掉莊稼是殖民軍隊的主要目的，它們要重新獲得那些帶著腳鐐穿洋過海而今又從種植園逃跑的人，此舉並非徒然。

帕爾馬雷斯獨立王國豐富的食物恰同沿海甘蔗種植區在全盛時期的貧困形成對比。已經獲得自由的奴隸，機智而勇敢地捍衛著自由，因為他們已經嘗到了自由的甜頭：土地是公有的，在黑人的國家裡沒有貨幣。「**在世界歷史上沒有一次奴隸起義能像帕爾馬雷斯的奴隸起義能堅持這麼長的時間。震動古代最重要的奴隸制的斯巴達起義也只持續了十八個月。**」（註48）葡萄牙王朝動員了當時最強大的軍隊準備最後一戰，連很久以後對付巴西獨立時也沒有動員如此多的軍隊。有不少於一萬人來保衛帕爾馬雷斯最後一座碉堡，那些倖存者，要麼被殺頭，要麼被扔到懸崖深澗中去或賣給里約熱內盧或布宜諾斯的商人。兩年之後，被奴隸們視為不朽領袖的蘇姆比（Zumbi），被叛徒出賣。他們把他圍困在原始森林中，砍掉他的頭。但是造反不斷。沒過多久，巴托洛梅·杜普拉多隊長（Bartolomeu Bueno Do Prado）帶著他鎮壓奴隸起義的戰利品從拉斯莫爾特斯河（río das Mortes）回來了。他在馬鞍袋裡裝了三千九百對耳朵。

古巴也接二連三地發生起義。有些奴隸集體自殺。費爾南多·奧爾蒂斯說，他們「用永久的罷工和無止境地逃到另一個世界」的手段來對付他們的主子。他們認為這樣做，肉體和精神就能在非洲復活。主子們把屍體大卸八塊，讓屍身缺手短腳、沒有頭、甚至被閹割的狀態，從而使許多奴隸放棄了自殺的念頭。一個年輕時候逃到拉斯維利亞斯山區（Las Villas）的奴隸說，大約在 1870 年，古巴的黑人已經不自殺了。他們用一根有魔力的帶子「逐漸飛起來，在天上飛呀飛，就飛到了自己的家鄉」，或是消失在山區，因為「誰都活夠了。安於現狀的人是性格軟弱的人。而山區的生活則有益於健康。」（註 49）

非洲的神靈仍然活在美洲奴隸的心中，失去的家鄉傳說和神話，受著思鄉情緒的滋潤，也仍然活在他們的心中。很明顯地，黑人在他們的禮儀、舞蹈和魔法中表示，需要確定一種文化上的同一性，而這種同一性是基督教所反對的。但是，教會在物質上和黑奴要忍受的剝削制度是緊密相連的，或許這也起了一定的作用。十八世紀初，在英屬島嶼，被認為犯了罪的奴隸，要在榨糖機的輾輪中被壓死；在法屬殖民地，犯罪的奴隸則被活活燒死，或者受輪刑；而與此同時，耶穌會會員安東尼爾卻假惺惺勸告巴西的糖廠主要避免發生類似的過分行為。他說：「**絕對不應允許管理人員踢孕婦的肚子，也不許用棍棒抽打奴隸，因為在氣頭上打人沒個準，可能**

會傷著或打死值很多錢、很會幹活的奴隸。」（註50）在古巴，工頭們用皮革或麻繩做的鞭子抽打犯了錯誤的懷孕女奴的脊樑，但是在抽打之前，先讓她們臉朝下趴著，把肚子放在一個凹處，以免傷著肚子裡的那個新「物品」。教士們可以得到蔗糖生產的百分之五作為什一稅，他們用基督教義饒恕這種行為，說工頭像耶穌一樣懲罰有罪的人。天主教的傳教士胡安·佩爾皮尼亞·伊皮貝爾納特（Juan Perpiñá y Pibernat）向黑人傳教時說：「可憐的人們，你們不要害怕因為是奴隸而要受那麼多的苦難。奴隸只是你們的身子，你們的靈魂是自由的，有朝一日，你們會飛到幸福者的天堂去的。」（註51）

　　貧困者的上帝並不一定是使他們貧困的那套制度的同一個上帝。儘管根據官方資料，巴西人口中有百分之九十四信仰天主教，但實際上黑人仍然鮮活地保留著他們的非洲傳統，他們的宗教信仰一直活在他們心中。當然，這些東西常常罩上基督教聖像的偽裝。（註52）不論膚色如何，淵源於非洲的宗教信仰在被壓迫者中影響很大。安地列斯群島也發生過類似的事情。儘管原先的宗教禮儀和神靈在美洲土地上紮根時，多多少少有些改頭換面，但是海地巫毒教（vudú）、古巴本貝教（bembé）、巴西的烏姆邦達教（umbanda）和金邦達教（quimbanda）的神差不多都是一樣的。在加勒比海地區，在巴西的巴伊亞，人們用納戈語（nagó）、約魯巴語（yoruba）、剛果語（congo）和其它非洲語言唱禮儀讚美詩。而在巴西南部大城市的市郊，葡萄牙語卻占統治地位，但是，象徵著善和惡的神靈卻產生於非洲西海岸。歷經幾百年的時間，變成了為被排斥者復仇的神靈。這些被排斥的人就是受屈辱的、可憐的人們，他們在里約熱內盧的貧民窟裡呼叫：

巴伊亞的力量，

非洲的力量，

神聖的力量，

來吧！來幫助我們。

出賣農民

1888 年，巴西廢除了奴隸制。但仍沒有廢除大莊園制。就在這一年，一個目擊者從西阿拉寫道：「只要有饑餓，就有人肉市場，買者總會絡繹不絕。很少有輪船不裝載大量的西阿拉人。」（註53）在橡膠美好幻景的誘惑下，五十萬東北部人移居到亞馬遜河流域，一直持續到 20 世紀中期。從那時起，由於時時發生席捲腹地的大乾旱、由於森林地區甘蔗莊園的不斷擴張，遷徙還在繼續。1900 年，四萬旱災災民逃離西阿拉。他們踏上了當時人們常走的路：通向森林的北路。之後路的方向變了。今天（1971年），東北部人向巴西中部和南部移民。1970 年旱災把饑餓的人群趕向東北部的城市。他們搶劫火車和商店，高聲向聖約瑟求雨。災民都跑到道路上來了。1970 年 4 月，一份電報這樣說：「上個星期天，在貝倫‧都聖法蘭西斯科市（Belém do São Francisco），伯南布哥州的員警逮捕了二百一十個農民，他們將以每人十八美元的價錢被賣給米納斯吉拉斯州的地主。」（註54）這些農民來自兩個旱災最嚴重的州：帕拉伊巴州（Paraíba）和北里約格朗德州（Río Grande do Norte）。六月，電傳機傳來了聯邦警察局局長的聲明：警察局尚沒有有效的辦法來制止販賣奴隸這類事情。儘管近來已開始進行了十項調查，可是東北部的勞動者仍然被賣給國內其他地區的富有莊園主。

橡膠和咖啡的蓬勃發展需要招募大量的東北部勞動者，政府也要使用這批廉價的勞動力，他們是修建大型公共工程的龐大後備軍。從東北部像運牲口一樣運來了赤身裸體的人們，一夜之間就在沙漠的中心建起了巴西利亞城（Brasilia），這個世界上最現代化的城市，今日被一個寬闊的貧窮帶包圍著。幹完了活兒之後，建築工人就被拋到巴西利亞的衛星城中去，那裡有三十萬東北部人隨時準備幹一切勾當，他們是靠輝煌首都的殘羹剩飯為生的。

東北部人的奴隸勞動現在（1971 年）正在開闢把巴西一分為二、穿越亞馬遜地區原始森林到玻利維亞交界處的公路。這一計畫還包括墾殖土地的設想，目的是擴大「文明邊界」，即農民如果能夠在熱帶炎熱的森林地帶生存下去的話，那他們每個人就可以得到十公頃土地。東北部有六百萬無地農民，而一萬五千人卻佔有東北部全部土地的一半。在已被人佔領的地區不實行土地改革政策，在於大莊園主的土地所有權還是神聖不可侵犯，土地改革只得原始森林地帶實行的。這意味著東北部的災民將為莊園制擴展到新的地區開闢道路。在沒有資金、沒有勞動工具的情況下，那些離消費中心二千至三千公里遠的十公頃土地又意味著什麼呢？可以看出，政府的真實意圖是向美國莊園主或美國公司提供勞動力。前者購買了或霸佔了內格羅河（río Negro）以北的一半土地，後者是美國鋼鐵公司（United States Steel Co.），它從加拉斯塔蘇‧梅迪西將軍（el general Garrastazú Médici）手中得到了亞馬遜地區巨大的鐵礦和錳礦。（註 55）

橡膠週期：
卡羅素為密林中的巨大劇場揭幕

（卡羅素：著名的義大利歌劇演員。—譯註）

　　有些作者估計，在橡膠的極盛時期，巴西有不少於五十萬東北部人死於傳染病、瘧疾、肺結核或者腳氣病。「這一大堆可怕的屍骨是為橡膠工業付出的代價。」（註56）本來就缺乏維生素、來自旱地的農民進入潮濕森林的漫長旅程。在那多沼澤的橡膠園，疾病在等待著他們。這些人擠臥在船的底艙裡，條件是如此惡劣，以致有不少人在途中死去。就這樣，他們提前完成了自己的使命，另一些人則連船都沒有上。1978年，西阿拉州的八十萬居民中有十二萬人朝亞馬遜河的方向走去，但只有不到一半的人抵達目的地，其餘的人因饑餓或生病倒在大腹地的路上或福塔來薩市（Fortaleza）市郊。（註57）在此之前一年，東北部發生了大旱災，這是上個世紀七大旱災之一。

　　除了疾病以外，在森林中等待著他們的還有類似奴隸制的勞動制度。工錢是用肉乾、樹薯粉、蔗糖蜜和白酒等實物支付的，一直到橡膠工人還清所負的債為止，可是只有出現奇蹟才能還清債。老闆們之間達成協議，不雇傭欠債的工人。守在河邊的農村員警向逃走者開槍。債上加債。原先的債是勞動者從東北部到此地欠下的路費，接著還要加上買勞動工具、砍刀、刀子和大碗的錢，再加上伙食費和酒錢（橡膠工人愛喝酒，橡膠園裡也不缺酒喝），於是，工人在這兒工作的時間越久，他累積的債也就越多。東北部人是文盲，管理人員在統計時所耍的花招，他們毫無辦法對付。

　　大約在1770年，普里斯特利（Priestley）已經觀察到橡膠可以用來擦去鉛筆在紙上所寫的東西。七〇年以後，查理斯・固特異（Charles Goodyear）和英國人漢考克（Hancock）同時發現，對橡膠進行硫化，可以使它柔韌，不受氣候變化的影響。到了 1850 年，人們已經用輪子有覆蓋橡膠的汽車。十九世紀末，美國和歐洲有了汽車工業，此後就開始大量使用有氣胎的車輪。世界對橡膠的需求直線上升。1890 年，橡膠占巴西出口所得收入的十分之一。二十年以後占十分之四。幾乎與咖啡銷售的所得持平，而 1910 年是咖啡的鼎盛時期。當時，大部分橡膠來源於阿克里地區（Acre），巴西曾以閃電般的軍事行動從玻利維亞手中奪走了這塊地區。（註58）

在得到阿克里地區後，巴西幾乎佔有了世界上所有的橡膠產地。**橡膠的國際價格看好，好日子似乎無窮無盡。當然，橡膠園工人是沒有好日子過的，儘管他們每天清早離開自己的茅草屋，用帶子往背上掛幾個罐子，然後爬上巨大的巴西橡膠樹去採膠。他們在靠近樹冠的樹身和較粗的樹枝上割出幾個口子，白色的、有黏性的液體便流出來了，大約兩個小時就可以把罐子灌滿。到了晚上，把液體加熱成為扁形盤子，堆放在橡膠園管理處。整個馬瑙斯市（Manaus）充滿著橡膠那種酸而難聞的氣味。**該市是買賣橡膠的世界中心。1849 年馬瑙斯有五千居民，在五十多年的時間裡增長到七萬人。橡膠巨賈在馬瑙斯修建了奇特的私邸，裡面盡是東方的名貴木材、葡萄牙的彩陶、卡拉拉（Carrara）的大理石柱子和法國生產的傢俱。森林中新的財主從里約熱內盧運來了最貴的食品，歐洲最好的裁縫為他們做衣服，他們把自己的子女送到英國學校學習。亞馬遜劇院是極俗氣的巴洛克式建築，它是本世紀初使人眼花撩亂的財富最大象徵。男高音歌唱家卡羅素（Caruso）在開幕式的晚上為馬瑙斯居民演唱，報酬更是驚人。他是乘船穿過森林抵達馬瑙斯，而舞蹈演員巴甫洛娃（Pavlova）本來要到馬瑙斯表演，但她只到了貝倫市，對此她表示了歉意。1913 年，災難降臨到巴西橡膠上。三年前，橡膠價為十二先令，如今減少到原價的四分之一。1900 年東方本來只出口四噸橡膠，到了 1914 年錫蘭和馬來西亞的橡膠園向世界市場傾銷了七萬噸，五年後，他們的出口已接近四十萬噸。**實際上曾經壟斷了橡膠的巴西，到了 1919 年只提供世界所消費橡膠的八分之一。又過了五十年，巴西向國外購買所需橡膠的一半以上。**

　　發生了什麼事？大約在 1873 年，一個在塔巴霍斯河（Rio Tapajós）有一片橡膠林的英國人亨利・威克罕姆以愛好植物出名，他把畫有橡膠樹的圖畫和橡膠樹樹葉寄給了倫敦基夫植物園主任。他接到的命令是設法弄到相當數量的橡膠樹種子，即巴西橡膠樹黃色果實裡的種子。必須偷偷地運走種子，這是不容易的，因為巴西政府嚴懲帶出種子的人，當局極其認真地檢查所有的船隻。於是莫曼航運公司的一艘船神秘地在巴西內河裡比通常多走了兩千公里。返航時，亨利・威克罕姆在船上。他在一個印第安人的村子裡把橡膠樹的果子曬乾後選出最好的，用香蕉葉包上。為了不使船上的老鼠損壞種子，他用繩子把種子掛起來，然後把裝有種子的船艙封閉起來。船的其他房間是空的。到了河口處的帕拉州貝倫市（Belém do Pará）時，威克罕姆為地方當局舉行了一次大宴會。整個亞馬遜地區的人都知道這個英國人有個怪癖，喜歡收集蘭花。他解釋說，受英國國王之托，給丘園（即英國皇家植物園，因位於倫敦西南的丘地而得此名。一譯註）帶去一批稀有蘭花的鱗莖，他還說，由於這種植物特別嬌貴，必須放在有特殊溫度的密閉房間裡，如果打開房門，花就要被損壞。就這樣，橡膠樹種子完好無損抵達了利物浦港。**四十年後，英國人用馬來西亞橡膠佔領了世界市場。以在基夫植物園冒出了芽的種子為基礎，亞洲種植園合理地組織生產，它們不費吹灰之力就擠垮了巴西粗放的橡膠生產。**

亞馬遜地區的繁榮化為烏有。森林再次把自己封鎖了。尋求財富的人轉移到其他地區，豪華的營地瓦解了。留下來的只有那些想設法生存下去的勞動者。他們是從遙遠的地方被帶到此地為他人的冒險活動效勞的。甚至對巴西來說也是如此，因為巴西所作的只不過是回答了世界市場需要原料的美人魚歌聲，一點都沒有參與真正的橡膠買賣，即資助、商品化、加工和銷售。後來美人魚啞了。直到第二次世界大戰時期，亞馬遜地區的橡膠才又有了暫時的新發展。當時，日本人佔領了馬來西亞，而盟軍極需要橡膠。在四〇年代，秘魯的森林也受了迫切需要橡膠的衝擊。（註59）「橡膠之戰」也把巴西東北部農民動員起來。根據國會揭發，「橡膠之戰」結束時，有五萬人死於傳染病和饑餓，他們的屍體在橡膠林裡腐爛。

可可種植園主
用五十萬雷伊斯的鈔票點煙

可可發源於美洲，委內瑞拉長期以來以盛產可可著稱。蘭赫爾曾經說過，「我們委內瑞拉人生來就是為出售可可，並在自己的國土上兜售外國的便宜貨。」（註60）那些靠可可起家的寡頭同高利貸者和商賈們一起，構成了「代表落後的三位一體」。委內瑞拉除了生產可可，在平原地區還有畜牧業，此外也出產靛藍染料、蔗糖和煙草，還有為數不多的礦山，但這些部門的產量均不及可可的產量。「大可可」是委內瑞拉人民送給卡拉卡斯奴隸主義寡頭集團的一個非常貼切的稱號。這個寡頭集團是靠黑人的血汗，靠向墨西哥的礦業寡頭集團和西班牙宗主國出售可可而發跡的。1873年，委內瑞拉開始了咖啡的時代。咖啡和可可一樣，適於在坡地或炎熱的谷地內生長。雖然已經有人開始經營咖啡種植，但可可的種植面積仍在不斷擴展，一直伸延到土地濕潤的卡魯帕諾地區（Carúpano）。委內瑞拉依然是一個農業國，逃脫不了咖啡、可可價格週期性下跌的厄運，而咖啡和可可種植園的主人、銷售這兩種產品的商人以及那些放債人卻靠咖啡和可可賺來的錢過著揮霍無度的寄生生活。這種狀況一直延續到 1922 年。那一年，委內瑞拉一夜間變成了一個富油國。從那時起，石油一直起著主導一切的作用。事隔四個世紀之後，這種新財富的驟然出現證明，當年發現新大陸的西班牙人的希冀並不全是想入非非。他們苦苦尋找那個家藏萬兩黃金的王子，但時運不佳。最後他們竟利令智昏到把馬拉開波湖的一座小村誤認為是威尼斯，委內瑞拉就是因他們這種幻覺而得名（委內瑞拉的西班牙文意為「小威尼斯」。－譯註），哥倫布竟以為人間天堂就在巴里亞海灣（el golfo de Paria）。（註61）

　　十九世紀末葉，歐洲人和美國人開始喜歡吃巧克力。工業的進步有力地推動了巴西可可種植園的發展，同時也刺激了委內瑞拉和厄瓜多老種植園的生產。在巴西，可可同橡膠齊頭並進，很快就在國民經濟中佔據了一席之地，也像橡膠種植園那樣，為東北部農民提供了就業機會。位於托多斯洛斯桑托斯（Todos los Santos）海灣的薩爾瓦多城，以前曾作過巴西的國都和蔗糖之都，屬於美洲最重要的都市之一。此時它又成為可可之都，恢復了昔日的活力。直到今日，在巴伊亞南部、從雷孔卡沃（Recôncavo）到聖埃斯皮里圖州（Espiritu Santo）的沿海低窪地和海灣地區山巒之間的地帶，這些可可莊園仍在繼續為世界上大部分的巧克力生產提供原料。**可可同甘蔗一樣，給巴西帶來的是單一種植、焚毀樹林、受制於世界市場價格和勞動者世代貧窮的後果。**那些在里約熱內盧海灘上消磨時光的種植園主與其說是在務農，不如說是在經商。他們不允許用一寸土地來種植其他作物。他們在種植園的代理人常常用肉乾、麵粉、菜豆等實物支付工資。如果以貨幣支付，農民勞動一整天的工資也只相當於一公升啤酒的價錢，勞動一天半賺的錢才能買一罐奶粉。

巴西曾經長期受到國際市場的青睞。但從一開始，非洲就成為其厲害的競爭對手。大約從二〇年代起，迦納就成為可可第一生產大國，英國人在那裡用現代化方法大規模經營可可種植園。當時迦納還是英國的殖民地，人稱黃金海岸。這樣，巴西就退居為世界第二可可供應國，幾年後又降到第三位。但是，誰都沒想到厄運將降臨到巴伊亞以南的肥沃良田上。在殖民地時期，這些土地一直盛產可可，而且產量成倍增長。種植園的雇工用尖刀劈開可可果，把可可豆集中起來裝上車，用毛驢運到木槽裡存放。為了種植可可，人們不惜砍掉愈來愈多的樹木，開闢出新的空地，並用砍刀和槍支去征服新的土地。雇工對可可的價格及市場行情一無所知，他們甚至不知道誰在統治著巴西。1971 年前，還有一些種植園的勞動者篤信唐彼德羅二世皇帝仍然在位。種植園主高興得不住地搓手，因為他們知道，或者說他們自以為知道，可可的消費量在增加，可可的價格和可可帶來的利潤也在隨之增長。當時幾乎所有可可都從伊爾埃烏斯港 (Ilhéus) 裝船，這個港因此被譽為「南方的女王」。今天，雖然它大勢已去，但種植園主那些建築牢固、陳設鋪張、趣味鄙俗的小宮殿卻依然矗立在那裡。若熱‧阿馬多 (Jorge Amado) 曾以此為題寫了幾部小說。他是這樣再現可可價格上漲時的情景的：

「伊爾埃烏斯和可可種植區的闊佬們在黃金裡游泳，用香檳酒洗澡，同來自里約熱內盧的法國女郎睡覺。在伊爾埃烏斯城最有名氣的特里亞農夜總會裡，馬內卡‧旦塔斯上校總是用五十萬雷伊斯的鈔票點煙，他這是

在模仿巴西所有富有的種植園主以前在咖啡、橡膠、棉花和蔗糖行情看漲時慣有的舉動。」（註62）

　　價格上漲促使生產增加，生產增加又導致價格下降。這種不穩定狀況愈演愈烈，土地的主人也在不斷更換。「百萬富翁變乞丐」的時代拉開了帷幕，開拓種植園的先驅者紛紛把種植園轉讓給出口商，出口商用逼債的辦法，把這些土地弄到手。

　　僅舉一事為例。在1959至1961年的短短三年中，巴西可可仁在國際市場的價格就降低了三分之一。此後，可可行情看漲的勢頭也未能重新喚起人們的希望。拉美經濟委員會預言，可可價格上漲的趨勢不可能持久。（註63）為了能吃上廉價的巧克力，美國、英國、德國、荷蘭和法國這些主要的可可消費國，鼓勵非洲同巴西和厄瓜多的可可競爭。它們通過左右價格的漲落，曾幾次使巴西的可可業蕭條。被種植園解雇的勞動者流落到街頭，在樹下露宿，用青香蕉充饑。對那些從歐洲進口的精美巧克力，他們只能望洋興嘆。巴西這個世界第三大可可生產國竟從法國和瑞士進口巧克力，真是令人不可思議。巧克力的價格愈抬愈高，而可可的相對價格卻愈壓愈低。1950至1960年期間，厄瓜多可可的出口量增加了百分之三十強，但收入只增長了百分之十五。其餘的百分之十五厄瓜多就送給了那些富國，可它們同期內向厄瓜多出口的工業品價格卻不斷提高。厄瓜多經濟主要依靠香蕉、咖啡和可可的出口，但這三種產品卻總是不斷受到國際市場價格的衝擊。據官方資料統計，十個厄瓜多人中，就有七個人缺乏起碼的營養，厄瓜多是世界上死亡率最高的國家之一。

種植棉花的廉價勞動力

巴西是世界第四大棉花生產國，墨西哥則是世界第五大。世界紡織業使用的棉花有五分之一來自拉美國家。十八世紀末，棉花變成了歐洲工業發源地最重要的原料。英國購買這種天然纖維的數量在三十年內就翻了兩倍。在瓦特獲得蒸汽機的發明專利時，阿克賴特（Arkwright）發明染紗錠，之後卡特賴特（Cartwright）又發明了紡織機。這三種發明對推動紡織品生產起了決定性作用，同時也為棉花這種產於美洲的植物提供了廣闊的海外市場。馬臘尼翁（Maranhão）的聖路易士港（São Luiz）在此之前睡了一個唯獨熱帶地區才有的長午覺，一午內僅有一兩隻船來打擾一下。後來棉花熱突然驚醒它，成批的黑奴從這裡被運輸到巴西北部的各個種植園，每年要有一百五十至二百艘裝載著一百萬磅紡織原料的船隻從這裡起錨。跨入十九世紀之際，礦業發生了危機，大量的奴隸湧向棉花種植業。南部的黃金和鑽石被採掘一空後，北部的經濟似乎又趨向繁榮。聖路易士港興旺發達起來，造就了一大批詩人，被人們譽為巴西的雅典。（註 64）可是，饑餓也伴隨著經濟繁榮出現在馬臘尼翁地區，因為那裡已無人種植糧食。在很長一段時間裡，人們只能吃到大米。（註 65）這段經濟繁榮史結束的方式與它的開端一樣，崩潰不期而至。美國南方種植園開始大規模種植棉花，那裡不僅土質優於巴西，而且去籽、打包等都由機器操作。世界棉花市場的價格因此被壓低到往昔的三分之一，巴西無力與之競爭。美國南北戰爭中斷了其棉花的出口，給巴西帶來一個新的繁榮期，然而好景不長。跨入二十世紀後，巴西棉花產量以驚人的速度增長，1934 年僅為十二萬六千噸，1939 年就猛增到三十二萬多噸。這時一場新的災難又驟然降臨到巴西頭上。美國把它的剩餘棉花拋向世界市場，棉花價格又一落千丈。

眾所周知，美國農產品剩餘是國家對生產者實行大量價格補貼的結果。美國農產品以傾銷的價格，同時也作為對外援助計畫的組成部分，打擊了世界各地的市場。本來一直把棉花作為其主要出口產品的巴拉圭，就是這樣在美國低於成本的價格競爭中敗下陣來，從 1952 年起棉花生產就減少了一半。烏拉圭也是這樣丟掉了它的大米在加拿大的市場，就連阿根廷這個曾是世界糧倉的國家，其小麥也由於同樣原因失去了在國際市場上舉足輕重的地位。可是，美國實行的棉花傾銷政策並不妨礙美國一家名叫安德森克萊頓公司的企業去控制拉美棉花的生產，也不妨礙美國通過這家企業去購買墨西哥棉花再轉手賣給他國。

拉美棉花所以能夠勉強在世界市場繼續佔有一席之地，是因為其生產成本極低。連通常掩飾真相的官方數字也暴露出勞動報酬如何低微。在巴西的種植園裡，勞動者像奴隸一般地幹活，但工資極其微薄。在瓜地馬拉，大地主引以為自豪的是，他們所付的月薪是十九個查爾（quetzal，格查爾和美元的官方兌價是一比一），但這似乎還嫌太多，他們又強調說，大部分工資是以他們定價的實物支付的。（註66）在墨西哥，打短工的人四處漂流，幫人收割甘蔗，幹一天才掙一個半美元。他們處於半失業狀態，也因此而營養不良。尼加拉瓜棉花工人的處境更是悲慘。薩爾瓦多人向日本的紡織工業主供應棉花，但他們攝入的卡路里和蛋白質卻比印度的饑民還要少。在秘魯，棉花是農產品中可以創匯的第二大源泉。何塞·卡洛斯·馬里亞特吉曾經指出，外國資本主義在它不斷尋找新的土地、勞動力和市場的過程中，總是要強迫欠債的地主用抵押品償債，以此霸佔秘魯的出口作物。（註67）貝拉斯科·阿爾瓦拉多（Velasco Alvarado）將軍領導的民族主義政府於 1968 年上台執政時，秘魯適於集約經營的土地只使用了不到六分之一，全國人均收入比美國少十五倍，卡路里的攝入量在世界上排在最後幾位。然而，秘魯的棉花生產和蔗糖生產一樣，繼續由馬里亞特吉揭露過的那些非秘魯的利益所左右。那些肥沃的沿海地區的良田，全部掌握在美國企業和民族大地主手裡。這些地主同利馬的資產階級一樣，自稱為「民族的」，只是就其地理含義而言。

包括兩家美國企業（安德森克萊頓公司和格雷斯公司）在內的五家外國大企業，掌握著秘魯全部的棉花和蔗糖出口，並擁有自己的「農工聯合企業」進行生產。沿海地區那些甘蔗和棉花種植園據稱是與山區的大莊園相對峙的繁榮與進步中心，然而它們支付給雇工的薪水極其微薄。這種狀況一直延續到 1969 年，這一年實行了土改，沒收了種植園，把土地分給了組成合作社的勞動者。據泛美農業發展委員會統計，秘魯沿海地區雇工家庭的人均月收入僅有五美元。（註68）

至 1971 年，安德森克萊頓公司仍在拉美附設三十家子公司。它們不僅經營棉花出口，而且實行橫向壟斷，從資助棉花生產到加工棉花及其副產品，建立了一套包攬一切的網路系統；此外，這些子公司還經營大規模的食品生產。以墨西哥為例，安德森克萊頓公司雖然在那裡不佔有土地，卻仍控制著墨西哥的棉花生產。事實上，八十萬墨西哥棉農的命運全都掌握在它的手裡。公司購買墨西哥優質長纖維棉花的價錢很低，因為它事先向棉農貸款的條件就是，棉農必須以它開出的價錢把棉花全部賣給它。公司除向棉農預支現金外，還向他們提供化肥、種子和殺蟲劑，同時保留對施肥、播種和收穫工作進行視察的權利。軋花的收費標準是公司自己規定的，軋出的棉籽用來做公司植物油工廠、動物油工廠和人造黃油工廠的原料。後來，克萊頓公司「對壟斷棉花的銷售開始感到不滿足，它最近又買下了頗有名氣的盧薩斯公司(Luxus)，打進了糖果和巧克力生產的領域。」（註69）

目前安德森克萊頓公司是巴西主要的咖啡出口公司。1950 年，它對咖啡買賣產生了興趣，三年以後就擠垮了美國咖啡公司。此外，克萊頓公司還在巴西食品生產領域獨佔鰲頭，是該國三十五家經濟實力最雄厚的企業之一。

種植咖啡的廉價勞動力

有人斷言，咖啡在國際市場上的重要地位幾乎不亞於石油。五〇年代初，全世界消費的咖啡有五分之四來自拉美。此後幾年中，非洲那種品質較差、價格較低的粗壯型咖啡（Café robusta）搶走了拉美咖啡的一些地盤。但是，目前拉美地區六分之一的外匯收入仍然依靠咖啡出口。咖啡價格的波動會對布拉沃河以南十五個國家產生影響。巴西是世界上最大的咖啡生產國，其出口收入的近一半來自咖啡。薩爾瓦多、瓜地馬拉、哥斯大黎加和海地的出口收入也在很大程度上依靠這種產品。哥倫比亞外匯收入的三分之二是靠咖啡賺取的。

咖啡曾經給巴西帶來通貨膨脹的惡況。1824 年至 1854 年間，勞動力價格翻了一倍。這時，巴西北部的棉花和東北部的甘蔗繁榮週期已過，種植園主已買不起那些昂貴的奴隸，巴西的經濟中心移向南方。咖啡種植園除使用奴隸勞動外，還雇用了歐洲的移民。他們實行對分制，把一半收成上交給種植園主。這種制度至今仍是巴西內地的主要地租形式。今日的旅遊者穿越蒂茹卡森林，到沙灘地一帶游泳。然而他們卻不知道，在環抱里約熱內盧的群山之中，一個多世紀以前曾有過大型的咖啡種植園。那些種植園曾沿著山脈的西側，朝著聖保羅州方向不斷擴展它們的地盤，瘋狂地攫取那些覆蓋著腐殖土的處女地。

　　上個世紀即將結束之際，已成為巴西新一代社會權貴的咖啡種植園主才磨尖了鉛筆，算了如下一筆賬：**用僅夠維持生存的工資雇傭工人，比買來奴隸再養活他們來得合算**。於是，1888 年巴西廢除了奴隸制，改用了一種兼有封建農奴制度和雇傭勞動制特點的新的剝削方式。這種方式一直沿用至今（1971 年）。從那時起，咖啡就一直是由成為「自由民」的短工種植。帕拉伊巴河谷地曾一度是巴西最富的地區，但很快就消沉了，因為咖啡樹存活期短，而那裡又採用了掠奪式的耕作方式，砍伐了成片的樹林，耗盡了自然資源，因此全面衰敗之勢迅速到來。水土流失嚴重破壞了昔日沃土的土質，一次又一次的掠奪式耕作逐漸耗盡了地力，咖啡的品質年復一年地退化，再也抵禦不了病蟲害的侵襲。咖啡種植園大批轉移到聖保羅西邊廣闊的紅土高原，在那裡採用了不那麼野蠻的耕作方式，把這一帶變成了「咖啡的海洋」。後來，種植園又繼續向西轉移，來到了巴拉那河河岸，到了馬托格羅梭平原（Mato Grosso）後就折向南移動；最近幾年，又返回了西部，並跨過了巴西與巴拉圭的邊境線。

　　目前，聖保羅州是巴西發展最快的州，那裡有全國的工業生產中心。然而在這個州的咖啡種植園裡，至今仍有很多勞動者猶如封建制度下的「臣民」一般，用他們自己以及子女的勞動交付地租。在第一次世界大戰後的繁榮年代裡，貪得無厭的咖啡種植園主實際上取消了原來允許雇工擁有自留地耕種口糧的制度。雇工要繼續耕種那塊土地，就得交付勞役地租。此外，種植園主還和一些墾荒者簽訂合約，土地租給他們短期耕種，條件是必須為主人開闢新的咖啡種植園。四年以後，當成熟的咖啡果染黃整個咖啡林，土地的價格成倍增長時，墾荒者也就離開了那裡。

　　在瓜地馬拉，咖啡種植園支付的工錢比棉花種植園的還要少。南部山區的咖啡種植園主聲稱，他們每月付給印第安人十五美元。每年咖啡收穫季節到來時，都有數千名印第安人從高原地區來到南方，出賣他們的勞動力。種植園有自己的私人員警，有人告訴我，在那裡，「**人比他的棺材還不值錢**」。鎮壓機器的職責，就是維護這種狀況。上維拉帕斯地區（Alta Verapaz）的情況更糟，那裡既沒有卡車也沒有馬車，原因是種植園主不需要，因為讓印第安人馱咖啡來得更划算。

在薩爾瓦多這樣一個由一小撮家族寡頭統治的小國裡，咖啡在經濟中佔有至關重要的地位。由於實行單一種植，薩爾瓦多不得不從國外進口菜豆、玉米、蔬菜和其他歷史上本來一直生產的食品。菜豆是薩爾瓦多老百姓唯一能夠從中攝取蛋白質的食物。薩爾瓦多有四分之一的人死於維生素缺乏症。至於海地，其人口死亡率居拉美最高。一半以上兒童患有貧血，法定工資在那裡只存在於科幻小說。咖啡種植園裡的實際日工資只有七到十五美分。

哥倫比亞是一個多山的國家，咖啡是其經濟的主要支柱。據《時代》週刊 1962 年發表的報告統計，勞動者所掙工資只相當於咖啡總價格的百分之五。總價格包括從生產、加工到銷售到美國消費者手裡的全部費用。（註70）與巴西不同的是，哥倫比亞大部分咖啡不是由大莊園生產，而是由土地日益趨向於分散的小莊園所種植。1955 到 1960 年間，哥倫比亞新建了十萬個種植園，其中大部分面積很小，連一公頃都不到。哥倫比亞出口的咖啡四分之三都是由小農和只有小塊土地的農民所生產，96% 的咖啡種植園都是由小莊園主經營的。（註71）廣告畫上的胡安·巴爾德斯（Juan Valdés）在微笑，然而土地的分散卻使咖啡種植者的生活水準下降，收入日益減少，使得全國咖啡種植者聯合會可以操縱他們。這個聯合會代表大種植園主的利益，它實際上壟斷了咖啡的銷售。不足一公頃的小

塊土地平均每年只能帶來一百三十美元的進項，靠這點收入是難以維持生計的。（註72）

咖啡價格過低，只有付之一炬，
結婚率也因此而變

這是什麼，是個瘋子的腦電圖嗎？1889 年，咖啡的價錢是二美分一磅；六年以後，升到九美分。再過三年，又降到四美分；五年以後，又跌回到二美分．這個時期很能說明當時的問題。（註73）咖啡同所有熱帶產品一樣，其價目圖表的曲線總是和癲癇臨床表現的曲線相差無幾。但如果把咖啡的價格與機器及其他工業品的價格相比較，咖啡價格的曲線則呈直線下降趨勢。哥倫比亞當時的總統卡洛斯‧耶拉斯‧雷斯特雷波(Carlos Lleras Restrepo)1967 年曾抱怨說，這一年，他的國家用五十七袋咖啡才能換來一輛吉普車，而 1950 年時只要十七袋就足夠了。與此同時，聖保羅州 (San Pablo) 的農業部長赫伯特‧萊維 (Herbert Levi) 算了一筆更加令人震驚的賬：1967 年巴西用三百五十袋咖啡才能換來一台拖拉機，而十四年前只需要七十袋。1954 年，赫圖里奧‧瓦加斯 (Getúlio Vargas) 總統飲彈自盡，咖啡的行情與這場悲劇不無關聯。瓦加斯在其遺囑中寫道：「我國主要產品咖啡的生產出現了危機，咖啡行情看跌，我們想穩住價格，可我國經濟卻因此而受到巨大壓力，迫使我們不得不退讓。」瓦加斯是想用他的鮮血去恢復咖啡的價格。

巴西 1964 年出口到美國市場的咖啡如果同 1955 年的價格一樣，它就能夠多得到二億美元。一磅咖啡的價錢只要減少一美分，生產國的收入一共就要減少六千五百萬美元。1964 至 1968 年間，咖啡價格持續下跌，而消費國美國從生產國巴西攫取到的美元卻日益增多。那麼，誰是受益者呢？是喝咖啡的美國公民嗎？ 1968 年 7 月，巴西賣給美國的咖啡價格比 1964 年 1 月下降了 30%。可是，美國消費者不僅沒有因此而買到較便宜的咖啡，反而要多付 13%。在這期間，這個 13% 和那個 30% 都被那些中間商塞進了荷包，他們兩頭賺錢。而同一時期，巴西咖啡生產者每賣出一袋咖啡賺的錢卻減少了一半。（註 74）是誰在充當中間商呢？巴西咖啡出口的三分之一由六家美國公司所控制，美國咖啡進口的三分之一掌握在另外六家美國公司手中。這些企業把咖啡銷售的一頭一尾全都控制了。（註 75）就像美國聯合水果公司（United Fruit）（現在改稱聯合商標公司 United Brands）壟斷著中美洲、哥倫比亞和厄瓜多香蕉的出口，同時也壟斷著美國香蕉的進口和批發一樣，咖啡的銷售也全部由美國的公司一手控制，巴西不過是充當個供應者和犧牲品的角色。可是當咖啡生產出現過剩，需要庫存空間時，這個苦果就要由巴西自己吞下了。

可是，不是有一個用來平衡市場價格的國際咖啡協定嗎？世界咖啡情報中心 1970 年在華盛頓發表了一份冗長的報告，力圖說服美國有關立法人員，延長同年 9 月到期的實施該協定的補充法。這份報告以肯定的口吻說，美國從這個協定中得到的利益最多，因為世界市場上銷售的咖啡一半以上是由美國購買的。世界市場上咖啡豆的價格依然很低，美國市場上咖啡的價格只出現了小幅度的上漲（如前所述，提高的部分都進了中間商的荷包），上漲部分和整個生活費用和實際工資提高的幅度相比是微不足道的。1960 至 1969 年，美國出口的收入增加了六分之一，而同一時期進口咖啡的支出不僅沒有增加，反而有所下降。應當看到，拉美國家把從銷售咖啡所得的為數不多的外匯用於購買美國提高了價格的產品。

咖啡的受益者與其說是生產國，不如說是消費國。在美國和歐洲，咖啡帶來了收入和就業機會，動員了大量資本；然而在拉美，咖啡給生產國帶來的卻是低微的收入，而且還加重了其經濟的畸形發展。**咖啡給美國提供了六十萬個就業機會，同在種植園裡播種和收穫咖啡果的巴西人、哥倫比亞人、瓜地馬拉人、薩爾瓦多人和海地人相比，美國經營拉美咖啡的批發和零售商得到的收入多得無法比擬。另外，據拉美經濟委員會的一份報告透露，令人難以置信的是，咖啡給歐洲國家國庫帶來的進項竟多於它給生產國帶來的財富。**事實確實如此。1960 和 1961 兩年，歐洲共同體國家向拉美咖啡徵收的關稅總額達到近七億美元，而拉美咖啡供應國的收入（以咖啡的離岸價格計算）卻只有六億美元。（註 76）那些富國一邊在宣揚自由貿易，一邊卻在對窮國實行最嚴格的貿易保護主義。所有經他們之手的東西，給自己的都點成了金子，給別人的都點成了洋鐵皮，連不發達國家自己的產品也概不例外。國際咖啡市場酷似一個漏斗。後來，巴西竟然同意向自己出口的即溶咖啡徵收高額出口稅，以這種反方向的貿易保護主義來保護美國即溶咖啡生產者的利益。巴西生產的即溶咖啡同美國的相比，物美價廉。美國的咖啡生產是最近才興旺起來的。然而在自由競爭的制度下，美國的即溶咖啡顯然比巴西享有更多的自由。

　　在這個人為的荒謬王國裡，自然災害倒成了蒼天賜予生產國的祝福。大自然的反目給生產國提供了提高咖啡價格、減少庫存積壓的機會。1969年正值收穫季節，巴西咖啡遇到嚴重霜凍，許多咖啡種植者，尤其是那些勢單力薄者紛紛破產。然而國際市場上咖啡行情看漲，巴西借此拋出六千萬袋存貨，大大緩解了庫存壓力。這六千萬袋咖啡相當於巴西三分之二的外債，是巴西為防止價格下跌而儲存起來的。咖啡入庫後，品質不斷下降，價值也逐漸減少，本來很可能一燒了事。這在歷史上也不乏先例。1929

年危機爆發後，咖啡消費量減少，價格驟跌，那時巴西就燒掉了七千八百萬袋咖啡，二十萬人辛苦了五個生產週期的汗水就這樣被一把火燒掉。**（註77）那次危機是一場典型的殖民地經濟的危機，是由外部因素引起的**。在三〇年代，咖啡種植園主和出口商所賺利潤急劇減少，這不僅促使巴西燒毀咖啡，而且也焚毀本國鈔票。在拉丁美洲，這種讓「全社會分擔」出口商「損失」的作法已司空見慣，外匯收入上的損失總是通過將使本國貨幣貶值來彌補。

其實，價格上漲帶來的結果未必更好。咖啡時來運轉之際，人們大面積地種植咖啡，咖啡的種植面積成倍地增長，產量也不斷增加。結果是自食其果，因為咖啡的高產壓低了價格，帶來了災難。哥倫比亞 1958 年把四年前興致勃勃種下去的咖啡收穫上來時，就陷入了這種困境。類似的迴圈週期在這個國家歷史上屢見不鮮。哥倫比亞依賴咖啡及其國際行情的變化極深，以致「*在安蒂奧基亞省*（Antioquia），*連婚姻的曲線也完全隨著咖啡價格的曲線上下波動，這是依附性結構的一個典型特徵。在安蒂奧基亞省山坡上，甚至連表白愛情選擇什麼時機也要取決於紐約交易所的行情。*」（註78）

哥倫比亞財力耗盡的十年

大約在四〇年代，哥倫比亞有名望的經濟學家路易士·愛德華多·阿特塔（Luis Eduardo Nieto Artera）曾寫了一篇文章讚譽咖啡。咖啡給哥倫比亞帶來的好處，是以前那些由採礦、煙草、靛藍染料、松節油（金雞納樹，提煉奎寧）為主導的經濟發展時期所無法比擬的，因為咖啡使哥倫比亞建立了一種成熟、進步的政治體制。紡織廠和其他輕工廠在安蒂奧基亞省、卡爾達斯(Caldas)、考卡山谷(Valle de Cauca)和孔迪納馬卡(Cundinamarca)這些生產咖啡的省份紛紛建立，絕非偶然。哥倫比亞的民主制度以種植咖啡的小農為其社會基礎，在這種制度下，人們都變得「溫和、有生產力」。涅托在文章中寫道：「哥倫比亞的政治生活所以能夠正常進行，主要是因為經濟得到了不同尋常的穩定發展。咖啡不僅帶來了經濟的穩定，而且由此保證了政局的安定及政策的穩健。」(註79)

然而不久就出現了暴力活動。實際上，儘管有人讚美咖啡的功績，哥倫比亞發生暴動和血腥鎮壓暴動者的漫長歷史並沒有因此而奇蹟般地中斷。這次爆發的農民戰爭從 1948 到 1957 年一直持續了十年之久。全國的大片土地，從小莊園到大莊園，從沙漠地帶到肥沃良田，從低窪谷地到原始森林和安地斯山荒嶺，都受到了戰爭的影響。戰爭期間，整村整村的農民被迫遷徙，革命遊擊隊和犯罪團夥應運而生，整個國家變成了一座墳墓。據統計，在戰爭中，喪生者達十八萬人。(註80) **把成千上萬的人淹沒在血泊中的這場戰爭，恰恰就發生在對統治階級有利的經濟發展高漲時期。由此可見，一個階級的財運亨通能夠說是整個國家的興旺發達嗎？**

暴力活動是由自由黨和保守黨之間的衝突所引發的；然而，蘊藏在人們心中的階級仇恨卻日益突顯了暴力的社會鬥爭性質。當時，自由黨黨魁豪爾赫·蓋坦(Jorge Eliécer Gaitán)被該黨寡頭不無蔑視卻又帶幾分敬畏地稱為「狼」或「狡詐鬼」，他在民眾中贏得了極大威望，構成對現存秩序的威脅。他遭暗殺後，颶風就來臨。無法遏制的人群潮水般湧上首都街頭，自發掀起了一場「波哥大風暴」。暴力很快又轉向農村，保守黨糾集的團夥在那裡搞恐怖活動已有一段時間。農民長期被壓抑的怒火終於爆發了。政府派軍隊和員警去割除睪丸，剖開孕婦的肚子，向上拋擲孩童再用刺刀紮穿，名曰「斬草除根」。然而，在這種時候，自由黨的博士們依然蟄居家中，絲毫不改變自己悠然自得的舉止。他們的宣言仍充滿了紳士格調。更有甚者，去國外流亡，而送死的卻是農民。復仇的欲望隨著戰爭愈演愈烈，使戰爭變得無以復加的殘忍。新的殺人方式不斷出現，如「領帶式」，讓舌頭從脖子垂掛著。強姦、焚燒和掠奪比比皆是；男的被肢解或活活燒死，被剝皮或慢慢地被切割成幾塊。村莊和莊稼被軍隊夷為平地。河水被血染紅了。在暴徒的淫威下，平民百姓只有進貢錢財或咖啡才能留得一條活命。無數家庭在鎮壓力量的驅趕和追捕下被迫躲進深山尋找棲身之地，婦女不得不在叢林中分娩。受復仇驅使的初期的遊擊隊首領沒有明確的政治目標，他們為破壞而破壞，用血和火來發洩仇恨。從搞暴力主要人物的名字，人們想像不出這是一首革命史詩，這些人的雅號為：大猩猩中尉、討厭鬼、禿鷹、紅皮膚人、吸血鬼、黑鳥、平川（使人恐懼的人）等。暴力中蘊藏的社會反抗色彩，甚至在草寇的歌詞中也可見一斑：**我是地道的農民，從不帶頭打鬥；倘若有人要找碴，定讓他吃不了兜著走。**

總之，不分青紅皂白亂搞恐怖活動，也包括對正義的要求，這種情況在埃米利亞諾·薩帕塔（Emiliano zapata）和潘喬·比利亞（Pancho Villa）的墨西哥革命中出現過。在哥倫比亞，人們也利用各種形式來發洩心中的憤怒，但是，後來的政治性的遊擊隊組織發源於當時的暴力時代，並不是偶然的。他們高舉社會革命的旗幟，佔領和控制了國內大片地區。農民遭到鎮壓後，被迫遷居山區，就地組織起來從事農業生產和進行自衛。他們的所謂「獨立共和國」，在保守黨和自由黨在馬德里簽署了和平協定之後，仍然是受迫害者的避難場所。保守黨和自由黨的領導人，在一片乾杯與和平的氣氛中決定為了民族和睦而輪流執政。於是，雙方一致同意對擾亂制度的地區進行「清掃」。僅在一次戰鬥中，為了消滅馬克塔利亞

（Marquetalia）的反叛者就發射了一百五十萬發子彈，投擲了兩萬顆炸彈，從陸路和空中調動兵力達一萬六千人。（註81）在暴力衝突白刃化時，有一名軍官常說：「別給我胡吹，給我拿他們的耳朵來。」如此殘忍的鎮壓和瘋狂的戰爭，難道用病態反應就能解釋通嗎？難道是因為參與者生性就惡嗎？有個人斬斷了一位神父的雙手，用火點著了他和他的家，隨後又碎屍，再把屍體扔進一個坑道裡。戰爭結束後，這個人仍然不停地喊：「我沒有罪，我沒有罪。讓我一個人待著。」他失去了理智，但從某種意義上講，他又是有道理的：暴力所帶來的恐怖不過是恐怖制度的寫照，因為咖啡並沒有像涅托預言的那樣帶來幸福與和諧。咖啡確實活躍了馬格達萊納河（Río Magdalena）的航運，帶來了鐵路和公路，並且積累了資本，建起了某些工業。但是，國內寡頭體制和在經濟上對國外權力中心的依附程度，並沒有因為咖啡地位日益上升而受削弱；相反，它更無止境地壓得哥倫比亞人難以喘息。

在戰爭歲月快結束的時候，聯合國公佈了哥倫比亞的營養狀況調查結果。情況至今沒有絲毫改善。那次調查表明，波哥大 88% 的中、小學生患維生素缺乏症，70% 患核黃素缺乏症，一半以上學生體重沒有達標。在工人中，患維生素缺乏症的占 71%，登薩谷地（Valle de Tensa）有 78% 的農民也患有此病。（註82）調查還表明，「嚴重匱乏含有蛋白質、維生素和有機鹽的保健性食品，如奶和乳製品、禽蛋、肉、魚、某些水果和蔬菜」。社會悲劇不僅是在硝煙彌漫中才暴露在眼前。統計數字表明，哥倫比亞兇殺事件的案發率比美國高六倍，還表明有四分之一的就業人口沒有固定工作。每年有二十五萬人需要就業，可是工業並沒有帶來新的就業機會，而農村的大、小莊園體制不但不需要更多的勞動力，相反，還不斷把新湧現出的失業者趕向各城市的郊區。哥倫比亞雖然有一百多萬適齡兒童不能上學，但不同類型的公立和私立大學竟達四十一所，而且每所大學都設置了科目齊全的系和專業，供社會權貴們和只占人口少數的中產階級的子女就讀。（註 83）

世界市場的魔棍喚醒了中美洲

中美洲的土地到上世紀中葉還未發生大的問題。這個地區除了生產供消費的口糧外，還生產胭脂染料和靛藍染料。它們只需投入很少的資金和勞力，幾乎不用照管。胭脂蟲很容易生長在仙人掌的帶刺的表皮，它像靛藍染料一樣，一直受到歐洲紡織工業的青睞。但自從 1850 年德國化學家發明了苯胺和其他更廉價的染布顏料以後，這兩種天然著色劑不幸夭折了。實驗室戰勝了大自然，三十年之後，又輪到了咖啡。中美洲發生了變化。大約在 1880 年，世界咖啡產量的幾乎六分之一都來自中美洲新的咖啡種植園。咖啡把中美洲徹底帶進了國際市場。繼英國買主之後，德國和美國買主也接踵而至。外國消費者塑造了一個當地咖啡資產階級。十九世紀七〇年代初，咖啡資產階級在胡斯托·魯菲諾·巴里奧斯（Justo Rufino Barrios）領導的自由黨革命中一舉上台。外來意志造成的農業單一化引起了對土地和人力的瘋狂佔有：在勞動自由的旗幟下，今日的大莊園就是這樣在中美洲問世了。

於是，大片的未開墾的土地落到了個人手中，其中有的是無主地，有的屬於教會或政府。印第安人村社也遭到大肆掠奪。拒售土地的農民被強制當兵，咖啡種植園變成了印第安人的停屍場。殖民地時期的戒律、強制招募勞工以及反流浪法又死灰復燃。追捕逃跑的勞工時，常常開槍射擊逃跑者。雖然自由黨政府制定了工資制，使勞動關係現代化，但雇工們仍然成了新興咖啡業主的財產。從那時一直到上世紀末的整個時期，高物價時期長於高工資時期。工資額始終維持在勉強糊口度日的水準上。**咖啡行情再好，工資也從來沒有提高。這是中美洲各國國內消費市場得不到發展的原因之一。**（註84）如同其他地區一樣，由於咖啡種植面積毫無節制地擴大，面向國內市場的糧食生產變得不景氣。這些國家的大米、菜豆、玉米、小麥和肉類等也註定嚴重短缺。大莊園佔據了平原地區的肥沃土地，把印第安人趕到一起，因此在佈滿峽谷溝壑的高原和崎嶇的山地，那裡只有勉強夠維持生計的微不足道的農業。在山區，土著居民用一年中的部分時間在小塊土地上種一些玉米和菜豆勉強餬口以免餓死，到了收穫季節便到種植園作工。這就是世界市場上的勞動力後備大軍。如今情況沒有改變，也就是說，大莊園和小莊園結合在一起形成一個統一的體制。這種體制建立在殘酷剝削當地勞動力的基礎上。在中美洲各國，特別是在瓜地馬拉，這種占有勞動力的結構與一整套種族歧視制度一致，即，在國內，印第安人遭受白人和印歐混血人的殖民主義壓迫，這是占統治地位的文化所默許的，與此同時，中美洲各國卻在遭受外國殖民主義的壓迫。（註85）

本世紀初，宏都拉斯、瓜地馬拉和哥斯大黎加也曾出現香蕉的國中之國。早先，為了把咖啡運到港口，用民族資本已經興建了一些鐵路。後來，美國公司把這些鐵路占為己有，又建了一部分專門運輸種植園香蕉的鐵路；同時，也壟斷了電力、郵政、電報、電話和同樣重要的公共服務行業，還壟斷了政治。在宏都拉斯，「一頭母騾比一名議員值錢」。在整個中美洲，美國大使說話比駐在國總統要算數。美國聯合水果公司吞噬了香蕉生產和銷售的所有競爭者，一躍成為中美洲頭號莊園主。它的子公司獨霸鐵路和海路運輸，成了港口的主人，擁有自己的海關和員警。美元實際上成為中美洲各國的貨幣。

海盜衝上來了

根據帝國主義的地緣政治說，中美洲不過是美國的天然附屬品。即使是曾想吞併中美洲的亞伯拉罕‧林肯 (Abraham Lincoln) 也未能免受大國對鄰近地區的關係是「天命所定」這種理論的影響。（註 86）

上世紀中葉，為銀行家摩根 (Morgan) 和加里森 (Garrison) 辦事的海盜威廉‧華爾克 (William Walker)，糾集了一夥劊子手，自詡為「不朽的美國長槍黨」，侵略了中美洲。在美國政府的積極支持下，華爾克相繼在尼加拉瓜、薩爾瓦多和宏都拉斯燒、殺、搶，還自封為總統。在遭他佔領蹂躪的地區，他又重建奴隸制，繼續從事他的國家在前不久從墨西哥搶來的土地上進行的那種慈善事業。

回美國後，他受到了民族英雄般的歡迎。從此，美國對中美洲的侵略、干涉、轟炸、強迫貸款、在炮口威逼下簽署協定等事件接連發生。1912年，美國總統威廉‧霍華德‧塔夫脫 (William H. Taft) 斷言：「在北極、巴拿馬運河和南極三個等距離地方飄揚三面星條旗，標誌出我國的疆域範圍，這一天已經為期不遠了，整個西半球將屬於我們；事實上，因為我們是優等種族，它在精神上已經是我們的了。」（註 87）塔夫脫還聲稱，美國對外政策走實現正義的正確道路「決不排除進行主動的干涉，以確保為我國的商品和資本提供便利條件，進行有利可圖的投資」。在同一時期，前總統泰迪‧羅斯福 (Teddy Roosevelt) 也經常大聲提醒人們，是他成功地肢解了哥倫比亞領土：「我拿到了運河。」這位剛獲得了諾貝爾獎的人邊說，邊描述自己如何使巴拿馬獨立。（註88）此後不久，哥倫比亞得到了二千五百萬美元的賠償。一個為了美國能擁有一條連接兩大洋的通道而誕生的國家，就是這麼個價格。

美國的公司到處佔領土地，控制了海關、國庫和政府。海軍陸戰隊到處登陸，以「保護美國公民的生命和利益」。1965 年，美國又使用同樣的托詞，企圖靠聖水沖刷對多明尼加所犯的罪行的痕跡，而在旗幟下隱藏的是其他東西。1935 年，已經退役的、曾指揮過多次遠征的巴特勒（Smedley D. Butler）司令這樣概述了自己的經歷：「我從戎三十三年又四個月，是我國機動性最強的部隊海軍陸戰隊成員。我在從中尉到少將的各種軍階服過役。在這期間，我大部分時間都為『大買賣』，為華爾街和銀行家充當頭等槍手。總之，我曾是資本主義的打手……。譬如，在我的幫助下，墨西哥，特別是坦皮科州（Tampico）變成了美國石油利益集團易獲的獵物。我幫助把海地和古巴變成了美國國民城市銀行收租的體面場所……。1909 至 1921 年，我為布朗兄弟國際銀行清掃了尼加拉瓜。1916 年，我代表美國糖業利益集團為多明尼加共和國送去了光明。1903 年，我為美國的水果公司利益『平定』了宏都拉斯」。（註89）本世紀初，哲學家威廉·詹姆斯（William James）作了鮮為人知的斷言：「美國已經把《獨立宣言》徹底吐了出來……」僅舉一例，美國佔領海地曾達二十年之久。在這個曾經是奴隸第一次取得暴動勝利的黑人國家，美國實行了種族隔離和強迫勞動制。僅僅在一次鎮壓行動中就打死了一千五百名工人（據 1922 年美國參議院調查）。在海地政府拒絕使國家銀行成為紐約花旗銀行的分行之後，美國停發了海地總統和部長們的薪俸，以便讓他們重新考慮這一決定。（註90）

隨著巨棒政策和「金元外交」的交替使用，類似做法在其他加勒比海島國和整個中美洲也重複發生。這一地區是美國帝國內海的地緣政治範圍。

香蕉樹在可蘭經裡是一棵天堂之樹。但是，瓜地馬拉、宏都拉斯、哥斯大黎加、巴拿馬、哥倫比亞和厄瓜多的香蕉化，卻讓人們懷疑它是一棵地獄之樹。在哥倫比亞，美國聯合水果公司成為該國最大的莊園主後，於1928 年，大西洋沿岸爆發了一場大罷工。結果，在一個火車站前香蕉工人被槍殺。官方頒佈了一項法令，稱「保安部隊有權使用武力懲戒……」。後來，無需發佈任何法令就把這場屠殺從官方記載中抹掉了。（註91）阿斯圖里亞斯 (Miguel Ángel Asturias) 曾描寫了中美洲被征服被掠奪的過程。綠色教宗名叫米諾爾 · 基斯 (Minor Keith)。他是整個地區沒有王冠的國王，是聯合水果公司之父，是國家的吞噬者。「我們有碼頭、鐵路、土地、大樓、水源」，這位董事長一一列舉著。他還說：「流通的是美元，講的是英語，天空中飄揚的是我國國旗……」，「芝加哥不能不為有這樣的兒子而自豪：他出走時只帶了兩把槍，回來時卻要在肉類大王、鐵路大王、銅大王、口香糖大王中佔有自己的一席之地。」（註92）約翰 · 多斯帕索斯 (John Dos Passos) 在《北緯四十二度》(El Paralelo 42) 一書中介紹了基斯輝煌的一生，這也是水果公司的歷史，他寫道：「在歐洲和美國，人們開始吃香蕉，於是把中美洲的森林鏟平了，種上了香蕉，鋪設了運輸香蕉的鐵路，開往北方的滿載香蕉的『白色船隊』的船隻年年在增加。這就是美國帝國在加勒比海的歷史，是巴拿馬運河的歷史，是尼加拉瓜將修建的運河的歷史，也是海軍陸戰隊、裝甲艦和刺刀的歷史……」

土地像勞動者一樣枯竭耗盡：土壤的腐植層已完全喪失，勞動者精疲力竭。然而，總是有新土地可以開發，有眾多的勞工可供摧殘。成為醜劇中顯赫人物的獨裁者手持大刀維護著聯合水果公司的利益。後來，香蕉產量持續下降，聯合水果公司至高無上的權力地位也經歷了多次危機。但是，中美洲仍然是冒險者發財的聖堂，儘管咖啡、棉花和甘蔗佔據了香蕉原先得天獨厚的位置。1970 年，香蕉仍然是宏都拉斯、巴拿馬，以及南美洲的厄瓜多的主要外匯來源。大約在 1930 年，中美洲每年香蕉出口量達三千八百萬串，而聯合水果公司向宏都拉斯支付每串一美分的稅。過去和現在都沒有辦法監督是否繳納這種微型稅（後來略微提高了一點），因為一直到今天，聯合水果公司的進出口依然隨心所欲，不受國家海關的管轄。宏都拉斯的貿易差額和收支平衡可以由具有豐富想像力的專家隨意杜撰。

三〇年代的危機：
「踩死隻螞蟻比殺一個人犯的罪還大」

咖啡依賴美國市場，依賴美國市場的消費能力和價格；香蕉是美國和美國人的一筆交易。1929 年，危機突然爆發了。紐約證券交易廳的崩潰動搖了世界資本主義的基礎，就像一塊巨石落在小水塘一樣砸在了加勒比海身上。咖啡和香蕉的價格直線下跌，銷售量也劇減。農民被瘋狂的暴力驅逐；失業衝擊了農村和城市，罷工浪潮此起彼伏。貸款、投資和公共開支急劇縮減，宏都拉斯、瓜地馬拉和尼加拉瓜政府官員的薪金被砍了一半。（註 93）獨裁者的人馬迅速趕來壓制沸騰的情緒。華盛頓睦鄰政策的時代開始了，但社會騷動四起，必須對此嚴厲鎮壓。瓜地馬拉的豪爾赫‧烏維科 (Jorge Ubico)，薩爾瓦多的馬克西米亞諾‧埃爾南德斯‧馬丁內斯 (Maximiliano Hernández Martínez)，宏都拉斯的蒂武西奧‧卡里亞斯 (Tiburcio Carías) 和尼加拉瓜的安納斯塔西奧‧索摩查 (Anastasio

Somoza)，各自都執政達二十餘年，其中有的人長些，有的人短些。

奧古斯托・塞薩爾・桑地諾（Augusto César Sandino）的偉大業績震動了世界。這位尼加拉瓜遊擊隊首領長期堅持鬥爭，後來他轉向爭取土地權益，鼓起了農民的激昂情緒。桑地諾領導的是衣衫襤褸的小股部隊，卻同時與一萬二千名美國侵略者以及本國的國民警衛隊作戰，打了整整七年。遊擊隊的手榴彈是用沙丁魚罐頭做的，裡面填滿了石子；他們的步槍是從敵人那裡奪來的，手裡還有砍刀，旗杆用的是沒有剝皮的樹枝。農民沒有皮靴，就穿著名叫凱特（Caite）的皮屐，（當地用皮條裡織的簡易涼鞋。一譯註）活躍在草木茂密的山上。

和著阿德拉（Adelita，墨西哥革命時期流行的歌曲。一譯註）樂曲，遊擊隊員們唱道：「**在尼加拉瓜，先生們，是老鼠在捉貓。**」（註94）

無論是海軍陸戰隊的槍炮，還是飛機投擲的炸彈，都打不垮塞哥維亞（Las Segovias）的起義者。美聯社和合眾社向全世界散佈誹謗之詞也徒勞無益。這兩家新聞社在尼加拉瓜的記者控制著這個國家的海關。（註95）1932年桑地諾就預感到：「我活不長了。」一年以後，在美國睦鄰政策的影響下，尼加拉瓜迎來了和平。這位遊擊隊首領應總統之邀去馬納瓜（Managua）參加一次決定性會議，途中遇埋伏身亡。創子手安納斯塔亞奧・索摩查事後暗示，這次行動執行了美國大使亞瑟・布利斯・萊恩（Arthur Bliss Lane）的命令。索摩查當時在軍隊任領導職務，他很快就登上了總統寶座，統治了尼加拉瓜達四分之一個世紀之久。以後，他的兒子們又相繼繼承了總統職位。在佩掛總統授帶之前，索摩查先給自己戴上了勇敢十字勳章、榮譽勳章和總統功勳勳章。上台以後，索摩查組織了多次大屠殺和盛大的慶典活動，為此，還專門讓他的士兵打扮成穿涼鞋、戴頭盔的羅馬人。索摩查一躍成為尼加拉瓜最大的咖啡業主，擁有四十六個咖啡種植園，此外還有五十一個畜牧莊園。儘管如此，他也從未缺少製造恐怖的時間。在他長期執政期間，說實在的，他的經濟並不拮据，所以他在回憶青年時代時仍有些傷感，因為那時他以偽造金幣取樂。

危機也觸發了薩爾瓦多的緊張局勢。宏都拉斯的香蕉工人幾乎有一半是薩爾瓦多人，危機爆發後許多人被迫回國，那兒是找不到任何工作的。1932 年，矣薩克地區 (Izalco) 掀起了一場大規模農民起義，起義迅速蔓延到國家整個西部地區。獨裁者馬丁內斯派出用現代化武裝裝備起來的士兵去攻打「布爾什維克分子」。印第安人用砍刀同機關槍硬拼，結果死亡一萬餘人。馬丁內斯是食素的巫師，通神論者。他認為「踩死隻螞蟻比殺一個人犯的罪還大，因為人死後靈魂能再生，而螞蟻則一死百了」。（註96）他還稱自己受到向他報告一切陰謀活動的「看不見的軍團」的保護，還同美國總統保持著直接的心靈聯繫。他有一個擺鐘，放在盤子上面就可知盤中的食物是否下了毒；放在一張地圖上，就可以指出哪些地方隱藏著政敵和埋藏著海盜的珍寶。馬丁內斯經常向他迫害的人的父母發去弔唁箋；還在自己的宮殿裡養鹿。他的統治一直延續到 1944 年。

大屠殺在各地相繼發生。1933 年，豪爾赫·烏維科槍殺了瓜地馬拉百餘名工會、學生和政界的領導人，同時重新頒佈了禁止印第安人「流浪」的法律。每個印第安人必須隨身攜帶一個小本，上面注明勞動天數；如果認為勞動天數不夠，這個人就得入獄還債或臉對黃土背朝天，在地裡白幹半年。在衛生條件極差的太平洋沿岸，工人們在淹沒雙膝的泥濘裡幹活，但每天只能掙到三十美分。美國聯合水果公司申辯說是在烏維科強迫下壓低工資的。1944 年，在獨裁者烏維科下台前夕，《讀者文摘》雜誌發表了一篇充滿讚揚之詞的文章，說這位國際貨幣基金組織的先知靠降低工資避免了通貨膨脹，因為他把修建一條戰備公路的日工資從一美元減到二十五美分，把在首都修建空軍基地的日工資從一美元減到五十美分。那段時間，烏維科授予咖啡園主和香蕉公司生殺大權：「莊園主可免於追究刑事責任……」該法令是第 2795 號，一直到 1967 年門德斯·蒙特內格羅 (Méndez Montenegro) 的代議制民主政府期間才得以重新修訂。

同加勒比海其他暴君一樣，烏維科也自詡為拿破崙。他到處擺放拿破崙皇帝的半身塑像和畫像。他認為自己的側面像同拿破崙的如出一轍。他篤信軍事紀律，對郵政職員、學校兒童和交響樂隊都實行軍事化管理。樂隊成員都穿制服演奏烏維科選的曲子，演奏手法和樂器也由他指定，報酬是每月九美元。烏維科認為，醫院是為不倫不類的人開設的，因此，如果患者不幸同時又是窮人，那麼只好在醫院走廊的地上或走道裡就診了。

是誰挑起了瓜地馬拉的暴力

1944 年，中等階級出身的部分軍官和大學生掀起了一場具有自由色彩的革命風暴，把烏維科從寶座上推下去。胡安·何塞·阿雷瓦洛 (Juan José Arévalo) 當選為總統，他實施了一項充滿魄力的教育計畫，頒佈了保護城鄉工人的新勞動法。一些工會組織應運而生。擁有大片土地、鐵路和港口，實際有免稅權和不受任何監督的美國聯合水果公司，在其產業所在的範圍內不再擁有至高無上的權力。1951 年，阿雷瓦洛在卸職演說中披露，他曾挫敗了由聯合果品公司資助的三十二次反叛陰謀。哈科沃·阿本斯 (Jacobo Árbenz) 政府繼續和深化了改革進程。聖約瑟的公路和新建的港口打破了聯合果品公司對水果運輸和出口的壟斷。各種使用民族資本、沒有向任何外國銀行伸手的發展項目紛紛上馬，以爭取民族獨立。

1952 年 6 月通過了土改法，十多萬農戶受益，儘管土改分配的土地是不毛之地和以債券賠償所徵用的土地。聯合水果公司佔有的土地分佈在兩大洋之間的地帶，該公司只耕種其土地的百分之八。

土改提出了「發展農村的資本主義經濟，總的說來，是要發展農業的資本主義經濟」的方針。雖然如此，國際上還是掀起了一場瘋狂詆毀瓜地馬拉的宣傳運動：「鐵幕正在瓜地馬拉徐徐降下」，電台、報紙以及美洲國家組織的頭面人物都在大喊大叫。（註 97）於是，畢業於美國堪薩斯州萊文沃思(Fort Leavenworth)要塞的卡斯蒂略‧阿馬斯(Castillo Armas)上校，率領在美國受過專門訓練的裝備精良的部隊進攻自己國家。美國飛行員駕駛 F—47 轟炸機支援了這次入侵。九年以後，艾森豪說道：「**我們必須除掉上了台的共產黨政府。**」（註 98）1961 年 7 月 27 日，在美國參議院一個委員會的會議上，美國駐宏都拉斯大使的證詞揭露了 1954 年的解放行動，是由他本人和美國駐瓜地馬拉、哥斯大黎加和尼加拉瓜的大使組成的一個小組執行的。當時中央情報局的頭號人物艾倫‧杜勒斯(Allen Dulles)向他們發出電報，祝賀他們完成了任務。以前，這個好人艾倫曾是聯合水果公司領導機構的成員。在入侵瓜地馬拉一年之後，中央情報局另一名領導人沃爾特‧比德爾‧斯密特(Walter Bedell Smith)將軍代替了艾倫在該公司的職位。艾倫的兄弟福斯特‧杜勒斯(Foster Dulles)曾在美洲國家組織同意對瓜地馬拉進行軍事討伐的會議上表現得非常迫不及待。在烏維科獨裁時期，瓜地馬拉和美國聯合水果公司簽訂的合約恰恰是在杜勒斯的律師辦公室裡起草的。這也許是偶然。

阿本斯的倒台給瓜地馬拉歷史打上永恆的烙印。今天在台上的，就是曾在 1954 年 6 月 18 日下午炮轟瓜地馬拉城、巴里奧斯港和聖約瑟港的那支部隊。瓜地馬拉在外國干涉以後，先後經歷了數次殘暴專制的統治，包括門德斯‧蒙特內格羅時期（1966—1970 年）。門德斯‧蒙特內格羅給獨裁統治披上了民主政府的外衣，許諾要搞土改，但除了授權地主能攜帶和使用武器外，他沒有幹別的事。卡斯蒂略‧阿馬斯把土地還給了聯合水果公司和被徵用過土地的地主，阿本斯的土改徹底失敗了。

在從 1954 年開始的暴力年代中，1967 年是暴力最猖獗的一年。湯瑪斯‧梅爾維爾（Thomas Melville）是一個被趕出了瓜地馬拉的美國天主教神父，1968 年 1 月他在《全國天主教通訊》（National Catholic Reporter）說：「在一年多點的時間裡，右翼恐怖集團就暗殺了二千八百多名『試圖和瓜地馬拉社會弊端作鬥爭』的知識份子、學生，以及工會和農民領袖。」這個數字是梅爾維爾牧師根據新聞報導統計出來的，但沒有人提供任何有關大部分被害者的線索，因為這些人是印第安人，姓名和來歷無人知道，軍隊在報告戰勝顛覆分子的戰報中有時只列舉數字。不加區別地實行鎮壓是對遊擊隊進行軍事「圍剿」的組成部分。根據當時實行的新法令，保安部隊成員殺人不負刑事責任，員警和軍人的報告就可在審判中視為充分的證據。莊園主及其管家在法律上如同地方當局，有權攜帶武器並建立鎮壓性部隊。當時，世界上的新聞機構沒有大量報導瓜地馬拉發生的有步驟的屠殺，愛捕捉頭號新聞的記者也沒有到那裡去，更聽不到強烈譴責的呼聲。世界並不理會瓜地馬拉，而這個國家卻在忍受聖巴托洛梅（San Bartolom，《聖經》中耶穌的 12 個信徒之一，8 月 24 日是他的節日。一譯註）式的漫長夜晚。卡洪德爾里奧村變成了無人村；蒂圖克的村民五臟六腑都被刀挑得亂七八糟；彼德拉帕拉達的鄉民被活剝了皮；先用子彈打穿伊帕拉德阿瓜布蘭卡村民的雙腿，再活活燒死；把一個反叛農民的頭顱釘在聖豪爾赫廣場中央的一根示眾桿上。在塞羅戈多，用大頭針紮滿了海梅‧貝拉斯克斯的雙眼；里卡多‧米蘭達的屍體被找到時，他全身有三十八個窟窿。阿圖羅·席爾瓦的頭扔在通往聖薩爾瓦多的公路邊，找不到身體。在米斯科，埃內斯托·欽奇利亞的舌頭被割掉；在奧霍德阿瓜泉水邊，奧利瓦·阿爾達納兄弟倆雙手反綁，眼睛蒙著，渾身遍佈槍眼；何塞·古斯曼的頭骨被敲成小碎片，撒在路上；在聖路卡斯薩卡特佩克斯，水井裡漂浮的是屍體而不是水；在米拉弗洛雷斯莊園，早晨經常可以發現手腳被砍下來的人。先威脅再處死，或不事先通知，死神就從背後降臨。在城市，被處以死刑的人，家門上都先畫上黑十字，然後在他們外出時用機槍向他們掃射，再把屍體扔到山澗。

暴力活動一直沒有間斷。1954 年開始，整個時期，在瓜地馬拉，暴力始終像出汗那麼自然。在河裡或路旁，平均每五小時就出現一具屍體，臉部因被拷打而變得無法辨認，永遠不會知道被害者是誰。而更隱蔽的屠殺，即貧困造成的日常死亡，一直持續不斷，且程度更為嚴重。被驅逐出瓜地馬拉的還有布拉塞·邦帕內 (blasé Bonpane) 牧師。1968 年他在《華盛頓郵報》(Washington Post) 上揭露了這個病態社會：「**在瓜地馬拉每年死亡的七萬人中，有三萬是兒童。瓜地馬拉兒童死亡率是美國的四十倍。**」

拉丁美洲的第一次土改：
何塞·阿蒂加斯 —— 一個半世紀的失敗

十九世紀初，在美洲大地上真正和西班牙政權作鬥爭的，是扛著梭鏢、揮舞著砍刀的被剝奪了一切的人。但獨立沒有給這些人任何補償，相反，它辜負了這些為之灑了鮮血的人的期望。和平到來的同時，一個充滿災難的年代又開始了。地主和大商人斂財致富，而人民大眾卻益發貧困。

與此同時，在拉美新主人的陰謀策劃下，西班牙帝國的四個總督區四分五裂，眾多國家從被粉碎了的民族團結中紛紛湧現。拉美貴族階級炮製的所謂「國家」，酷似一個熱鬧的港口，在那裡居住著擁有大莊園和礦山作後盾的大不列顛帝國的商業和金融客商。這一大批寄生蟲在城市沙龍跳著小步舞曲，接到了獨立戰爭的捷報，於是舉起英國的玻璃酒杯，頻頻為自由貿易乾杯。歐洲共和時期資產階級最響亮的口號成了時髦貨。我們這些國家願為英國工業家和法國思想家效勞。但是，由地主、掮客、大商人、大投機者、衣冠楚楚的政客和沒有根基的知識份子組成的階級，算什麼「民族資產階級」呢？拉美很快出現具有濃厚自由主義色彩的資產階級憲法，但卻缺乏像歐洲或美國那樣有開拓性的資產階級，缺乏一個把發展強有力的民族資本主義作為其歷史使命的資產階級。拉美大陸的資產階級生來就是國際資本主義的單純工具，是給殖民地和半殖民地帶來創傷的這台世界機器上的上油零件。站櫃台的資產階級、高利貸者和商人壟斷了政權，沒有絲毫興趣推動本地製造業的發展。當自由貿易為英國商品傾銷打開大門時，當地的製造業便在胚胎中夭折了。地主是資產階級的同夥，他們對解決「土地問題」漠不關心，除非照顧到他們自身利益。在整個十九世紀，大莊園制靠掠奪得到了鞏固。土地改革在拉美地區是一面過早豎起來的旗幟。

經濟落空、社會受挫、民族失望，這就是拉美獨立後一部充滿背信棄義的歷史。由於出現了新的國家，拉美便四分五裂，註定它擺脫不了單一種植經濟和依附性。1824 年，西蒙・玻利瓦爾省 (Simón Bolívar) 頒佈了特魯希略法 (decreto de trujillo)，以保護秘魯的印第安人，調整秘魯土地所有制。但是，這些法律措施絲毫沒有觸犯秘魯寡頭集團的特權。儘管這位「解放者」有良好的願望，但寡頭特權仍完好無損，印第安人仍像從前一樣遭受剝削。在墨西哥，伊達爾戈和莫雷洛斯早已失敗了，他們主張解放卑賤者、收復被奪去的土地的慷慨陳詞，在一個世紀以後才結出果實。

在南美洲，何塞·阿蒂加斯 (José Artigas) 領導了一場土地革命。雖然官方歷史如此惡毒地污衊這位革命首領，歪曲其形象，但在 1811 年至 1820 年的英雄年代裡，他領導了生活在今天的烏拉圭以及阿根廷的聖菲 (Santa Fe)、科連特 (Corrientes)、恩特里奧斯 (Entre Ríos)、密西昂奈斯 (Misiones) 和科爾多瓦等省的人民群眾。阿蒂加斯在原拉普拉塔河總督區範圍內，打下了建立一個「大祖國」的經濟、社會和政治的基礎。在所有反對布宜諾斯港毀滅性集權主義的聯邦派首領中，阿蒂加斯是最主要和最有頭腦的。他同西班牙人和葡萄牙人作戰，最後，他的部隊被里約熱內盧和布宜諾斯艾利斯——均為帝國主義的工具——的鉗形夾擊以及寡頭集團擊潰了。寡頭集團忠實於自己的一貫作法，一感到自己被阿蒂加斯爭取社會權益的綱領所出賣，就馬上背叛了他。

愛國者手握梭鏢，追隨阿蒂加斯。他們中大多數是平民百姓、粗野的高卓人、靠鬥爭恢復尊嚴感的印第安人，以及加入獨立大軍爭取自由的奴隸。騎馬牧民的革命之火點燃了大草原。但是，由於布宜諾斯艾利斯的背叛，屬於今天烏拉圭的區域在 1811 年落到了西班牙政權和葡萄牙軍隊的手中，使居民大批向北方遷徙。起義的人民成為行軍的人民；男女老少拋棄了一切去跟隨首領阿蒂加斯，形成一支望不見盡頭的遷徙大軍。阿蒂加斯隨同人群和牛車在北部，在烏拉圭河一帶安營紮寨；稍後不久，他在北方建立了自己的政府。1815 年，阿蒂加斯在派桑杜 (Paysandu) 地區的普里菲凱西翁 (Purificación) 營地坐陣，控制了大片地區。一名英國遊客敍述道：「你們想想我看到了什麼？我看到了半個新大陸尊貴的保護者先生閣下坐在牛頭上，守在他小草屋泥濘土地上點燃的一堆篝火旁，大嚼著鐵叉上的烤肉，喝著灌在牛角裡的杜松子酒！有十二名衣衫襤褸的軍官圍著他⋯⋯」。（註99）士兵、副官和探子從四面八方不時騎馬奔馳而來。阿蒂加斯雙手反剪，一邊散步，一邊口授他政府的革命法令。那時候沒有複寫紙，有兩名文書在旁記錄。拉美第一次土改就是這樣問世的，並且在當時的東方省（Provincia Oriental），即今天的烏拉圭實施了一年之久。後來，葡萄牙的再次入侵粉碎了這次土改。寡頭集團為克雷爾將軍（el general Lecor）打開了蒙特維多的大門，把他當作解放者歡迎，並在大教堂的聖台前為這位侵略者舉行了熱情隆重的讚美儀式。此前，阿蒂加斯還頒佈了海關法，對同內地製造業和手工業有競爭的國外進口商品課以重稅。當時在阿蒂加斯統治下，屬於今天阿根廷的內地某些地區，製造業和手工業曾有較大的發展。與此同時，阿蒂加斯還開放了經濟發展所需要的生產資料的進口，對美洲商品，如巴拉圭的茶葉和煙草，只徵收微不足道的稅。（註100）但是，這場革命的掘墓人也埋葬了這項海關法。

1815年的土地法——自由的土地，自由的人——是烏拉圭人後來所有有關法典中「最進步、最光榮的一部」。（註101）卡洛斯三世改革時期的坎波馬內斯（Campomanes）和霍韋利亞諾斯（Jovellanos）的思想，無疑對阿蒂加斯制定的土地法是有影響的。雖然如此，這部法典的誕生，歸根到底還是出自國家恢復經濟和伸張社會正義的需要而採取的革命措施。這個土地法規定，對在革命後移居國外的、沒有得到革命赦免的「卑劣的歐洲人和更壞的美國人」的土地予以徵用和重新分配。還規定凡是敵人的土地都予以沒收，不付任何賠償。當時絕大多數大莊園都是敵人的，這點很重要。這些人的子女不必為父母的罪責付出代價，土改法規定他們將得到同貧窮的愛國者一樣多的土地。土地分配的原則是「誰最不幸，誰最受益」。阿蒂加斯認為，印第安人有「最主要的權利」。這次土地改革的本質，就是要把農村的窮苦人同土地拴在一起，使過慣了戰爭時期的流浪生活以及在和平時期搞走私和其他非法營生的高卓人（Gauchos）變成鄉民。後來在拉普拉塔河流域建立的各屆政府都使用武力征服高卓人，強迫他們充當大牧場的雇工。而阿蒂加斯則是要把高卓人變成土地所有者：「參加起義的高卓人開始喜歡體面的勞動，蓋起了小農舍，築起了畜欄，播下了頭批種子。」（註 102）

外國干涉結束了這一切。寡頭集團重新抬頭並進行報復。從此以後，法律概不承認阿蒂加斯分配土地是合法的。從 1820 年至上世紀末，用武力趕走受益於土改的窮苦同胞，他們保留的「僅僅是自己墓地上的那點土地」。阿蒂加斯失敗後去了巴拉圭，長期過著清貧、寂寞的流亡生活，最後孤獨地死去。他發放的土地證變得一文不值。例如，在政府中監視他人行動的貝爾納多·布斯塔曼特(Bernarde Bustamante)就說過：「粗略一看，這種證件就讓人瞧不上」。與此同時，他的政府在「秩序」恢復後，即著手慶祝頒佈從「大祖國」分離出來的獨立的烏拉圭的第一部憲法。阿蒂加斯曾為了建立「大祖國」而戰，但徒勞無獲。

1815 年的土地法規定了一些專門措施，以防土地集中在少數人手裡。但今天，烏拉圭農村卻呈現出一派荒蕪景象：五百個家族壟斷了全國一半土地，這些家族掌握了權力，也控制了工業和銀行資本的四分之三。（註103）各種土改方案堆積在把它們送進墳墓的議會裡，與此同時，農村人口日益減少：接二連三的人口普查令人不安地表明，失業人口一增再增，從事農牧業生產的人日趨減少。烏拉圭以羊毛和肉類為生，但現在，草原牧場上的綿羊和肉牛卻比本世紀初還要少。由於使用落後的生產方式，一方面是畜牧業的效益低，因為畜牧業全靠牛、羊在春季的自然交配、靠季節性雨水和土地的自然肥力；另一方面，農作物生產率也低。在烏拉圭，每頭牲畜的產肉量還不及法國或德國的一半。產奶量同紐西蘭、丹麥和荷蘭相比也是這樣；而且每頭綿羊比澳大利亞的羊少產羊毛一公斤。小麥每公頃的產量是法國的三分之一；玉米是美國的六分之一。（註 104）大莊園主把利潤都轉移到國外，並在埃斯特角避暑；即使冬天，按他們的傳統習慣也不住在莊園，只是偶爾坐著小飛機去轉一圈。當農村協會在一個世紀前成立時，三分之二的協會成員已經在首都有了住宅。粗放生產是靠大自然和那些饑腸轆轆的雇工，所以它不會帶來更多的麻煩。

這樣做當然是有利可圖的。目前，畜牧資本家的年收入和利潤不少於七千五百萬美元。（註 105）生產效益雖低，但非常賺錢，因為成本極低。沒有人的土地，沒有土地的人：最大的大莊園平均每千公頃只用兩個工人，而且還不是全年有活幹。大莊園的周圍是成片的茅屋，聚集著貧困的、隨時可供差遣的勞動力後備軍。民間故事中的高卓人不過是詩、畫的主題，實際上和目前在廣闊的、不屬於自己的土地上幹活的雇工之間沒有聯繫。這些雇工腳上穿的不是皮靴，而是條髭麻做的鞋；腰上繫的不是用金銀點綴的寬腰帶，而是普通的帶子，有時就單紮一根細麻繩。生產肉的人卻沒有吃肉的權利，克里奧爾人（生於拉丁美洲的西班牙人，常有混血血統。—譯註）極少有幸品嘗到當地風味的烤肉——一種在炭火上烤得焦黃的多汁鮮嫩的肉。雖然根據國際統計的數位，烏拉圭人均肉消費量不算低，但這是一種假像，實際情況是，烏拉圭農民的基本膳食是一種「泡湯」，即雞內臟通心粉，沒有蛋白質。（註 106）

阿爾特米奧・克魯斯以及
埃米利亞諾・薩帕塔的第二次死亡

自阿蒂加斯頒佈土地法整整一世紀之後，埃米利亞諾・薩帕塔在墨西哥南部自己領導下的革命地區內進行了一次深刻的土地改革。

在此前五年，獨裁者波菲里奧‧迪亞斯 (Porfirio Diaz) 舉行了盛大的慶典活動，慶祝多洛莉絲 (Dolores) 獨立呼聲一百週年。身著禮服的紳士只是代表官方的墨西哥，他們態度高傲，無視真實的墨西哥，正是後者的貧困在支撐著這些達官貴人的榮耀。在這個下等人的共和國裡，自米格爾‧伊達爾戈神父發動了歷史性起義之後，勞動人民的收入從未增加過一分錢。1910 年，幾乎全國的土地都集中在八百餘名大莊園主手裡，其中許多是外國人。這些人是城市老爺，住在首都或歐洲，偶然去一下他們莊園的別墅小住。他們的住宅周圍是用黑石頭砌成的地基牢固的高牆。（註107）在高牆外面，雇工都在簡陋的毛坯房裡擠著。在全國一千五百萬人口中，有一千二百萬人靠務農所得的工資度日。他們的日薪幾乎全部由莊園的工錢商店支付，它把工資折成高價菜豆、麵粉和酒等實物。監獄、兵營和教堂一起和印第安人天生的毛病抗戰。按當時某名門望族一成員的話來說，印第安人天生就是「懶漢、醉鬼和小偷」。無論在尤加敦的龍舌蘭種植園、國家谷地 (Valle Nacional) 的煙草種植區、恰帕斯州 (Chiqpas) 和塔巴斯科州的果木林，還是維拉克魯斯州、瓦哈卡州 (Oaxaca) 和莫雷洛斯州 (Morelos) 的橡膠、咖啡、甘蔗、煙草和水果種植園，這些地方的實際勞動體制是奴隸制，因為工人或為承襲的債務所束縛，或被法律認可的契約捆住了手腳。美國作家約翰‧肯尼士‧特納 (John Kenneth Turner) 在他的訪問材料中揭露：「美國實際上把波菲里奧‧迪亞斯變成了政治傀儡，因此墨西哥也就變成了奴隸殖民地。」（註108）美國資本直接或間接地從與獨裁政權的結盟中獲得豐厚的利潤。特納 (Nevada) 還說：「華爾街大吹大擂的墨西哥美國化好像在進行報復。」

到 1845 年，美國已兼併了墨西哥的德克薩斯 (Texas) 和加利福尼亞

(California)，在那裡打著文明的旗號建立了奴隸制。在戰爭中，墨西哥還丟了現在屬於美國的科羅拉多（Colorado）、亞利桑那（Arizona）、新墨西哥（Nuevo México）、內華達（Nevada）以及猶他州（Utah）等地，共占墨西哥面積的一半。被搶佔的領土相當於今天阿根廷的面積。從此流傳著這樣的話，「可憐的墨西哥！你離上帝太遠，離美國太近」。被肢解剩下的墨西哥領土後來又遭到美國投資的入侵。這些投資主要在石油、橡膠、蔗糖、銀行和交通運輸等方面。美孚石油公司的子公司美國繩索托拉斯和在尤加敦龍舌蘭種植園消滅瑪雅和亞基人絕非沒有牽連。這些種植園實為集中營，在那兒可以像牲畜一樣買賣男人和兒童。繩索托拉斯（American Cordage Trust）是當地一半以上的龍舌蘭買主，它需要有廉價的植物纖維。正如特納所揭露，有時候對勞動力進行奴隸式的直接剝削。一美國工頭曾告訴特納，他按五十比索一個人的價格買進大批雇工，「只要還能用，我們就把他們留著……，不到三個月時間，我們就埋了一半多的人」。（註109）

1910 年，報仇的時候到了。墨西哥爆發了推翻波菲里奧·迪亞斯的武裝起義。一位主張維護農民利益的首領領導了南部的暴動，他是埃米利亞諾·薩帕塔，墨西哥革命最純潔的領袖，對窮人的事業最忠誠，拯救社會的意志最執著。

十九世紀的後幾十年，整個墨西哥的農業村社遭到大肆掠奪。莫雷洛斯州各村鎮的土地、水和勞動力都被瘋狂搶走，被甘蔗園的擴張所吞噬。甘蔗莊園統治著該州的生活。隨著甘蔗園的繁榮興旺，出現了現代化的糖廠、大型蒸餾廠和運輸糖的鐵路線。阿內內庫伊科村社（Anenecuilco）是薩帕塔的家鄉，他的全部身心都獻給了它。這裡被剝奪了土地的印第安農民要求恢復自身權益，因為他們七個世紀以來一直堅持在自己的土地耕耘，也就是說，早在埃爾南‧科爾特斯（1519年墨西哥的征服者。一譯註）來之前，他們就已經生活在這裡了。公開表示不滿的人都被送到尤加敦去強制勞動。莫雷洛斯州的良田都掌握在十七個大地主手裡，因此，全州勞動人民的生活遠不如大莊園主豪華馬廄中精心照料供玩耍馬球用的馬的生活。根據1909年頒佈的一項法律，又從土地真正主人的手中奪走了新的土地，從而導致已經緊張的社會矛盾白熱化。埃米利亞諾‧薩帕塔這時候當上了遊擊隊員。他是一名寡言少語的騎手，是全州遐邇聞名的最傑出的馴馬人，他的正直和膽略贏得了人們的尊敬。南方人「緊隨薩帕塔首領的馬後」，迅速組成了一支解放大軍。（註110）

迪亞斯垮台了。弗蘭西斯科‧馬德羅（Francisco Madero）在革命的推動下上了台。藉口要有法制，土地改革的諾言很快就化為一團星雲。薩帕塔在結婚那天不得不中斷婚禮，因為政府已派維多利亞諾‧韋爾塔將軍（Victoriano Huerta）的部隊前來鎮壓。在城市知識份子看來，這位昔日的英雄又變成了「匪徒」。1911年11月，薩帕塔宣佈了他的阿亞拉計畫（Plan de Ayala），同時表示：「我準備和任何事和任何人作鬥爭。」阿亞拉計畫稱，「墨西哥絕大多數城鄉居民僅僅是他們腳下踩著的那塊土地的主人」，主張把革命的敵人的財產全部收歸國有，把大莊園主蜂搶的土地歸還給土地的真正主人，並徵收其餘莊園主土地的三分之一。阿亞拉計畫像一塊不可抗拒的磁石，把成千上萬的農民吸引到這位維護農民利益的首領的隊伍中來。薩帕塔揭露了那種把一切都歸於單純要求政府換馬的「卑鄙用心」，稱這不是革命的目的。

這場鬥爭持續了近十年。先是反對迪亞斯，反對馬德羅，然後是反對劊子手韋爾塔，再後來是反對維努斯蒂亞諾‧卡蘭薩（Venustiano Carranza）。長期的戰爭歲月，同時也是美國不斷干涉墨西哥的年代：海軍陸戰隊曾兩次登陸，並進行了多次轟炸；外交官們策劃了各種政治陰謀；美國大使亨利‧萊恩‧威爾遜（Henry Lane Wilson）成功地導演了暗殺馬德羅總統和副總統的罪行。政權雖然不斷易人，但任何時候都沒有減弱對薩帕塔及其力量的瘋狂進攻，因為他們公開代表了這場民族革命深處的階級鬥爭，而這才是真正的危險。政府和報紙大肆攻擊這位莫雷洛斯州將軍手下的「破壞成性的暴徒」。一支支強大的軍隊派去攻打薩帕塔。一次又一次地燒、殺和毀滅村莊都無濟於事。男人、婦女和兒童以「薩帕塔奸細」之罪被槍殺或絞死。在每次大屠殺之後，緊跟著就是清剿取得了勝利的捷報。然而，在南部山脈的遊牧式革命營地，篝火很快又點燃了。薩帕塔的部隊多次成功地反擊到了首都市郊。韋爾塔政府垮台後，被稱為「南部的阿堤拉」（西元五世紀時期的匈奴帝國國王。—譯註）的埃米利亞諾‧薩帕塔和被稱為「北部的好騎手」的潘喬‧比利亞（Pancho Villa），踏著勝利者的步伐開進了墨西哥城，在短期內分享了政權。1914 年末出現了一個短暫的和平時期，薩帕塔利用此機會在莫雷洛斯州進行了土改。這次土改比阿亞拉計畫的主張更為激進。社會黨創始人及一些無政府工團主義者對這次土改施加了很大影響，他們不觸及這個運動的領袖的傳統根基，使他的思想更為激進，並使他具備了不可缺少的組織能力。

土地改革主張「徹底根除不合理的土地壟斷制，以便使所建立的社會能充分保障人人都享有天賦的權利，即每個人都有權得到個人及其家庭生存所需要的土地」。這次土改規定，凡是在 1856 年頒佈失去產業永久佔有權法以後沒收的個人或村社的土地，都要把土地還給他們。根據氣候和自然地力的差異，規定了佔有土地的最高限額，並且宣佈革命敵人的地產為國家財產。後一項政治措施如同阿蒂加斯的土改一樣，有著明顯的經濟意義，因為革命的敵人都是大莊園主。技術學校、工具廠和一家農村貸款銀行建了起來；對糖廠和蒸餾廠實行了國有化，成為公共部門。實現了一整套地方民主措施，使人民掌握了政權，控制了經濟。傳播薩帕塔思想的學校紛紛誕生並普及；捍衛和發展革命原則的人民委員會也成立了，一種真正的民主政體逐漸成形並顯示出力量。市政府是政權的核心單位，市政當局、法院和員警由人民選舉產生。軍事長官必須服從有組織的老百姓的意志。官吏和將軍不能根據其意志來決定採取何種生產方式和生活方式。革命要同傳統相聯繫，並「根據每個城鎮人民的風俗習慣來行動，換言之，如果某地村民希望共有制，那麼就這樣做；另一處的村民願意把土地分掉，承認個人所有權，那麼也照此辦理」。（註111）

1915 年春季，莫雷洛斯州所有土地都耕種上了，土要是玉米和其他食糧。與此同時，墨西哥城由於糧食匱乏，面臨迫在眉睫的饑餓威脅。維努斯蒂亞諾‧卡蘭薩這時已經當上了總統，他也頒佈了土改法。然而，他手下的大、小頭目迅速把土改的好處據為己有。1916 年，他們餓狼般撲向莫雷洛斯州府奎爾納瓦卡（Cuernavaca）以及其他薩帕塔控制下的地區。重新長出來的莊稼、礦產、皮革和一些機械設備都成了軍官們豐富的戰利品。他們走到哪裡就燒到哪，同時高喊要進行「一項重建和進步事業」。

1919 年，由於一個陰謀和背叛，埃米利亞諾‧薩帕塔被害。有上千人設下埋伏，用步槍向薩帕塔開火。薩帕塔死時年齡同切‧格瓦拉死時的年齡相同，他死後只留下了這樣的傳說：一匹棗紅馬在獨自飛奔，奔向南方，奔馳在崇山峻嶺之中。但他留下的又不僅僅是傳說，整個莫雷洛斯州都決心「完成這位改革者的事業，為烈士報仇雪恨，學習英雄的榜樣」。全國上下都回應。時光流逝，到了拉薩羅‧卡德納斯（Lázaro Cárdenas，執政時期（1934—1940 年），整個墨西哥都進行土改，薩帕塔傳說又因此恢復了生命，喚發出了活力。尤其在卡德納斯當政期間，徵收外國和國內企業的土地達六千七百萬公頃。農民不但有了地，還得到了貸款，受到了教育，並有了組織生產的各種手段。國家的經濟和人口迅速增長；農業產量成倍提高。同時，全國開始了現代化和工業化進程。城市膨脹了，消費市場也獲得了全面發展。

但是，墨西哥的民族主義沒有轉向社會主義，因此，和沒有實現決定性飛躍的其他國家一樣，也不能完全達到經濟獨立和社會主義的目標。在革命和戰爭的漫長年代，有一百萬人為戰神祭獻了自己的鮮血，「這個戰神比我們祖先所崇拜的戰神惠奇洛波斯利 (huitzilopochtli) 更為殘忍、冷酷和貪婪，那就是墨西哥在屈服於帝國主義條件下進行的資本主義發展。」（註112）許多學者研究了哪些跡象表明早先的大旗已遭到破壞。艾德蒙多‧弗洛雷斯（Edmundo Flores）在一份近期刊物中說道：「目前，墨西哥全國人口的60%，其年收入不到一百二十美元，他們忍饑挨餓。」（註113）有八百萬墨西哥人實際上只能吃上菜豆、玉米餅和小紅辣椒。（註114）僅僅當五百名學生在特拉特洛爾科（Tlatelolco）的屠殺中被害以後，才暴露出這個制度深刻的矛盾。阿隆索‧阿吉拉爾（Alonso Aguilar）搜集了官方數字之後，得出了以下結論：墨西哥有二百餘萬農民沒有土地，有三百萬兒童沒有受教育的機會，有近一千一百萬人是文盲，有五百萬人沒有鞋穿。（註115）墨西哥村社集體所有制不斷解體，同時小莊園如雨後春筍出現又自我分化，因此出現了一種新型的莊園制，以及一個從事大規模商品農業的農業資產階級。地主和國內的中間商靠鑽法律條款的漏洞、違背法律宗旨而取得了統治地位，但同時他們也受制於人。最近出版的一本書認為這些人是安德森克萊頓公司的「合夥公司」之流。（註116）在這本書裡，拉薩羅‧卡德納斯的兒子說道：「偽裝起來的大莊園主要建立在土質最好和最肥沃的土地上。」

小説家卡洛斯‧富恩特斯從卡蘭薩軍隊中一名上尉的彌留之際提筆寫起，再現了上尉的一生。這名上尉在戰爭和和平時期靠暴力和奸詐取巧一步步向上爬。這個名叫阿德米‧克魯茲（Artemio Cruz）的上尉出身卑微，隨著歲月的流逝，逐漸把青年時期的理想主義和英雄主義拋置腦後。他掠奪土地，創辦了很多企業，當了議員。他做買賣，搞行賄，投機倒賣，從事大的冒險活動，血腥鎮壓印第安人；靠這些手段他逐步積累了財富、權力和威望，以閃閃發光的經歷迅速爬上社會的頂端。（註 117）小説主人公的經歷，和那個黨的歷史相同。這個黨由於墨西哥革命嚴重的軟弱無能，實際上壟斷了今天國家的政治生活。主人公和黨都向上爬了。（見卡洛斯‧富恩特斯的長篇小說《阿德米歐‧克魯茲之死》。 ── 譯註）

大莊園增添了人口，但沒有增加麵包

拉美今天（1971 年）的農牧業按人均產量低於第二次世界大戰前夕。漫長的三十年過去了。在此期間，世界糧食產量的增長幅度和我們地區糧食減產的幅度一樣大。拉美農村的落後結構也是一種浪費結構，即浪費勞動力，浪費可支配的土地，浪費資本，浪費產品，特別是沒有抓住短暫的歷史性發展機遇。在幾乎所有的拉美國家裡，大莊園和它的窮親戚小莊園都是扼制農牧業增長和整個經濟發展的瓶頸。生產制度打上了所有制烙印：拉美 15% 的土地所有者擁有全部可耕地的一半。拉美每年都要花費五億多美元從國外購買糧食，而拉美有遼闊肥沃的土地，生產這些糧食本來是沒有問題的。拉美耕地勉強占總面積的 5%：**在世界上這個比重是最小的，因此浪費是最大的**。（註 118）就是這部分有限的耕地，糧食產量也很低。在許多地區，用木犁耕地要遠遠多於用拖拉機。除個別例外，現代化技術得不到應用。而現代化技術的普及，不僅意味著農業機械化，而且可以通過施肥、除草劑、殺蟲劑，進行良種培育和人工灌溉來保持和提高地力。（註119）大莊園有時就像太陽那樣形成一種權力格局，借用馬薩·薩瓦拉的貼切說法，就是饑民多了，麵包少了。大莊園不僅沒有吸收勞動力，相反排擠了它。四十年來，拉美農村勞工減少了 20% 以上。不乏有機械照搬現成處方的技術官僚們斷言：都市化的加快和農村人口大批遷移城市是進步的標誌。制度在馬不停蹄地製造失業者，這些人事實上湧入了城市，擴大了城市郊區面積。但是，工廠在搞現代化的同時，也在排擠失業者，無法容納這部分沒有專業技能的剩餘勞動力。如果農業出現技術上的進步反而會使問題激化。地主如果用先進的辦法開發土地，利潤就會增加，但更多的勞動力就無事可幹。這樣貧富間的鴻溝就會更大。例如，如果使用動力設備，減少的農村就業機會比它能增加的要多。**在拉美，每天從早到晚生產糧食的人一般都營養不良；他們收入微薄，農村創造的收益都花費在城市或流到國外**。先進技術可以改變土地的低效率，卻不能觸動現行的所有制，因此，即使它有利於總體發展，但實際上並不能造福於農民。農民的工資和從收入所得的比例都沒有增加。農村給很多人帶來貧困，給極少數人帶來財富。私人小飛機在貧窮的荒漠上盤旋，大型浴場的奢華鋪張不斷升級。歐洲擠滿了腰纏萬貫的拉美遊客。這些人不照料自己地裡的莊稼，但對精神享受卻很用心思。（註120）

保羅·拜羅克把第三世界經濟的主要問題歸咎於農業生產率低，其平均水準僅僅達到今天發達國家在工業革命前夕的一半。（註121）事實上，工業要獲得和諧發展，必須大大提高糧食生產和農牧業原料的生產。增加糧食產量是因為城市在膨脹，要吃飯；增加農牧業原料是為了滿足工廠和出口的需要，從而減少農業進口，擴大出口，提供發展所需的外匯。此外，大、小莊園體制意味著國內消費市場的萎縮，而消費市場不發展，新興工業就沒有立足之地。農村的饑餓工資和日益龐大的失業後備軍造成了以下情況：來叩城市大門的農村移民使工人收入總水準下降。

自從爭取進步同盟大肆鼓吹土地改革的必要性之後，寡頭集團和技術官僚就一直在制定有關計畫。有數十個土改方案，各式各樣，五花八門，躺在拉美各國議會的檔案櫃裡睡大覺。**土改不再是令人討厭的話題了，因為政治家們已經學會，使土改束之高閣的最佳方式就是不斷地說要搞土改**。土改所有權接連不斷地集中和分化，仍在多數拉美國家旁若無人地繼續，相互並行不悖；但是，已經開始出現一些例外情況。

這是因為農村不僅是貧窮的發源地，也是起義的溫床，即使尖銳的社會緊張局勢常常被群眾表面的順從所掩蓋。比如，巴西東北部給人的最初印象是這是宿命論的一個堡壘，當地居民對待要餓死一事的態度就像每天白天之後是黑夜那樣心平氣和。但是沒有過多久，這些東北人終於掀起了充滿神秘色彩的起義。他們高舉十字架，手持武器，同他們古怪的救世主一起與軍隊開展鬥爭，好讓自己的家鄉變成天國。同時，東北部的匪徒掀起了瘋狂的暴力浪潮，他們是一些狂熱分子和土匪，是烏托邦和復仇的代表。這種暴力反映了走投無路的農民盲目的社會抗議。（註 122）後來的農民協會恢復了農民的鬥爭傳統，並進一步使之發揚光大。

1964 年巴西軍事獨裁政權上台後，迫不及待地宣佈進行土改。正如保羅‧希林所指出，巴西土改協會在世界上是沒有先例的。它不是把土地分給農民，而是把農民趕走，以便把他們自發佔領的土地或者由前幾屆政府徵用的土地歸還給大莊園。在 1966 年和 1967 年間，即在實行嚴格的新聞檢查制之前，各報常常刊登消息報導軍警部隊受命於忙碌的土改協會去掠奪、放火和迫害農民。值得一提的是厄瓜多 1964 年進行的土改。厄瓜多政府僅僅分了一些不毛之地，同時卻為優質地集中在大地主手裡提供了方便。委內瑞拉 1960 年開始土改，在所分配的土地中，有一半是公有土地。大型的商業性種植園一個也沒觸及。被徵用了土地的大莊園主都得到了高額賠償，獲取了豐厚的利潤，於是，他們到其他地區又購置了土地。

1968 年，阿根廷獨裁者胡安‧卡洛斯‧翁加尼亞（Juan Carlos Onganía）想對農村土地實行新的稅收制，這使他差點提前兩年垮台。他的計畫打算對不進行生產的「光禿的平川地」徵收的稅要大大高於進行生產的土地。畜牛業寡頭集團便叫喊連天，他們通過參謀部裡的內應，使翁加尼亞不得不放棄他那背道而馳的打算。阿根廷與烏拉圭一樣，也擁有天然的肥沃大草原，加上宜人的氣候，使阿根廷在拉美相對比較繁榮。但是，水土流失無情地侵蝕著遼闊的、既不耕種也不放牧的、被遺棄的莽莽草原。用於粗放型畜牧業的數百萬公頃土地，其中大部分也遭到同樣命運。阿根廷的情況雖然比烏拉圭好一些，但六〇年代曾動搖阿根廷經濟的那場危機的背後便是這種粗放型經營。阿根廷的莊園主對引進技術革新成果沒有多大興趣。生產率很低，因為這樣更為有利。利潤法則高於任何其他法則。購買新土地，擴大土地面積，比採用集約生產的現代技術更有利可圖，風險也更小。（註 123）

1931 年，農村協會主張以馬代替拖拉機。該協會領導人高喊：「畜牧農們！用馬幹活就是捍衛自己的利益和國家的利益！」二十年後，該協會仍在自己的刊物中堅持這一主張。一個知名軍人說道：「給馬餵草比給笨重的卡車油箱灌汽油要容易。」（註 124）根據拉美經濟委員會的統計材料，按可耕地面積比較，阿根廷的拖拉機比法國少十五倍，比英國少十八倍。按照同樣的方法與德國相比，阿根廷的肥料消費則是該國的一百四十分之一。（註125）阿根廷農業的小麥、玉米和棉花的產量也比發達國家的低很多。

胡安・裴隆 (Juan Domingo Perón) 由於強制推行雇工法，實行農村最低工資制，觸犯了阿根廷地主寡頭集團的利益。1944 年，農村協會斷言：「確定普通雇工的生活標準是確定工資的基礎。雇工的物質需求有時如此之低，以致多了一點錢對他們來說沒有多大的社會意義。」農村協會談論雇工，仍然像在談論動物一樣；而圍繞勞動者低消費需求的這種令人深思的提法，使人無意中找到了一把理解阿根廷工業發展受限制的好鑰匙；國內消費市場的深度和廣度都沒有得到足夠的發展。裴隆本人推行的經濟發展政策從未打破農牧業不發達的結構。1952 年 6 月，在科隆劇場發表的一次演說中，裴隆否認自己曾打算進行土改。農業協會對此正式發表評論：「這是一篇精彩的演說。」

在玻利維亞，由於 1952 年的土改，高原廣大農村地區的飲食條件得到明顯改善，甚至農民身高也發生了變化。但是，玻利維亞整個人口的蛋白質和鈣的攝取量勉強達到最低標準的 60% 和 20%，而農村人口的攝取量還要大大低於這兩個平均數。絕不能說土改失敗了，然而，高原的土地分配以後，玻利維亞目前仍然把五分之一的外匯用來進口糧食。

秘魯軍政府從 1969 年開始搞土改，這是進行深刻變革的開端。筆者在寫這一章節時，智利新總統薩爾瓦多・阿連德 (Salvador Allende) 宣佈實行徹底土改。應當公平地承認，愛德華多・弗雷 (Eduardo Frei) 前政府徵收智利部分大莊園的土地一事，為新總統宣佈的這次改革打通了道路。

北美十三個殖民地和出身卑賤的重要性

（英國最早在北美建立的十三個殖民地，後成為美國的十三州。─譯註）

　　在拉美，總是土地私人佔有在先，土地的有益耕種在後。現行所有制最反動的特點並非由各次危機造成，而是產生於最繁榮昌盛的年代。在經濟衰退時期，大莊園主貪婪地掠奪新土地反而有所收斂。譬如在巴西，由於糖價下跌，以及金礦和金剛石實際上已採掘完，才有可能在 1820 至 1850 年間頒佈一項法律規定，土地屬於佔領和耕種土地的人。1850 年，由於咖啡成為新的「王牌產品」，巴西頒佈了土地法。這個土地法是寡頭政府按政客和軍人的口味炮製的，目的是取消耕地者的土地所有權，因為在此時期，正逐步地向南部和西部開闢內地的大面積土地。從此以後，「又頒佈了大量的法規來補充和確認這個土改法。這些法規規定，獲得土地的唯一途徑是購買，並且制定了土地公證註冊制度，這樣，一個農民幾乎無法使自己擁有的土地得到法律上的認可⋯⋯。」（註 126）

　　美國在同一時期頒佈的法令有著截然不同的目的，即要推動國內的開發。在拓荒者的木輪車吱吱作響聲中，邊疆逐步向西部的處女地擴展，印第安人慘遭殺戮。1862 年頒佈的林肯《宅地法》，即定居移民公地發放法案，保證每家農戶能有六十五公頃份額的土地所有權。凡是受益者，耕種土地的期限不能少於五年。（註 127）公地的開發速度驚人；人口就像掉在地圖上的大塊油漬在增長蔓延。唾手可得的土地，既肥沃又近乎是白送的，像一塊不可抗拒的磁鐵，吸引了歐洲農民。他們遠涉重洋，還翻越阿帕拉契山脈，直奔遼闊的大草原。他們是自由農場主，就這樣，他們佔有了中部和西部的新地區。美國在版圖和人口增長的同時，還開闢了農村就業管道。此外，也出現了一個有巨大購買力的國內市場，即為數眾多的農場主，從而保持了工業的發展勢頭。

　　與此相反，正如里維里貝羅所指出，一個多世紀以來一直堅持開發巴西內地邊疆的農村勞動者，過去不是、現在也不是尋求一塊屬於自己的土地的自由農戶，而是早就把大片空地占為己有的大莊園主的雇工。只有當了雇工，農民才能接近內地的荒漠。為了他人的利益，工人手持砍刀在森林中開拓疆界。墾殖的結果只是單純擴大了大莊園的土地面積。1950 至 1960 年間，巴西六十五個大莊園擁有新開發的耕地面積的四分之一。（註 128）

　　迥然不同的兩種國內墾殖體制，是美國和拉美在發展模式上最主要的區別之　．為什麼北方富而南方窮？布拉沃河不僅是一般的地理邊界，它還能說明更多的問題。今天南北嚴重的不平衡，似乎應驗了黑格爾關於兩個美洲之間必然要發生戰爭的預言。這種不平衡是美國帝國主義的擴張所造成的，還是有其他更悠久的歷史原因？實際上，早在殖民地搖籃時期，北方和南方就形成了兩個很不相同的社會，社會宗旨也不一樣。（註 129）**五月花號船的移民漂洋過海，既不是為了掠取什麼傳說中的珍寶，也不是要消滅北方並不存在的印第安文化。他們帶著全家在那裡安家落戶，是為了在新大陸再現歐洲的生活和勞動制度。**他們不是想發財的士兵，而是開拓者；不是去征服的，而是去開墾，他們建立了「移民開發區」。的確，後來的發展，在特拉華灣（Delaware）南部導致了一種類似在拉美出現的奴隸制式的種植園經濟。但不同的是，美國的經濟重心從一開始就紮根於新英格蘭的農場和作坊。十九世紀南北戰爭的勝利大軍就是從新英格蘭出征的。新英格蘭是美國文明的發展中心；這個地區的開發者從未充當過歐洲資本主義積累的殖民地代理人。他們從來就是為自身的成長和自己新土地的發展而活著。由於宗主國的發展，農民和手工業者大軍逐步被排擠出了勞動市場，北方十三個殖民地便為這支歐洲大軍提供了出路。大洋此岸這個新社會的基礎就是自由的勞動者。

西班牙和葡萄牙則相反，它們在拉美擁有大批奴隸勞工，先是對印第安人實行奴隸制，繼而又從非洲運來大量奴隸。在幾個世紀的時間裡，一直有一支龐大的農民失業大軍可以轉到生產地區，也就是說，隨著貴重金屬或糖的出口量增減的變化，總是同時存在著興旺地區和衰落地區，而後者則向前者提供勞動力。這種體制一直延續至今，而且仍然使工資水準很低，因為失業者對勞動市場造成壓力。這種體制還阻礙了國內消費市場的發展。此外，同北方的清教徒不同，拉美殖民地社會的統治階級從未朝發展國內經濟的方向努力。他們的利益來自國外；和國外市場的聯繫多於與本地區的聯繫。地主、礦主和商人天生就是幹這樣的事：向歐洲提供黃金、白銀和糧食。公路運輸都是朝著一個方向：港口和海外市場。為什麼美國能作為一個統一的民族而發展起來，而拉美卻被肢解呢？原因之一就是我們各生產地區之間沒有相互溝通，而是呈扇狀分散，而扇面的焦點在很遠的地方。

似乎可以這樣說，北方十三個殖民地是不幸中之萬幸。它們的歷史經驗說明，出身卑賤有極重要的意義。因為北美既沒有黃金也沒有白銀，沒有印第安人文化以及具備了勞動組織形式的高度集中的人口，當初英國移民開墾的沿海一帶也沒有那種熱帶的肥田沃土。自然界很吝嗇，歷史也是如此：沒有金屬礦，也沒有奴隸勞動力去開採埋在地層深處的金屬礦。這是件幸運事。此外，從馬里蘭（Maryland）穿過新英格蘭到新蘇格蘭的北美殖民地，由於氣候條件和土壤特點，農產品同英國的完全一樣。就是說，

如同巴古所指出的，這些殖民地沒有為宗主國提供補充性產品。（註130）
安地列斯群島和大陸的伊比利亞殖民地的情況截然不同。熱帶地區可以生
產甘蔗、煙草、棉花、靛藍染料和松節油；從經濟角度看，加勒比海的一
個小島，對英國來說，比美國早先十三個殖民地更為重要。

上述情況說明美國為什麼能以一個不輸出自己財富的經濟上自治的體
制而得到發展和鞏固。殖民地和宗主國的聯繫非常鬆散。相反，在巴巴多
斯或牙買加，資本的再投資僅僅是為了補充逐漸減少的奴隸。由此可見，
一些國家發達，另一些國家不發達，種族因素並沒有起決定性作用：英屬
安地列斯群島的情況和西屬與葡屬殖民地的情況就沒有任何雷同。事實
上，十三個殖民地在經濟上起著微不足道的作用，所以它們能較早地實現
出口商品的多樣化和迅猛發展製造業。美國的工業化早在獨立前就得到官
方的鼓勵和保護。英國對此採取容忍態度，同時卻嚴厲禁止安地列斯群島
生產哪怕是一枚別針。

**種植園
大莊園和命運**

1— 費爾南多・奧爾蒂斯 (Fernando Ortiz)：*"Contrapunteo cubano del tabaco y el azúcar"*，哈瓦那，1963 年。

2— 卡約・普拉多・茹尼奧爾 (Caio Prado Júnior)：*"Historia económica del Brasil"*，布宜諾斯艾利斯，1960 年。

**巴西東北部
土地的厄運**

3— 塞爾希奧・巴古 (Sergio Bagú)：*"Economía de la sociedad colonial. Ensayo de historia comparada de América Latina"*，布宜諾斯艾利斯，1949 年。

4— 塞爾索・富爾塔多 (Celso Furtado)：*"Formación económica del Brasil"*，墨西哥－布宜諾斯艾利斯，1959 年。

5— 霍蘇埃・德・卡斯楚 (Josué de Castro)：*"Geografía da fome"*，聖保羅，1963 年。

6— 同上。

7— 同上，一個名叫亨利・科斯特 (Henry Koster) 的英國旅遊者，把吃土的習慣歸咎於白人孩子同黑人小孩接觸「染上了這種非洲惡習」。

8— 東北部從幾個方面忍受著一種內部的殖民主義，它有利於工業化了的南部。在東北部本身，腹地地區從屬於它所供養的糖業區，而甘蔗大莊園則依賴加工甘蔗的糖廠。老的糖廠主制度正處於危機。榨糖廠吞噬了種植園。

9— 根據基特・西姆斯・泰勒 (Kit Sims Taylor) 在 *"El nordeste brasileño: azúcar y plusvalía"*，*"Monthly Review"* 第 63 期（智利，聖地牙哥，1969 年 6 月）上所引用的伯爾南布哥州 (Pernambuco) 若阿金・納布科 (Joaquim Nabuco) 社會調查研究所的調研材料。

10— 佛蘭克林・德奧利韋拉 (Franklin de Oliveira)：*"Revolución y contrarrevolución en el Brasil"*，布宜諾斯艾利斯，1965 年。

11— 勒內‧迪蒙 (René Dumont)：“*Tierras vivas. Problemas de la reforma agraria en el mundo*”，墨西哥，1963 年。

12— 霍蘇埃‧德‧卡斯楚 (Josué de Castro)，同前引書。

13— 塞爾索‧富爾塔多 (Celso Furtado)：“*Dialética do desenvolvimento*”，里約熱內盧，1964 年。

在加勒比海諸島急速前進

14— 卡爾‧馬克思 (Karl Marx)：“*Discurso sobre el libre cambio*”，見 “*Miseria de la filosofía*” 德文第一版的附錄。

15— 文森特‧T. 哈洛 (Vincent T. Harlow)：“*A History of Barbados*”，奧克斯福爾德，1926 年。

16— 塔德烏什‧萊普考斯基 (Tadeusz Lepkowski)：“*Haití*” 第 1 卷，哈瓦那，1968 年。

17— 同上。

18— 阿萊霍‧卡彭鐵爾 (Alejo Carpentier) 有一本很精彩的小說：“*El reino de este mundo*”。（蒙特維多，1966 年），說的是海地這一段夢幻般的生活。它出色地描述了保利娜和她的丈夫在加勒比海遊覽的情景。

19— 曼努埃爾‧莫雷諾‧弗拉希納爾斯 (Citado por Manuel Moreno Fraginals)：“*El ingenio*”，哈瓦那，1964 年。

在古巴焦土上的蔗糖堡壘

20— 醃肉廠已經闖進了拉普拉塔河流域。阿根廷和烏拉圭那時還沒有分開，也不叫這兩個國名，它們使自己的經濟適於大量出口醃肉乾、皮革和油脂。巴西和古巴在十九世紀是兩大奴隸集中地和很好的醃肉市場，因為醃肉便宜，便於運輸和儲存，在炎熱氣候下又不會腐爛。古巴人至今還把醃肉叫做「蒙特維多」(Montevideo)，但是在 1965 年，烏拉圭停止賣給古巴醃肉，從而同美洲國家組織一起參與了對古巴的封鎖。這樣，烏拉圭很愚蠢地失掉了它最後剩下的醃肉市場。古巴是十八世紀末烏拉圭瘦肉乾的第一個市場。何塞‧佩得羅‧巴倫 (José Pedro Barrán) 和本哈明‧內厄姆 (Benjamín Nahum)：“*Historia rural del Uruguay moderno (1851-1885)"*，蒙特維多，1967 年。

21— 曼努埃爾·莫雷諾·弗拉希納爾斯 (Manuel Moreno Fraginals)，同前引書。直到不久以前，還有一些船工在薩瓜河 (río Sagua) 航行，「他們拿著帶鐵頭的長竿，用它往河床上紮，直到勾住一塊木頭……。這樣日復一日地從河底撈上了被甘蔗田毀壞了的樹木的殘枝，以殘損的樹木為生。」

22— 塞爾索·富爾塔多 (Celso Furtado)："*La economía latinoamericana desde la Conquista ibérica basta la Revolución Cubana"*，智利，聖地牙哥，1969 年；墨西哥，1969 年。

23— 莫雷諾·弗拉希納爾斯敏銳地看到十九世紀誕生的糖廠的名字，反映了蔗糖生產的升降曲線，諸如：「希望」、「新希望」、「勇敢」、「幸運」、「追求」、「征服」、「信心」、「佳績」、「艱難」、「憂患」、「醒悟」。有四家糖廠都預見性地叫做「醒悟」。

24— 勒內·迪蒙 (René Dumont)："*Cuba (intento de crítica constructiva)"*，巴賽隆納，1965 年。

25— 塞爾索·富爾塔多 (Celso Furtado)："*La economía latinoamericana…"*，同前引書。

26— 美國農業部糖業計畫局局長在古巴革命之後宣佈：「自從古巴退出舞台之後，我們就失掉了世界最大出口國的保護，因為過去它總是有所儲備，以便我國市場隨時需要隨時給以滿足。」恩里克·魯斯·加西亞 (Enrique Ruiz García)："*América Latina: anatomía de una revolución"*，馬德里，1966 年。

革命與無能的結構

27— 利蘭·H.詹克斯 (Leland H. Jenks)："*Nuestra colonia de Cuba"*，布宜諾斯艾利斯，1960 年。

28— 波多黎各是另一個處在囚禁地位的製糖中心。從美國的觀點來看，波多黎各人不是很好的人，他們不配有自己的祖國，但可以為一個不是自己的祖國而戰死在越南前線。如果按人口比例計算，戰鬥在東南亞和波多黎各「自由聯邦州」(estado libre asociado)的士兵比美國其他州的士兵要多。拒絕到越南去服兵役的波多黎各人就要被送到亞特蘭大的監獄去關五年。除了要在美國部隊服兵役外,還有1898年入侵遺留下來的、法律承認的其他凌辱性法令。所謂法律就是美國國會通過的法律。在美國國會中波多黎各有一個象徵性席位,沒有表決權,實際上也沒有發言權。取得這項權利的代價是殖民地地位。在美國佔領以前,波多黎各有自己的貨幣並同世界上主要的市場建立了繁榮的貿易關係。今天,波多黎各的貨幣是美元,自己海關的關稅額要由華盛頓來定,一切有關該島外貿和內部貿易事宜,都由華盛頓來決定。對外關係、交通、通訊、工資、勞動條件等等皆如此。波多黎各人要由美國的聯邦法庭來審判,本地軍隊要加入北部軍隊。工業和商業掌握在美國私人手中。徹底取消國籍是打算通過移民的辦法來實現。貧困把一百多萬波多黎各人趕到紐約去尋找好運,他們被迫放棄了自己的國籍。在紐約,他們成了聚集在最骯髒地區的半無產者。

29— 菲德爾・卡斯楚(Fidel Castro):"*La Revolución cubana (discursos)*",布宜諾斯艾利斯,1959年。

30— A.努涅斯・希門尼斯(A. Núñez Jiménez):"*Geografía de Cuba*",哈瓦那,1959年。

31— 勒內・迪蒙(René Dumont),同前引書。

32— 達德利・西爾斯(Dudley Seers),安德列斯・比安基(Andrés Bianchi),理查・喬利(Richard Jolly)和馬克斯・諾爾夫(Max Nolff):"*Cuba, the Economic and Social Revolution*",查佩爾希爾,北加利福尼亞,1964年。

33— K.S.卡羅爾(K. S. Karol):"*Les guérrilleros au pouvoir. L'itinéraire politique de la révolution cubaine*",巴黎,1970年。

蔗糖是屠刀
帝國是凶手

34— 社會主義國家確保的穩定的糖價在這方面起了決定性的作用。通過同西班牙和西歐其他國家頻繁的貿易,粉碎了美國設置的封鎖,這也起了決定性的作用。古巴出口的三分之一向國家提供了美元，即可兌換的外匯，其餘的則是同蘇聯和盧布區做買賣。這種貿易制度也造成了一定的困難。像蘇聯生產的所有重型設備一樣，他們給熱電廠提供的渦輪機是優質的，但是輕工業和普通工業所提供的消費品則不是這樣。

35—「古巴向聯合國糧農組織第九次地區會議的報告」(Informe de Cuba a la XI Conferencia Regional de la FAO)，1970 年 10 月 13 日拉美通訊社稿。

36— 埃爾斯沃思·邦克 (Ellsworth Bunker) 是全國煉糖公司主任，在軍事干涉之後，他作為林登·詹森 (Lyndon Johnson) 的特派員到多明尼加去。在邦克的密切關注之下，全國煉糖公司在這個小國的利益得到了保護，在非常民主的選舉之後佔領軍撤退了，把政權交給華金·巴拉格爾 (Joaquín Balaguer)。在特魯希略 (Trujillo) 殘暴獨裁統治的過程中，巴拉格爾曾是他的左右手。聖多明哥的居民手持木棒、砍刀和步槍在街頭巷尾和屋頂上同外國軍隊的坦克、火箭筒和直升機作戰，要求被軍事政變推翻的民選立憲總統胡安·博什 (Juan Bosch) 重新執政。好開玩笑的歷史也拿預言來開玩笑。在特魯希略獨裁統治三十年之後，胡安·博什宣誓就職時，當時的美國副總統林登·詹森 (Lyndon Johnson) 親自把美國政府的官方禮品：一輛救護車帶到聖多明哥。

靠奴隸們在
加勒比海的犧牲
才有了
瓦特的機器和
華盛頓的大炮

37— L. 卡皮坦 (L. Capitan) 和亨利·洛林 (Henri Lorin)："*El trabajo en América, antes y después de Colón*"，布宜諾斯艾利斯，1948 年。

38— 塞爾希奧·巴古，同前引書。

39— 達尼埃爾·P. 曼尼克斯 (Daniel P. Mannix) 和 M. 考利 (M. Cowley)："*Historia de la trata de negros*"，馬德里，1962 年。

40— 埃里克·威廉斯 (Eric Williams)："*Capitalism and Slavery*"，查佩爾希爾，北卡洛利納，1944 年。

41— 達尼埃爾·曼尼克斯和 M. 考利，同前引書。

42— 明確禁止巴西奴隸制的法律不是巴西的法律，而是 1845 年 8 月 8

日英國議會通過的英國法律，這並非偶然，奧斯尼‧杜阿爾特‧佩雷拉
(Osny Duarte Pereira)：*"Quem faz as leis no Brasil?"*，里約熱內盧，
1963 年。

43— 達尼埃爾‧P. 曼尼克斯和 M. 考利，同前引書。

44— 費爾南多‧奧爾蒂斯，同前引書。

45— 菲力浦‧雷諾 (Philip Reno)：*"El drama de la Guayana británica.
Un pueblo desde la esclavitud a la lucha por el socialismo"*，*"Monthly
Review"* 第 17、18 期，布宜諾斯艾利斯，1965 年 1-2 月。

46— 愛迪生‧卡內羅 (Edison Carneiro)：*"O quilombo dos Palmares"*，
里約熱內盧，1966 年。

47— 尼娜‧羅德里格斯 (Nina Rodrigues)：*"Os africanos no Brasil"*，
里約熱內盧，1932 年。

48— 德西奧‧德弗雷塔斯 (Décio de Freitas)：*"A guerra dos escravos"*，未出版。

49— 埃斯特萬‧蒙特霍 (Esteban Montejo) 在向米格爾‧巴爾尼 (Miguel
Barnet) 特講述他的生平時已有一百多歲了（*"Biografía de un cimarrón"*，
布宜諾斯艾利斯，1968 年）。

50— 羅伯托‧C. 西蒙森 (Roberto C. Simonsen)：*"História econômica
do Brasil (1500-1820)"*，聖保羅，1962 年。

51— 曼努埃爾‧莫雷諾‧弗拉希納爾斯 (Manuel Moreno Fraginals)，
同前引書。在一次濯足時，卡沙‧巴約納 (Casa Bayona) 伯爵決定卑躬
屈膝地為他的奴隸效勞。在基督教激情的感召之下，他給十二個黑人洗
了腳，還讓他們在他的桌上同他一起吃飯。這真成了最後的晚餐。第二
天奴隸就起來造反，放火燒了糖廠。他們的頭顱被釘在糖廠中心的十二
根長矛上。

52— 愛德華多·加萊亞諾：《里約貧民窟的神靈與魔鬼》，《阿馬魯雜誌》第 10 期，利馬，1969 年 6 月。

出賣農民

53— 魯道夫·特奧菲洛 (Rodolfo Teófilo)："*Historia de Sêca do Ceará (1877-1880)*"，里約熱內盧，1922 年。

54— 根據 1970 年 4 月 21 日法新社的報導。1938 年，一個放牛者在腹地發燙的道路上漫遊，成了巴西文學史上一部最優秀的小說題材。乾旱對附屬於沿海地區的糖廠和位於腹地的畜牧業大莊園的襲擊並未停止，它的後果也沒改變。《乾枯的生命》(Vidas secas) 這部小說所反映的世界原封未動。鸚鵡學狗叫，因為它的主人幾乎已經不會說話了。格拉西里阿諾·拉莫斯 (Graciliano Ramos)："*Vidas secas*"，哈瓦那，1964 年。

55— 保羅·希林：《一次新的種族滅絕》載於《前進》1501 期，蒙特維多，1970 年 7 月 10 日。1970 年 10 月，帕拉的主教們向巴西總統揭露，東北部的工人受到正在修建穿越亞馬遜地區的公路的那些公司的野蠻剝削。政府稱這項工程為「本世紀的工程」。

橡膠週期：
卡羅素為密林
中的巨大劇場
揭幕

56— 奧雷略·皮尼埃洛 (Aurélio Pinheiro)："*A margem do Amazonas*"，聖保羅，1937 年。

57— 魯道夫·特奧菲洛，同前引書。

58— 玻利維亞被砍去了近二十萬平方公里的土地。1902 年它得到了二百萬英鎊的賠償和修建通往馬德拉河和亞馬遜河的鐵路。

59— 本世紀初，有橡膠樹林的山也使秘魯好像看到新的黃金國。大約在 1908 年，法蘭西斯科·加西亞·卡爾德隆 (Francisco García Calderón) 在"*El Perú contemporáneo*"中寫道，橡膠是未來的巨大財富，在"*La casa verde*"（巴賽隆納，1966 年），馬里奧·巴爾加斯·略薩 (Mario Vargas Llosa) 再現了伊基托斯和森林地區繁忙的景象。在那兒，冒險家們掠奪印地安人，也互相掠奪。自然界在報復著，它使用的是痲瘋病和其他手段。

**可可種植園主
用五十萬雷伊
斯的鈔票點煙**

60— 多明戈・阿爾貝托・蘭赫爾（Domingo Alberto Rangel）：*"El proceso del capitalismo contemporáneo en Venezuela"*，卡拉卡斯，1968 年。

61— 多明戈・阿爾貝托・蘭赫爾：*"Capital y desarrollo"*，第 1 卷，*"La Venezuela agraria"*，卡拉卡斯，1969 年。

62— 在巴西，可以很容易地把那些傳統的大莊園主，以及所有的顯赫人物封為「上校」(coronel)。書中的這一段引自若熱・亞馬多(Jorge Amado)1946 年在蒙特維多發表的小說 *"São Jorge dos Ilhéus"*。書中還寫道，「可是，連孩子們都不去碰可可果。他們懼怕這種形狀像椰子、核子甜滋滋的黃色果實，因為可可使他們一生只能吃野果和乾肉。」實質上，「可可才是主宰一切的主人，連上校也對它敬畏三分。」（若熱・亞馬多，*"Cacao"*，布宜諾斯艾利斯，1935 年）。1969 年他在布宜諾斯艾利斯出版的另一部小說名叫 *"Gabriela, clavo y canela"*，書中的一個人物在談到 1925 年的伊爾埃烏斯時，豎起大拇指說：「現在在我國北方，沒有一個城市的發展趕得上伊爾埃烏斯。」可是現在，伊爾埃烏斯已經消失得無影無蹤了。

63— 聯合國拉美經濟委員會對可可和咖啡價格的上漲是這樣評價的：價格上漲「相對來說具有過渡性」，「在很大程度上是偶然的歉收造成的」。拉美經濟委員會 *"Estudio económico de América Latina,1969"*，第 2 卷，*"La economía de América Latina en 1969"*，智利，聖地牙哥，1970 年。

**種植棉花的
廉價勞動力**

64— 羅伯托・C. 西蒙森 (Roberto C. Simonsen)，同前引書。

65— 卡約・普拉多・茹尼奧爾 (Caio Prado Júnior)：*"Formação do Brasil contemporâneo"*，聖保羅，1942 年。

66— 泛美農業發展委員會：《瓜地馬拉的土地佔有制和農村社會經濟

泛美農業發展委員會 (Comité Interamericano de Desarrollo Agrícola)：
"*Guatemala. Tenencia de la tierra y desarrollo socioeconómico del
sector agrícola*"，華盛頓，1965 年。

67— 何塞・卡洛斯・馬里亞特吉 (José Carlos Mariátegui)："*Siete
ensayos de interpretación de la realidad peruana*"，蒙特維多，1970
年。

68— 泛美農業發展委員會："*Perú. Tenencia de la tierra y desarrollo
socioeconómico del sector agrícola*"，華盛頓，1966 年。

69— 阿隆索・阿吉拉爾 (Alonso Aguilar M.) 和弗爾南多・卡蒙娜
(Fernando Carmona) 合著："*México: riqueza y miseria*"，墨西哥，
1968 年。

種植咖啡的
廉價勞動力

70— 馬里奧・阿魯布拉 (Mario Arrubla)："*Estudios sobre el subdesarrollo
colombiano*"，麥德林，1969 年。咖啡的總價格由以下幾部分組成：
中間商，包括進出口商的所得占 40%，向生產國和消費國上繳的稅款占
10%，運輸者所得占 10%，設在華盛頓的泛美咖啡辦事處的廣告費占 5%，
種植園主的收入占 30%，工人工資占 5%。

71— 咖啡銀行 (Banco Cafetero)："*La industria cafetera en Colombia*"，
波哥大，1962 年。

72—《泛美經濟概況》第 87 期，哈瓦那，1963 年 9 月。

咖啡價格過低
只有付之一炬
結婚率
也因此而變

73— 皮埃爾・蒙貝格 (Pierre Monbeig)："*Pionniers et planteurs de
São Paulo*"，巴黎，1952 年。

74— 引自中央銀行 (Banco Central)、巴西咖啡協會 (Instituto Brasileiro
do Café) 和聯合國糧農組織 (FAO) 的統計資料："*Revista Fator*"第 2
期，里約熱內盧，1968 年 11-12 月。

75— 根據聯邦貿易委員會 (Federal Trade Commission) 的調查。希德・
西爾維拉 (Cid Silveira)："*Café: um drama na economia nacional*"，

里約熱內盧，1962 年。

76— 拉美經濟委員會 (CEPAL)：*"El comercio internacional y el desarrollo de América Latina"*，墨西哥—布宜諾斯艾利斯，1964 年。

77— 羅伯托·C. 西蒙森，同前引書。

78— 馬里奧·阿魯布拉，同前引書。

哥倫比亞財力耗盡的十年

79— 路易士·愛德華多·涅托·阿特塔 (Luis Eduardo Nieto Arteta)：*"Ensayos sobre economía colombiana"*，麥德林，1969 年。

80— 赫爾曼·古斯曼·坎波斯 (Germán Guzmán Campos)、奧蘭多·法爾斯·博爾塔 (Orlando Fals Borda)、愛德華多·烏馬尼亞·盧那 (Eduardo Umaña Luna) 合著：*"La violencia en Colombia. Estudio de un proceso social"*，波哥大，1963-1964 年。

81— 赫爾曼·古斯曼 (Germán Guzmán)：*"La violencia en Colombia (parte descriptiva)"*，波哥大，1968 年。

82— 聯合國：*"Análisis y proyecciones del desarrollo económico"*，第 3 卷，載於 *"El desarrollo económico de Colombia"*，紐約，1957 年。

83— 赫爾馬·拉馬 (Germán Rama) 教授發現，在這些令人尊敬的高等學府中，有的把 *"Selecciones del Reader's Digest"* 的全套合訂本作為圖書館的最重要的藏書。赫爾曼·W. 拉馬 (Germán W. Rama)：*"Educación y movilidad social en Colombia"*，見雜誌 *"Eco"* 第 116 期，波哥大，1969 年 12 月。

世界市場的魔棍喚醒了中美洲

84— 埃德爾維托·托雷斯—里瓦斯 (Edelberto Torres-Rivas)：*"Procesos y estructuras de una sociedad dependiente (Centroamérica)"*，智利，聖地牙哥，1959 年。

85— 卡洛斯·古斯曼·博克萊 (Carlos Guzmán Böckler) 和瓊·洛普·赫伯特 (Jean-Loup Herbert)：*"Guatemala: una interpretación histórico-social*"，墨西哥，1970 年。

海盜衝上來了　　　**86**— 達西·里維羅 (Darcy Ribeiro)："*Las Américas y la civilización*"，
第 3 卷："*Los pueblos trasplantados. Civilización y desarrollo*"，
布宜諾斯艾利斯，1970 年。

87— 葛列格里奧·塞爾塞 (Gregorio Selser)："*Diplomacia, garrote y
dólares en América Latina*"，布宜諾斯艾利斯，1962 年。

88— 克勞德·米麗恩 (Claude Julien)："*L'Empire Americain*"，巴黎，
1968 年。

89— 發表於雜誌 "*Common Sense*"，1935 年 11 月。V. 利奧·休
伯 曼 (V. Leo Huberman)："*Man's Wordly Goods. The Story of the
Wealth of Nations*"，紐約，1936 年。

90— 威廉·克雷姆 (William Krehm)："*Democracia y tiranías en el
Caribe*"，布宜諾斯艾利斯，1959 年。

91— 這是阿爾瓦羅·塞佩達·薩穆迪奧 (Álvaro Cepeda Samudio) 的
小說 "*La casa grande*"（布宜諾斯艾利斯，1967 年）的內容，也是
加夫列爾·賈西亞·馬奎斯的《百年孤獨》（布宜諾斯艾利斯，1967 年）
一個章節的內容：「肯定是一場夢」，軍官們堅持認為。

92— 這段時期包括布宜諾斯艾利斯五〇年代出版的小說三部曲 "*Viento
fuerte*"、"*El papa verde*" 和 "*Los ojos de los Enterrados*"。《強
風》(Viento fuerte) 一書的人物之一派爾 (Pyle) 先生預言：「如果我們
不去建新的種植園，而是去買私人生產者的水果，那我們將來一定賺
得更多。」瓜地馬拉現在的情況就是這樣：聯合果品公司—現在是商
標公司—通過商品化機制實行香蕉壟斷，這種機制比從事直接生產更
有效，風險更小。值得一提的是，在六〇年代，由於香蕉種植園面臨
嚴重的社會動亂的威脅，聯合果品公司決定將其出售和（或）出租。
從那以後，香蕉產量直線下降。

三〇年代的危
機：「踩死隻
螞蟻比殺一個
人犯的罪還大」

93— 埃德爾維托・托雷斯－里瓦斯，同前引書。

94— 葛列格里奧・塞爾塞 (Gregorio Selser)： "Sandino, general de hombres libres"，布宜諾斯艾利斯，1959 年。

95— 卡爾頓・比爾斯 (Carleton Beals)： "América ante América"，智利，聖地牙哥，1940 年。

96— 威廉・克雷姆 (William Krehm)，同前引書。美國《時代》雜誌的記者克雷姆，在中美洲生活了多年。

是誰挑起了
瓜地馬拉
的暴力

97— 愛德華多・加萊亞諾： "Guatemala, país ocupado"，墨西哥，1967 年。

08— 艾森豪 1963 年 6 月 10 日在華盛頓美國書商協會的演說。大衛・懷斯 (David Wise) 和湯瑪斯・羅斯 (Thomas Ross) 引自 "El gobierno invisible"，布宜諾斯艾利斯，1966 年。

拉丁美洲的第
一次土改：何
塞・阿蒂加斯一
一個半世紀的
失敗

99— J.P. 羅伯遜 (J. P. Robertson) 和 G.P. 羅伯遜 (G. P. Robertson)： "La Argentina en la época de la Revolución"。見 "Cartas sobre el Paraguay"，布宜諾斯艾利斯，1920 年。

100— 華盛頓・雷耶斯・阿巴迪 (Washington Reyes Abadie)，奧斯卡・H. 布魯斯切拉 (Óscar H. Bruschera)，塔瓦雷・梅洛格諾 (Tabaré Melogno)： "El ciclo artiguista"，第 4 卷，蒙特維多，1968 年。

101— 尼爾松・德拉托雷 (Nelson de la Torre)，胡利奧・C. 羅德里格斯 (Julio C. Rodríguez)，盧西亞・薩拉・德圖龍 (Lucía Sala de Touron)： "Artigas: tierra y revolución"，蒙特維多，1967 年。

102— 尼爾松・德拉托雷，胡利奧・C. 羅德里格斯，盧西亞・薩拉・德圖龍，同前引書。同作者： "Evolución económica de la Banda Oriental"，蒙特維多，1967 年，以及 "y Estructura económico-social de la Colonia"，蒙特維多，1968 年。

103— 比維安・特里亞斯 (Vivian Trías)： "Reforma agraria en el

Uruguay"，蒙特維多，1962 年。這本書對烏拉圭寡頭集團家族逐一進行了描述。

104— 愛德華多·加萊亞諾："*Uruguay: Promise and Betrayal*"，見 J. 皮特拉斯 (J. Petras) 和 M. 蔡特林 (M. Zeitlin) 編寫的 "*en Latin America: Reform or Revolution?*" 紐約，1968 年。

105— 經濟學院 (Instituto de Economía)："*El proceso económico del Uruguay. Contribución al estudio de su evolución y perspectiva*"，蒙特維多，1969 年。在民族工業得到國家高額補貼和全力保護而蓬勃發展的年代，農村的相當一部分利潤流向了新興工業。當工業走進自身垂死的危機週期時，畜牧業的剩餘資本又轉向了其他方面。埃斯特角的最華而不實的宅第是靠民族的不幸來修建的；後來，金融投機交易又使在通貨膨脹中搞渾水摸魚的人頭腦發熱。但尤為嚴重的是，烏拉圭年復一年積累下來的資金和利潤都外流了。據官方資料，1962 至 1966 年間，有二點五億美元從烏拉圭流向瑞士和美國的可靠銀行。人員流失情況也一樣：二十年前，青年人從農村流到城市充當發展中工業的勞力，而今天，他們卻從陸地或海路到他國謀生。當然，他們的命運是不相同的。資本受到熱情歡迎；而移民，等待他們的則是艱難的人生，即漂泊不定的生活、惡劣的環境，以及無法預測的冒險生涯。1970 年的烏拉圭由於受到一次極大危機的嚴重衝擊，已不再是曾經向歐洲移民許諾過的那個和平進步的神話般的綠洲，而是註定使本國居民被迫移居海外的動亂國家。這個國家生產暴力，輸出人口，就同生產和出口肉類和羊毛一樣自然。

106— 赫爾曼·韋茨坦 (German Wettstein)，胡安·魯道夫 (Juan Rudolf)："*La sociedad rural*"，載於 "*Nuestra Tierra*" 選集，第 16 卷，蒙特維多，1969 年。

107— 赫蘇斯‧席爾瓦‧埃爾索格(Jesús Silva Herzog)：*"Breve historia de la Revolución mexicana"*，墨西哥 - 布宜諾斯艾利斯，1960 年。

108— 約翰‧肯尼士‧特納(John Kenneth Turner)：*"México bárbaro"*，1911 年出版於美國；墨西哥，1967 年。

109— 約翰‧肯尼士‧特納，同前引書。墨西哥曾是美國優先投資的國家，它在上世紀末擁有美國在外投資總額的近三分之一。在影片*"Citizen Kane"*中由威爾斯扮演的威廉‧藍道夫‧赫斯特(William Randolph Hearst)，在墨西哥奇瓦瓦州和北部其他地區就擁有三百多萬公頃土地。費爾南多‧卡蒙娜(Fernando Carmona)：*"El drama de América Latina. El caso de México"*，墨西哥，1964 年。

110— 約翰‧沃馬克(John Womack Jr.)：*"Zapata y la Revolución mexicana"*，墨西哥，1969 年。

111— 約翰‧沃馬克，同前引書。

112— 費爾南多‧卡蒙娜，同前引書。

113— 埃德孟多‧弗洛雷斯(Edmundo Flores)：*"¿Adónde va la economía de México?"*，見*"en Comercio exterior"*第 20 卷，第 1 冊，墨西哥，1970 年 1 月。

114— 安娜‧瑪麗亞‧弗洛雷斯(Ana María Flores)：*"La magnitud del hambre en México"*，墨西哥，1961 年。

115— 阿隆索‧阿吉拉爾，費爾南多‧卡蒙娜，同前引書。同時參見阿隆索‧阿吉拉爾(Alonso Aguilar)，費爾南多‧卡蒙娜(Fernando Carmona)，吉列爾莫‧蒙塔尼奧(Guillermo Montaño)，豪爾赫‧卡里翁(Jorge Carrión)：*"El milagro mexicano"*，墨西哥，1970 年。

116— 魯道夫‧斯塔文哈根(Rodolfo Stavenhagen)，費爾南多‧帕斯‧桑切斯(Fernando Paz Sánchez)，誇烏特莫克‧卡德納斯(Cuauhtémoc Cárdenas)，阿圖羅‧博尼利亞(Arturo Bonilla Sánchez)：*"Neolatifundismo y explotación. De Emiliano Zapata a Anderson Clayton*

& Co.*",墨西哥,1968 年。

117— 卡洛斯·富恩特斯 (Carlos Fuentes):*"La muerte de Artemio Cruz*",墨西哥,1962 年。

**大莊園增添了
人口,但沒有
增加麵包**

118— 聯合國糧農組織 (FAO):*"Anuario de la producción*",第 19 卷,1965 年。

119— 阿爾維托·巴爾特拉·科爾特斯 (Alberto Baltra Cortés):*"Problemas del subdesarrollo económico latinoamericano*",布宜諾斯艾利斯,1966 年。

120— D.F. 馬薩·薩瓦拉 (D. F. Maza Zavala):*"Explosión demográfica y crecimiento económico*",卡拉卡斯,1970 年。

121— 保羅·拜羅克 (Paul Bairoch):*"Diagnostic de l'évolution économique du Tiers Monde,1900-1966*",巴黎,1967 年。

122— 魯伊·法科 (Rui Facó):*"Cangaceiros e fanáticos*",里約熱內盧,1965 年。

123— 畜牧業資本家認為,建造人工牧場,同對粗放畜牧業的傳統投資相比,意味著要花費更多的資金,冒更大的風險,同時收益減少。由此,生產者的個人利益就同整個社會的利益相悖:從某個角度來說,只有提高土地的肥力,才能提高牲畜的品質和增加產量。國家需要牛多產肉,羊多出毛,但土地的主人從目前的生產狀況來看,已賺了很大一筆錢了。烏拉圭大學經濟學院得出的結論(同前引書),在某種意義上也適用於阿根廷。

124— 達爾多·庫內奧 (Dardo Cúneo):*"Comportamiento y crisis de la clase empresaria*",布宜諾斯艾利斯,1967 年。

125— 拉美經濟委員會 (CEPAL):*"Estudio económico de América Latina*",智利,聖地牙哥,1964 年和 1966 年;*"El uso de fertilizantes en América Latina*",智利,聖地牙哥,1966 年。

北美十三個
殖民地和出身
卑賤的重要性

126— 達西·里維羅 (Darcy Ribeiro)："*Las Américas y la civilización*"，第 2 卷，"Los pueblos nuevos"，布宜諾斯艾利斯，1969 年。

127— 愛德華·C. 柯克蘭 (Edward C. Kirkland)："*Historia económica de Estados Unidos*"，墨西哥，1941 年。

128— 塞爾索·富爾塔多 (Celso Furtado)："*Um projeto para o Brasil*"，里約熱內盧，1969 年。

129— 路易斯·漢克 (Lewis Hanke) 等："*Do the Americas Have a Common History?*"（紐約，1964 年）一書的作者力圖找到北美洲和南美洲歷史進程中的相同點，但一無所獲。

130— 塞爾希奧·巴古，同前引書。

三、權力的地下源泉

我們下到了胡安‧德爾瓦耶山中最深的坑道裡。
催促第一班礦工上班的刺耳汽笛聲幾小時前就已
在礦工宿地鳴叫。我們走過一條又一條坑道，既
承受了熱帶的高溫，也領略到極地的寒冷。我們
走了幾個小時，一路上都是有毒的空氣。呼吸著
這種濕度很高，又佈滿瓦斯、灰塵和煙霧的惡濁
空氣，我才體會到，為什麼礦工在短短的幾年裡
就會喪失嗅覺和味覺。所有礦工工作時都咀嚼帶
灰的古柯葉，這樣做也會導致礦工身體狀況惡
化。眾所周知，古柯葉可以消除飢餓感和疲勞
感，但其後果卻是使人的機體正常運轉所必不可
少的報警系統逐漸失靈……

美國經濟需要拉美的礦產，
就像肺需要空氣一樣

　　太空人在月亮表層第一次留下了人類的足跡。1969 年 7 月，偉績的創建者華納·馮·布萊恩 (Werner von Braun) 向新聞界宣佈，美國準備建立一個有近期目標的遙遠的太空工作站，他宣佈：「從這個絕妙的觀察台，我們可以探查到地球上的任何財富：鮮為人知的油田、銅礦、鋅礦⋯⋯」

　　石油仍然是我們時代的主要燃料，美國七分之一的石油消費靠進口。屠殺越南人需要子彈，子彈又需要銅：美國所需的銅有五分之一靠從國外購買。鋅礦不足的問題愈發令人不安，近一半來自國外。沒有鋁就不能製造飛機，沒有鋁土礦就沒有鋁，而美國幾乎沒有鋁土礦。明尼蘇達礦藏無法向美國大型鋼鐵企業──匹茲堡、克里夫蘭、底特律──提供足量的鐵礦，因為它正在逐漸枯竭。美國本土也沒有錳礦，美國經濟需要的鐵有三分之一靠進口，錳全部靠進口。美國地下資源裡沒有生產噴射發動機的鎳和鉻。生產特種鋼需要鎢，四分之一要靠進口。

　　由於美國在這方面對國外的依賴越來越大，美國資本家在拉美的利益同美國的國家安全利益也就日趨一致。這個世界頭號強國的國內穩定，和它在布拉沃河以南的投資有密切的聯繫。這些投資近一半都用於開採石油和開發礦藏，因為它們「無論在和平時期還是在戰爭年代對美國經濟都必不可少」。(註1) 美國商會國際董事會董事長明確表示：「在歷史上，美國向外投資的主要原因之一就是要開發自然資源，主要是礦產資源，尤其是石油。很明顯，這類投資的誘惑力自然越來越大。隨著人口的膨脹和生活水準的提高，我們對原料的需求也在不斷增長。與此同時，我們本國的資源卻在萎縮⋯⋯。」(註2) 政府、大學和大公司的科研機構，發明和發現的速度之快令人難以想像；但是，任何新技術都還沒有找到辦法不用大自然提供的、也只有大自然才能提供的基本材料。

與此同時，對美國工業發展提出的挑戰，美國地下資源的應戰能力越來越弱。（註3）

地下資源也能導致政變、革命、間諜活動，
以及在亞馬遜森林中的冒險活動

在巴西，帕拉貝巴谷地（Paraopeba）豐富的鐵礦藏，導致了雅尼奧·奎德羅斯（Jânio Quadros）和若昂·古拉特（João Goulart）兩個總統的垮台。後來，在1964年奪取了政權的卡斯特略·布朗庫元帥（Castelo Branco）把鐵礦藏拱手讓給漢納礦業公司。在此之前若干年，美國大使的老朋友尤里科·杜特拉總統（Eurico Dutra，1946—1951年任職），把阿馬帕州（Amapá）蘊藏量為四千萬噸的錳礦──世界上蘊藏量最大的錳礦──交給了伯利恆鋼鐵公司（Bethlehem Steel），條件是錳礦出口收入的4%歸巴西國家所有。從那以來，伯利恆鋼鐵公司一直在逐步地把這座礦山搬到美國去，幹勁之大足以使人擔憂十五年後巴西將沒有足量的錳礦供應本國的鋼鐵工業。此外，在伯利恆鋼鐵公司投資開礦的每一百美元中，有八十八美元是巴西政府殷勤提供的，即以「開發該地區」為名的免稅。顯見米納斯吉拉斯的黃金這個教訓沒有起任何作用。詩人曼努埃爾·班迪耶拉（Manuel Bandeira）寫道：「白色的金子／黑色的金子／腐爛的金子。」巴西今天仍然無償地把發展本國的自然資源交給別人。（註4）1964年，玻利維亞獨裁者雷內·巴里恩托斯（René Barrientos）上台。他多次屠殺礦工，

把馬蒂爾德礦山(la mina Matilde)開採權讓給了菲力浦兄弟公司。這個礦山有鉛礦、銀礦以及豐富的鋅礦，鋅礦品質是美國鋅礦的十二倍。菲力浦兄弟公司獲准把鋅礦石運往該公司在國外的冶煉廠去提煉，只需向玻政府交付鋅礦出售價格的 1.5% 即可。(註5)在秘魯，1968 年貝朗德(Belaúnde Terry)總統屈尊和美孚石油公司的一家子公司簽署了一項協定，但協定的第十一頁神秘地丟失了；於是，貝拉科斯‧阿爾瓦拉多(Velasco Alvarado)將軍推翻了貝朗德總統，奪取了政權，把美孚公司的油井和煉油廠全部收歸國有。可以說，委內瑞拉是美孚石油公司和海灣石油公司的大油田，美國在拉美的最大軍事基地就設在該國。阿根廷走馬燈似的政變，都是在每次油出拍賣招標前後發生的。薩爾瓦多‧阿連德領導的左派力量獲得大選勝利之前，五角大樓向智利提供了不成比例的軍事援助決非與銅風馬牛不相及；1965 至 1969 年間，美國的銅儲量下降了 60%。1964 年，切‧格瓦拉在他在哈瓦那的辦公室告訴我，巴蒂斯塔的古巴不僅僅有蔗糖。他認為，古巴豐富的鎳、錳礦藏，最能說明帝國主義為什麼對古巴革命懷有刻骨仇恨。在那次談話以後，美國的鎳儲量下降了三分之一。古巴把美國鎳鉻礦業公司收歸國有；詹森(Johnson)總統威脅法國的冶金企業，如果購買古巴鎳礦，就查封它們發往美國的貨物。

礦產同蓋亞那(Guayana)社會主義者切迪‧賈根(Cheddi Jagan)政府的垮台也有很多牽連。1964 年末，切迪‧賈根在當時英屬蓋亞那（於1966 年脫離英國獨立，現稱蓋亞那共和國）又獲得多數選票。今天的蓋亞那的鋁土礦生產占世界第四位，在拉美錳生產國中也居第三位。中央情報局對賈根的垮台起了決定性作用。阿諾德‧贊德(Arnold Zander)是那次為了否認賈根的選舉勝利而發動的罷工的最高領導人。他在事後公開承認，他的工會得到了美國中央情報局一個基金會提供的大量美元。(註6)

蓋亞那新政權保證美國鋁礦業公司在蓋亞那不會有危險，也就是説，公司不必驚慌失措，可以繼續開採鋁土礦，並仍按 1938 年的價格自己購進，儘管 1938 年後鋁價格已經翻了幾倍。（註7）鋁礦買賣不再有危險了。阿肯色州的鋁土礦價格是蓋亞那的兩倍。美國本土的鋁土礦雖然很少，但它使用別人的廉價原料生產的鋁卻占世界鋁總產量的幾乎一半。

對美國軍事實力有重要價值的戰略性礦產大部分都要依靠國外。對此，馬格多夫説道：「今天，噴射發動機、煤氣輪機和核反應爐的出現，大大增加了對只能在國外獲得的原料的需求。」（註8）為了維護其核軍事實力，美國迫切需要不可少的戰略性礦產，這種需要和美國在巴西亞馬遜地區大量購買土地一事有明顯的聯繫。美國通常是用欺詐手段購買這些土地。在六〇年代，為數眾多的美國公司在職業冒險家和走私分子的帶領下，瘋狂地湧向這片巨大的熱帶雨林。在此之前，根據 1964 年簽訂的協定，美國空軍的飛機飛越整個地區，並照了相。這些飛機使用了閃爍計數器，通過發射不同強度的光波來勘察放射性礦床；使用了電子地磁儀，通過 X 光照相來探測有色金屬礦富礦層；還使用了可以發現和測量鐵礦的地磁儀。全面勘測隱藏在亞馬遜地區的財富的有關資料和照片，都送到了與之有利益關係的私人企業手中。勘測工作應歸功於美國政府地質測繪所提供的良好服務。（註9）在這片幅員廣闊的地區，已經查明的礦藏有：金、銀、金剛石、石膏、赤鐵礦、磁鐵礦、鉭、鈦、釷、鈾、石英、銅、錳、鉛、硫酸鹽、鉀鹽、鐵礬土、鋅、鋯、鉻和汞。從馬托格羅索州的原始熱帶雨林到戈阿斯州（Goias）南部的莽莽平原，開闊的空間如此之大以至《時代》雜誌拉美版 1967 年最後一期信口胡言，説可以同時看見光輝燦爛的太陽和六種不同的暴風雨閃電。美國政府已經提供了免税和其他誘人的條件，以吸引人來開墾這個奇妙和原始世界上的處女地。據《時代》雜誌稱，在 1967 年前，外國資本家以每英畝七美分的價格買下了一大片土地，面積超過了康乃狄克州、羅德島、德拉瓦州、麻塞諸塞州和新罕布夏州之和。巴西政府的亞馬遜開發署主任常說：「我們應該為外國投資敞開大門，因為我們需要的比我們能夠得到的要多。」為了給美國飛機的航空攝影勘測辯護，巴西政府事先就宣佈缺乏資金。這在拉美是正常現象：總是以資金貧乏為名、行出賣資源之實。

巴西國會進行了一次有關調查，最終提出了一份長篇報告。（註 10）報告列舉了二千萬公頃的土地被出售或強佔的事實。這片土地的分佈很奇特，據調查委員會的看法，它簡直「呈條帶狀態，把亞馬遜地區同巴西其他地區隔離開來」。調查報告把「秘密開發有很高價值的礦產」列為美國極力要在巴西境內開闢一條新邊境的主要原因之一。報告收集了陸軍部辦公室的證詞，證詞強調「美國政府希望能控制大片土地以備今後使用，或開發礦產，特別是放射性礦物，或作為定向殖民的基礎」。國家安全委員會斷言：「外國人已經佔有的或正在佔有的地區，正是由外國人對當地巴西婦女作絕育手術的地區，這不能不令人懷疑。」的確，據《晨郵報》報導，「以美國新教為主的二十多個外國傳教士團正在佔領亞馬遜地區，定點於蘊藏著富饒的放射性礦、黃金和金剛石的地方……。他們大批分發各種避孕工具，如避孕環等，教信仰了天主教徒的印第安人英語……。他們所佔領的地區四周有武裝人員警戒，任何人不得入內。」（註 11）有必要指出的是，凡是地球上所有適於人居住的荒無人煙的地區，亞馬遜地區是面積最大的。在這空曠無人的大片地區控制生育，就是為了避免同寥寥無幾的巴西人進行人口競賽，而這些人是一直在這片雨林或無際的曠野遙遠角落裡生活和繁衍後代的。

里奧格蘭迪諾・克魯埃爾（Riograndino Kruel）將軍在國會調查委員會

面前肯定，「含釷和鈾的原料走私量達到了一百萬噸的天文數字」。在此之前，即在 1966 年 9 月，任聯邦警察局長的克魯埃爾揭露了美國一領事對公開審理四名美國公民一案進行的「不適當的和有步驟的干涉」。這四名美國人被指控為走私巴西的原子能礦。克魯埃爾認為，他們私帶四十噸放射性礦物，這足以判他們刑了。沒多久，四名走私犯中的三個人神秘地逃離巴西。雖然礦物走私並不是一種新現象，但是走私日益嚴重。僅未經加工的金剛石秘密外運一項，巴西每年就要損失一億多美元。(註 12) 但實際上，走私只是在一定程度上才是非幹不可的，因為合法的租讓權就能使巴西最寶貴的自然財富輕而易舉地被攫取。這類事例不勝枚舉，這裡僅舉一例。位於阿拉薩 (Ardxá) 的世界最大的鈮礦藏，就屬於紐約鈮礦公司的一個子公司。從鈮礦中可提取幾種金屬。由於這些金屬有很強的耐熱性，因此可以用來製造核反應爐，火箭和太空船，衛星或噴射式飛機。該公司在開採鈮礦的同時，也順帶採掘大量的鉭、釷、鈾、燒綠石，以及其他高品質的稀土礦。

德國化學家擊敗了太平洋戰爭的勝利者

　　硝石的興衰史雄辯地證明，拉美國家在國際市場上的時來運轉，只是過眼煙雲，**福星的照耀總是轉瞬即逝，災難的陰雲卻總是凝聚不散。**

　　上世紀中葉，馬爾薩斯不祥的預言在舊大陸上空徘徊。那時，歐洲人口急劇增長，而土地的肥力業已耗盡，不進行土壤改良，糧食生產就不可能以同等的比例增長。英國人通過化驗，發現海鳥糞具有肥料的性能。從 1840 年起，秘魯沿海的海鳥糞就開始大量出口。秘魯近海的水域中有大量的魚類，那些靠這些魚類為生的鰹鳥和海鷗從遠古時代起就棲身於沿海的大大小小島嶼上，在那裡留下的糞便堆積成山。這些糞便含有豐富的氮、氨、磷酸鹽和鹽鹼。由於秘魯沿海地區終年無雨，這些海鳥糞的質量沒有絲毫的變化。（註13）然而，海鳥糞打入國際市場後不久，農業化學家就發現，硝石所含的養分更豐富，到 1850 年，用硝石當肥料的作法在歐洲農村已十分廣泛。舊大陸因水土流失，地力早已耗盡，施了肥的麥田貪婪地從硝石中汲取硝酸鈉養分。這些硝石最初是由秘魯塔拉帕卡省(Tarapacá)的硝石礦供應，後來又由玻利維亞安托法加斯塔省(Antofagasta)的硝石礦供應。（註14）硝石和海鳥糞就蘊藏在太平洋的海岸，「對尋找它們的船隻來說幾乎是唾手可得」，（註15）歐洲饑荒的幽靈就這樣被趕走了。

利馬寡頭集團的驕奢淫逸達到了登峰造極的地步，他們依然故我，無所顧忌地中飽私囊，在用義大利卡拉拉大理石建造的宮殿和陵墓積累著象徵他們權力的財富。這些宮殿和陵墓就矗立在首都的一片沙地上。過去，利馬的大家族是靠著波托西的銀子發跡的，現在，他們又靠鳥的糞便和硝石場裡那些白得耀眼的石塊為生。秘魯認為自己是獨立的國家，實際上英國早已取代了西班牙的角色。馬里亞特吉在一篇論文中寫道：「秘魯覺得自己很富有，政府在使用貸款時不是量入為出，在生活上揮霍無度，把秘魯的前途整個抵押給了英國的金融機構。」據羅梅羅統計，到 1868 年，政府的開支和債務已遠遠超過了進口的收入。秘魯用未開採的海鳥糞作英國貸款的押金，而歐洲又在海鳥糞價格上玩弄花招。海鳥糞出口商掠奪式的經營方式給秘魯帶來了災難，幾千年來在海島上自然堆積起來的海鳥糞，只幾年的功夫就賤賣貽盡。據貝穆德斯書中記載，與此同時，在硝石產區，工人只能勉強維持生存，「他們全家人住一間破舊的房屋，房子只比人略高一點，牆壁是用石塊和石子泥巴土坯砌起來的」。

玻利維亞安托法加斯塔省沒過多久也開採起硝石來，但是，這個生意不是玻利維亞做的，而是秘魯做的。其實，更準確地說，經營權是屬於智利的。當玻利維亞政府試圖向其領土上的硝石礦徵稅時，智利軍隊派出了幾營的兵力佔領了安托法加斯塔省，並從此駐紮了下去。在此之前，安托法加斯塔省的這片沙漠地帶在智利、秘魯和玻利維亞這三個具有潛在衝突的國家之間一直充當著緩衝區的角色，可是硝石卻在那裡引起了戰爭。這場太平洋戰爭於 1879 年爆發，1883 年才結束。智利軍隊在 1879 年已佔領了秘魯產硝地區的帕蒂約斯港 (Patillos)、伊基克港 (Iquique)、比薩瓜港 (Pisagua) 和胡寧港 (Junin)，最後又勝利進駐利馬，進駐的第二天卡亞俄 (Callao) 要塞就投降了。秘魯失敗後，大片領土被侵佔，大量財富遭掠奪，民族經濟失掉了它的兩大資源，生產力發展停滯不前，貨幣貶值，國外貸款對秘魯關上了大門。（註 16）但是，正如馬里亞特吉所指出的，經濟雖然崩潰了，過去的陰影並未因此而消失；殖民地經濟雖然失去了它生存的支柱，其結構卻完整地保存了下來。玻利維亞呢？它甚至沒有發現它在戰爭中失去了什麼，現在世界上最大的銅礦丘基卡馬塔 (Chuquicamata) 礦恰恰就在現在屬於智利的安托法加斯塔省內。那麼，戰爭的勝利者又得到了些什麼呢？

1880 年，硝石和碘的收入占智利國家收入的 5%。十年之後，僅被征服地區硝酸鹽的出口收入就佔到智利財政收入的一半以上。同一時期，英國在智利的投資增加了兩倍之多，硝石產區變成了英國人的大工廠。（註 17）但他們把硝石礦搞到手花的錢並不多。秘魯政府 1875 年就徵用了這些硝石礦，徵用時付的是債券。五年之後由於爆發了戰爭，債券價格跌至原來的十分之一。約翰·諾斯和他的合夥人羅伯特·哈維這樣一些膽大的冒險家就抓住了這一時機。他們趁智利人、秘魯人和玻利維亞人鏖戰於疆場之機，用智利的瓦爾帕萊索銀行（Banco de Valparaíso）和其他銀行痛痛快快借給他們的貸款買下了硝石礦的債券。士兵們在為這些英國人打仗，但他們卻渾然不知。諾斯、哈維、英格利斯、詹姆斯、布什、羅伯遜和其他勤奮的企業家所付出的代價很快就被智利政府彌補上了。1881 年，智利政府決定把硝石礦歸還給其合法的主人。這時，硝石礦的債券已有一半握在巫師一般的英國投機商手裡，他們沒用一個便士就把這些硝石礦佔為己有。

1890 年代初，智利向英國的出口佔其出口總額的四分之三，從英國的進口佔其進口總額將近一半。智利在貿易上依賴英國的程度比當時的印度還要深。智利通過戰爭壟斷了世界的硝石，但是硝石之王還是約翰・諾斯。硝石礦債券中有 40% 的利息都是由他的一家名叫利物浦硝酸鹽公司的企業支付的。諾斯 1866 年在瓦爾帕萊索上岸時，他身上那件污穢不堪的舊西裝口袋裡只有十個英鎊。可三十年後，他在倫敦自己那座豪華宅第裡款待的都是親王、公爵、名聲顯赫的政治家和大企業家一類的人物。諾斯給自己封了一個上校的頭銜，還加入了保守黨和肯特的共濟會教派，這是像他這樣血統高貴的紳士義不容辭的責任。多爾切斯特勳爵、倫道夫・丘吉爾勳爵和斯托克波爾侯爵等人都賞臉來參加他舉辦的奢華舞會。舞會上他化裝成亨利八世跳舞。（註 18）與此同時，在他那遙遠的硝石王國裡，智利工人星期天也不能休息，每天勞動長達十六小時。他們的工資用代金牌支付，而且在企業開的雜貨店裡買東西時，代金牌的面值幾乎只等於原價的一半。

拉米雷斯・內科切亞寫道，在 1886 到 1890 年何塞・曼努埃爾・巴爾馬塞達（José Manuel Balmaceda）總統執政期間，智利政府推行了「有史以來最雄心勃勃的發展計劃」。在巴爾馬塞達的推動下，智利建立了一些新的工業部門，進行了重大的公共工程建設，改革了教育，採取措施打破了英國企業對塔拉帕卡省鐵路的壟斷，並從德國借了款。這是智利在整個十九世紀裡第一次，也是唯一一次不是從英國借款。1888 年，巴爾馬塞達宣佈要把硝石產區收歸國有，要建立起智利自己的硝石開採企業，並拒絕把屬於國家所有的硝石礦出售給英國人。三年之後，智利爆發了內戰，諾斯和他的同夥為反叛者提供了大量資助。（註 19）英國的戰艦封鎖了智利的海岸，倫敦的報紙對巴爾馬塞達破口大罵，稱他是「最殘暴的獨裁者」、「嗜血成性的暴君」。巴爾馬塞達被打敗了，他親手結束了自己的生命。英國大使在給英國外交部的報告中寫道：「**這裡的英國人都不掩飾他們對巴爾馬塞達失敗所感到的喜悅之情。普遍的看法是，如果巴爾馬塞達得勝，英國的貿易利益會受到嚴重損害。**」內戰結束後，智利政府在公路、鐵路、墾殖等公共工程以及教育方面的投資馬上大幅度下降，與此同時，英國企業的地盤卻不斷擴大。

第一次世界大戰前夕，智利三分之二的國民收入靠硝酸鹽出口，不過，那時硝石開採的面積已比以前要大，掌握在外國人手中的硝石礦也比以前增多。硝酸鹽帶來的繁榮並沒有促進智利的經濟發展和生產的多樣化，而是恰恰相反，加重了其經濟結構的畸形發展。智利有如英國經濟的附屬，它雖是向歐洲市場提供肥料的最主要國家，卻沒有掌握自己命運的權利。正在這時候，一位德國化學家用他的實驗結果擊敗了幾年前在戰場上得勝的將軍。他改進了哈伯－博施（Haber-Bosch）的生產過程，用凝固空氣中氮分子的方法生產出了硝酸鹽，使硝石從此一蹶不振，智利經濟元氣大傷。硝石的危機就是智利整個國家的危機，對智利來說這是一次嚴重的打擊，因為智利經濟靠的是硝石，也是以硝石為中心而運轉。可是，硝石卻掌握在外國人手裡。

塔馬魯卡爾（Tamarugal）荒原土地龜裂，大地反射的陽光刺得人睜不開眼。在那裡，我目睹了塔拉帕卡硝石礦衰敗的景象。在硝石開採的鼎盛時期，這裡曾有過一百二十家硝石辦事處，現在只剩一家沒有關門。荒原上缺水，也沒有蛀蟲，因此不僅機器被當作廢鐵賣掉，連最高級住宅中俄勒岡的松木地板、鋅板，甚至連能夠使用的螺栓和釘子也被統統賣掉。一些專門從事拆卸房屋的工人應運而生，他們是在這片衰落的，或者說是被遺棄的大荒原上唯一能夠找到工作的人。在那裡我看到瓦礫和深坑比比皆是，一個又一個的村鎮無人居住，硝酸鹽鐵路公司的鐵路廢棄不用，有線電報已經沉默，硝石辦事處的房屋在歲月的侵蝕下已然散架，墓地裡的十字架在夜間遭冷風侵襲，仕挖過硝石的人坑邊，廢石了堆成的山閃爍著白光。一些留在那裡的當地人告訴我：「這裡曾遍地是金錢，誰都認為這一切永遠不會結束。」他們認為同現在相比，過去就像是天堂。1889 年工人還沒有星期日休息的權利，是後來工會進行了拚死的鬥爭才爭取到的，可是就連那時的星期日在這些當地人的回憶裡也是熠熠生輝。一位高齡的老人對我說：「那時在硝石產區，每個星期日對我們來說都像是國慶，我們每星期都過一次『九一八』（智利國慶節。—譯註。）」伊基克港是智利最大的硝石運輸港口，曾獲得官方頒發的「一級港口」獎。那裡的工人不止一次遭到屠殺，可是歐洲最優秀的歌劇演唱家到智利卻總是先去伊基克市美好年代風格的劇院演唱，然後才去聖地牙哥。

齧噬智利的銅齒

　　沒過多久，銅就取代硝石成為智利經濟的主要支柱，與此同時，英國的霸主地位也讓位於美國的統治。1929 年危機爆發之前，美國在智利的投資就已達到四億多美元，這些錢幾乎全部用來開採和運輸銅礦。人民團結陣線 1970 年取得大選勝利之前，智利最大的幾個銅礦一直掌握在安納康達銅礦公司 (Anaconda Copper Mining Co.) 和肯奈科特銅公司 (Kennecott Copper Co.) 手裡。這兩家公司關係密切，同屬一個國際康采恩聯合企業（財團）。在半個世紀的時間裡，它們從智利匯回總公司的錢就達四十億美元，這大量的血是以各種名義抽走的。根據這兩個公司誇大了的數字，它們在智利的總投資也不超過八億美元，而且這些錢幾乎全是它們在智利攫取到的利潤。(註 20) 隨著銅產量的增加，智利外流的資本也愈來愈多，最後一段時間每年竟超過一億美元。那時，銅礦的主人就是智利的主人。1970 年 12 月 21 日，星期一，薩爾瓦多‧阿連德在總統府的陽台上向一群情緒高昂的聽眾發表講話。他宣佈他剛剛簽署了憲法改革草案，以便將豐富的礦產資源收歸國有。他說，1969 年安納康達銅礦公司在智利的利潤達七千九百萬美元，占它在全世界利潤總額的 80%。然而，安納康達公司在智利的投資還不及它在國外總投資的六分之一。右翼在 1970 年大選中發起的細菌戰是一場有預謀的宣傳運動，目的是散佈恐怖氣氛，阻止左翼實施早已宣佈了的計劃，即對銅礦實行國有化和進行其他結構性改革的計劃。同前幾次大選一樣，這次的宣傳也是敲得緊鑼密鼓。報紙上登出蘇聯重型坦克在拉莫內達總統府前行駛的圖片；聖地牙哥的牆壁上到處貼著大鬍子游擊隊員把無辜青年拖向死亡的照片；每一家的門鈴都被按響，總有一位女士上前說明來意：「您有四個孩子？兩個將去蘇聯，兩個將去古巴。」然而這一切宣傳都是徒勞。銅「穿上了斗篷打上了馬刺」，阿連德總統宣佈，銅礦又重歸智利所有。

美國當時儘管陷入了東南亞戰爭的泥潭，但也沒費心思掩飾官方對安地斯山南麓事態發展的不悅。可是，智利距美國遙遠，美國不可能派海軍陸戰隊快速出兵，而且阿連德畢竟是總統，美國表面上鼓吹的代議制民主的所有要求他都符合。帝國主義目前正處於一個新的危機週期的最初階段，這個週期存在的跡象在經濟上已是顯而易見。美國為充當世界警察的角色要付出愈來愈高的代價，這個角色亦愈來愈難以扮演。那麼，價格之戰的效果怎麼樣呢？智利的銅現在已銷往好幾個國家，並且有可能在社會主義國家開闢廣闊的新市場。智利準備收回銅礦，而美國無法在世界範圍內對其銷售實行封鎖。然而，十二年前古巴蔗糖的境況卻是非常不同，因為古巴蔗糖以前全部銷往美國，全部依賴美國市場的價格。1964 年愛德華多‧弗雷依在大選中獲勝後，銅的行情馬上看漲，緊張狀況明顯緩和。1970 年阿連德大選獲勝後，本來就一直下跌的銅價又進一步跌落。銅價一般來講總是大幅度地上下波動，可是前幾年銅價卻一直很高，加之對銅的需求又超過供給，這種短缺狀況使得銅價沒有跌得很低。現在儘管鋁已作為電的導體在很大程度上取代了銅，但鋁也需要銅，而且現在還沒有找到更便宜、更有效的代用品，不能把銅從鋼鐵工業和化學工業中排除出去，銅仍然是炸藥廠、黃銅廠和電線廠的主要原料。（註21）

智利擁有世界上最大的銅礦，其蘊藏量占世界目前已探明蘊藏總量的三分之一。這些銅礦全都分佈在安地斯山麓。智利的銅礦一般總含有其他金屬，如黃金、白銀和鉬。這個因素也促進了銅的開採。此外，對於安納康達和肯奈科特公司來說，智利的勞動力是很便宜的，它們在智利所需成本極低，因此有足夠的錢去支付在美國的高昂費用。智利銅礦以「國外開支」的形式，每年也要拿出一千多萬美元來維持這兩家公司在紐約辦事機構的運轉。智利銅礦的平均工資在 1964 年時，僅僅相當於肯奈科特公司設在美國冶煉廠的基本工資的八分之一，儘管這兩個地方工人的生產率水準相同。（註22）可他們的生活條件過去和現在卻都大相逕庭。智利的礦工一般是集中住在狹小、骯髒的工棚裡，他們的妻兒老小另外住在郊外破爛不堪的房子裡。外國的職員自然也不同礦工住在一起，在大的礦山裡，他們擁有自己的天地。在那些國中之國裡，通行的只有英語，甚至還有專門為這些人出版的報紙。隨著美國公司在智利開採銅的機械化程度不斷提高，工人的生產率水準也在逐步上升。從 1945 年到現在，銅產量增加了五成，但礦山使用的工人卻減少了三分之一。

　　銅礦一旦實現國有化，智利已無法忍受的狀況就會得到改變，銅礦就不會重蹈過去硝石先是被掠奪，後又遭冷落的覆轍。美國公司向智利政府上繳的稅款，根本不足以彌補礦產資源無可挽回的消耗，因為這些資源是自然形成，不可能再生的。而且自 1955 年建立稅率隨產量增加而遞減的賦稅制度，以及弗雷依政府對銅礦實行「智利化」後，美國公司上繳的稅款相對來說還有所減少。1965 年，弗雷依把國家變成了肯奈科特公司的合夥人，他新建了一個對美國公司極為有利的賦稅制度，使它們的利潤幾乎提高了二倍。根據這個新的制度，智利按每磅銅二十九美分的平均價格徵稅。實際上，由於國際上需求旺盛，價格已提到七十美分。虛假價格和實際價格所應上繳的稅額不同，這之間的差額使智利少得到很多美元。這一點就連基督教民主黨選出的候選人，準備接替弗雷依擔任下屆總統的拉多米洛·多米克（Radomin Tomic）也不得不承認。1969 年，弗雷依政府同安納康達公司簽署了一項協議，每隔半年分期購進該公司百分之五十一的股票，而且公司附加了十分苛刻的條件。這件事釀成了一樁新的政治醜聞，進一步加速了左翼力量的增長。據報紙披露，安納康達公司董事長事先已告知智利總統：「閣下，資本家是否保存財產不是憑感情，而是取決於是否有利可圖。通常，一個家庭會保存一個祖輩使用過的衣櫃。可是我們的企業沒有祖宗，安納康達公司可以把它的全部財產都賣掉，只要價錢有利就行。」

井上和井下的錫礦工人

近一個世紀以前，有個餓得半死的男人登上了滿目淒涼的玻利維亞高原，在石頭上鑿眼，引爆炸藥。當他走上前去拾起被炸碎的石塊時，竟被晃得睜不開眼。那捧在他手中閃閃發光的石塊，來自於世界上最富的錫礦層。第二天凌晨，他騎馬來到瓦努尼（Huanuni）。樣品化驗的結果證實了這些石塊的價值，而且那裡的錫可以直接從礦山運到港口，不需要進行任何濃縮處理。此人於是搖身一變，當上了錫王。當他去世時，《財富》雜誌斷言，他是世界上十位最富有的富豪之一。他的名字就是西蒙·帕蒂尼奧（Simón Patiño）。在很長一段時間裡，他身在歐洲，卻一直左右著玻利維亞總統和部長們的上台與倒台；他有意讓工人挨餓，策劃了屠殺工人的行動；他在各行各業投資，增加了個人的財富。玻利維亞成了為他效勞的國家。

1952 年 4 月爆發英勇的革命鬥爭後，玻利維亞對錫礦實行了國有化。但這時昔日的富礦已變成了貧礦。在帕蒂尼奧當年發現過富礦脈的胡安·德爾瓦耶山裡，錫礦石的成色如今比以前減少了一百二十倍。現在從每月採掘的十五萬六千噸礦石中，只能提煉出四百噸錫。井下的坑道以公里計算，總長度為礦山至拉巴斯市距離的三倍。胡安‧德爾瓦耶山已變成螞蟻窩，裡面有無數坑道、巷道、通道和煙囪縱橫交錯，這座山很快就要變成一個空殼，它的高度每年都要減少一點，緩慢的塌落把山峰逐漸變成空架子。從遠處望去，山峰猶如一個齲齒。

　　幾乎被帕蒂尼奧採掘一空的錫礦收歸國有後，他的兒子安第諾‧帕蒂尼奧（Antenor Patiño）不僅拿到了一大筆賠款，而且把已屬國家所有的錫的價格和命運繼續控制在自己手中。他在歐洲不住地微笑。錫礦實現國有化很多年後，社交專欄仍然認為「帕蒂尼奧先生是笑容可掬的玻利維亞錫王」。（註23）這是因為作為 1952 年革命成果的國有化，並沒有改變玻利維亞在國際分工中的角色。玻利維亞繼續出口錫礦石，幾乎所有錫的提煉仍然是由屬於帕蒂尼奧的威廉斯-哈維公司（William Harvey & Co.）利物浦冶煉廠經營。痛苦的經驗告訴我們，任何一種原料，僅僅將其生產地收歸國有是不夠的。一個國家即使成了其地下資源名義上的主人，仍然可能像從前一樣不掌握支配權。玻利維亞有史以來只出產過錫礦石和精雕細琢的演說。在那裡，華麗的詞藻鋪天蓋地，貧困的景象比比皆是。虛假做作的作家和身著燕尾服的博士從來就是替那些死有餘辜的人開脫罪責。現在十個玻利維亞人中仍有六個是文盲，有一半的兒童沒有上學。直到 1971 年，玻利維亞才有了一家自己的煉錫廠投入生產，這家設在奧魯羅的民族企業是在經歷了一段充滿叛逆、破壞、陰謀和血腥的漫長歷史後才建立起來的。（註24）玻利維亞雖然在此之前一直不能自己生產錫錠，可是，它卻有八個法律系，專門培養敲詐印第安人的吸血鬼。

　　傳說一個世紀前，英國大使因拒絕喝下一碗奇恰酒，獨裁者馬里亞諾‧梅加雷霍（Mariano Melgarejo）就懲罰他，強迫他喝下了整整一大桶巧克力，並讓他倒騎一頭驢，在拉巴斯的主要街道上遊街，最後又把他趕回倫敦。據説維多利亞女王當時勃然大怒，她要人拿來一張南美洲地圖，用粉筆在玻利維亞上打了個叉子，斬釘截鐵地説：「玻利維亞不存在了。」的確，對於這個世界來説，玻利維亞當時不存在，後來也沒有存在過。富國先是把玻利維亞的白銀搶掠一空，後又掠奪錫，這對它們來説不過是在行使其天然的權利。罐頭盒和有鷹的國徽和蘋果餡餅一樣，説到底也是美國的象徵。然而，罐頭盒不僅是美國大眾文化的象徵，**而且也是《二十世紀錫礦》或稱瓦努尼錫礦中矽肺病的象徵，但這一點卻鮮為人知。洋鐵皮是含錫的。玻利維亞礦工去世時肺部全部腐爛，這樣，世界就可以消費低價錫。錫在世界市場上的價格由很少幾個人操縱著**。玻利維亞礦工的艱苦生活對於罐頭消費者或操縱股票交易所的人來説意味著什麼呢？世界上冶煉的錫大部分是由美國人購買的。他們為了把錫價控制在一定範圍內，每隔一段時間就揚言要把大量的礦石存貨投入市場。這些礦石是在第二次世界大戰期間以大大低於市價的所謂「有益於民主」的價格購進的。根據聯合國世界糧農組織資料統計，一般美國公民消費的肉類和奶類是玻利維亞人的五倍，禽蛋消費是二十倍。而玻利維亞礦工的消費又遠遠低於玻利維亞全國低下的平均水準。在卡塔維墓地 (el cementerio de Catavi)，盲人為得到一個硬幣而給死去的人祈禱。在成年人灰暗的墓碑群中，只見數不清的白色十字架豎立在一個個小小的墳墓上，令人慘不忍睹。在礦山出生的孩子，兩個中有一個睜開眼不久就會死去，另一個活下來的長大後肯定要當礦工，而且不到三十五歲肺就會爛掉。

　　卡塔維墓地隨時都有可能坍塌，人們在墳墓下面挖掘了無數條坑道，洞口都很狹小，像兔鼠一樣鑽進去採礦的人只能依次通過。經過多年的堆積，堆廢礦石的空地上出現了新的錫礦層。成堆的廢料一次又一次地傾倒在那裡，形成了灰色的小山。灰色的錫礦石和周圍灰濛濛的景色連成了一片。在亞亞瓜（Llallagua），失業者常常鑽進奇恰酒店借酒澆愁，一醉方休。當滂沱大雨從臨近雲彩上傾瀉下來時，人們又可以看到他們彎著腰，沿著土路邊拾揀那些被雨水沖過來的錫礦石，邊估量它們的品質。在那裡，錫是用洋鐵皮鑄成的上帝，它無所不在，統治著所有人以及一切事物。不僅帕蒂尼奧最初開採的那座山裡有錫，而且就連礦工宿地用土坯砌成的牆上也有錫，這從牆上錫石發出的黑光就可以看出。此外，沖卷礦渣的黃色淤泥含錫，從山上流下的水受到污染，也含有錫。無論是在土地裡還是在石頭裡，在地上還是在地下，也無論是在塞可河（rio seco）河床的沙子裡還是石子裡，都可以找到錫。這海拔近四千公尺的荒涼、多石的土地是一片不毛之地，在那裡，無論什麼東西，顏色都像錫一樣灰暗，連人也不例外。人們頑強地忍受著被迫忍受的飢餓，不知道什麼是過好日子。他們的宿地擁擠不堪，每家只有一間屋子。地面是土的，牆壁有裂縫，凜冽的寒風長驅直入。據一所大學有關科爾基里礦山（la mina de colquiri）的報告披露，被調查過的男性青年，十個中就有六個同姊妹睡在一張床上。報告還寫道：**「許多父母因性交被子女看到而十分惱怒。」**那裡沒有廁所，便池就是一些公用的小棚子，裡面淌滿了糞便，蒼蠅成群。人們寧可到露天的灰堆上解手，那裡雖然垃圾和糞便成堆，豬群成堆地擠來擠去，但至少是通風的。供水設備也是集體使用。等到來水的時候，就要趕快排隊，用汽油罐或水罐從公用水池裡汲水。那裡的人不僅食品不足，而且吃得很差。食品主要有土豆、通心粉、大米、澱粉、玉米面，還有少量的肉乾。

我們下到了胡安・德爾瓦耶山中最深的坑道裡。催促第一班礦工上班的刺耳汽笛聲幾小時前就已在礦工宿地鳴叫。我們走過一條又一條坑道，既經受了熱帶的高溫，也領略到極地的寒冷。我們走了幾個小時，一路上都是有毒的空氣。呼吸著這種濕度很高，又佈滿瓦斯、灰塵和煙霧的惡濁空氣，我才體會到，為什麼礦工在短短的幾年裡就會喪失嗅覺和味覺。所有礦工幹活時都咀嚼帶灰的古柯葉，這樣做也會導致礦工身體狀況惡化。眾所周知，古柯葉可以消除飢餓感和疲勞感，但其後果卻是使人的身體正常運轉所必不可少的警報系統逐漸失靈。然而最糟糕的還是塵埃。工人的安全帽在黑暗的坑道裡發出亮光，小光圈在坑道裡上下飛舞。隨著工人腳步的移動，亮光照出一道道密密麻麻白色的灰塵。這就是無情的矽塵。致命的矽塵一經吸進肺部，就會一點點地吞噬礦工的生命。進礦的第二年，礦工就會感到開始出現症狀，用不了十年，他們就會進入墳墓。礦井裡使用的是瑞典造的最新式風鑽機，然而通風設備和勞動條件卻沒有隨著時間的推移而有所改善。在地面上，那些個體勞動者完全像一百年前一樣，用十字鎬和十二磅重的沉甸甸的石匠錘鑿石頭，用石磨、籮在礦山的平地上篩選礦砂。他們像牲口似的幹活，掙的錢少得可憐。但是，他們中很多人至少有在露天幹活的優越條件。而井下的工人就像是已被判處死刑、將要窒息而死又沒有上訴權的囚徒一樣。

鑿岩機的轟響聲已經停止，工人們放下手裡的活，我們也等著裝在二十多處炮眼裡的雷管和炸藥爆炸。在礦井裡，也常出現人應聲倒斃的現象。把炸藥爆炸的次數數錯、某個導火線燒完的時間超過應有的限度，或者一塊石頭鬆動掉下來砸在頭上，都會致人死地。在機槍的掃射下，人也會應聲倒斃。礦山發生過許多次大屠殺，最近一次是在 1967 年聖胡安日那天夜裡。凌晨時分，士兵們佔領了山崗的要地，他們跪下一條腿，向被節日篝火映紅的工人宿地射去了一梭梭子彈。(註25)然而，在礦山上，死亡一般是緩慢地、不知不覺地到來的。吐血、咳嗽、背上像鉛壓似的有沉重感，嚴重的胸悶，這些都是死之即將來臨的徵兆。體檢確診後，接下來就是永遠也不會完結的官僚公文旅行。患病的礦工必須在三個月的期限內離開他在礦山的住所。

鑿岩機的轟鳴聲已停了下來，再過一會兒，那段滑溜溜、形狀如蛇的咖啡色礦脈就會被炸開。我們利用這段空隙時間說了幾句話。每個礦工嘴裡都含著古柯葉，把腮幫子撐得鼓鼓的，淡綠色的古柯汁順著嘴角流淌。一個礦工從坑道的鐵軌中間匆忙走過，把爛泥踩得四濺。「這是個新來的，」有人告訴我。「看見了嗎？他穿著那條軍褲，配上黃色的毛背心，看上去多麼年輕。這個人剛來不久，幹活很賣勁。他現在還很能幹，**身體還沒感覺到呢。**」

那些技術官僚和行政官僚不會死於矽肺病，但他們要靠矽肺病為生。玻利維亞礦業公司總經理掙的工資比礦工多一百倍。在亞亞瓜地區的邊上有一條河，從河邊那座向河中央傾斜的陡峭懸崖上，可以看到瑪利亞·芭爾索拉大草原 (la Pampas de María Barzola)。這個草原以此命名，是為了紀念三十年前犧牲的一位工人女戰士。在一次示威活動中，她舉著玻利維亞國旗走在隊伍前列，遭到機槍的掃射。子彈像針一樣把旗子縫在了她的身上。在瑪利亞·芭爾索拉大草原的另一邊，可以看到全玻利維亞最好的高爾夫球場，這個球場是供卡塔維礦上的工程師和主要的行政人員享用的。獨裁者雷內·巴里恩托斯 1964 年曾把礦工不足以維持生計的工資又減少了一半，同時給地位顯赫的技術和行政人員增加了報酬。至於最高層的技術行政人員的工資，那是保密的。不僅保密，而且是以美元支付。礦上有一個諮詢小組，享有無限權力，成員都是來自泛美開發銀行、爭取進步聯盟和外國債權銀行的技術人員。玻利維亞要根據他們的建議去經營已實現國有化的礦山。玻利維亞礦業公司已成為國中之國，它今天這種狀況對於任何部門實現國有化都起到了活的反面教材的作用。老寡頭集團的權力已被成員眾多的「新階級」的權力所取代，這個新階級把主要精力用於從內部破壞國家的礦業生產。那些工程師不僅給建立國家冶煉廠的所有方案和計劃的實施設置障礙，而且還千方百計地把國有礦山限制在帕蒂尼奧、阿拉馬約和霍赫希爾德開採過的那些老礦床的範圍，這些老礦床的存儲量已即將枯竭。1964 年底至 1969 年 4 月間，巴里恩托斯將軍把玻利維亞的地下資源拱手讓給了帝國主義資本集團，這一行為得到了所有技術人員和經理的公開支持。塞爾希奧·阿爾馬拉斯在他的一本書中，講述了把廢錫礦石讓給國際礦產加工公司的來龍去脈。（註 26）這家名聲顯赫的公司公佈的資產只有五千美元，但簽訂的租讓合約卻使它賺取九億多美元。

齧噬巴西的鐵齒

美國從巴西或委內瑞拉進口的鐵礦砂比在本國開採的還要便宜，但是美國拚命佔領他國鐵礦的主要原因還不在這裡。搶佔或控制國境線以外的鐵礦與其說是為做生意，莫若說是國家安全使然。美國的地下資源即將枯竭，這是有目共睹的。沒有鐵砂，就無法煉鋼，而美國 85% 的工業品都或多或少地含有鋼。1969 年，加拿大一減少供給美國的鐵砂，美國就馬上增加了從拉美的進口。

委內瑞拉玻利瓦爾山（el Cerro Bolivar）上的鐵砂品質很高，美國鋼鐵公司把從那裡採掘出來的鐵砂直接裝進輪船的貨艙，運往美國。山的兩側可以看到推土機挖出的大深坑。按照美國鋼鐵公司的估算，這裡蘊藏著價值近八十億美元的鐵礦。僅 1960 年一年，美國鋼鐵公司和伯利恆鋼鐵公司分得的利潤就占它們在委內瑞拉鐵礦業投資額的 30% 多，這一年分下去的紅利又相當於 1950 年以後十年中公司向委內瑞拉國庫繳納稅款的總額。（註 27）這兩家公司因為是把鐵砂賣給它們自己在美國的煉鋼廠，所以對保護鐵砂的價格沒有絲毫的興趣，而且這種原料越便宜，對它們越有利。國際市場的鐵砂價格 1958 至 1964 年間直線下跌，此後幾年相對穩定，目前仍處於穩定狀態。與此同時，鋼材的價格卻不斷上漲。**鋼是由世界上富有的中心國家冶煉的，而鐵礦砂是在貧窮的邊緣國家裡開採出來的；煉鋼廠支付的工資培養出「工人貴族」，而鐵礦上的日工資僅夠維持生存。**

大約在 1910 年在斯德哥爾摩召開的國際地質學大會收集並散發了一些資料。美國商人通過這些資料才第一次瞭解到，一些國家的地下寶藏是何等的豐富，其中對他們最有誘惑力的國家，恐怕要數巴西。很多年後，也就是在 1948 年，美國駐巴西使館增設了一個新的職務，即**礦業參贊**。從一開始，礦業參贊的工作量同武官或文化參贊的工作量至少是持平的。結果，使館很快就任命了兩個礦業參贊。（註 28）不久後，伯利恆鋼鐵公司從杜特拉政府那裡得到了品質很高的阿馬帕錳礦。1952 年，巴西同美國簽署了一項軍事條約，該條約禁止巴西把像鐵礦砂這樣具有戰略價值的原料賣給社會主義國家。這也是赫圖利奧·瓦加斯總統不幸倒台的一個原因，他違反了條約強加給巴西的禁令，在 1953 至 1954 年間，把鐵礦砂賣給了波蘭和捷克斯洛伐克，價格比美國所支付的要高。1957 年，漢納礦業公司用六百萬美元買下了英國聖約翰礦業公司的大部分股票。聖約翰公司早在巴西帝國時代就開採米納斯吉拉斯的黃金，開採的範圍是帕拉奧貝瓦山谷 (el valle de Paraopeba)，那裡鐵礦的儲藏量占世界第一位，估價為兩千億美元。按照佩雷拉在其有關著作中列舉的憲法和法律的明確規定，這家英國公司根本不具備合法的權利來開發這筆巨大的財富，漢納礦業公司也不會具備這種權利。但是，人們事後才瞭解到，當時進行了本世紀最大的一筆交易。

漢納礦業公司董事長喬治·漢弗萊 (George Humphrey) 當時也是美國政府的要員，擔任財政部長和進出口銀行行長，這是個國家銀行，負責資助外貿活動。聖約翰公司曾向美國進出口銀行申請貸款，但直到漢納礦業公司佔有它後，它才得到這筆借款。從那以後，巴西歷屆政府都受到了極大壓力。漢納礦業公司的董事、律師或顧問，如盧卡斯·洛佩斯 (Lucas Lopes)、何塞·佩德雷伊拉 (José Luiz Bulhões Pedreira)、羅伯托·坎波斯 (Roberto Campos)、馬里奧·平托 (Mário de Silva Pinto)、奧塔維奧·德布良斯 (Otávio Gouveia de Bulhões) 等人，當時都是巴西政府最高層的官員，在後來幾屆政府中，他們繼續擔任部長、人使或局長的職務，漢納礦業公司參謀部的成員都選得很合適。美國日益加緊對巴西的進攻，以迫使巴西承認漢納礦業公司有權開採嚴格來講是屬於巴西國家的鐵礦。1961 年 8 月 21 日，雅尼奧·奎德羅斯總統簽署一項法令，取消了以前非法授予漢納礦業公司的權利，把米納斯吉拉斯鐵礦收歸國有。四天之後，幾個擔任部長的軍人逼迫誇德羅斯辭職。他在辭呈上寫道：「起來反對我的是一股可怕的力量……」

萊昂內爾·布里佐拉 (Leonel Brizola) 在阿萊格雷港 (Porto Alegre) 領導人民起義，挫敗了軍人政變的企圖，把奎德羅斯時期的副總統若昂·古拉特推上了總統的寶座。1962 年 7 月，巴西一位部長下令實施那項向漢納礦業公司關死大門的法令 (這個法令登在《官方日報》上時曾被刪節)，美國大使林肯·戈登 (Lincoln Gordon) 於是致電古拉特，強烈抗議巴西政府要危害美國企業利益的企圖。巴西司法機構確認奎德羅斯 1961 年簽署的法令依然有效，但古拉特仍躊躇不決。與此同時，巴西著手在亞得里亞 (Adriatico) 海上修建一座礦石轉運港，以便向幾個歐洲的社會主義和資本主義國家運送鐵礦砂。巴西直接銷售鐵礦砂，這對於那些操縱全世界價格的大企業來說是一種不能忍受的挑戰。轉運港一直沒有成為現實，但巴西採取了其他一些民族主義性質的措施，如阻止外國企業利潤外流，這些都成為政治局勢爆炸的導火索。奎德羅斯簽署的那項法令猶如達摩克里斯劍仍然懸掛在漢納鋼鐵公司的頭頂上。政變終於在 1964 年 3 月的最後一天在米納斯吉拉斯爆發，雙方爭執不下的鐵礦也恰巧就在那裡。「對於漢納鋼鐵公司來說，」《財富》雜誌寫道，「去年春季推翻古拉特的騷亂是第一騎兵團在公司瀕臨絕境時向它伸出的救援之手。」（註29）

以後，為漢納礦業公司服務的人佔據了巴西副總統和三個部長的職位。軍事政變的當天，《華盛頓明星報》就發表了一篇至少是帶有某種預言性的社論，其中寫道：「巴西目前形勢可以證明，保守的軍事首腦發動老式的、好的而有效的軍事政變，完全可以為所有美洲國家最崇高的利益服務。」（註30）在古拉特尚未辭去總統職務、人還沒有離開巴西之前，林登·詹森就已按捺不住。他給臨時擔任總統的巴西議長發去一份祝他好運的電報。電文寫道：「看到你們偉大國家遇到政治和經濟困難，美國人民焦慮萬分。巴西人民堅持在不破壞憲制和民主、不發動內戰的前提下克服困難，這種堅強的意志令人深感欽佩。」（註31）政變剛過一個月零幾天，一直欣喜若狂地進出於各個兵營的美國大使林肯·戈登，就在高級戰事學校發表了一次演說，聲稱卡斯特略·布朗庫領導的成功的謀反，「完全可以和提出馬歇爾計劃、封鎖柏林、擊退共產主義在南朝鮮的進犯和解決古巴導彈危機一樣，作為二十世紀中葉世界歷史上一次重要的轉機而載入史冊。」（註32）政變發生前不久，美國使館一位軍職人員曾主動向謀反者許諾提供物質援助。（註33）戈登本人也曾向謀反者提示：如果他們建立一個能在聖保羅維持兩天時間的自治政府，美國就會予以承認。（註34）美國的經援（我們下面還要談到），或者說美國給予軍隊和工會的援助，對左右巴西事態的發展和結束起了重要作用，這方面的例證無須贅述。（註35）

以卡斯特略·布朗庫為首的獨裁政權上台開始，就把杜思妥也夫斯基、托爾斯泰、高爾基這些俄國作家的著作付之一炬，或扔進瓜納巴拉海灣（La bahía de Guanabara）；並把無數巴西人放逐國外，投入監獄或送進墳墓。這些事做到不願再做之後，就開始把鐵礦及巴西的一切都拱手交給外國。1964年12月24日那一天，漢納礦業公司得到了它所企望的法令。這個聖誕節禮品不僅向該公司提供了平安開發帕拉奧貝瓦鐵礦所需要的一切保障，而且還支持該公司在離里約熱內盧六十海里處擴建一座自己的港口和鋪設一條鐵路運輸鐵礦砂的計劃。1965年10月，漢納礦業公司同伯恆利鋼鐵公司組成康采恩聯合企業（財團），共同開發巴西租讓的鐵礦。這一類的結合在巴西司空見慣，在美國卻不能辦理正式手續，因為美國的法律是禁止這種結合的。（註36）不知疲倦的林肯·戈登完成了他的任務，眾人皆大歡喜。好戲演完了，他就到巴爾的摩當大學校長去了。1966年4月，詹森經過幾個月的猶豫，終於決定派約翰·塔特希爾（John Tuthill）去接替戈登的工作。他解釋說，之所以耽擱了一些時間，是因為需要派一位傑出的經濟學家去巴西。

美國鋼鐵公司並不甘居落後。憑什麼不邀請它也去參加晚宴？沒過多久，它就同巴西一家名叫淡水河谷公司的國營採礦企業進行聯合，而這個名稱也就基本上變成了它的正式代號。兩家企業聯合起來後，美國鋼鐵公司又表示同意它擁有的股票只佔49%，於是巴西便把亞馬遜地區卡拉哈斯山的鐵礦租讓給了它。技術人員斷言，即使和漢納—伯恆利鋼鐵公司在米納斯吉拉斯經營的那座世界最好的鐵礦相比，這座礦山的規模也毫不遜色。巴西政府這次又像以往一樣辯解說，巴西資本不夠，無法只靠自己的力量去開採鐵礦。

石油、詛咒和業績

石油和天然氣不僅是當代世界運轉所必需的主要燃料，而且也是化學工業愈來愈重要的原料和軍事活動頭等重要的戰略材料。對於外國資本集團來說，其他任何一種磁鐵都不具有「黑金」那種吸引力，世界上也沒有其他的營生可以給他們帶來如此多的巨額利潤。石油開採在整個資本主義體系中的壟斷程度是最高的。大石油公司在全世界範圍內所行使的政治權力，其他任何企業都無法企及。美孚石油公司和殼牌石油公司可以把某個人扶上國王或總統的寶座，或把他拉下來；它們資助宮廷謀反和軍事政變，擁有無數的將軍、部長和密探為他們服務；它們可以左右任何一個地區和任何一個民族戰爭與和平的進程。美國紐澤西美孚石油公司是資本主義世界中規模最大的工業企業。除美國企業外，實力最雄厚的工業企業當數英荷殼牌石油公司。它們的分公司把原油賣給自己的附屬煉油廠，煉油廠提煉之後再把各種燃料賣給各自的經銷公司。血液轉了一圈，也沒有離開石油卡特爾自己內部的循環軌道（指企業聯合壟斷市場）。此外，世界七大海域中的輸油管道和大部分油船也都歸這家石油卡特爾所有。它操縱世界的油價，讓自己少付稅款，多得利潤，結果原油價格的提高總是落在石油副產品價格的後面。

石油的狀況和咖啡或肉類的狀況毫無二致。富國因費神消費石油而賺的錢比窮國生產石油賺來的錢要多得多。兩者之間的差距是十比一。一桶石油提煉的副產品值十一美元，但出口這種世界最重要原料的國家透過徵

收營業稅和開採費只能從中得到一美元。 石油公司總公司所在的發達地區國家卻可以賺到十美元，這其中包括它們自己的關稅和比產油國高八倍的營業稅，以及由大公司壟斷的石油運輸、提煉、加工及銷售的成本和利潤。（註37）

美國產的石油價格很高，美國石油工人的工資相對來說也很高。然而委內瑞拉和中東石油的價格自 1957 年起卻不斷下降，整個六〇年代也一直如此。例如，委內瑞拉的石油 1957 年平均每桶價值二點六五美元，可在我寫這一章時，也就是在 1970 年底，每桶價錢只有一點八六美元。拉斐爾‧卡爾德拉（Rafael Caldera）政府宣佈要單方面大幅度提高油價。可是，根據評論家們掌握的數字，新價格雖然可能會引發一場軒然大波，但無論如何不會達到 1957 年的水準。美國是世界主要產油國，同時也是主要的石油進口國。有一個時期，石油公司銷售的大部分原油是從美國本土開採的，那時油價一直很高。第二次世界大戰期間，美國變成石油純進口國。石油卡特爾於是採取了一項新的價格政策，致使石油價格不斷下跌：**「市場規律」被奇怪地顛倒過來**：隨著工廠、汽車和發電廠成倍地增加，**世界的石油需求量在不斷增長，可是，石油價格卻一再下跌。** 出現的另外一個悖論是，**雖然石油價格在下跌，消費者購買燃料的價格卻普遍上漲。** 原油與石油副產品的價格之間存在著巨大的差距。這一系列荒謬的現象其實完全是理性的產物，人們毋需求助於超自然的力量，便可理解其中道理。

如上所述，資本主義世界的石油買賣完全掌握在一家無所不能的石油卡特爾手中。1928 年，紐澤西美孚石油公司、殼牌石油公司、盎格魯-伊朗石油公司（如今改稱英國石油公司）在蘇格蘭北部一座雲霧繚繞的城堡裡，達成了瓜分世界的協議，建立了這家卡特爾。隨後，紐約美孚石油公司、加利福尼亞美孚石油公司和德士古(Texaco)石油公司也陸續加入到這家卡特爾的領導核心中。（註38）洛克斐勒於1870年建立美孚石油公司，1911年因美國實行反對托拉斯的休曼法(the Sherman Act，制定於1890年)，這家公司分解成三十五個大小各異的公司。目前在這個姐妹眾多的美孚大家庭中，大姐當屬紐澤西美孚石油公司。這家公司的石油銷售額同紐約及加利福尼亞美孚石油公司的加在一起，占石油卡特爾目前總銷售額的一半。洛克斐勒集團的石油公司規模極為龐大，美國全國各類企業從世界各地攫取的利潤總額中，它們的竟佔到三分之一。紐澤西美孚石油公司是典型的多國公司，它的大部分利潤來自於美國以外的國家。它從拉丁美洲攫取的利潤超過它在美國和加拿大利潤的總和。在這些布拉沃河以南的國家裡，它的利潤率要高出三倍。（註39）**紐澤西美孚石油公司設在委內瑞拉的子公司1957年賺取的利潤，占該公司當年在各地所得利潤總額的一半以上。殼牌石油公司設在委內瑞拉的子公司同一年賺取的利潤，也占該公司在全世界所得利潤總額的一半。**（註40）

這些多國公司並不歸它們經營石油的所在國所有。稱它們為多國公司，簡單地說，是指它們從四面八方為資本主義體系的權力中心攫取大量的石油和美元。它們根本不需要輸出資本，就可以擴大在海外的經營。因為它們從窮國攫取的利潤不僅直接流到主要剪息票者居住的少數幾個城市，而且也有一部分用來再投資，以鞏固和擴大其國際經營網絡。石油卡特爾本身的結構意味著要控制眾多的國家並對其政府進行滲透。在那些為它效勞的國家裡，石油腐蝕了總統或獨裁者的靈魂，加重了結構的畸形發展。石油卡特爾設在各國的企業有權拿鉛筆在地圖上勾畫，決定哪些地區的石油要開採，哪些地區的要保留。生產者出售石油的價格以及消費者購買石油的價格，也都由他們來決定。委內瑞拉和其他蘊藏石油的拉美國家一直受到外國有組織的搶劫和掠奪，石油這種天然財富成了他們政治上受奴役和世風日下的主要緣由。在這段漫長的歷史中，石油既造福於人，也帶來了不幸；既引發了卑鄙行為，也提出了挑戰。

古巴也曾以其他方式向紐澤西美孚石油公司提供豐富的利潤。該公司向它在委內瑞拉的子公司克里奧爾石油公司 (Creole Petroleum Co.) 購買原油，在古巴島提煉和出售，價格完全是根據各個時期的情況，看如何對它最有利來決定的。1959 年 10 月，正當古巴革命事業蓬勃向前發展時，美國國務院向哈瓦那發出一份正式照會，對美國在古巴投資的前途表示擔憂。當時，來自北部的「海盜」飛機已開始對古巴狂轟濫炸，兩國關係已趨緊張。1960 年 1 月，艾森豪威爾宣佈減少古巴糖的配額。同年 2 月，卡斯楚同前蘇聯簽訂了一項貿易協定。根據協定，古巴能以對它有利的價格用蔗糖同前蘇聯交換石油和其他產品。可是，紐澤西、殼牌和德士古的煉油廠拒絕提煉前蘇聯的石油。於是，古巴政府在七月份接管了這些煉油廠，把它們收歸國有，而且沒付任何賠償費。在紐澤西美孚石油公司的率領下，這些企業開始對古巴實行封鎖。它們不僅拉走了技術熟練人員，而且禁止把機器的關鍵零配件賣給古巴，禁止為古巴運送貨物。這場衝突對古巴來說是一次事關國家主權的考驗，古巴勝利地經受了考驗。（註 41）從此以後，它不再是美國國旗群星中的一顆星，也不再是美孚石油公司這個世界齒輪中的一個零件。

二十年以前，紐澤西美孚石油公司和皇家荷蘭殼牌石油公司也曾頒布命令，對墨西哥實行國際禁運。1939 至 1942 年間，石油卡特爾下令封鎖了墨西哥的石油出口，以及為了開採和提煉石油而需要進口的物資，原因是拉薩羅‧卡德納斯 (Lázaro Cárdenas) 總統對它們在墨西哥的企業實行了國有化。納爾遜‧洛克斐勒 1930 年畢業於經濟學專業，他在畢業論文中讚譽美孚石油公司的功績。當時他飛到墨西哥，準備通過談判達成一項協議，可是卡德納斯沒有退縮。美孚和殼牌石油公司以前曾瓜分了墨西哥，北部歸美孚所有，南部歸殼牌統轄。在此期間，它們不僅不接受最高法院的決議，拒不執行墨西哥勞工法，而且以極快速度把有名的法哈德奧羅（Faja de Oro）的石油開採一空。它們還強迫墨西哥人以高價購買本國的石油，其價格就高於把同樣的石油賣給美國和歐洲的價格。（註42）在出口熱的驅使下，許多本來可以再開採三十年或四十年的油井，在短短幾個月時間裡就被粗暴地開採一空。奧康納寫道：「它們奪走了墨西哥儲藏量最豐富的油礦，留給它的只是一些設備陳舊的煉油廠、乾枯的油井、坦皮科市的貧困景象以及痛苦的回憶。」在不到二十年的時間裡，石油產量就減少到原有的五分之一。當時，墨西哥的石油工業已搖搖欲墜，而且完全是在為外國的需要服務。石油工人只有一萬四千三百人，技術人員全部走光，連交通工具都不翼而飛。卡德納斯把恢復石油工業作為墨西哥民族的一項偉大事業，他靠想像力和膽略戰勝了危機。1938年，他建立了墨西哥石油公司，負責全國的石油開採和銷售。目前，在拉美所有非外國企業中，這家公司的規模首屈一指。埃爾索格說得很對：「墨西哥不是那些海盜公司的債務人，而是正正當當的債權人。」（註43）然而，儘管如此，墨西哥政府在1947年至1962年間，還是用墨西哥石油公司的利潤向美孚和殼牌公司的企業償付了巨額賠款。1949年，美國曾計劃借貸給墨西哥石油公司，但因美孚石油公司從中作梗而未能成功。很多年之後，儘管墨西哥慷慨的賠償已彌補了過去的裂痕，可是在墨西哥石油公司向泛美開發銀行借款時，又出現了類似1949年的情況。

在拉丁美洲，第一個建立國營煉油廠的國家是烏拉圭。烏拉圭全國燃料酒精波特蘭水泥管理局成立於1931年，主要職能是提煉和銷售原油。

建立這個管理局是烏拉圭從民族的立場出發，為結束石油卡特爾在拉普拉塔河流域長期肆意橫行的歷史而採取的行動。在建立煉油廠的同時，烏拉圭政府還同前蘇聯簽訂合約，以便從前蘇聯購進便宜的石油。合約剛一簽署，石油卡特爾就馬上出錢發動了一場瘋狂詆毀烏拉圭國營煉油廠的宣傳運動，並開始對烏拉圭進行敲詐和威脅。他們斷言烏拉圭不會找到能賣給它機器的人，說烏拉圭的石油儲備將枯竭；還說什麼烏拉圭政府是個糟糕透頂的管理者，不可能勝任如此複雜的石油生意。1933 年 3 月的宮廷政變散發出某種石油的氣味。加夫列爾·特拉 (Gabriel Terra) 獨裁政權廢除了全國燃料酒精波特蘭水泥管理局壟斷燃料進口的權利。1938 年 1 月，他又與石油卡特爾簽署秘密協議，這些萬惡不赦的、至今還仍然有效的協議竟向人民隱瞞了四分之一世紀之久。根據協議規定，在烏拉圭購買的原油中必須有 40% 是由美孚、殼牌、大西洋和德士古石油公司指定買主，由石油卡特爾制定價格，烏拉圭無權自找買主。此外，烏拉圭政府雖然可以保留煉油的壟斷權，但必須支付外國煉油廠的一切費用，包括廣告費、優厚的薪水及為辦公室購買豪華傢俱的費用。（註44）「這就是進步」，電視裡的廣告唱道。在烏拉圭，石油廣告鋪天蓋地，美孚石油公司卻沒有為此掏一分錢。烏拉圭共和國銀行的律師也同時負責美孚石油公司的公共關係，他的兩份工資均由烏拉圭政府支付。

1939 年前後，全國燃料酒精波特蘭水泥管理局下屬的煉油廠成功地建起了自己的廢氣燃燒裝置。如前所述，這家煉油廠建成後不久就遭到嚴重破壞，可它仍不失為成功抵制石油卡特爾壓力的典範。巴西全國石油委員會主席奧爾塔·巴爾博扎 (Horta Barbosa) 將軍去了蒙德維多一趟，那裡的經驗使他感到異常振奮，他看到烏拉圭這家煉油廠開工一年就幾乎收回了建廠的全部投資。在巴爾博扎將軍的努力和其他民族主義軍人的熱心協助下，巴西石油公司這家國營企業終於於 1953 年在「石油是我們的」的歡呼聲中投入生產。目前，巴西石油公司是該國最大的企業，經營本國的石油勘探、開採和提煉。**(註45)** 可是，這家公司建立後也沒能免遭破壞，石油卡特爾奪走了它獲取利潤的兩大源泉。第一大源泉是經營汽油、潤滑油、煤油和其他幾種石油副產品的批發，這種生意十分好做，埃索、殼牌和大西洋石油公司靠打電話就基本可以解決問題。可它帶來的利潤卻十分可觀，除汽車工業外，美國在巴西投資最多的就屬於這個部門。第二大源泉是可創造高額利潤的石油化工工業。幾年前，以卡斯特略‧布朗庫元帥為首的獨裁政權對其實行了非國有化。前不久，石油卡特爾又掀起一場喧囂一時的宣傳運動，意在剝奪巴西石油公司壟斷本國石油提煉的權利。**(註46)** 這家公司的捍衛者站出來提醒人們，1953 年以前，巴西的私人企業本是有權利從事巴西石油的開採和提煉的，但它們沒有這樣去做。這些捍衛者還極力幫助容易忘事的公眾回想過去的一件事，以充分說明實行國家壟斷的作法是可取的。1960 年 11 月，巴西石油公司確實委託了兩名巴西技術人員，讓他們組織人力對巴西的石油礦藏做一次全面考察。他們的考察報告使巴西東北部小小的塞爾希培州 (Sergipe) 一躍而成為巴西石油產量最高的一個州。可是在此之前不久，也就是在 8 月，紐澤西美孚石油公司的首席地質學家、美國技術員沃爾特‧林克 (Walter Link) 曾以五十萬美元的價錢賣給巴西政府一堆地圖和一份冗長的報告，報告稱塞爾希培州的油層「薄得幾乎看不見」。在這之前，人們認為這個州的石油儲量是 B 級，林克把它降到 C 級，後來才發現它屬 A 級。**(註47)** 奧康納認為，林克一直在扮演美孚石油公司駐巴西代理人的角色，他勘探前就已決定不找到石油，好讓巴西繼續依靠洛克斐勒在委內瑞拉的子公司，從那裡進口石油。

在阿根廷，外國企業及其在當地的眾多應聲蟲也一直堅持說，這個國家沒有多少石油。然而阿根廷國家石油總局技術人員的研究報告十分有把握地指出，全國近一半的領土蘊藏著石油，而且在大西洋沿海一帶廣闊的海底大陸架中，石油蘊藏量也很豐富。每當談論阿根廷的貧油狀況成為人們掛在嘴邊的時髦話題時，政府都會同石油卡特爾的一家公司簽訂一項新的租讓合約。阿根廷的國營企業國家石油總局自成立之日到現在，一直不斷受到有系統的破壞。直到幾年前，阿根廷還是帝國主義爭奪的最後歷史陣地之一，爭奪是在日趨沒落、已無回天之力的英國和蒸蒸日上的美國之間進行。石油卡特爾內部的協議並沒有妨礙殼牌石油公司和美孚石油公司爭奪阿根廷的石油，它們有時還使用暴力的手段。近四十年來接連發生的幾次政變頗有一些相似之處，這是發人深省的。1930 年 9 月 6 日，正當阿根廷國會準備投票通過石油國有化法時，具有民族主義傾向的考迪略伊‧伊里戈延 (Hipólito Yrigoyen) 總統被何塞‧烏里武魯 (José Félix Uriburu) 領導的政變推翻。1943 年 6 月，拉蒙‧卡斯蒂略 (Ramón Castillo) 政府倒台也是在它準備簽署一項協議，推動美國資本參與阿根廷石油開採時發生的。1955 年 9 月，胡安‧裴隆流亡國外，這事與國會準備批准向加利福尼亞石油公司租讓油田不無關聯。阿圖羅‧弗朗迪西 (Arturo Frondizi) 宣佈阿根廷所有石油礦藏實行招標開採，號召願意開採石油的企業進行投標。他的這種作法導致軍界三個兵種內幾次爆發極為嚴重的危機。1959 年 8 月，政府宣佈尚未有人投標。於是馬上就有公司投了標。可到了 1960 年 10 月，投標的事卻不了了之了。弗朗迪西把好幾塊油田還是租讓給了石油卡特爾的美國公司。英國利益集團在阿根廷海軍以及陸軍的「紅黨」派別中有著決定一切的權力，它們與弗朗迪西 1962 年 3 月的倒台不無關聯。阿圖羅‧伊利亞 (Arturo lllia) 宣佈廢除上屆政府的租約，於是在 1966 年被推翻。翌年，胡安‧翁加尼亞 (Juan Carlos

Ongania) 頒布了一項有利於美國利益集團與英國競爭的石油法。

石油在拉丁美洲不僅引起了政變，而且招致了一場戰爭。這就是南美兩個最窮的國家之間進行的查科戰爭 (1932—1935)。雷內·薩瓦萊塔 (René Zavaleta) 把玻利維亞與巴拉圭之間的這場相互殘殺稱為「裸體士兵的戰爭」。（註48）1934 年 5 月 30 日，路易斯安那州的參議員休伊·朗發表了一個措詞激烈的演說，震動了整個美國。他在演說中揭露說，是紐澤西美孚石油公司挑起的這場戰爭，他們資助玻利維亞軍隊打仗，為的是假他人之手，佔領巴拉圭的查科地區。因為從玻利維亞鋪設一條到巴拉圭河的輸油管道，查科地區是必經之地，而且據估計這個地區的石油蘊藏量也很豐富。朗說：「這些罪犯到了那裡，雇了刺客為他們賣命。」（註49）在巴拉圭一邊，人們在殼牌石油公司的唆使下，也在向屠宰場挺進。士兵在向北挺進的路上，發現在有爭議的地區內有美孚石油公司打的油井。原來這是兩家既是對頭，又同屬石油卡特爾的石油公司在爭奪查科地區，但流血的不是它們。巴拉圭最後打贏了戰爭，可失去了和平。美孚石油公司有名的代理人斯普魯伊爾·布魯登 (Spruille Braden) 擔任了談判委員主席，這個委員會把巴拉圭要求收回的幾千平方公里土地又劃歸玻利維亞和洛克斐勒所有。

在離那場戰爭最後的戰場不遠的地方，人們可以看到以前由梅隆 (Mellon) 家族的海灣石油公司所霸佔、1969 年 10 月被玻利維亞收歸國有的那些油井和大面積的天然氣油田。阿爾弗雷多·奧萬多 (Alfredo Ovando) 將軍在克馬多宮 (Palacio Quemado) 的陽台上宣佈實行國有化時高呼：「玻利維亞人受屈辱的時代結束了！」十五天以前，在奧萬多還沒有取得政權時，他就當著一批有民族主義傾向的知識分子發誓，要把海灣石油公司收歸國有。他起草了一個法令，簽上名但沒有寫日期，然後塞到一個信封裡放了起來。在此之前五個月，雷內‧巴里恩托斯將軍乘坐的直升機因在卡納車德爾阿克（Cañadón del Arque）撞上了電訊電纜而墜毀。這種安排得如此周密的謀殺，人們是不可能憑想像力杜撰出來的。那架直升機是海灣石油公司送給巴里恩托斯的私人禮物，而電訊設施是屬於國家所有，這是眾所皆知的。和巴里恩托一道被大火吞噬的，還有滿滿的兩袋鈔票，這是他準備一張張地散發給農民。隨機還帶有幾枝自動步槍，槍一著火，子彈就自動地射在燃燒著的飛機四周。誰也無法靠近，只得眼睜睜地看著巴里恩托斯獨裁者被大火活活燒死。

奧萬多頒布了石油國有化法，還宣佈廢除了石油法。石油法也稱達文波特法（Código Davenport），是紀念用英文起草這部法令的達文波特律師。1956年為了起草這部法令，玻利維亞從美國得到了一筆借款。在此之前，玻利維亞也曾向美國進出口銀行、紐約私人銀行和世界銀行請求過貸款，但因是用來發展國家的石油企業，即玻利維亞國家石油總局，這些要求一直遭到拒絕。美國政府總是把美國私人石油公司的事業作為自己的事情來做。（註50）當時，根據前述那部石油法，玻利維亞把全國石油儲量最豐富的幾個油田租讓給了海灣石油公司，租期為四十年。石油法還規定了該公司的企業向玻利維亞政府上繳利潤的比例。在很長時間裡，這個比例一直是11%，真是少得可憐。此外，玻利維亞政府還要分擔承讓者的費用，可它又沒有權利控制海灣石油公司的花費。贈送禮物方面走到了極端：一切風險都要玻利維亞國家石油總局來承擔，海灣石油公司不承擔任何風險。在巴里恩托斯獨裁統治時期，海灣石油公司1966年底簽署的一份意願書就確實作了這樣的規定：在海灣石油公司和玻利維亞國家石油總局共同開發一個地區的過程中，如果沒找到石油，海灣石油公司也要收回它在勘探上的全部投資；如果找到了石油，勘探的投資就通過以後開採石油收回，不過這筆費用從一開始就要記到玻利維亞國家石油總局的負債表上。而勘探需要多少費用，要由海灣石油公司根據它的判斷來決定。（註51）就在這份意願書中，海灣石油公司還恬不知恥地把從來沒有租讓給它的天然氣油田全說成是自己的財產。玻利維亞的天然氣儲藏量要比石油多得多。巴里恩托斯將軍對該公司的做法只作了個滿不在乎的表示，可這就足夠了。他揮了揮手就決定了玻利維亞主要能源資源的命運。可是戲並沒有就此收場。

阿爾弗雷多·奧萬多將軍在玻利維亞徵收海灣石油公司財產的前一年，另一位民族主義將軍，秘魯的貝拉斯科·阿爾瓦拉多已經把紐澤西美孚石油公司在秘魯的子公司國際石油公司的油礦和煉油廠收歸國有。貝拉斯科是在一樁政治大醜聞引起的公憤達到極點時，率領一個軍事委員會奪取政權的。醜聞的起因是，貝朗德政府把它同國際石油公司簽訂的塔拉拉協議 (Convenio de Talara) 的最末一頁丟失了。在這神秘消失的第十一頁上，寫著這家美國公司煉油廠保證購買秘魯原油時的最低價格，但引起醜聞的還不僅僅是這些。有人同時透露，美孚石油公司這家子公司在五十年的時間裡，以逃避包括開發稅在內的各種稅收的方式以及其他多種形式的舞弊和賄賂，從秘魯方面詐騙了十億多美元。國際石油公司董事長同貝朗德總統會晤了六十次，雙方才同意簽訂了塔拉拉協議，可是協議又促發了貝拉斯科·阿爾瓦拉多領導的軍人起義。在此後兩年的時間裡，秘魯政府同該公司的談判談談停停，在此期間，美國國務院停止了對秘魯一切形式的援助。（註52）實際上，美國已沒有時間再恢復對秘魯的援助，因為貝朗德總統在威逼之下所做的讓步已經決定了他的命運。洛克斐勒公司就國有化一事向秘魯法院提出抗議時，人們向該公司律師的臉上猛擲小錢幣。

拉丁美洲的驚人之舉真是層出不窮。這個備受折磨的地區有著無限的驚世駭俗的能力。在安地斯山地區，軍人的民族主義熱忱像長期休眠的火山爆發一樣又重新迸發出來。有這樣一種矛盾的現象：今天實行改革和愛國主義的那些將領，就在不久前還在屠殺游擊隊員。也就是說，那些捐軀者手中的旗幟，其中有很多又被他們的戰勝者重新擎起。秘魯的軍人 1965 年曾向一些游擊隊活動的地區投下大量的凝固汽油彈，而向他們提供汽油和先進技術，讓他們在利馬附近的拉斯帕爾馬斯空軍基地製造這些炸彈的，正是紐澤西美孚石油公司的子公司，國際石油公司。（註 53）

馬拉開波湖已被巨大的金屬兀鷲吞噬

委內瑞拉石油在世界市場的比重雖然在六〇年代中期有所減少，但到 1970 年，委內瑞拉仍是世界最大的石油出口國。美國資本集團從整個拉美攫取的利潤中，有近一半來自委內瑞拉。委內瑞拉是世界上最富有的國家之一，但同時也是窮人最多、暴力活動最猖獗的國家之一。它的人均收入在拉美佔第一位，有四通八達的超現代化公路網。以人均計算，委內瑞拉消費的蘇格蘭威士忌超過任何一個國家，可供近期開發的石油、天然氣和鐵礦寶藏可給每個委內瑞拉人帶來十倍於現在的財富。它那廣袤千里的處女地可以容納下德國或英國的全部人口。半個世紀以來，委內瑞拉從開採石油得到了十分可觀的收入，其數量之大，相當於馬歇爾計劃為歐洲復興提供的資金的兩倍。從第一口油井噴出石油到現在，委內瑞拉人口增長了兩倍，國家預算增加到原來的一百倍。可是，還有相當一部分老百姓整天為吃到一小撮統治者的殘羹剩飯爭來搶去。與過去委內瑞拉依賴可可和咖啡的時代相比，他們現在吃的並不見得好多少。（註 54）首都卡拉卡斯在三十年時間裡擴大了七倍。隨著石油鑽塔在馬拉開波湖上一個個地豎立起來，卡拉卡斯這座有著涼爽庭院、中心廣場和靜謐大教堂的古老城市，也很快建起了鱗次櫛比的摩天大廈。那裡的空調機日夜快速飛轉，轟鳴作響，把人攪得坐臥不寧。卡拉卡斯已變成一個石油文化中心。在這種文化的薰陶下，人們熱衷於消費，不願進行創造性活動，而消費者的需要又被這種文化人為地擴大了許多，真正的需要反倒被掩蓋起來。卡拉卡斯人喜愛的是合成產品和罐頭食品，他們從不步行，出門就坐車，汽車發動機排出的廢氣把這座山谷潔淨的空氣都污染了。卡拉卡斯人夜間很難入睡，因為他們抑制不住自己渴望賺錢、買東西、消費、花錢，渴望把一切佔為己有的強烈慾望。在山谷四周的坡地上，住著五十多萬被遺忘的人，他們的窩棚是用從垃圾堆裡揀來的破爛搭成的。從那裡，他們可以看到別人是在如何揮霍浪費。在這座金色的首都，成千上萬輛最新型號小汽車在大街上飛馳，車燈閃閃發光。節日前夕，一艘艘輪船靠近拉瓜伊拉港 (La Guaira)，船上裝滿了法國香檳，蘇格蘭威士忌和來自加拿大的成堆的聖誕樹。可是與此同時，人口普查結果表明，到 1970 年，委內瑞拉還有一半的兒童和青少年沒有就學。

委內瑞拉每天開採三百五十萬桶石油，以保證資本主義世界工業機器的運轉。可是，委內瑞拉租讓給美孚、殼牌、海灣和德士古子公司的油田還有五分之四沒有開採，至今仍是處女礦。此外，石油出口的收入一半以上永遠也不會回到委內瑞拉。克里奧爾公司（即美孚石油公司的子公司）的宣傳品吹噓自己在委內瑞拉如何行善，其中的讚譽之詞與十八世紀西班牙吉普斯誇皇家公司標榜自己德行時使用的詞毫無二致。外國公司從委內瑞拉這只巨大乳牛身上搾取的利潤，若與投資額相比，利潤率之高，只有過去的奴隸販子和海盜可以與其媲美。除委內瑞拉外，沒有任何一個國家在如此短的時間內向資本主義世界提供過如此多的產品。據蘭赫爾估計，委內瑞拉被掠走的財富數量之大，超過了當年西班牙人從波托西，英國人從印度掠奪的財富。委內瑞拉第一屆全國經濟學家代表會議披露，外國石油公司在委內瑞拉的實際利潤率 1961 年上升到 38%，1962 年又提高到 48%，然而這些公司結算表上記錄的利潤率卻分別為 15% 和 17%。這中間之所以有差距，是因為公司在賬簿上做了手腳，而且還秘密地轉移了一部分利潤。此外，在石油買賣這個複雜的行當中，由於同時存在多種價格體系，所以很難估算利潤額。掩蓋實際利潤額往往用以下方式：一是人為地降低原油價格，因為從油井一直到加油站，石油從來都是在公司自己控制的渠道裡流通；二是人為地提高生產成本，這其中包括它們虛構出來的高額工資和極力誇人的廣告費用。實際上，根據官方統計數字，近十年來，委內瑞拉不僅沒有新的外國資本投資，而且資本還不斷外流，每年外流數量達七億美元。外國資本承認，這些資金是它們的「年金」。委內瑞拉近幾年來投入的資本完全是從本國的利潤中抽出的。與此同時，石油開採成本直線下降，原因是外國公司使用的勞動力愈來愈少：僅 1959 年到 1962 年的幾年裡，石油工人的數量就減少了一萬多，剩下三萬多一點。到了 1970 年底，就只剩下兩萬三千人。最近十年，石油產量卻一直大幅度增長。

由於失業人數的不斷增加，馬拉開波湖石油工人宿地的危機進一步尖銳化。馬拉開波湖上鑽塔林立。半個世紀以來，十字鋼架裡的採油樹一直在不停地工作，委內瑞拉的財富和貧困無一不是由此而產生。在採油樹的旁邊，燃燒器噴吐著火舌，天然氣被白白燒掉。委內瑞拉把天然氣毫無吝惜地送給大氣層，可是卻沒有人因此而受到法律制裁。在馬拉開波湖的四周，大大小小的城鎮如石油一般源源不斷地冒出。到處都在開採石油，就連住宅的後院，街道的拐角，都可以看到抽油機。在那裡，街道、衣服、食物和牆壁都被石油染成了黑色，就連妓女的綽號也與石油連在一起，像什麼「油管」、「四個閥門」、「絞車」和「拖輪」等等。服裝和食品的價格也都高於卡拉卡斯。這些現代化村莊誕生的過程是悲慘的，但是在賺錢容易這種樂觀情緒的感染下發展得很快。現在，大家已經認識到那些城鎮是沒有前途的。油井一旦枯竭，要生存下去就只能靠出現奇蹟。到那時，剩下的將只有殘垣斷壁和受到石油污染的水域。魚類將紛紛死亡，海浪沖刷的將是闃無人聲的海岸。那些靠開採石油為生，而油井又尚未枯竭的城市，也同樣逃脫不了悲慘的命運。隨著開採的機械化程度不斷提高，將有大批工人遭到解雇。「**石油從我們身邊流走了**」，拉古尼利亞斯（Lagunillas）的一位居民 1966 年就這樣說過。卡比馬斯（Cabimas）在足足半個世紀的時間裡一直是委內瑞拉最大的石油基地，曾給卡拉卡斯和全世界帶來巨大的繁榮，可是，這個城市現在連下水道也沒有，柏油馬路也只有一兩條。

委內瑞拉出現開採石油熱是很多年前的事情了。從大約 1917 年起，委內瑞拉就開始開採石油。那時，傳統的大莊園還依然存在，廣闊的天地無人居住，大片的土地閒置不用。那時，大莊園主還監視雇工幹活，稍不如意就用鞭子抽打或活埋到腰部。1922 年底，拉羅薩（La Rosa）油井噴出石油，日產量達十萬桶，石油熱從此拉開帷幕。在馬拉開波湖上，鑽機和絞車如雨後春筍般地出現，各種外來的設備和頭戴軟木安全帽的人也突然間蜂擁而至。大批農民從各地來到這沸騰的土地安家落戶，把他們的勞動力，貢獻給石油，他們就住在用大木板和油桶的鐵皮搭成的窩棚裡。在委內瑞拉的平原和森林地帶，甚至在那些人跡罕至的地區，人們有史以來第一次聽到奧克拉荷馬和德克薩斯州的口音。七十三家外國公司眨眼之間都冒了出來。在這股租讓油田的熱潮中領頭的，是獨裁者胡安‧比森特‧戈麥斯（Juan Vicente Gómez），他原是安地斯地區的牧場主，當政二十七年所做的事就是養孩子和做買賣。在石油噴湧而出的那些年代裡，戈麥斯總是從他裝得滿滿的口袋裡掏出石油股票來酬謝眾人。他酬謝的人有他的朋友、親戚和臣屬，有保證他前列腺不出問題的醫生和保衛他的將軍，還有為他大唱頌歌的詩人和在耶穌受難周星期五特許他吃葷的主教。戈麥斯胸前掛滿了各大強國授予他的閃閃發光的勳章，為他授勳是因為世界各地公路上奔馳的小汽車離不開汽油。獨裁者的親信常常把本來是租讓的油田賣給殼牌、美孚或海灣石油公司。這種靠權勢和賄賂做交易的風氣掀起了一股做礦藏投機生意的熱浪，燃起了人們佔有地下礦藏的慾望。於是乎，印第安村社的土地被霸佔，許多農戶不管他們是否願意都失去了自己的地產。1922 年頒布的石油法，是美國三家企業的代表起草的。那時，油田全部是圍起來的，裡面還有自己的警察。凡是沒有攜帶石油企業聘用卡的，一律不准入內。甚至連運石油至港口所途經的幾條公路，也都禁止外人經過。1935 年戈麥斯剛一死，石油工人就剪斷了宿地四周帶刺的鐵絲網，宣佈進行罷工。

1948 年，隨著羅慕洛·加列戈斯 (Rómulo Gallegos) 政府的垮台，三年前拉開帷幕的改良主義時期宣告結束。得勝的軍人一上台，就迫不及待地減少了政府在石油卡特爾子公司石油利潤中的比例分成。1954 年，由於政府減少稅收，美孚石油公司得到了三億美元的額外利潤。1953 年，一位美國商人曾在卡拉卡斯說過：「在這裡，您拿您的錢幹什麼都可以。對於我來說，所有的政治自由和公民自由加起來也頂不上這種自由。」（註55）1958 年，獨裁者馬科斯·希門尼斯 (Marcos Pérez Jiménez) 被趕下台時，委內瑞拉已變成一口巨大的油井，到處都是監獄和拷打室。國家所需要的一切，大到小轎車、電冰箱，小到煉乳、雞蛋、萵苣，乃至法律和法令，都需要從美國進口。洛克斐勒集團最大的企業克里奧爾公司 1957 年宣佈，這一年它獲得的利潤幾乎達到它總投資的一半。委內瑞拉政府革命委員會把最大幾家公司的所得稅從 25% 提高到 45%，石油卡特爾出於報復，馬上下令讓委內瑞拉的石油價格跌了下來，公司也就在這時開始大批解雇工人。由於價格跌得太低，雖然政府提高了稅率，增加了石油出口量，但 1958 年的收入還是比前一年減少了六千萬美元。

後來的幾屆政府雖然沒有把石油工業收歸國有，但 1970 年以前也沒有再向外國公司租讓新的油田來開採黑色的金子。在這一段時間裡，石油卡特爾加快了開採近東和加拿大油田的速度。而委內瑞拉勘探新油井的工作實際上已停了下來，石油出口量也不再增加。不再租讓油田的政策已失去了意義，因為委內瑞拉的國家企業委內瑞拉石油公司並沒有把一直無人擔負的職責擔負起來。它只是東一點西一點地鑽幾口井，從而證實了它的職能就是羅慕洛‧貝當庫爾 (Rómulo Betancour) 總統所提出的「**不是要發展成一個大企業，而是要為談判新形式的租讓充當中間人**」。這種新形式的租讓提了很多次，然而從未實現。

與此同時，二十年前形成並發展起來的那股推動工業化前進的強大勢頭，目前已呈明顯的衰退跡象，工業化已無力再向前發展，這種現象在整個拉美屢見不鮮。由於大多數人的貧窮而受到限制的國內市場，在支持製造業的發展方面是不可能超過某些限度的。另外，由民主行動黨政府開始搞起來的土地改革也是半途而廢，當初搞改革的那些人許下的諾言，連一半也沒有兌現。委內瑞拉消費的相當一部分食品是從國外，主要是從美國進口的。例如，委內瑞拉人最喜愛吃黑豆，而黑豆是從北邊大批運來的，包裝的袋子上面赫然印著英文「豆子」的字樣。

一位名叫薩爾瓦多‧加門迪亞 (Salvador Garmendia Graterón) 的小說

家曾在他的著作中再次描繪了整個征服文化，亦即石油文化所製造的地獄。他在 1969 年給我的一封信中寫道：「你看到過抽油機嗎？就是把原油抽出來的那個機器？它的樣子很像一隻大黑鳥，尖尖的腦袋沉重地一上一下，日日夜夜，一刻不停。這是唯一不吃屎的兀鷲。一旦石油採空，吸油管發出那種空抽的聲響，情況又會怎樣呢？不祥的前奏曲已開始在馬拉開波湖上空迴響。在湖的四周，一夜之間就冒出了令人炫目的城鎮，那裡有電影院、超級市場和舞廳，也有成群的妓女和大量的地下賭場。在那裡，錢是不值錢的。前不久，我到那裡去了一趟，我覺得心被揪了一下。死人和廢鐵散發出的臭味蓋過了石油的氣味。房屋千瘡百孔，已大半無人居住。每個城鎮都瀕於毀滅，街道滿是泥濘，商店已成瓦礫。外國公司過去的一個潛水員每天拿著把鋼絲鋸潛入水中，把廢棄的油管一段段鋸下來當做廢鐵賣掉。現在人們在談論那些外國公司時，好像是在回憶美麗的神話。人們生活在那神話般荒誕的過去，那擲骰子時一擲千金、酗酒時一醉七天的情景，人們至今仍十分懷念。與此同時，鑽井的採油豎井仍在繼續工作，大量的美元像雪片一樣落到總統府米拉弗雷斯宮裡，然後又變成高速公路和其他用鋼筋混凝土造的龐然大物。可是，委內瑞拉有 70% 的人被排斥在這一切之外。城市裡出現了一個沒有主心骨的中產階級，他們工資很高，可花錢買的多是無用之物。廣告的宣傳把他們攪得六神無主，他們竟聽進了那些天花亂墜的蠢話，欣賞起趣味極其低俗的東西來。不久前，政府大肆宣傳消滅了文盲。然而，上次大選時對登記過的選民普查的結果表明，在十八至五十歲的公民中，竟有一百萬人是文盲。」

**美國經濟需要
拉美的礦產
就像肺需要
空氣一樣**

1— 埃德溫・萊烏溫 (Edwin Lieuwen)： *"The United States and the Challenge to Security in Latin America"*，俄亥俄，1966 年。

2— 菲利普・考特尼 (Philip Courtney) 向國際儲蓄和投資會議 (el II Congreso Internacional de Ahorro e Inversión) 遞交的一篇論文，布魯塞爾，1959 年。

3— 哈里・馬格多夫 (Harry Magdoff)： *"La era del imperialismo"*，載於 *"Monthly Review"* 西班牙文版文摘，智利，聖地牙哥，1969 年 1-2 月。克勞德・朱利恩 (Claude Julien)： *"L'Empire Américan"*，巴黎，1969 年。

**地下資源也能
導致政變、革
命、間諜活動
以及在亞馬遜
森林中的冒險
活動**

4— 相反，墨西哥政府則及時發現，作為世界硫磺主要出口國之一，墨西哥的硫磺正在減少。德克薩斯海灣硫磺公司和泛美硫磺公司曾保證它們礦租界內尚有的蘊藏量事實上比實際蘊藏量高六倍，於是墨西哥政府在 1965 年決定限制硫磺的對外銷售量。

5— 塞爾希奧・阿爾馬拉斯・帕斯 (Sergio Almaraz Paz)： *"Réquiem para una república"*，拉帕斯，1969 年。

6— 克勞德・朱利恩，同前引書。

7— 阿瑟・戴維斯 (Arthur Davis) 長期擔任鋁礦公司董事長，1962 年去世，他給慈善基金會留下了三億美元的遺產，但明確條件是不得在美國國土之外使用這筆資金。這樣，奎亞那 (Guyana) 即使通過基金會途徑，也無法收回該公司從它國家搶奪去的哪怕是部分財富 (菲利普・雷諾 (Philip Reno)： *"Aluminium Profits and Caribbean People"*，見 *"Monthly Review"*，紐約，1963 年 10 月；*"El drama de la Guayana Británica. Un pueblo desde la esclavitud a la lucha por el socialismo"*，見 *"Monthly Review"* 西班牙文版文摘，布宜諾斯艾

利斯，1965 年 1-2 月）。

8— 哈里・馬格多夫，同前引書。

9— 埃爾馬諾・阿爾維斯 (Hermano Alves)：“*Aerofotogrametria*”，
見《晨郵報》（“*Correio da Manhā*”），里約熱內盧，1967 年 6 月 8 日。

10— 議會調查委員會 (Comisión Parlamentaria de Investigaciones
sobre) 關於向外國自然人或法人出售巴西土地的報告，巴西利亞，
1968 年 6 月 3 日。

11— 《晨郵報》，里約熱內盧，1968 年 6 月 30 日。

12— 保羅・R. 希林：《外國人的巴西》，蒙德維多，1966 年。

**德國化學家
擊敗了太平洋
戰爭的勝利者**

13— 厄恩斯特・森豪維爾 (Ernst Samhaber)：“*Sudamérica, biografía
de un continente*”，布宜諾斯艾利斯，1946 年。

羅伯特・庫什曼・墨菲 (Robert Cushman Murphy) 在海鳥糞熱過去後
很久寫道，「它們的腸胃蠕動一次就可賺來可觀的美元。」他還寫道，
莎士比亞筆下那個在朱麗葉家陽台上唱歌的黃鶯、從諾亞方舟上空飛過
的那個白鴿，當然還有貝克爾那些憂傷的燕子，它們的價值同鰹鳥和海
鷗的價值不可同日而語。（埃米略・羅梅羅 (Emilio Romero)：“*Historia
económica del Perú*”，布宜諾斯艾利斯，1949 年。）

14— 奧斯卡・貝穆德斯 (Óscar Bermúdez)：“*Historia del salitre desde
sus orígenes basta la Guerra del Pacífico*”，智利，聖地牙哥，1963 年。

15— 何塞・卡洛斯・馬里亞特吉 (José Carlos Mariátegui)：“*Siete
ensayos de interpretación de la realidad peruana*”，蒙德維多，1970
年。

16— 秘魯失去了盛產硝石的塔拉帕卡省和幾個重要的海鳥糞島嶼，但
是北部沿海一帶儲藏的海鳥糞仍歸秘魯所有，秘魯農業使用的肥料也仍
主要是海鳥糞。

但 1960 年以後興起的魚粉熱斷絕了鰹鳥和海鷗的生路。大部分捕魚公
司是美資企業，它們很快就把秘魯近海的鰹魚捕撈一空，製成魚粉運到

美國和歐洲，用作豬和家禽的飼料。漁船每次出海捕魚，鰹鳥和海鷗總是緊追不捨，它們一次比一次飛得遠，一次比一次遠離海岸；返回的時候，它們往往因力氣用盡掉進海裡。還有一些海鳥並不尾隨漁船。1962到1963年間，常常可以看到成群的鰹鳥在利馬的主要街道上追逐食物。它們一旦飛不起來，就會餓死在街上。

17─ 埃爾南‧拉米雷斯‧內科切亞 (Hernán Ramírez Necochea)：
"*Historia del imperialismo en Chile*"，智利，聖地牙哥，1960 年。

18─ 埃爾南‧拉米雷斯‧內科切亞 (Hernán Ramírez Necochea)：
"*Balmaceda y la contrarrevolución de 1891*"，智利，聖地牙哥，1969 年。

19─ 智利參眾兩院帶頭反對總統。許多議員抵制不了英鎊的誘惑，這是顯而易見的。據英國人講，賄賂智利人在「這個國家裡已司空見慣」。諾斯的合夥人羅伯特‧哈維 1897 年就是這樣概括的。當時硝酸鹽鐵路公司的一些小股東對哈維和公司的其他董事提出起訴，哈維在解釋為什麼用十萬英鎊去賄賂時說：「您很清楚，智利的國家機構極其腐敗……我並不是說對法官也需要行賄，可實際上許多經濟拮据的參議員是在從這十萬英鎊中拿到一筆錢之後，才在議會裡投了對我們有利的票，使得政府沒有完全拒絕傾聽我們的抗議和要求……」（埃爾南‧拉米雷斯‧內科切亞，同前引書）。

**醫噎智利
的銅齒**

20─ 這兩家公司在很遠的地方設有工廠加工智利的銅礦。安納康達美國黃銅廠 (Anaconda American Brass)、安納康達電纜電線廠 (Anaconda Wire and Cable) 和肯奈科特電纜電線廠 (Kennecott Wire and Cable) 是全世界生產黃銅和電線的主要廠家。何‧卡德瑪爾托利 (José Cademartori)："*La economía chilena*"，智利，聖地牙哥，1968 年。

21─ R.I. 格蘭特─薩蒂 (R. I. Grant-Suttie)："*Sucedáneos del cobre*"，載於國際貨幣基金組織 (FMI) 和國際復興開發銀行 (BIRF) 雜誌 "*Finanzas y Desarrollo*"，華盛頓，1969 年 6 月。

22─ 馬里奧‧維拉 (Mario Vera) 和埃爾莫‧卡塔蘭 (Elmo Catalán)："*La*

encrucijada del cobre"，智利，聖地牙哥，1965 年。

**井上和井下
的錫礦工人**

23— 1969 年 8 月 13 日的《紐約時報》在如醉如癡地描繪溫莎公爵夫婦在里斯本郊外帕蒂尼奧那所十六世紀的城堡度假的情景時，就是用這樣的字眼形容帕蒂尼奧的。帕蒂尼奧夫人在向夏洛特‧柯蒂斯介紹一天的活動日程時說：「我們想讓僕人享受到一些平靜和安寧。」

後來，就是到瑞士山區度假的季節。攝影師忙不迭地為在聖莫里茨度假的公爵和走紅的藝術家拍照。一位五十歲的女百萬富翁剛剛失去了曾是福特汽車公司副董事長的第二個丈夫。她在閃光燈前微笑，宣佈將結婚，未婚夫非常年輕，正挎著她的胳膊，畏怯地看著大家。在他們旁邊，也站著另 對出入上層社交界的夫婦，男的身材矮小，一副印地安人的面孔，濃密的眉毛、凶狠的目光、塌陷的鼻子、高聳的顴骨，此公就是安第諾‧帕蒂尼奧 (Antenor Patiño)，他仍然是一幅玻利維亞人的模樣。在另一家雜誌登出的照片上，安第諾扮裝成東方的王子，頭上纏著布，身邊站著幾個貨真價實的王子和公主，他們這是在亞歷克西斯‧德里德 (Alexis de Rédé) 子爵的王宮裡聚會，這些人是丹麥的瑪格麗特 (Margarita) 公主、亨利王子、瑪麗亞‧皮亞‧薩博亞 (María Pía de Saboy) 和她的表弟米格爾‧德博爾馮－帕爾馬 (Borbón-Parma) 王子、洛貝科維茨 (Lobckowitz) 王子和一些隨從人員。

24— 1966 年 7 月，阿爾弗雷多‧奧萬多 (Alfredo Ovando) 將軍宣佈，玻利維亞已和德國的克勒克爾企業達成協議建造國營煉錫廠。他說，我們將賦予「這些可憐的錫礦新的命運」。「到目前為止，它們所給予我們的只有礦工弟兄肺部上的洞。」塞爾希奧‧阿爾馬拉斯寫道，這些礦工為採掘礦石付出了自己的性命，「然而他們並不佔有礦石，無論是 1952 年之前還是在此之後，他們都從未佔有過。因為錫如果不是呈閃閃發光的錫錠，就不能直接派作任何用場。而那種像土一樣的沉甸甸的礦砂，除了把它倒進冶煉爐外，實在是毫無用途。」（"*El poder y la caída. El estaño en la historia de Bolivia*"，拉巴斯－科恰班巴，1967 年）。

阿爾馬拉巴斯(Almaraz Paz)講述了一個工業家的故事。他叫馬里亞諾‧庇洛(Mariano Peró)，孤軍奮戰了三十多年，一心想讓玻利維亞的錫在奧魯羅(Oruro)而不是在利物浦冶煉。1946 年，具有民族主義特點的總統瓜爾維托‧比亞洛埃爾(Gualberto Villarroel)倒台後不幾天，庇洛就來到了克馬多宮(Palacio Quemado)，他是來取走兩塊錫錠的。這兩塊錫錠是他在奧魯羅(Oruro)的冶煉廠首批生產的。把代表國家的這兩塊象徵物繼續放在共和國總統的辦公桌上做裝飾品，已沒有任何意義。比亞洛埃爾已被吊死在穆利約廣場(la Plaza Murillo)一個路燈的柱子上，他倒台後，寡頭集團又重掌大權。所以庇洛把他的錫錠拿走了。這兩塊錫錠上沾有乾涸的血跡。

25—「當我坐下來時，我已經醉了。在我的眼裡，一個人變成了三個、四個人。我自己不能進食，簡直像個孩子。」薩圖尼諾‧孔多里(Saturnino Condori)是「二十世紀錫礦」(campamento minero de Siglo XX)礦工宿地的一個老泥瓦匠，他躺在卡塔維醫院病床上已有三年。他是 1967 年聖胡安日之夜大屠殺的一個受害者。那天他連節日的慶祝活動也沒參加。礦上為讓他在 24 日星期六也幹活，許諾付給他三倍的工錢。所以儘管所有其他人都縱情地飲酒作樂，他卻決定放棄這種樂趣。他很早就躺下了。這天夜裡，他夢見一位紳士向他身上擲刺。「他向我扔過來很大的刺。」他驚醒了好幾次，因為從凌晨五點子彈就如雨點似的向礦工宿地掃射過來。「我都嚇癱了，不能自制，渾身發抖。我嚇壞了，嚇壞了，我確實嚇死了。我太太對我說，快逃吧！可我做了什麼壞事？我哪兒也沒去過。我太太說，快走吧！以前晚上也聽過槍響。可這次是什麼槍在響？叭撲叭撲的是什麼聲音？我就這樣醒一會兒睡一會兒，就這樣我也沒逃走。我太太對我說，快走吧！快逃吧！他們能把我怎麼樣？我對她說，我只是個泥瓦匠，他們能把我怎麼樣。」他後來在大約早上八點鐘醒來，在床上坐起來，子彈穿透了天花板，打穿了他太太的帽子，擊中了他的上身，打碎了他的脊椎骨。

26— 塞爾希奧‧阿爾馬拉斯‧帕斯，同前引書。

27— 薩爾瓦多・德拉布拉薩 (Salvador de la Plaza) 與他人合著：
"*Perfiles de la economía venezolana*"，卡拉卡斯，1964 年。

28— 奧斯尼・杜阿爾特・佩雷拉 (Osny Duarte Pereira)："*Ferro e
Independencia. Um desafío a dignidade nacional*"，里約熱內盧，
1967 年。

29— "*Immovable Mountains*"，"*Fortune*"雜誌，1965 年 4 月。

30— 由馬里奧・佩德羅薩 (Mário Pedrosa) 援引自"*A opção brasileira*
"，里約熱內盧，1966 年。

31— 林登・詹森 (Lyndon Johnson) 1964 年 4 月 2 日致賴尼利・馬齊
利 (Rainieri Mazzili) 的電報，引自美聯社的報道。

32— 引自 1964 年 5 月 4 日《聖保羅州報》(O Estado de São Paulo)
的報導。

33— 何塞・斯塔卡契尼 (José Stacchini)："*Mobilização de audácia*"，
聖保羅，1965 年。

34— 菲利普・西克曼 (Philip Siekman)："*When Executives Turned
Revolutionaires*"，"*Fortune*"雜誌，1964 年 7 月。

35— 參見哈里・馬格多夫 (Harry Magdoff) 援引的美國眾議院外委
會發表的聲明，出處同前引書，並參見 1966 年 12 月西班牙文版
的"*Selecciones de Reader's Digest*"上尤金・梅思文 (Eugene
Methvin) 那篇披露性文章。梅思文稱，完全是因為有了設在華盛頓的美
洲爭取自由工會發展學院的大力協助，巴西政變分子才得以通過電訊手
段協調其部隊的行動。新上台的軍政府為報答該學院，派遣了該學院四
名畢業生去「赤色分子控制的工會搞了一次清洗……」

36— 奧斯尼・杜阿爾特・佩雷拉，同前引書。

37— 引自石油輸出國組織 (Organización de Países Exportadores) 公
佈的材料。弗朗西斯科・密雷斯 (Francisco Mieres)："*El petróleo y la
problemática estructural venezolana*"，卡拉卡斯，1969 年。

38— 引自美國參議院報告："*Actas secretas del cártel petrolero*"，布宜諾斯艾利斯，1961 年；以及哈維·奧康納 (Harvey O'Connor)："*El Imperio del petróleo*"，哈瓦那，1961 年。

39— 保羅·A·巴蘭 (Paul A. Baran) 與保羅·M·斯威齊 (Paul M. Sweezy) 合著："*El capital monopolista*"，墨西哥，1970 年。

40— 弗朗西斯科·密雷斯，同前引書。

41— 邁克爾·坦澤 (Michael Tanzer)："*The Political Economy of International Oil and the Underdeveloped Countries*"，波士頓，1969 年。

42— 哈維·奧康納 (Harvey O'Connor)："*La crisis mundial del petróleo*"，布宜諾斯艾利斯，1963 年。這種現象在好幾個國家仍屢見不鮮。例如，在哥倫比亞，石油可以自由出口，不必上稅。可是哥倫比亞國家煉油廠向外國公司購買哥倫比亞石油，卻要比國際價格多付 37% 的附加稅，而且必須以美元支付。（勞爾·阿拉梅達·奧斯皮納 (Raúl Alameda Ospina)，"*Esquina*"雜誌，波哥大，1968 年 1 月。）

43— 赫蘇斯·席爾瓦·赫佐格 (Jesús Silva Herzog)："*Historia de la expropiación de las empresas petroleras*"，墨西哥，1964 年。

44— 比維安·特里亞斯 (Vivian Trías)："*Imperialismo y petróleo en el Uruguay*"，蒙德維多，1963 年。參見烏拉圭眾議院例會紀要上恩里克·埃羅 (Enrique Erro) 眾議員的發言，第 1211 期，577 卷，蒙德維多，1966 年 9 月 8 日。

45— 巴西石油公司在《經濟局勢》雜誌（"*Coyuntura económica*"）刊登的五百家最大企業中名列前茅。引自《經濟局勢》雜誌第 24 卷，第 9 期，里約熱內盧，1970 年。

46— 馬爾休·萊特·切薩里諾 (Márcio Leite Cesarino) 工程師的聲明，見《晨郵報》(en Correio da Manhã)，里約熱內盧，1967 年 1 月 28 日。

47— 參見《晨郵報》1967 年 2 月 19 日登載的那份報告的詳細摘要。

48— 雷內·薩瓦萊塔·梅爾卡多 (René Zavaleta Mercado)："*Bolivia. El desarrollo de la conciencia nacional*"，蒙德維多，1967 年。

49— 朗 (Long) 用盡了一切字眼來形容美孚石油公司 (Standard Oil)。他稱它為罪犯、作惡分子、慣犯、本國的凶手、外國的凶手、國際陰謀家、貪得無厭的強盜和竊賊的窩、破壞者和小偷的老巢。《瓜拉尼亞》雜誌 (la revista Guarania) 轉載，布宜諾斯艾利斯，1934 年 11 月。

50— 無論在近代還是更遠的年代裡，這方面的例子屢見不鮮。美國駐玻利維亞大使歐文·弗洛曼 (Irving Florman) 1950 年 12 月 28 日在向白宮的唐納德·道森 (Donald Dawson) 呈遞的報告中寫道：「來到這裡後，為促使玻利維亞石油工業向美國私人企業的滲透敞開大門，為確保我國的國防計劃廣泛實施，我一直在勤奮地工作。」他還寫道：「現在玻利維亞的石油工業及其全部土地向美國私人企業敞開大門，這樣的消息我知道您是很樂於聽到的。玻利維亞是世界上第一個實現了非國有化或曰反向國有化的國家。我為自己能夠完成國家和政府交給的這個任務感到自豪。」參見哈里·杜魯門圖書館摘錄的這封信的影印件，由 "*NACLA Newsletter*" 轉載，紐約，1969 年 2 月。

51— 引自馬塞洛·基羅加·聖克魯斯 (Marcelo Quiroga Santa Cruz)1966 年 10 月 11 日和 12 日在眾議院質詢會上的發言，見 "*Revista jurídica*"（法學雜誌）特刊，科恰班巴，1967 年。

52— 當這椿醜聞發生時，美國大使館沒有保持謹慎的沉默。使館的一個外交官竟然宣稱，塔拉拉 (Talara) 協議的原件沒有保存下來。（理查德·N·古德溫 (Richard N. Goodwin)："*El conflicto con la IPC: Carta de Perú*"，"*Comercio exterior*"（對外貿易雜誌）轉載自 "*The New Yorker*"（紐約人雜誌），墨西哥，1969 年 7 月。）

53— 喬治·安妮·蓋耶 (Georgie Anne Geyer)："*Seized U. S. Oil Firm Made Napalm*"，載於 "*New York Post*"（紐約時報），1969 年 4 月 7 日。

54— 筆者為撰寫本章，除上面提到的哈維‧奧康納和弗朗西斯科‧密雷斯的著作外，還參考了以下著作：奧蘭多‧阿勞霍 (Orlando Araújo)：*"Operación Puerto Rico sobre Venezuela"*，卡拉卡斯，1967 年；弗德里科‧布里托 (Federico Brito)：*"Venezuela siglo XX"*，哈瓦那，1967 年；M‧A‧法爾孔‧烏爾瓦諾 (M. A. Falcon Urbano)：*"Desarrollo e industrialización de Venezuela"*，卡拉卡斯，1969 年；埃倫娜‧霍赫曼 (Elena Hochman) 和埃克托爾‧穆希卡 (Héctor Mujica) 與他人合著：*"Venezuela 1°"*，卡拉卡斯，1934 年；威廉‧克雷姆 (William Krehm)：*"Democracia y tiranías en el Caribe"*，布宜諾斯艾利斯，1959 年；D‧F‧馬薩‧薩瓦拉 (D. F. Maza Zavala)、薩爾瓦多‧德拉普拉薩 (Salvador de la Plaza)、佩德羅‧埃斯特萬‧梅希亞 (Pedro Esteban Mejía) 及萊昂納多‧蒙鐵爾‧奧爾特加 (Leonardo Montiel Ortega) 的論文，參見（註 27）引用的那卷；魯道夫‧金德羅 (Rodolfo Quintero)：*"La cultura del petróleo"*，卡拉卡斯，1968 年；多明戈‧阿爾維托‧蘭赫爾 (Domingo Alberto Rangel)：*"El proceso del capitalismo contemporáneo en Venezuela"*，卡拉卡斯，1968 年；阿圖羅‧烏斯拉爾‧彼特里 (Arturo Uslar Pietri)：*"¿Tiene un porvenir la juventud venezolana?"*，刊登在 *"Cuadernos Americanos"*（美洲日誌），墨西哥，1968 年 3-4 月；聯合國拉美經濟委員會 (Naciones Unidas-CEPAL)：*"Estudio económico de América Latina, 1969"*，紐約與智利，聖地牙哥共同出版，1970 年。

55— 《時代週刊》拉丁美洲版，1953 年 9 月 11 日。

第
二
部

發展是遇難者多於航行者的航行

四、早夭史

雄鷹有巢，
猛虎有森林，
狐狸有洞穴，
反覆無常的命運，
只有高卓人在流浪，
命運將把他帶到何方。

Vive el águila en su nido,
el tigre vive en la selva,
el zorro en la cueva agena,
y en su destino incostante,
sólo el gaucho vive errante
donde la suerte lo lleva.

這是因為：
給他的是牢房，
給他的是鐐銬。
他沒有道理，
儘管理由足夠。
窮人的道理，
敲不響的木鐘。

Porque:
Para él son los calabozos,
para él las duras prisiones,
en su boca no hay razones
aunque la razón le sobre,
que son campanas de palo
las razones de los pobres.

何塞·埃爾南德斯 (José Hernández)

（1834—1886，阿根廷詩人，《馬丁·菲耶羅》
（ "*Martín Fierro*"）是三大高喬史詩中最完美的
一部。—編註。）

拉普拉塔河上的英國戰艦慶賀拉美獨立

1823 年，英帝國智囊人物喬治·坎寧 (George Canning) 忙於慶祝英國在世界各地的勝利。法國代辦不得不忍受這樣一段祝酒辭的羞辱：「勝利的榮耀屬於你們，隨其後是災難和毀滅；無榮耀可言的工業上的往來和與日俱增的繁榮屬於我們……騎士時代已經過去，隨之而來的是經濟學家和深謀熟慮者的時代。」倫敦開始了長時間的歡慶。幾年前英國已徹底打敗了拿破崙，世界進入了英國統治下的和平時代。在拉丁美洲，獨立永久地確定了地主和靠新誕生國家的提早破產、在港口發了橫財的商人的勢力。原西班牙殖民地以及巴西，成為英國紡織品和英鎊夢寐以求的市場。1824 年坎寧著書時說得對：「木已成舟，釘子已經釘上了，西班牙美洲已經自由。只要我們善於管理我們自己的事，那麼，美洲是屬於英國了。」

（註1）

蒸汽機、織布機和紡織機械的改進，使英國的工業革命以極快的速度成熟起來。工廠和銀行成倍增加。內燃機使航運現代化，許多大型船舶遠航四海，使英國的工業擴張遍及全世界。英國經濟靠的是用棉織品換取拉普拉塔河流域的皮革、秘魯的鳥糞和硝酸鹽、智利的銅、古巴的糖和巴西的咖啡。出口工業品、收入運費和保險費、獲取貸款利息和投資贏利，是整個十九世紀英國經濟欣欣向榮的動力。實際上，早在獨立戰爭之前，英國人已經控制了西班牙與其殖民地之間相當大的一部分合法貿易。同時，把大量的走私貨物源源不斷地投向拉丁美洲沿海地區。販賣奴隸為地下貿易活動提供了一面卓有成效的擋箭牌，然而，各處海關的紀錄表明，在整個拉丁美洲，絕大部分進口產品並非來自西班牙。事實上，西班牙從未壟斷過貿易：「早在 1810 年之前，宗主國已經失去了它的殖民地。獨立革

命僅僅是從政治上承認這種現狀。」（註2）

英國部隊僅傷亡一人，就征服了加勒比海地區的特立尼達（Trinidad）。但遠征軍司令拉爾夫·阿伯克龍比（Ralph Abercromby）確信，在西班牙美洲，再進行軍事征服將不是一件易事。不久後，英國入侵拉普拉塔河沿岸地區失敗。英軍的失敗使阿伯克龍比的見解更有說服力，即武裝遠征是無效的，**世界已進入了由外交官、商人和銀行家為主宰的歷史時期**。在西班牙殖民地建立自由主義新秩序，將使英國有機會包攬西班牙美洲十分之九的貿易。（註3）獨立的激情在西班牙美洲大地上沸騰。自1810年起，倫敦推行一項曲線和兩面的政策。這一政策的起伏，取決於當時的需要，即促進英國貿易、阻止拉丁美洲落入美國人或法國人之手，防止激進主義影響剛獲得自由的新國家。

當革命委員會於1810年5月25日在布宜諾斯成立時，英國在拉普拉塔河口的所有戰艦鳴炮以示慶賀。穆蒂內號艦長以英國國王的名義發表了一篇振奮人心的講話。英國人的心裡充滿歡樂。布宜諾斯僅用三天就撤消了一些有礙於和外國人貿易的禁令。十二天後，皮革和動物脂肪出口稅的減免率為7.5%到50%。從5月25日算起，僅六週，就撤銷不得出口金幣和銀幣的禁令，如此，金銀便可正正當當流向倫敦。1811年9月，三人委員會取代了革命委員會行使政府職權，於是，進出口稅率再次降低，有些物品則完全免稅。1813年阿根廷議會自行宣佈為最高權威機構後，外國商人便不必通過當地商人銷售商品：「貿易成為名副其實的自由貿易。」（註4）早在1812年，一些英國商人向外交部報告：「**我們的紡織品已經成功取代德國貨和法國貨。**」（註5）還取代了遭到自由貿易扼殺的阿根廷紡織品。拉丁美洲其他地區也大同小異地經歷了同一進程。

棉毛織品、生鐵、皮革、木材和瓷器，源源不斷地從約克郡（Yorkshire）

和蘭開夏郡 (Lancashire)，從切維奧特地區 (Cheviots) 和蓋爾斯 (Gales) 生產出來。曼徹斯特的織布機、謝菲爾德的小五金、伍斯特 (Worcester) 和斯塔福德郡 (Staffordshire) 的陶器充斥拉丁美洲市場。**自由貿易讓以出口為生的港口城市發了財，同時將渴望享用世界上所有奢侈品的寡頭集團的揮霍程度，刺激到了極點，但自由貿易摧毀了剛出現的本地工廠，使擴大國內市場的希望化為泡影。**儘管宗主國有禁令，在殖民地還是出現了不穩定、技術水準極其低的地方工業，由於西班牙放鬆對殖民地的束縛，加上歐洲戰爭造成的物資供應困難，地方工業曾有過一個極盛時期。西班牙國王 1778 年頒布了准許西班牙和美洲各港口之間進行自由貿易的法令，曾受到這一法令致命打擊的工廠，到了十九世紀初便開始漸漸恢復生機。如雪崩席捲而來的洋貨曾摧毀了殖民地的紡織業、製陶業和金屬品加工業，但手工業者沒有多少時間從打擊中恢復元氣，因為獨立為歐洲業已發達的工業，進行自由競爭，完全敞開了大門。**獨立後誕生的政府在其海關政策方面表現出搖擺性，使得拉丁美洲本地的工廠接二連三地夭折和復甦，失去了持續發展的可能性。**

如何把工業扼殺在搖籃裡

十九世紀初，亞歷山大‧馮洪堡估計墨西哥製造業的產值約為七八百萬比索，其中大部分為紡織業的產值。呢料、棉布和麻布均由專業化車間生產。在克雷塔羅 (Querétaro) 有二百多台紡織機和一千五百名工人，在普埃布拉有一千二百名棉紡工人。在秘魯，儘管這塊殖民地粗糙的紡織品，從未達到皮薩羅到來前，原印第安人紡織品的精美程度，「但是，其經濟意義是非常大的。」（註6）工業的發展依靠對印第安人實行強制性勞動，他們被囚在工廠裡，從天未亮一直工作到深夜。「獨立」摧毀了已取得但尚不穩固的發展。在阿亞庫喬（Ayacucho）、卡卡莫薩（Cacamorsa）和塔爾馬（Tarma），工廠的規模已相當可觀。羅梅羅在其著作中說，今天業已消亡的整個帕卡伊卡薩城（Pacaicasa），「曾形成了一個擁有一千多名工人的廣闊紡織作坊。」曾向一個非常遼闊的地區，供應羊毛毯的保卡利亞城（Paucarcolla）正在消失，「目前那兒已沒有一家工廠。」（註7）智利是西班牙最偏僻的領地之一，這種與世隔絕的狀態，有利於發展始於殖民初期的本國工業。當時智利擁有紡紗廠、織布廠和製革廠。智利的索具供應南海大大小小的船舶。智利曾生產從鍋爐、大炮到首飾、精緻的器皿和鐘錶等各種金屬製品，還能造船和生產汽車。（註8）在巴西，從十八世紀開始略有起步的紡織和冶金工廠，也被外國進口貨擠垮。儘管與里斯本簽訂的殖民協定造成各種障礙，巴西的紡織和冶金業仍然取得很可觀的發展。但從 1807 年起，在里約熱內盧建都的葡萄牙君主制，不過是英國人手中的一個玩物，且倫敦又擁有另一股勢力。卡約・普拉多說道：「在開放港口前，葡萄牙貿易種種缺陷，起了保護地方小工業的作用。儘管這確實是可憐的地方手工業，但是它能夠滿足國內一部分消費需要。這樣的小工業，不可能在與國外的自由競爭中生存下去，即使是最無足輕重的產品，也難逃厄運。」（註9）

玻利維亞當時是拉普拉塔總督區最重要的紡織中心。根據科恰班巴（Cochabamba）市長弗朗西斯科・德別德馬（Francisco de Viedma）提供的資料，十九世紀初，該市已有八萬人從事棉布、毛料和枱布的生產。在奧魯羅和拉巴斯也建起一些加工廠，與科恰班巴的加工廠一起為老百姓、正規軍和邊防軍生產毛毯和呢料。莫霍斯（Mojos）、奇基托斯（Chiquitos）和瓜拉約斯(Guarayos)等地生產極精細的亞麻布、棉布、草帽、羊駝毛或綿羊毛織品，以及用整片煙葉製作的雪茄。一部紀念玻利維亞獨立一百週年的專書傷心地證實：「面對外國同類商品的競爭，這些工業都消失了……」（註10）

　　獨立將阿根廷經濟和政治重心轉移到布宜諾斯艾利斯，損害了內陸各省利益，在此之前，阿根廷沿海是全國最落後、人口最稀少的地區。十九世紀初葉，阿根廷只有十分之一的人口居住在布宜諾斯艾利斯、聖菲或恩特雷里奧斯（註11）。在阿根廷中部和北部地區，地方工業憑藉簡單的生產工具慢慢發展起來，而根據1795年檢察官拉臘門迪（Larramendi）的一次講話，「沿海地區既無手工業又無製造業可言」。現屬不發達區的圖庫曼省和聖地牙哥‧德爾埃斯特省(Santiago del Estero)，當時的紡織工廠興旺發達，能生產三種不同等級的彭喬（Poncho，南美人式的披風外套。—編註），還有一些工廠生產優質的木輪大車、雪茄、香煙、皮革和鞋底。卡塔馬卡(Catamarca)生產各種棉布、精紡毛料和牧師用的黑色棉布。科爾多瓦每年生產七萬多件彭喬、二萬多條毛毯、四萬巴拉（每巴拉等於0.8359公尺。—譯註）。另有皮鞋以及皮革製品、馬肚帶和帆桁、暗色羊皮和熟山羊皮。最重要的鞣皮廠和皮革製品廠集中在科連特斯(Corrientes)。薩爾塔(Salta)精緻的大扶手椅頗有名氣。門托薩(Mendoza)每年生產兩、三百萬升葡萄酒，品質絲毫不比安達魯西亞的葡萄酒遜色。聖胡安年產三十五萬升白酒。門托薩和聖胡安在南美洲成為大西洋和太平洋的「貿易咽喉」。（註12）

　　曼徹斯特、格拉斯哥和利物浦的商務代理人跑遍了阿根廷，他們除了仿造依當地習慣，反過來用的木製馬鐙外，還仿製聖地牙哥和科爾多瓦的彭喬以及科連特斯的皮貨。阿根廷的彭喬每件值七比索，而約克郡的彭喬只賣三比索一件。世界上最發達的英國紡織工業迅速戰勝了拉丁美洲的紡織工業。另外，從靴子、馬刺、鏵犁、馬嚼子到鐵釘的生產，其命運都與紡織品相似。貧困蹂躪了阿根廷內陸各省，它們紛紛揭竿而起，反抗布宜諾斯港的專制。埃斯卡拉達 (Escalada)、貝爾格拉諾 (Belgrano)、普埃倫東 (Pueyrredōn)、比埃特斯 (Vieytes)、拉斯埃拉斯 (Las Heras) 和塞維尼奧 (cerviño) 等主要商人，佔有了從西班牙人手中奪來的權力，他們有可能購買英國絲綢和刀具、盧維埃的精紡毛料、法蘭德斯的花邊、瑞士馬刀、荷蘭的杜松子酒、威斯法利亞的火腿和漢堡的雪茄。阿根廷則出口皮革、動物脂肪、骨頭和醃肉。布宜諾斯的牧業主靠自由貿易擴大市場 (註 13)。英國駐拉普拉塔地區的領事伍德拜因‧帕里什於 1837 年描述大草原健壯的高卓人時這樣寫道：「拿出他所有的衣物，看看他周圍的一切用品，除了皮革製品以外，有哪一樣東西不是英國貨？如果他的妻子有一條裙子，十之八九是曼徹斯特的產品。他們做飯用的爐子或鍋，吃飯用的瓷碗，他們的刀具、馬刺、馬嚼子和身上披著的彭喬，都是來自英國的舶來品。」甚至連鋪路用的石料 (註 14)，阿根廷也從英國進口。

大概在同一時期，美國駐里約熱內盧大使詹姆斯‧韋布說：「在巴西所有的莊園，雇主及奴隸穿戴的，都是自由勞動者所生產的物品，其中90% 為英國貨。英國向巴西提供改善國內經濟所需要的全部資金，還為巴西生產大於鋤頭的所有日用品，以及從大頭針到最昂貴衣物的所有奢侈品或實用品。英國瓷器、玻璃器皿、鐵器和木製品，和毛料及棉織品一樣普及。英國向巴西供應蒸汽機船和帆船，為巴西築路鋪地、整修街道，向城市提供煤氣照明服務，在巴西修鐵路、開礦山、開銀行，架設電話線、經營郵電業務，替巴西生產傢俱、發動機、車廂……」(註 15) 自由進口使港口商人欣喜若狂。在那些年代裡，巴西甚至進口裝飾已畢、即可入殮的棺材、馬鞍、水晶燭台、淺口鍋和冰鞋。在炎熱的熱帶沿海地區，冰鞋毫無用處。雖然巴西當時尚無紙幣，它照樣進口錢夾，另外巴西還進口數字計算工具，進口數量之大令人難以理解。（註16）1810年簽訂的《貿易和航海協定》規定，英國商品進入巴西的稅率低於葡萄牙商品的進口稅率。協定的葡萄牙文本譯得極其草率，比如英文的「政治」一詞，譯成葡文時竟成了「警察」。（註17）英國人在巴西享有特別司法權，他們不受巴西法律的轄制，也就是說巴西是「大不列顛經濟帝國的非正式成員」。（註18）

　　十九世紀中葉，瑞典一位旅遊者來到瓦爾帕萊索，他親眼目睹智利在自由貿易刺激下，揮霍浪費和大講排場的情景，他撰文寫道：「提高社會地位的唯一途徑是：聽從巴黎時裝雜誌的高見，穿黑色長禮服，使用有關的各種成套用品……夫人買一頂華麗的帽子，便會感到自己成了一名道地的巴黎女郎，而丈夫繫上了一條筆挺的高級領帶，便覺得自己攀上了歐洲文明的頂峰。」（註19）三、四家英國公司控制了智利銅的市場，他們從斯旺西、利物浦和加的夫銅廠的利益出發，操縱市場銅價。1838年英國總領事向其政府報告智利銅出口「奇蹟般增長」的情況時講道：「智利出口的銅雖然不是全部，但主要是用英國船來運輸，或通過英國人轉手銷售。」（註20）英國商人壟斷了聖地牙哥和瓦爾帕萊索的貿易，從重要性上看，智利是英國產品在拉丁美洲的第二大市場。

　　發展起來的拉丁美洲各大港口，是把從地面和地下開發出來的財富運往遙遠的權力中心的中繼站，它們成為征服和統治所屬國家的工具，又是揮霍國民收入的溢洪道。所有的港口和首都希望自己像巴黎或倫敦，而在它們的背後卻是沙漠。

貿易保護主義和自由貿易在拉丁美洲：盧卡斯·阿拉曼短暫的飛騰

拉丁美洲市場的擴大，加速了資本在英國工業溫床上的積累。很多年以前，大西洋已成為世界貿易的軸心，英國人善於利用島國港口眾多、地處波羅的海與地中海航線中段，並面向美洲沿海地區的有利位置。英國正在組織一個世界性體系，把自己變為一個不可思議的、負責全球供應的工廠，它的原料來自世界各地，加工後的產品再傾銷全球。英帝國擁有當時世界上最大的港口和最強大的金融機構，其貿易專業化水準最高，壟斷了世界保險業和海運業，並控制了國際黃金市場。德國海關聯合會創始人弗里德里希·李斯特（Friederich List）曾指出，自由貿易是大不列顛主要的出口產品（註21）。英國人對關稅壁壘最為惱火。他們有時就用血與火使人們知道這一點，對中國發動鴉片戰爭就是一例。**當英國確信自己無比強大，並在歐洲最嚴厲的貿易保護主義法律的保護下，發展了本國紡織工業以後，市場自由競爭才變成英國發現的天理。在艱苦創業的初期，即在英國工業尚未走運時，一旦查出英國公民出口未加工的羊毛，就要判處斷右手的刑罰，倘若再犯，則處以絞刑。在教堂區，牧師證明裡屍布是國貨之前，禁止下葬。**（註22）

馬克思指出：「在任何個別國家內的自由競爭所引起的一切破壞現象，都會在世界市場上以更大的規模再現出來。」（註23）就是在這態勢下，拉丁美洲加入了英國的軌道，進而確立了新獨立國家的依賴性。當它們脫離這一軌道，便投身美國的軌道。商品和用於付款的貨幣的自由流通以及資本的轉讓造成了令人震驚的後果。

在墨西哥，比森特·格雷羅（Vicente Guerrero）於 1829 年上台執政是

「依靠被大政客洛倫索・德薩瓦拉(Lorenzo de zavala)鼓動起來的手工業工人的絕望情緒。他鼓動飢餓不堪、絕望的人群衝進帕里安(Parián)擺滿英國貨的商店」。(註24)也許由於格雷羅不願意,又或者是不能夠阻擋歐洲商品的大量進口,他當權時間很短,勞動群眾對他的下台無動於衷。查韋斯・奧羅斯科說道:「在獨立以前,特別是在歐洲戰爭時期生活有些富裕的城市手工業者,由於進口大量的歐洲商品而在失業中呻吟。」墨西哥工業既缺乏資金、充足的勞動力和現代化的技術,又沒有建立合適的體系,沒有交通幹道,也沒有開往市場和物資供應點的運輸工具。阿隆索・阿吉拉爾說道:「墨西哥唯一綽綽有餘的,也許是形形色色的干涉、限制和羈絆。」(註25)正如洪堡所指出,儘管如此,在海運中斷或遇到困難使外貨處於停滯狀態的時候,墨西哥的工業得以復甦,開始生產鋼材,並開始使用鐵和汞。隨獨立而來的自由貿易給英國王室增添了財富,而給墨西哥城、普埃布拉和瓜達拉哈拉帶來的是紡織和冶金工業的癱瘓。

盧卡斯・阿拉曼(Lucas Alemán)是一位才幹出眾的保守派政治家,他及時提醒說,亞當・斯密的思想中,含有對民族經濟有害的成分。為了推動工業化進程,身為部長的阿拉曼支持創建國家銀行,即阿維奧銀行(Banco de Avio)。對外國棉紡織品徵稅,將使墨西哥有資金可以在國外購買所需要的機器和技術,以便生產供應本國的棉紡織品。墨西哥有原料,有比煤便宜的水力資源,並能夠很快地培養出素質很好的工人。阿維奧銀行創建於 1830 年,不久之後,歐洲最好的工廠生產的最現代化的棉紡織機運抵墨西哥。此外,該國政府還聘用外國紡織專家。1844 年,普埃布拉的大棉紡廠生產了一百四十萬條厚棉毯。全國新形成的工業生產能力大於國內的需求。在「不平等王國」裡,在很大程度上由飢餓的印第安人構成的消費市場,不能使如此迅速發展的生產持續下去。為打碎遺留下來的殖民體制而做的努力撞上了這面堅壁。

　　然而，在 1840 年左右墨西哥的紡織工業已相當現代化，各紡織廠的紗錠按平均數計算，高於美國紡織廠。十年之後，擁有紗錠的比例顛倒了過來，而且相差甚遠。政治不穩定、英、法商人及其有權勢的墨西哥同夥的壓力以及早已被礦業和莊園經濟鉗制住的小得可憐的國內市場，使墨西哥這一成功的經驗受挫。1850 年以前，墨西哥紡織工業已經停滯不前。**(註 26)** 阿維奧銀行的創始人擴大了銀行的業務範圍，該銀行倒閉時，貸款對像包括毛紡織廠、地毯廠、煉鐵廠和造紙廠。安圖尼亞諾 (Esteban de Antuñano) 甚至認為，墨西哥需要盡早建立本國的機器製造業，「**以對付歐洲的利己主義**」。阿拉曼和安圖尼亞諾在工業時期的最大貢獻在於兩人都恢復了「政治獨立和經濟獨立」的一致性，「**主張惟有大力促進工業，才是對付強大的、富於侵略性國家的唯一自衛途徑**」**(註 27)**。阿拉曼後來成為工業家，他開辦了當時墨西哥最大的、迄今依然存在的一家紡織廠──科科拉潘 (Cocolapan) 紡織廠，並將工業家們組織起來，成為對歷屆主張自由貿易的政府施加壓力的集團 **(註 28)**。但是，作為保守黨人和天主教徒，阿拉曼沒能提出土地問題，因為他本人感到自己在思想上與舊秩序聯繫在一起。同時他也沒有意識到，在存在著大莊園和普遍貧窮的國家，工業的發展會因沒有可依靠的支柱而注定要落空。

起義隊伍和胡安・曼努埃爾・羅薩斯死後繼續存在的仇恨

　　貿易保護主義與自由貿易的鬥爭，即國家與港口的鬥爭，這就是上一個世紀燃燒在阿根廷內戰幕後的烈火。布宜諾斯艾利斯在十七世紀只不過是一個有四百戶人家的大村莊，但自五月革命和獨立以後，這個城市控制了全國。當時它是全國唯一的港口，所有的進出口貨物都無可奈何地必須通過這裡。港口霸權給全國帶來的畸形發展，今天已明顯地暴露出來，那就是包括郊區在內，首都人口竟佔全國人口的三分之一以上，而且首都對各省還進行不同形式的盤剝。在那個時代，布宜諾斯艾利斯壟斷著關稅收入、銀行業務和貨幣發行，它以犧牲內地各省為代價迅速發展起來。布宜諾斯艾利斯的收入幾乎全部來自被其據為己有的海關收入，而這筆收入的一半以上用於支付反對各省的戰爭費用，因此可以說，各省「繳稅以尋毀滅」。（註29）

在 1810 年建造的布宜諾斯艾利斯貿易大廈裡，英國人用望遠鏡監視商船的動向，向港城居民供應精紡毛料、人造花、花邊、雨傘、紐扣和巧克力，與此同時，英國生產的彭喬和馬鐙如潮水般湧進阿根廷內地。要想瞭解當時國際市場如何重視拉普拉塔河流域的皮革，就必須回首當時的年代。那時，塑料製品和合成纖維材料非但沒有問世，即使在化學家的腦海裡也未曾有過這方面的任何設想。肥沃的沿海平原比任何地方都更加宜於進行大規模的畜牧業生產。1816 年，人們發現鞣皮時加砷就可以長期貯存畜皮。此外，醃製場生意興隆，成倍增加。巴西、安地列斯群島和非洲的市場向進口的乾醃肉敞開了市場的大門。

隨著切成片的乾醃肉逐步贏得外國消費者的青睞，阿根廷消費者都注意到了一些變化。一方面對在國內消費的肉徵稅，一方面減免肉製品出口稅。短短幾年，牛犢價格上漲了三倍，牧場也越來越貴。高卓人習慣於在不設鐵絲網的彭巴大草原（Región pampeana）上隨意捕捉牛犢吃。他們只吃牛脊肉，其他部位的肉一概扔掉，而唯一的義務是將牛皮交還給牧場主。現在情況變了，重新組織生產意味著遊牧的高卓人要屈服於奴性十足的新規定，即 1815 年頒布的一項法令規定，農村凡是無財產者都將被認為是傭人，他們必須持有其主人每三個月簽字一次的證明。要嘛，當傭人；要嘛，當無業遊民，而當局強行招募無業遊民去充當邊防軍（註30）。曾經在軍隊裡為國賣命的勇猛的本地人淪為賤民、窮苦的短工或守護小堡壘的大兵；要嘛，起身反叛，舉起長矛，投身到起義的大漩渦中去（註31）。這些除了榮譽和勇氣以外一無所有的不合群的高卓人成為騎兵的衝鋒隊，他們多次策馬迎戰布宜諾斯艾利斯派來的裝備優良的正規軍。資本主義牧場出現在沿海潮濕的大草原，使全國忙於出口皮革和肉，並和布宜諾斯艾利斯自由貿易港的獨裁攜手前進。在率領本地人同與世界市場聯繫在一起的商人和地主作戰的領導人中，烏拉圭的何塞·阿蒂加斯，在被擊敗和遭流放之前，一直是最有影響的一位領導人。許多年之後，費利佩·巴雷拉（Felipe Varela）仍然能在阿根廷北部發起一場大規模的起義，因為正如他在宣言中所說：「一個外省人，等於是一個沒有祖國、沒有自由、沒有權利的乞丐。」他所領導的起義在整個內地獲得巨大反響。他是最後一位起義者，1870 年，他在窮苦中死於結核病（註32）。直到不久以前，學校教授的阿根廷史中，還稱阿蒂加斯是土匪，而巴雷拉這位「美洲聯盟」的捍衛者，至今仍被稱作強盜。「美洲聯盟」是一項旨在恢復支離破碎的「大祖國」的計劃。

費利佩·巴雷拉出生在卡塔馬卡山區一個邊遠的小村莊，他痛心地目睹了狂妄和遙遠的布宜諾斯艾利斯港如何使本省破產和貧窮。1824 年底，當巴雷拉三歲時，卡塔馬卡省政府無力支付該省派往布宜諾斯艾利斯參加立憲議會的代表們的費用。密西昂奈斯、聖地牙哥·德爾埃斯特省和其他一些省份也面臨相同的窘境。卡塔馬卡省眾議員曼努埃爾·阿塞維多

（Manuel Antonio Acevedo）揭露了因外國產品競爭而帶來的「令人憎惡的變化」，他說道：「一個時期以來，卡塔馬卡手足無措地看到其農產品售價低於生產成本；在工業方面，消費狀況不足以刺激工業的發展及生產者的積極性，而貿易則幾乎沒人過問。（註33）」1830 年，科連特斯省議員佩德羅‧費雷（Pedro Ferré）准將在概述他所支持的貿易保護主義可能帶來的影響時說：「是的，毫無疑問，貿易保護主義將給一小部分財主帶來煩惱，因為美酒佳釀將從他們的餐桌上消失⋯⋯對生活不很寬裕的各階層人士來說，他們平常飲用的葡萄酒和白酒將不會受到很大影響，只是價格上有一些差別，消費量將有所減少，我認為這並沒有多大害處。我們的同胞將不穿戴英國彭喬，不使用英國生產的鐵球和套索。我們將不穿戴外國生產的服裝和其他我們能夠自給的衣物，而阿根廷老百姓卻將不再像過去那樣不幸，我們也不會因老是想到他們如此令人可怕的貧困而受折磨。（註34）」

胡安‧曼努埃爾‧羅薩斯（Juan Manuel de Rosas）政府在 1835 年頒布了一項具有明顯保護主義色彩的海關法。這是為重振遭戰爭肢解的民族團結而邁出的重要的一步。該法律禁止進口鐵和馬口鐵製成品、馬具、彭喬、腰帶、棉或毛質束腹帶、床褥、農產品、車輪、動物脂肪做的蠟燭以及梳子，並對進口的車輛、鞋子、各種帶子、服裝、鞍具、乾果和含酒精飲料徵收很高的關稅。另外，凡是用懸掛阿根廷國旗的船運輸的肉產品概不收稅。與此同時，大力發展本國的皮革製品廠和煙草種植業。這些措施取得了立竿見影的效果。直到 1852 年導致羅薩斯垮台的卡塞羅戰役（Batalla de Caseros）之前，在內河裡航行的都是科連特斯和聖菲造船廠製造的大小船隻，布宜諾斯艾利斯已有一百多家欣欣向榮的工廠，科爾多瓦和圖庫曼生產的紡織品和鞋子、薩爾塔的香煙和工藝品、門托薩和聖胡安的葡萄酒和白酒，均受到遊客們的一致讚譽。圖庫曼的細木傢俱銷往智利、玻利維亞和秘魯。（註35）海關法頒布十年以後，英、法戰艦用炮火炸開了設在巴拉那河裡的鏈條，打開了被羅薩斯嚴密封鎖的阿根廷各條內河的航線。緊隨著侵略而來的就是封鎖。一千五百名銀行家、商人和工業家在約克郡、利物浦、曼徹斯特、利茲（Leeds）、哈利法克斯（Halifax）和布拉德福德（Bradford）等工業中心的十份請願書上簽名，要求英國政府採取措施對付拉普拉塔河上的貿易限制。

儘管在海關法的照耀下阿根廷的民族工業取得了一些進步，但在封鎖面前，它無法滿足國內需求這一局限性便暴露無遺了。實際上，貿易保護主義自1841年起不是趨於加強，而是趨於消沉。在當時，阿根廷不存在、也沒有誕生一個能使真正的、有活力的民族資本主義得到發展的工業資產階級，而羅薩斯比任何人更能代表布宜諾斯大醃製廠廠主的利益，於是大莊園佔據了國家經濟生活的中心。不摧毀出口型莊園的至高無上的權力，就不可能獨立地、生氣蓬勃地實施任何一項工業政策。從本質上看，羅薩斯一直忠於他所屬的階級。他是「**全省最血勇之士**」（註36），擅長彈吉他和跳舞，是優秀的馴馬師，在無星光的暴風雨之夜，他口嚼幾葉小草，即可辨明方向。他是生產牛肉乾和畜皮的大牧場主，地主們推舉他為他們的首領。後來，為詆毀羅薩斯而編造出來的那些惡毒的傳聞，不能抹殺羅薩斯政府大多數措施的民族性和人民性（註37）。但是，用階級矛盾的觀點就可以解釋，在以牧場主首領為首的政府裡，為什麼除了海關「手術」外，沒有一項生氣勃勃的、持久的工業政策。

這不能歸咎於內戰和外國封鎖所引起的不穩定和貧困，因為，正是在二十年前，在革命遭到圍攻的漩渦之中，何塞·阿蒂加斯把進行深刻的土地改革同貫徹工業化和經濟整合政策結合在一起。比維安·特里亞斯在

一本內容豐富的著作中（註38），把羅薩斯的貿易保護主義與阿蒂加斯在
1813 年至 1815 年之間為使拉普拉塔總督領地獲得真正獨立而在東岸採取
的措施加以比較。羅薩斯沒有禁止外國商人在國內市場經商，也沒有將繼
續被布宜諾斯艾利斯強奪走的關稅歸還政府，更沒有結束一港專制。與此
相反，如同土地問題一樣，國內市場國有化和打破布宜諾斯艾利斯對港口
和海關的壟斷也是阿蒂加斯政策的基本內容。阿蒂加斯曾希望內河航行自
由，但羅薩斯從未為各省打開那一把通向海外貿易的大鎖。從實質上看，
羅薩斯也一直忠於他那享有特權的省。儘管有這些局限性，「藍眼睛的高
卓人」的民族主義和民眾主義思想，在阿根廷統治階級內部繼續引起仇
恨。根據 1857 年頒布，迄今仍有效的一項法律，羅薩斯仍然是一位「損
害國家利益的罪人」，阿根廷至今仍然不同意將現埋在歐洲的羅薩斯的遺
骨遷回國內安葬。羅薩斯在國內是一位凶手的形象。

　　在戰勝了羅薩斯的異端邪說後，寡頭政府又找到了歸宿。1858 年，
農業展覽會領導委員會主席在展覽會開幕式上聲稱：「我們尚處於幼年時
期，所以應該滿足於將我們的產品和原料運往歐洲，請他們加工後再通過
他們強大的代理商交還給我們。歐洲需要的是原料，目的是將它們加工成
高級的設備。」（註39）

　　在多明戈·薩米恩托（Domingo Faustino Sarmiento）和其他一些自
由派作家的眼裡，農民起義隊伍只不過是野蠻、落後和無知的象徵，已
過了時的田園式的農村面對著城市所代表的文明，也就是彭喬和奇利帕
（Chiripá）（農民的一種服裝，實際上是把一塊布圍在腰上，然後將後
部從兩腿中間掏到前面結起來，弄成褲子狀。—譯註）面對長禮服，長矛
與大刀面對正規軍，文盲面對學校。（註40）1861 年薩米恩托在給米特雷
的信中寫道：「您不必珍惜高卓人的鮮血，這是他們唯一具有人味的東西。

我們要使他們的鮮血成為對國家有用的肥料。」薩米恩托的這種蔑視和仇恨暴露出對自己國家的否定。當然，這種否定也反映在他的經濟政策上。他斷言：「我們既不是實業家又不是航運家，在今後許多世紀裡，歐洲將用他們的機器來換取我們的原料。」（註41）巴托洛梅‧米特雷（Bartdomé Mitre）總統自 1862 年起發動了一場戰爭，以摧毀內陸各省勢力及在那裡倖存的最後幾位首領。薩米恩托被任命為這場戰爭的指揮，部隊向北進發去屠殺被稱為「奸詐的兩條腿動物」的高卓人。在拉里奧哈省（La Rioja），統帥平原的佩尼亞諾薩（Peñaloza），是抵抗港口統治的最後幾個堡壘人物之一，他的影響，已擴展到門托薩和聖胡安，於是，布宜諾斯艾利斯認為到了該結束他的時候了。他的頭被砍下來，並懸掛在奧爾塔廣場中央示眾。鐵路和公路的出現使從 1810 年革命就開始衰敗的拉里奧哈省徹底破產。自由貿易引起了該省手工業的危機，並加深了這一地區的長期貧困。到了二十世紀，拉里奧哈省的農民逃離了他們在山區或平原的村莊，南下到布宜諾斯艾利斯去賣苦力，但他們同來自其他省的窮苦農民一樣，只能走到城市的邊緣地區。他們在郊區和貧困村的七十萬人住在一起，勉勉強強地以大都市宴席的殘湯剩羹為生。幾年前，社會學家們這樣問拉里奧哈一個村莊裡剩下的一百五十人：「在那些曾經出走、現在回來探親的人身上，你們注意到什麼變化沒有？」留下的村民懷著羨慕之情指出，布宜諾斯艾利斯改變了那些人的服飾、舉止和說話的方式。有些人甚至覺得回來的人的皮膚比原先「更白」。（註42）

三國聯盟反對巴拉圭的戰爭
扼殺了獨立發展唯一成功的經驗

與我同行的人一聲不吭地坐在我身旁。正午強烈的陽光襯托著他的側影：尖尖的鼻子、高高的顴骨。我們從南部邊境出發，乘坐一輛定員為二十人但不知怎麼竟載了五十人的公共汽車到亞松森（Asunción）去。幾小時以後，我們停車休息。在一塊寬敞的空地上，我們坐在一棵枝繁葉茂的大樹下。映入我們眼簾的是一片耀眼的、廣闊而荒無人煙的紅色處女地。沒有任何東西攪亂巴拉圭透明的空氣。我們吸起煙來。我的同伴是說瓜拉尼語（guarani）的農民，結結巴巴地用西班牙語說了幾句傷心話：「我們巴拉圭人很窮，人口也少。」他告訴我，他曾南下到恩卡納西翁（Encarnacion）找工作，但沒能如願，勉勉強強湊了幾個比索買回程車票。很久以前，當他還是個小伙子的時候，曾到布宜諾斯艾利斯和巴西南部去碰運氣。眼下棉花採摘季節即臨，巴拉圭不少臨時工如同往年一樣，紛紛向阿根廷進發。「可是我已經六十三歲。我的心臟已經受不了過度的勞累了。」

近二十年來，離開自己的祖國再不復返的巴拉圭人達到五十萬人。**貧窮促使人民移居國外，而在一個世紀以前這是南美洲最富裕的國家**。巴拉圭現有人口不到上一個世紀人口的兩倍，它和玻利維亞是南美洲最貧窮、最落後的兩個國家。一場毀滅性的戰爭給巴拉圭人民帶來無窮的惡果。這場戰爭是拉丁美洲史中最卑鄙的一章，它被稱之為三國聯盟之戰。巴西、阿根廷和烏拉圭應對這場種族滅絕負責。他們使巴拉圭片瓦不全，瓦礫中男丁無存。雖然英國沒有直接參與這一令人毛骨悚然的偉業，但是，在這場反對巴拉圭的罪惡戰爭中，受益的是英國的商人、銀行家和實業家。三國的侵略自始至終得到倫敦銀行、巴林兄弟銀行（La casa Baring Brothers）和羅思柴爾銀行（Banca Rothschild）提供的貸款，極不公平的利息威脅著戰勝國的命運。（註43）

在被毀滅以前，巴拉圭一直作為一個例外而屹立在拉丁美洲，它是外國資本唯一沒能使之畸形發展的國家。長期以鐵腕統治巴拉圭的加斯帕爾·弗朗西亞獨裁政府（Gaspár Rodríguez de Francia）（1814—1840年），在與世隔絕的情況下，使經濟取得了自主、持續的發展。權力至高無上、實行家長式統治的政府，佔據了當時尚未產生的民族資產階級的位置，負責組織國民、管理國家的資源和掌握國家的命運。德弗朗西亞依靠巴拉圭農民群眾打敗了寡頭集團，並靠與原屬拉普拉塔總督區的其他國家嚴格隔離的辦法，取得了國內的和平。徵用、流放、監禁、迫害和罰款，不是用於鞏固地主和商人在國內的統治而是用來消滅這種統治的工具。當時沒有、以後也沒有政治上的自由和反對派的權利。不過，在那個歷史階段，只是那些懷念丟失特權的人才會感到缺乏民主。當德弗朗西亞去世時，巴拉圭沒有大財主，巴拉圭是當時拉美唯一沒有乞丐、饑民和小偷的國家。（註44）當時的旅客發現，在因連綿戰火而動亂不安的這一地區，巴拉圭是一塊寧靜的綠洲。美國代理人霍普金斯（Hopkins）1845年向他的政府報告：在巴拉圭「沒有一個兒童不會讀書寫字……」巴拉圭也是當時唯一不必將目光盯住在大洋彼岸的國家。外貿在國家生活中並不佔主導地位。自由主義理論反映了要把各國市場在全球範圍內連接在一起的思想，但這個理論無法回答從十九世紀初巴拉圭由於地處內陸，不得不面對向內發展而提出的各種挑戰。寡頭集團的垮台，使國家有可能掌握基本的經濟實力，可以實施這一閉關自守、立足國內發展的政策。

隨後，由卡洛斯·洛佩斯（Carlos Antonio López）及其子索拉諾·洛佩斯（Francisco Solano López）分別執政的政府繼續了這一任務，並使它更有生命力。經濟蓬勃發展。到 1865 年，當侵略者出現在地平線時，巴拉圭已經擁有一條有線電報線路、一條鐵路和一大批生產建築材料、紡織品、本色棉布、彭喬、紙、墨、陶瓷器皿和炸藥的工廠。政府高薪聘請的二百餘名外國技術員所提供的合作具有決定性意義。從 1850 年起，伊比庫伊（Ibycui）鑄造廠開始生產各種口徑的大炮、迫擊炮和炮彈。亞松森軍工廠生產銅炮和炮彈。與其他所有基本的經濟活動一樣，全國的鋼鐵工業也掌握在政府手中。巴拉圭擁有一支國家商船隊，在那些掛著巴拉圭國旗航行在巴拉那河，或穿越大西洋和地中海的商船中，有好幾艘是亞松森造船廠建造的。

政府實際上壟斷了對外貿易。巴拉圭茶葉和雪加供應南美洲大陸，向歐洲出口珍貴的木材。貿易順差相當可觀。巴拉圭貨幣堅挺、穩定，政府擁有充足的資金進行巨額公共投資，而不必依賴外國資本。巴拉圭沒有任何外債，但它仍然有條件維持南美洲第一流的軍隊和僱用願為巴拉圭效力的英國技術人員，而不是使巴拉圭為他們服務，還能選送一些年輕的巴拉圭大學生到歐洲去進修。農業生產帶來的經濟盈餘沒有被已不存在的寡頭集團胡亂揮霍掉，沒有流入中間商的腰包，沒有落入放債人的魔掌，也沒有匯入英帝國靠海運業和保險業所獲得的利潤之中。巧奪他人財產的帝國主義沒有奪走巴拉圭的財富。巴拉圭百分之九十八的土地為國家所有，政府允許農民開墾土地，而農民的義務是在此定居，長期耕種開墾的土地，但他們無權出賣所開墾的土地。另外，巴拉圭還有六十四個屬於國營牧場。水庫和渠道等灌溉工程以及新建的橋樑和道路，為提高農業生產率做出了重要的貢獻。被殖民者放棄了的印第安人一年兩熟的生產傳統得到恢復。毫無疑問，耶穌會教徒傳統的獻身精神為這一發展進程提供了便利。

（註 45）

巴拉圭政府對民族工業和國內市場採取認真的貿易保護主義政策，並於 1864 年大力加強此政策。國內的河流不對在南美洲到處傾銷曼徹斯特和利物浦產品的英國商船開放。**英國商人無法掩飾他們的不安，這不僅僅是因為無法攻破那存在於美洲大陸心臟地區的最後一股民族抵抗堡壘，更重要的是因為巴拉圭經驗的榜樣力量在危險地影響著它的鄰國。拉丁美洲最進步的國家，在不靠外國投資、不靠英國銀行貸款，也不靠自由貿易賜福的情況下在建設著自己的未來。**

但是，隨著這一進程的發展，巴拉圭越來越尖銳的感到必須打破禁閉狀態。工業發展需要與國際市場和先進技術發生更密切更直接的聯繫。從客觀上來說，巴拉圭被阿根廷和巴西封鎖著，兩國可以像以往里瓦達維亞（Rivadavia）和羅薩斯政府那樣，封鎖河口，或者隨心所欲地確定向巴拉圭貨船徵收的過路稅，卡住巴拉圭的咽喉。另一方面，對巴拉圭的鄰國來說，結束這個國家因自給自足和不願在英國商人面前卑躬屈膝所引起的風波，是鞏固寡頭政權的必不可少的條件。

英國駐布宜諾斯艾利斯大臣愛德華·桑頓（Edward Thornton）積極參與備戰。在戰爭爆發前夕，他作為阿根廷政府顧問，坐在巴托洛梅·米特雷總統身邊參加阿根廷內閣會議。在桑頓的關注下，策劃了各種挑釁和騙局，並最後簽署了決定巴拉圭命運的阿根廷—巴西協定。繼兩大鄰國干涉之後，貝南西奧·弗洛雷斯（Venancio Flores）入侵了烏拉圭，在派桑杜（Paysandú）大屠殺之後，他在蒙德維多建立了追隨里約熱內盧和布宜諾斯艾利斯的政府。三國聯盟開始行動。巴拉圭總統索拉諾·洛佩斯（Francisco Solano López）曾威脅說，如果有人染指烏拉圭，他將發動戰爭。他很清楚，由於地理條件的限制和敵人的包圍，敵人正用鐵鉗子夾住巴拉圭的咽喉。歷史學家、自由派人士埃弗拉因·卡多索（Efraím

Cardózo）毫不客氣地認為，索拉諾・洛佩斯總統之所以與巴西對抗，是因為巴西皇帝拒絕把女兒嫁給他，使他感到屈辱。衝突日漸升溫，但這是墨丘利（羅馬神話中掌管貿易、道路等的神。—譯註）之事，與愛神丘比特無關。

布宜諾斯艾利斯新聞媒介稱巴拉圭總統洛佩斯為「美洲的匈奴王阿堤拉」，報紙發表的社論呼籲「必須像殺死一條蛇那樣殺死洛佩斯」。桑頓於 1864 年 9 月給倫敦一份標明發自亞松森的長篇秘密報告。在報告中，他像但丁描述地獄那樣描寫了巴拉圭，描述的重點恰如其分。他寫道：「巴拉圭幾乎對所有的進口商品按價徵收 20% 或 25% 的進口稅，但由於商品價是按一般價格計算的，實際繳付的進口稅往往達到發貨票總價的 40% 或 45%。出口稅則為出口商品價的 10% 至 20%……」

1865 年 4 月，在布宜諾斯艾利斯出版的英文日報《標準報》慶祝阿根廷向巴拉圭宣戰，稱巴拉圭總統「違犯了文明國家遵循的慣例」，並預言阿根廷總統米特雷的戰劍，「在勝利的進程中，除了帶著以往的榮譽外，還將帶著公眾輿論對這一正義事業的強勁的支持」。1865 年 5 月 10 日，阿根廷、巴西和烏拉圭簽署了三方協定。一年後，英國《泰晤士報》把該協定殘酷無情的條文公佈於眾，協定文本是從貸款給阿根廷和巴西的銀行家那裡獲得的。在協定中，未來的三個戰勝國事先瓜分了戰敗國。協定保證阿根廷獲得整個密西昂奈斯和廣袤的查科地區，巴西吞併從其邊境以西的一大片土地。而烏拉圭這個由兩個大國操縱的傀儡政府，一寸土地也沒得到。

米特雷宣佈三個月奪取亞松森，但是戰爭持續了五個年頭。這是一場沿逐段守衛巴拉圭河的堡壘進行的屠殺。「可恥的獨裁者」索拉諾・洛佩斯，英勇地體現了全民族要求生存的意志；半個世紀以來未曾受戰爭踐踏的巴拉圭人民與他共患難。男女老少英勇參戰，勇猛如獅。被俘的傷員自己扯掉繃帶，以免敵人強迫他們去打自己的同胞。1870 年，洛佩斯率領一支幽靈部隊進入密林，部隊由老人和孩子組成，孩子們戴著假鬍鬚以迷惑遠處的敵人。侵略軍洗劫了已成廢墟的亞松森。當巴拉圭總統在科拉密林深處被子彈和長矛殺害的時候，他只來得及說了這樣一句話：「**我與我的國家同亡！**」是的，巴拉圭隨他而滅亡。在此以前，索拉諾·洛佩斯下令槍斃自己的兄弟和一位主教，他們倆參加了這支走向死亡的部隊。侵略者聲稱是來拯救巴拉圭人民，實際上是消滅了巴拉圭人民。戰爭伊始，巴拉圭人口略少於阿根廷。到 1870 年，只倖存二十五萬人，不足原人口的六分之一。這就是文明的勝利。因戰爭的巨額開支而破產的戰勝國，落入資助它們進行戰爭冒險的英國銀行家之手。然而，彼得二世奴隸制帝國部隊的兵員是奴隸和犯人，他得到了六萬多平方公里的領土和許多勞動力，因為許多巴拉圭戰俘作為奴隸被送到聖保羅咖啡種植園去勞動。

阿根廷的米特雷總統曾消滅了國內主張聯邦制的所有首領，這場戰爭後，阿根廷佔據了巴拉圭九萬四千平方公里的領土，還得到其他戰利品，米特雷總統本人曾寫道：「**我們將按商定的辦法瓜分戰俘和其他戰利品。**」在烏拉圭，繼承阿蒂加斯事業的人，有的已去世了，有的被打敗了，由寡頭集團當政。作為小夥伴參戰的烏拉圭，沒得到什麼犒勞。一些被派往參加對巴拉圭作戰的烏拉圭士兵是被綁著雙手登上戰船的。三國財政破產了，這加深了它們對英國的依賴性。巴拉圭大屠殺給三國留下了永久的烙印。（註46）

巴西完成了英帝國自從英國人將葡萄牙王室遷至里約熱內盧時交給它的使命。十九世紀初，坎寧給英國大使斯特蘭福特（Strangford）勳爵的指令十分明確：「**使巴西成為英國向整個南美洲銷售產品的貿易中心。**」

在發動戰爭前不久，阿根廷總統為國內新修建的一條英國鐵路剪綵並發表了情緒激昂的講話，他說道：「是什麼力量推動了這一進程？先生們，是**英國資本！」巴拉圭被打敗後，不僅人口消失了，關稅、冶煉爐、對自由貿易不開放的河流、獨立自主的經濟和大片領土也隨之喪失**。戰勝國在因掠奪而縮小的戰敗國內實行自由貿易（Alfredo Stroessner），建立大莊園。一切都被搶光，一切都被賣光：土地、森林、礦藏、茶園、校舍等。隨後，在外國佔領軍的扶植下，一個又一個傀儡政府在亞松森先後登場。戰爭剛結束，巴拉圭歷史上第一筆外國貸款即降臨到巴拉圭煙霧瀰漫的廢墟上，當然，這是一筆英國貸款。貸款總額標明為一百萬英鎊，但巴拉圭拿到手的遠遠不足總額的一半。以後幾年，英國繼續投資，使巴拉圭欠債高達三百多萬英鎊。1842 年，鴉片戰爭以簽署南京自由貿易條約而告結束，這一條約賦予英國商人將毒品任意運進中國境內的權利。巴拉圭戰敗後也保證允許自由貿易。巴拉圭不再種棉花，曼徹斯特摧毀了巴拉圭的紡織業，從此，巴拉圭的民族工業再也沒能復甦。

今日統治巴拉圭的紅黨隨意用英雄們的事蹟來營私牟利，但是，有二十二名曾背叛洛佩斯將軍的叛徒在紅黨的建黨文件上簽名。他們是為巴西佔領軍效力的「軍團士兵」。十五年來將巴拉圭變成一座大集中營的獨裁者阿爾弗雷多·斯特羅斯納（Alfredo Stroessner）是在巴西學習的軍事專業。他回國時，巴西將軍給予他高分和美譽：「前途無量……」在其統治期間，斯特羅斯納為巴西及其美國主子的利益效力，清除了近幾十年來在巴拉圭占主導地位的英國和阿根廷勢力。從 1870 年起，為了吞併而「解放」了巴拉圭的巴西和阿根廷，輪流掠奪戰敗國，但是他們也同樣遭受每個時期最強的帝國主義國家的欺凌。巴拉圭同時遭到帝國主義和次帝國主義的欺凌。過去，在巴拉圭接連當附屬國的過程中，英帝國是這一鏈條中最大的一環。現在，美國知道位於南美洲中心的巴拉圭在地緣政治上的重要性，把無數顧問派往巴拉圭，在那裡訓練和指導武裝力量、制定經濟計劃、為所欲為地改造大學、為巴拉圭發明了民主的新政治模式並用提供高價貸款酬答當局殷勤的服務。（註47）巴拉圭又是殖民地的殖民地。斯特羅斯納政府以要進行土地改革為藉口，裝出漫不經心的樣子，廢除了禁止將陸地邊境地區的土地賣給外國人的法令。今天，甚至國家的土地也落入了巴西咖啡莊園主的手中。侵略的浪潮在與說葡萄牙語的地主為伍的總統的默許下越過巴拉那河。我手持印有被戰勝的索拉諾·洛佩斯將軍頭像的鈔票來到巴拉圭東北部游離不定的邊境，發現那兒只能用印有得勝皇帝彼得二世肖像的鈔票。一個世紀以後，三國聯盟戰爭的結果導致了嚴酷的現實。巴西衛兵要求巴拉圭公民在巴拉圭旅行時出示護照。在巴拉圭，國旗和教堂都是巴西的。巴西在陸地上的掠奪還包括奪走了全拉美能量最大、目前的葡萄牙語名稱為「七個飛瀑」的瓜伊拉瀑布（Guayrá）以及伊泰普地區（Itaipú）。巴西將在此地區修建世界上最大的水電站。

次帝國主義或二等帝國主義通過各種方式表現出來。1965 年當詹森總統（Johnson）決定血洗多明尼加時，斯特羅斯納派巴拉圭士兵前往配合行動。這支部隊被命名為「索拉諾·洛佩斯將軍營」。真是陰險的玩笑！巴拉圭士兵由一位巴西將軍指揮，背叛的榮譽歸巴西：指揮參與大屠殺的拉丁美洲混合部隊是巴西的帕納斯科·阿爾賓將軍（Panasco Alvim）。還可舉出其他類似的例子。巴拉圭在其領土上劃出一塊石油租借地給巴西，而在巴西，燃料和石油化工產品的經營權在美國人手中。巴西文化處控制著巴拉圭大學的哲學和教育系，而目前巴西的各所大學是由美國人控制的。巴拉圭軍隊的參謀部不僅接受五角大樓軍事專家的指導，而且也接受如應聲蟲那樣與五角大樓相呼應的巴西將軍們的指導。巴西工業產品通過公開的走私渠道，佔領了巴拉圭市場，可是，近幾年來，在非國有化的衝擊下，在聖保羅生產這些產品的許多工廠，都歸跨國公司所有。

斯特羅斯納自認為是洛佩斯家族的繼承人。能如此肆無忌憚地拿一個世紀以前的巴拉圭同今日的巴拉圭相比較嗎？今日的巴拉圭已成為拉普拉塔河流域的走私中心，是腐敗制度化了的王國。在一次政治集會上，執政黨在歡呼聲和掌聲中口口聲聲同時為兩個時期的巴拉圭辯護，會場上一個年紀輕輕的小販，胸前掛著托盤，在賣走私香煙：熱誠的聽眾一口接一口地吸著箭牌、萬寶路牌、駱駝牌和本森·赫奇斯牌香煙。在亞松森，人數不多的中產階級不喝巴拉圭蔗酒，而是喝巴蘭坦威士忌酒。在大街上，人們可以看到美國或歐洲生產的最新式、最豪華的轎車，這些轎車是通過走私或預先繳付少得可憐的稅款弄進國內來的，也可以看到慢悠悠往市場運送農產品的牛車。耕地用木犁，計程車是因帕拉斯—70型的老車。斯特羅斯納說走私是「和平的代價」，也就是說，只要將軍們可以中飽私囊，他們就不會搞陰謀。當然，工業還沒有發展就瀕臨死亡。巴拉圭政府自己甚至不履行公共部門要優先購買國貨的命令。政府唯一引以為自豪和可炫耀的具體成就是自1966年底建成的可口可樂、水果汁和百事可樂工廠，這些工廠是美國為巴拉圭人民的進步做出的貢獻。

巴拉圭政府表示，只有「當私人不感興趣的時候」（註48），政府才會直接參與創建企業。中央銀行通知國際貨幣基金組織：「中央銀行決定開放貨幣兌換市場，取消對貿易和外匯買賣的限制。」由工商部出版的一本小冊子提醒投資者，巴拉圭「給外國資本以特許權」。對外國企業，免徵稅和海關稅，「以創造良好的投資環境」。紐約國民城市銀行亞松森分行開辦一年後即完全收回了建分行的投資。掌握巴拉圭國內儲蓄的外國銀行向巴拉圭提供的貸款加深了巴拉圭在經濟上的畸形，進一步威脅到巴拉圭的主權。在巴拉圭農村，1.5% 的地主擁有 90% 的耕地，而種植面積不足全國總面積的 2%。官方在卡瓜蘇（Caaguazú）三角地帶的墾殖計劃給飢餓的農民帶來的不是繁榮，而是更多的墳墓。（註49）

三國聯盟繼續被認為是非常成功的。

生產過大炮以保衛被侵略國家的伊比庫伊鑄造廠的高爐，曾一座座聳立在現今被稱之為「米納奎」的地方，在瓜拉尼語裡「米納奎（Mina—Cué）」意即「以前的礦山」。那兒，在沼澤和蚊蟲中，緊靠著一堵倒坍的圍牆，還能看到一個世紀前被侵略者炸毀的煙囱的底座，可以看到被毀的設備已生滿了鐵銹。幾個衣衫襤褸的農民生活在這一地區，他們甚至不知道是哪一場戰爭摧毀了這一切。他們說，有時晚上可以聽到機器的聲音、錘子的敲擊聲、大炮轟鳴聲和士兵的吼叫聲。

貸款、鐵路與拉丁美洲經濟畸形

路易十八時代，法國外交部長夏多布里昂子爵（Chateaabriand）滿心不快地寫道：「西班牙殖民地在獨立之際，搖身變成了英國的另一種殖民地。」（註50）他這樣寫，也許有其充分的依據。他列舉出一些數字。他說，自 1822 至 1826 年間，英國向獲得獨立的西班牙殖民地提供了十筆貸款，貸款總額標明為兩千一百萬英鎊，然而，扣除利息和中間經紀人代理費之後，到達美洲大陸的實際貸款額只有七百萬英鎊。與此同時，為了開發拉丁美洲礦藏、農業等自然資源，為了在拉美創建公用事業企業，在倫敦成立了四十餘家股份有限公司。銀行如雨後春筍在英國大地破土而出，僅 1836 年一年，英國新開設了四十八家銀行。十九世紀中葉，英國鐵路在巴拿馬出現，1868 年，由一家英國企業承建的第一條有軌電車線在巴西雷西費市竣工，與此同時，英國銀行直接向拉美國家政府提供財政資助。（註51）拉丁美洲國家的公債券在英國金融市場上流通活躍，價格時上時下。公用事業掌握在英國人手中。新誕生的國家被軍費開支壓得喘不過氣來，同時它們還面臨對外支付手段不足的挑戰。自由貿易意味著大量增加進口，特別是增加奢侈品進口。為使一小部分人能夠過上時髦的生活，拉美各國政府就借貸款，為了還債又得借新貸款。拉美國家就是這樣預先把自己的未來抵押出去，出讓了經濟自由和政治主權。除被毀滅的巴拉圭以外，整個拉丁美洲都經歷了並繼續經歷著相同的進程，儘管今日的貸款人和貸款機構已與昔日不同。外來經援如同吸嗎啡一般，變得必不可少。拆了東牆補西牆。惡劣的貿易條件也不是我們今日所特有的現象。據塞爾索·富爾塔多稱，（註52）1821 至 1830 年和 1841 至 1850 年期間，巴西出口商品價格降低了近一半，而外國進口商品的價格卻穩定不變。拉丁美洲脆弱的經濟靠貸款來彌補價格下跌所造成的損失。

施奈伯寫道：「這些年輕國家的財政不穩定，必須依靠會造成貨幣貶值的通貨膨脹和沉重的貸款。這些共和國的歷史，從某種意義上講，就是它們負債的歷史，它們欠富有吸收能力的歐洲金融界的債。」（註53）總之，破產、停止支付和焦急地重新安排外債是經常發生的事情。英鎊如流水一般從手指縫中流走。1824 年，布宜諾斯艾利斯政府從巴林兄弟銀行借了一百萬英鎊的貸款，但實際上只得到了五十七萬英鎊，而且並非如合約規定的那樣，是用黃金為貸款，而是書面貸款。這家銀行向居住在布宜諾斯的英國商人寄去付款通知單，但是這些商人沒有把黃金交給阿根廷，因為他們的使命恰恰是將所見到的貴重金屬全部弄回倫敦。就這樣，收下的是匯票，到還債時，就要用閃閃發光的黃金來清付。到本世紀初，阿根廷才付清了這筆因多次重新安排外債而膨脹到四百萬英鎊的債務。（註54）布宜諾斯艾利斯省以其全部收入及全部公有土地作為貸款的抵押。在阿根廷舉借貸款的時代，財政部長說道：「我們不具備對外國商人，特別是對英國商人採取對抗措施的條件，由於我們欠這個國家巨額債務，一旦關係破裂就可能造成大災難……」由此可見，利用債務作為訛詐工具並非是美國新近的一種發明。

投機交易使自由國家失去自由。十九世紀中葉，巴西每年支付的外債本息幾乎占國家預算的 40%，拉丁美洲其他國家的情況也大致相同。在依賴這一鐵籠中，鐵路同樣是重要的構件。在資本主義壟斷時代，鐵路將帝國主義的影響擴展到殖民經濟的大後方。許多貸款用於資助修建鐵路，以便外運礦產品和食品。鐵路線並未構成一個旨在將內地相互連接起來的鐵路網，而是將生產中心與港口銜接起來。鐵路線的佈局好比張開五指的手掌，這樣一來，一貫被敬為進步先鋒的鐵路，實際上阻礙了國內市場的形成與發展。英國人還使用了其他的辦法，特別是制定為英國霸權服務的價格政策。例如，阿根廷內地加工產品的運費遠比未加工產品的運費貴。鐵路運費猶如不幸從天而降，也就是說，煙草產區不能生產香煙，羊毛產區不能生產毛紡品，林區不能加工木材。（註55）阿根廷鐵路也確實促進過聖地牙哥德爾埃斯特省林木業的發展。此地的一位作家在談及這種發展所帶來的後果時說道：「多麼希望聖地牙哥德爾埃斯特從未生長過一棵樹。」（註56）鐵路用木材作枕木，以木炭為燃料；因鐵路需要而興建起來的木材工廠，分解了農村的居民點，當它路經草原和森林時，摧毀了農業和牧業，使聖地牙哥德爾埃斯特幾代人淪為森林的奴隸，把這一帶變為荒無人煙的地方。大批居民的遷徙迄今尚未停止，今日的聖地牙哥德爾埃斯特省是阿根廷最貧窮的省份之一。鐵路用石油為燃料使這一地區陷入深重的危機。

在阿根廷、巴西、智利、瓜地馬拉、墨西哥和烏拉圭修建第一條鐵路的並非英國資本。正如我們看到的那樣，巴拉圭的第一條鐵路也不是用英國資本修建的，但是，巴拉圭政府僱用歐洲技術人員修建的鐵路在巴拉圭被打敗後落入了英國人之手。其他國家的鐵路和火車的命運完全相同，佔有者沒有拿出一分錢作為新投資。更有甚者，國家所關心的是以合約的形式保證鐵路企業最低限度的收益，以避免發生使這些企業感到不快的意外。

幾十年以後，當第二次世界大戰結束時，鐵路不再營利，使用率已相對降低，到此時，鐵路才歸國家經營。幾乎所有的國家都從英國人手裡買下破舊不堪的鐵路線，這樣，鐵路企業的虧損就由國家來承擔。

在鐵路興旺時代，除了佔有鐵路線本身和有權修建新支線外，英國鐵路公司還常常得到鐵路線兩側大片的租讓地。這些土地成為鐵路公司絕妙的附加生意。1911 年贈予巴西鐵路公司的令人難以置信的禮物使無數茅屋被燒燬，居住在租讓地內的農民被驅趕或橫遭殺害。這正是點燃巴西爭議暴亂（巴西的巴拉那州和聖卡塔里娜州為了爭奪有爭議的邊境地區，利用宗教迷信而發動的局部戰爭。一譯註）的導火線，這場暴亂是整個巴西歷史上人民怒火最旺的篇章之一。

貿易保護主義和自由貿易在美國：
成就並非看不見的手的功勞

　　1865 年，當三國聯盟宣佈即將摧毀巴拉圭時，尤利塞斯‧格蘭特將軍（Ulysses Grant）在阿波馬托克斯（Appomatox）慶祝羅伯特‧李將軍（Robert Lee）投降。南北戰爭以北方工業中心戰勝南方的棉花、煙草種植者而告終。前者是十足的貿易保護主義者，後者主張自由貿易。**在決定拉丁美洲殖民地命運的戰爭爆發的同時，使美國得以鞏固其世界強國地位的戰爭結束了。**不久成為美國總統的格蘭特斷言：「幾個世紀以來英國一直篤信貿易保護主義，實施貿易保護主義達到登峰造極的地步，並因此獲得滿意的結果。毫無疑問，英國現在的實力歸功於這一制度。近兩個世紀以來，英國感到接受自由貿易較為適宜，因為它認為貿易保護主義已不能再給英國帶來什麼好處。很好，那麼，先生們，我瞭解自己的國家，因此，我確信，兩百年以後，當美洲從貿易保護主義中得到保護主義所能夠提供的一切好處之後，它也將接受自由貿易。」（註57）

　　兩個半世紀以前，年輕的英國資本主義向北美殖民地輸送人員、資本、生活方式、雄心和計劃。成為調節歐洲多餘人口的閥門的十三個殖民地，迅即克服殖民地本身地上及地下資源貧乏給他們造成的障礙，早早地產生了**宗主國允許其較順利地發展的工業化意識**。1631 年，剛到波士頓不久的移民，將自行建造，一艘載重達三十噸的單桅帆船「海灣賜福」號下水。從此，造船工業以驚人的速度發展。森林中數量眾多的白櫟木是做船底和船架的好材料，甲板、第一斜桅和中桅則用松木做成。麻塞諸塞州為用來加工粗細繩索的大麻生產提供補貼，並鼓勵本地生產帆布和船帆。繁榮的造船廠遍佈波士頓南北沿海。各殖民地政府向各種製造業提供補貼和獎勵。各地採取措施鼓勵種植亞麻和生產羊毛，這是粗紡織品的原料，雖然紡出來的物品不十分考究，但很結實，而且**是國貨**。1643 年建起了第一座開發林恩鐵礦石（hierro de Lyn）的煉鐵爐。不久，麻塞諸塞便向全地區供應鐵材。由於對紡織業的鼓勵似乎不夠充分，麻塞諸塞這個殖民地便採取了強制性措施，於 1655 年頒布一項法令規定，每個家庭至少要有一名能進行連續和緊張工作的紡織工，否則予以重罰。同一時期，維吉尼亞州（Virginia）的每一個伯爵領地，必須挑選一些兒童教他們紡織技術。同時，禁止出口皮革，以便在國內將皮革加工成皮靴、皮帶和馬鞍。

柯克蘭（Kirkland）說過：「*殖民地工業要克服的不利因素，絕不是英國殖民政策所造成的。*」（註50）由於交通不便，英國的禁令在三千英里以外的地方幾乎完全失效。距離遠還助長了自給自足的傾向。北方的殖民地既不向英國運送黃金和白銀，也不運送食糖，相反，它們在消費方面的需求造成了必須用某種方式加以抵制的超量進口。通過海上與宗主國的貿易往來並不密切，因此，要生存就必須發展地方製造業。十八世紀，英國很少關心其北美洲殖民地，它不阻止宗主國最先進的技術向殖民地工廠轉移，這實際上否定了殖民協定明文規定的各項禁令。**但是，拉丁美洲殖民地的情況並非如此，這些殖民地能向歐洲處於上升階段的資本主義提供其生存所需要的一切，又能從海外進口最精緻、最昂貴的產品，充分滿足其統治階級奢侈的消費。在拉丁美洲，唯一能發展的是面向出口的生產。這種情況在以後的世紀裡依然如此，即，礦業資產階級或地主階級的經濟和政治利益與發展國內經濟的需要從不相符，商人與新大陸之間的聯繫並未超過同購買其金屬和食品的外國市場的聯繫，也沒有超過同向他們出售工業品的外國市場的聯繫。**

美國宣佈獨立時，其人口總數與巴西相仿。與西班牙一樣極不發達的宗主國葡萄牙，將它的不發達輸往殖民地。巴西經濟已變成為英國謀取利益的工具，在整個十八世紀，巴西向英國提供英國所需要的黃金。這個殖民地的階級結構反映了這種供應國的機能。與美國不同，巴西統治階級不是由國內的農場主、有作為的工廠老闆和商人組成。兩國統治階級思想的主要代表亞歷山大·漢密爾頓（Alexander Hamilton）和凱魯子爵（Vizconde de Cairú）十分清楚地體現了這種區別。（註59）在英國，兩人都曾是亞當·斯密的學生。然而，當漢密爾頓成為工業化的衛士，提供國家鼓勵和保護民族工業時，凱魯卻篤信自由貿易看不見的魔力，主張自由生產，自由流通，自由銷售。

　　當十八世紀行將結束之時，美國已擁有完全由國產船隻組成的世界第二大商船隊，紡織廠和鋼鐵廠也在蓬勃發展。時隔不久，機器製造工業隨之誕生：工廠不需要花錢從國外購買它們的資本貨物。乘「五月花」號船而來熱誠的清教徒在新英格蘭的田野上奠定了一個國家的基礎。沿著深水海灣和廣闊灘涂，工業資產階級在一天天地壯大起來。正如我們在別的章節讀到的那樣，包括出售非洲奴隸在內的與安地列斯群島之間的貿易往來，在這方面起到主要的作用。但是，如果一開始就得到最熱情的民族主義的鼓勵，那麼，美國的功績也就無從談起。喬治·華盛頓在其卸職報告中説道：「美國應該走一條獨立的道路。」（註60）愛默生（Emerson）於1837年宣稱：「長期以來，我們聆聽的是歐洲女神高雅的教誨。今後，我們將用自己的雙腳走路，用自己的雙手幹活，按照自己的信條講話。」（註61）

　　靠國庫擴大了國內市場的規模。國家鋪設公路和鐵路，建設橋樑，開溝挖渠。（註62）十九世紀中葉，賓州政府除了管理它在公共企業的一億美元投資外，還參與經營一百五十多家合資企業。掠奪了墨西哥國土一半以上的軍事征服行動，很大程度上促進了美國的進步。政府不僅僅通過投資和旨在擴張的軍費開支參與發展；在北方，它還開始認真地實行關稅保護主義。與此相反，南方的地主是自由貿易主義者。棉花產量每十年翻一倍，它為全國提供大筆的貿易收入，並向麻塞諸塞州現代化的紡織廠提供生產原料，但是，它特別依賴歐洲市場。像拉美那樣，南方上層社會主要同國際市場有聯繫，歐洲紡紗廠 80% 的棉花是由美國南方的奴隸種植。當北方除了實現工業保護主義外還廢除了奴隸制時，南北矛盾導致了戰爭。北方和南方代表著兩個截然對立的世界、兩個不同的歷史時代和對國家命運的兩種針鋒相對的觀念。**二十世紀戰勝了十九世紀**。戰勝方的一位詩人大聲歡呼：

歡唱吧，自由的人們……
老朽的棉花大王已經死亡，葬身黃泉。（註63）

李將軍失敗之後，關稅率具有了神聖的意義。衝突期間為了獲得財源而提高的關稅率到了戰後仍然有效，以便保護獲勝一方的工業。1890 年，國會通過了極端貿易保護主義的麥金利稅率（Tarifa Mckinley）。1897 年，丁利法（ley Dingley）再一次提高了關稅率。不久，面對具有危險競爭能力的美國工業品的氾濫，歐洲發達國家不得不築起關稅壁壘。托拉斯一詞於 1882 年首次問世，石油、鋼鐵、食品、鐵路和煙草都掌握在飛速發展的壟斷集團手中。（註64）

在南北戰爭之前，格蘭特將軍曾參與了對墨西哥的掠奪。戰爭以後，他成為具有貿易保護主義思想的總統。這一切都是為了鞏固自己的國家。北方工業主導著歷史的進程，當北方工業集團掌握了政權之後，便從國家的角度去關心自己的主要利益。農業區界線以犧牲印第安人和墨西哥人的利益為代價，向西、向南推移。但是在推移過程中不是發展莊園制，而是在新開拓的地區撒下小業主的種子。這塊福地不僅僅吸引了歐洲農民，各種行業的手工藝者和機械、冶金、鋼鐵行業的技術工人也紛紛從歐洲趕來為美國龐大的工業化計劃效勞。到上一個世紀末，美國已成為世界上第一大工業強國。內戰結束後的三十年裡，工廠的生產能力提高了七倍。美國煤產量已相當於英國煤產量，鋼鐵產量是英國的兩倍，鐵路總長度是英國的九倍。資本主義世界的中心開始易地。

　　同英國一樣，美國從第二次世界大戰開始後也輸出自由匯兌、自由貿易和自由競爭的理論，但這種理論是**針對他人**而言。為了否定發展中國家保護自己民族工業的權力，削弱政府在這些國家中的作用，國際貨幣基金組織和世界銀行應運而生。人們把私人經營看作是萬應靈藥。然而，美國將不會放棄迄今仍是嚴厲保護主義的經濟政策，這一政策注意聆聽自己歷史的呼聲。在北方，從未本末倒置。

註　釋

拉普拉塔河上
的英國戰艦慶
賀拉美獨立

1— 維廉・考夫曼 (William W. Kaufmann)：*"La política británica y la independencia de la América Latina (1804-1828)"*，卡拉卡斯，1963 年。

2— 孟夫雷德・克索克 (Manfred Kossok)：*"El virreinato del Río de la Plata. Su estructura económicosocial"*，布宜諾斯艾利斯，1959 年。

3— H・S・弗恩斯 (H. S. Ferns)：*"Gran Bretaña y Argentina en el siglo XIX"*，布宜諾斯艾利斯，1966 年。

4— 同前引書。

5— 亞歷山大・馮洪堡 (Alexander von Humboldt)：*"Ensayo sobre el reino de la Nueva España"*，墨西哥，1944 年。

如何把工業
扼殺在搖籃裡

6— 埃米里奧・羅梅洛 (Emilio Romero)：*"Historia económica del Perú"*，布宜諾斯艾利斯，1949 年。

7— 同前引書。

8— 埃爾南・拉米雷斯・內科切亞(Hernán Ramírez Necochea)：*"Antecedentes económicos de la independencia de Chile"*，智利，聖地牙哥，1959 年。

9— 卡約・普拉多・茹尼奧爾 (Caio Prado Júnior)：*"Historia económica del Brasil"*，布宜諾斯艾利斯，1960 年。

10— 社會大學 (The University Society)：*"Bolivia en el primer centenario de su independencia"*，拉巴斯，1925 年。

11— 路易斯・C・阿倫・拉斯卡諾(Luis C. Alen Lascano)：*"Imperialismo y comercio libre"*，布宜諾斯艾利斯，1963 年。

12— 佩德羅・桑托斯・馬丁內斯 (Pedro Santos Martínez)：*"Las industrias durante el virreinato (1776-1810)"*，布宜諾斯艾利斯，1969 年。

13— 里卡多・萊維內 (Ricardo Levene)：*"Documentos para la historia* argentina, 1919"序，全集，布宜諾斯艾利斯，1962 年。

14— 伍德拜因・帕里什 (Woodbine Parish)：*"Buenos Aires y las Provincias del Río de la Plata"*，布宜諾斯艾利斯，1958 年。

15— 保羅・希林 (Paulo Schilling)：*"Brasil para extranjeros"*，蒙德維多，1966 年。

16— 阿蘭・K・曼徹斯特 (Alan K. Manchester)：*"British Preeminence in Brazil: its Rise and Decline"*，查佩爾希爾，北卡羅來納，1933 年。

17— 塞爾索・富爾塔多 (Celso Furtado)：*"Formación económica del Brasil"*，墨西哥和布宜諾斯艾利斯，1959 年。

18— J・F・諾爾曼諾 (J. F. Normano)：*"Evolução económica do Brasil"*，聖保羅，1934 年。

19— 古斯塔沃・貝豪特 (Gustavo Beyhaut)：*"Raíces contemporáneas de América Latina"*，布宜諾斯艾利斯，1964 年。

20— 埃爾南・拉米雷斯・內科切亞 (Hernán Ramírez Necochea)：*"Historia del imperialismo en Chile"*，智利，聖地牙哥，1960 年。

貿易保護主義和自由貿易在拉丁美洲：盧卡斯・阿拉曼短暫的飛騰

21— 這位德國經濟學家生於 1789 年。他在美國和自己的祖國宣傳關稅保護主義理論，主張發展工業。1846 年自殺身亡，其思想在美國和德國影響很大。

22— 克勞迪奧・貝利斯 (Claudio Véliz),：*"La mesa de tres patas"*，見 *"Desarrollo económico"* 第 3 卷，第 1、2 期，智利，聖地牙哥，1963 年 9 月。

23— 「怪不得自由貿易的信徒弄不清一國如何犧牲別國而致富；要知道這些先生們更不想懂得，在每一個國家裡，一個階級是如何犧牲另一個階級而致富的。」卡爾・馬克思 (Karl Marx)：*"Discurso sobre el libre cambio, en Miseria de la filosofía"*，莫斯科，參見本章末。

24— 路易斯・查韋斯・奧羅斯科 (Luis Chávez Orozco)：*"La industria de transformación mexicana (1821-1867)"*，見 *"Colección de*

documentos para la historia del comercio exterior de México" 第 7 卷，
國家外貿銀行，墨西哥，1962 年。

25— 阿倫索·阿吉拉爾·蒙特維爾德 (Alonso Aguilar Monteverde)：
"*Dialéctica de la economía mexicana*"，墨西哥，1968 年。

26— 讓·巴桑特 (Jan Bazant)："*Estudio sobre la productividad de
la industria algodonera mexicana en 1843-1845 (Lucas Alamán y la
Revolución industrial en México)*"，國家外貿銀行，同前引書。

27— 路易斯·查韋斯·奧羅斯科，同前引書。

28— 國家外貿銀行在上述文件集第 3 卷轉錄了 1850 年底 "*Siglo XIX*
"（十九世紀報）發表的為保護主義辯護的材料：「西班牙文明的征服
及其三百年的軍事統治之後，墨西哥進入了一個新的時代，這也可以稱
之為征服的時代，但這是科學和貿易方面的征服……這個時代的威力體
現在商船，其理論是經濟絕對自由論，它對後進民族的極其有力的準則
是互惠法則……人們對我們說：『把能帶到歐洲的產品都帶去（除了我
們禁止帶去的以外）。作為報答，你們要允許我們帶來我們能帶的一切
產品，儘管這樣做會使你們的手工業破產……』如果我們接受大洋彼岸
和布拉沃河對岸的先生們的理論（他們是不遵守這些理論的），那麼，
只要我們樂意，我們的國庫收入就會增加……，但是這並非是由於墨西
哥人民的勞動，而是由於英國、法國、瑞士和美國人民的勞動。」

**起義隊伍和胡
安·曼努埃
爾·羅薩斯死
後繼續存在的
仇恨**

29— 米龍·布爾金 (Miron Burgin)："*Aspectos económicos del federalismo
argentino*"，布宜諾斯艾利斯，1960 年。

30— 胡安·阿爾瓦雷斯 (Juan Álvarez)："*Las guerras civiles argentinas*
"，布宜諾斯艾利斯，1912 年。

31— 起義軍「像旋風那樣，在露天產生，也像旋風那樣衝擊、怒吼和
破壞，突然它停止了，並像旋風那樣消失。」達爾多·德拉維加·迪亞
斯 (Dardo de la Vega Díaz)："*La Rioja heroica*"，門托薩，1955 年。
曾當過聯邦軍士兵的何塞·埃爾南德斯 (José Hernández) 在 "*Martín*

Fierro" 這本阿根廷最大眾化的書中,歌頌了被趕出家園、受當局迫害的高卓人的不幸。他寫道:

雄鷹有巢,
猛虎有森林,
狐狸有洞穴,
反覆無常的命運,
只有高卓人在流浪,
命運將把他帶到何方。

這是因為:
給他的是牢房,
給他的是鐐銬。
他沒有道理,
儘管理由足夠。
窮人的道理,
敲不響的木鐘。

豪爾赫·阿貝拉爾多·拉莫斯 (Jorge Abelardo Ramos) 指出(見 "*Revolución y contrarrevolución en la Argentina*",布宜諾斯艾利斯,1965 年),在 "Martín Fierro" 一書中有兩個真實的姓名,即安喬雷納 (Anchorena) 和蓋恩薩 (Gainza)。這兩姓代表了曾消滅拿起武器的本地人的寡頭集團。如今,這兩姓結合在一起,成為擁有 "*La Prensa*"(新聞報)的家族。

里卡多·吉拉爾德斯 (Ricardo Güiraldes) 在 "*Don Segundo Sombra*" 一書中(布宜諾斯艾利斯,1939 年)描述了馬丁·菲耶羅 (Martín Fierro) 的對立面,即順服的高卓人。他天天勞動,向主人獻媚,喜歡唱懷鄉的民歌,值得同情。

32— 羅道夫·奧爾特加·培尼亞 (Rodolfo Ortega Peña)、愛德華多·

路易斯・杜亞爾特(Eduardo Luis Duhalde)：*"Felipe Varela contra el Imperio Británico"*，布宜諾斯艾利斯，1966 年。1870 年，拉丁美洲唯一沒有進入帝國主義牢籠的國家—巴拉圭，也在血泊中遭到外國的入侵。

33— 米龍・布爾金，同前引書。

34— 胡安・阿爾瓦雷斯，同前引書。

35— 豪爾赫・阿貝拉爾多・拉莫斯，同前引書。

36— 何塞・路易斯・布薩尼切(José Luis Busaniche)：*"Rosas visto por sus contemporáneos"*，布宜諾斯艾利斯，1955 年。

37— 何塞・里維拉・因達爾特(José Rivera Indarte)在其著名的*"Tablas de sangre"*中例舉了羅薩斯(Rosas)的罪行，以打動歐洲人之心。據倫敦"Atlas"（阿特拉斯）報道，薩穆埃爾・拉福內(Samuel Lafone)在英國的銀行按每個死人一便士計算，付給作者一筆錢。羅薩斯禁止出口金銀，沉重打擊了大英帝國；他還解散了作為英國貿易工具的國民銀行。約翰・F・卡迪(John F. Cady)：*"La intervención extranjera en el Río de la Plata"*，布宜諾斯艾利斯，1943 年。

38— 比維安・特里亞斯(Vivian Trías)：*"Juan Manuel de Rosas"*，蒙德維多，1970 年。

39— 赫瓦西奧・A・德波薩達(Gervasio A. de Posadas)演說。達爾多・庫內奧(Dardo Cúneo)引自*"Comportamiento y crisis de la clase empresaria"*，布宜諾斯艾利斯，1967 年。1876 年，財政部長在議會發言時說：「……我們不能制定過分嚴厲的法令，阻礙進口皮鞋，以免這兒的四個皮匠生意興隆而外國的一千個皮鞋製造商連一雙皮鞋都賣不出去。」

40— 阿曼多・勞爾・巴桑(Armando Raúl Bazán)：*"Las bases sociales de la montonera"*，見*"Revista de historia americana y argentina"*，第 7、8 期，門托薩，1962—1963 年。

41— 多明戈・福斯蒂諾・薩米恩托 (Domingo Faustino Sarmiento)：

"*Facundo*"，布宜諾斯艾利斯，1952 年。

42— 馬里奧‧馬爾古里斯 (Mario Margulis)："*Migración y marginalidad en la sociedad argentina*"，布宜諾斯艾利斯，1968 年。

三國聯盟反對
巴拉圭的戰爭
扼殺了獨立發
展唯一成功的
經驗

43— 為了寫此章節，作者參考了以下著作：胡安‧巴蒂斯塔‧阿爾維迪 (Juan Bautista Alberdi)："*Historia de la guerra del Paraguay*"，布宜諾斯艾利斯，1962 年；佩勒姆‧霍頓‧博克斯 (Pelham Horton Box)："*Los orígenes de la Guerra de la Triple Alianza*"，布宜諾斯艾利斯 - 亞松森，1958 年；埃弗拉因‧卡多索 (Efraím Cardozo)："*El imperio del Brasil y el Río de la Plata*"，布宜諾斯艾利斯，1961 年；胡利奧‧塞薩爾‧查維斯 (Julio César Chaves)："*El presidente López*"，布宜諾斯艾利斯，1955 年；卡洛斯‧佩雷拉 (Carlos Pereyra)："*Francisco Solano López y la guerra del Paraguay*"，布宜諾斯艾利斯，1945 年；胡安‧F‧佩雷斯‧阿科斯塔 (Juan F. Pérez Acosta)："*Carlos Antonio López, obrero máximo. Labor administrativa y constructiva*"，亞松森，1948 年；何塞‧瑪麗亞‧羅莎 (José María Rosa)："*La guerra del Paraguay y las montoneras argentinas*"，布宜諾斯艾利斯，1965 年；巴托洛梅‧米特雷 (Bartolomé Mitre)、胡安‧卡洛斯‧戈麥斯 (Juan Carlos Gómez)："*Cartas polémicas sobre la guerra del Paraguay*"，附有納塔利西奧‧貢薩雷斯 (Natalicio González) 序言，布宜諾斯艾利斯，1940 年，以及比維安‧特里亞斯 (Vivian Trías) 所著的關於此問題的尚未發表的書。

44— 法蘭西亞 (Francia) 作為最可怕的人物被載入官方的野蠻史。自由主義強加於人的被歪曲了的觀點並非拉美統治階級的一種特權。常常用他人的眼睛觀察我們各國歷史的不少左派知識分子也接受了右派的某些神話、神化和革除令。巴勃羅‧聶魯達在那本詩史般地歌頌拉美各國人民的 "*Canto general*" 一書中（布宜諾斯艾利斯，1955 年），明確地反映了這種失落感。聶魯達不暸解阿蒂加斯 (Artigas)、卡洛斯‧安東尼

奧 (Carlos Antonio) 和弗朗西斯科‧索拉諾‧洛佩斯 (Francisco Solano López)，但他與薩米恩托 (Sarmiento) 保持一致。他稱法蘭西亞為「生活在廣闊茶園的、患了痲瘋病的國王」，說他「封鎖了巴拉圭，把它變為自己的巢穴」，「用酷刑和泥漿封鎖了邊境」。聶魯達對羅薩斯 (Rosas) 也不客氣，呼籲反對「用刀和狂笑折磨阿根廷」的人，說阿根廷「是在黎明的晨霧中，被搶劫、受懲罰，一直到流血和發瘋，成了空蕩蕩的。嚴厲的工頭騎在其頭上」。

45— 面對登上歐洲歷史舞台的新勢力，被稱作「教皇黑色衛士」 (guardia negra del Papa) 的耶穌會那些狂熱的僧侶們起來捍衛中世紀的秩序。但在講西班牙語的美洲，耶穌會的活動具有進步色彩。他們到此地區是為了以忘我的精神和禁慾主義為榜樣淨化天主教教會，因為在征服美洲後，教會有了自己支配的財產，它便無止境地去享受和消遣。巴拉圭的耶穌會成績最好，經過一百五十多年的努力（1603—1768），實現了該會創始人的目標。耶穌會的人靠音樂吸引了瓜拉尼族的印地安人。這些印地安人原先逃到森林去尋求保護或者留在森林裡，不參加村落領主和地主們的開發進程。這樣，有十五萬瓜拉尼人又恢復了他們原先的原始公社組織、自己的藝術以及各種行業的技能。在耶穌會的傳教區裡沒有大莊園，種地一方面是為了滿足個人的需要，另一方面是為了發展大家關心的事業和購買必要的、屬於集體所有的勞動工具。印地安人的生活組織得非常明智，在車間和在學校裡培養了音樂家和手工業者、農民、紡織工人、演員、畫家、建築師等。那兒沒有貨幣，禁止商人進入教區。如想做生意就必須在距教區一定距離的旅館進行。

王室終於屈服於土生土長的村落領主，把耶穌會成員趕出美洲。地主和奴隸主開始追捕印地安人，把他們的屍體懸掛在教區的大樹上。在巴西的奴隸市場上，整個村子的人都被作為奴隸出賣。許多印地安人又回到森林中去找庇護所。耶穌會的圖書成為爐中的燃料，或者用來製作炮竹。（豪爾赫‧阿維拉多‧拉莫斯 (Jorge Abelardo Ramos)：*"Historia de la nación latinoamericana"*，布宜諾斯艾利斯，1968 年。）

46— 人們對索拉諾‧洛佩斯 (Solano López) 尚記憶猶新。1969 年 9 月，里約熱內盧國家歷史博物館宣佈要為這位巴拉圭總統辦一個展覽時，軍人的反映非常強烈。曾在 1964 年發動政變的莫朗 (Mourão Filho) 將軍向報界宣佈：「狂風吹遍全國……必須從我們的歷史中永遠抹去索拉諾‧洛佩斯。他是南美典型的穿軍裝的獨裁者，是血腥消滅巴拉圭、把巴拉圭引向不可能取勝的戰爭的罪魁禍首。」

47— 1968 年初，在舉行選舉前不久，斯特羅斯納 (Stroessner) 將軍訪問了美國。他向法新社說：「我與詹森總統會晤時向他表示，我靠選舉已當了十二年國家元首。詹森回答說，這就更有理由在下一屆繼續任職。」

48— 總統辦公室，企劃部 (Secretaría Técnica de Planificación)，*"Plan nacional de desarrollo económico y social"*，亞松森，1966 年。

49— 許多農民最後選擇了去國內中部的小莊園地區，或者再次向巴西遷徙，為庫里提巴 (Curitiba) 和馬托格羅索 (Mato Grosso) 的茶園，或者巴拉那 (Paraná) 的咖啡園提供廉價的勞動力。那些面對森林的先驅者的處境非常令人絕望。他們得不到任何技術指導和貸款，土地是政府轉讓的，他們必須向土地要回足夠的果實，一方面供自己食用，另一方面為了付款，如不按規定付款就得不到土地證。

50— R‧斯卡拉比尼‧奧爾蒂斯 (R. Scalabrini Ortiz)：*"Política británica en el Río de la Plata"*，布宜諾斯艾利斯，1940 年。

51— 丁‧弗雷德‧里比 (J. Fred Rippy)：*"British Investments in Latin America (1822-1949)"*，明尼阿波利斯，1959 年。

52— 塞爾索‧富爾塔多，同前引書。

53— 羅伯特‧施奈伯 (Robert Schnerb)：*"Le XIXe siècle. L'apogée de l'expansion européenne (1815-1914)"*，見莫里塞‧卡盧塞 (Maurice Crouzet) 主編的 *"la historia general de las civilizaciones"*，第 6 卷，巴黎，1968 年。

54— R‧斯卡拉比尼‧奧爾蒂斯，同前引書。

貸款、鐵路與拉丁美洲經濟畸形

55— 同上。

56— J. 愛德華多‧雷康多 (J. Eduardo Retondo)：“*El bosque y la industria forestal en Santiago del Estero*”，聖地牙哥德爾埃斯特羅，1962 年。

貿易保護主義和自由貿易在美國：成就並非看不見的手的功勞

57— 安德烈‧岡德‧弗蘭克 (André Gunder Frank) 引自 “*Capitalism and Underdevelopment in Latin America*”，紐約，1967 年。

58— 愛德華‧C‧柯克蘭 (Edward C. Kirkland)：“*Historia económica de Estados Unidos*”，墨西哥，1941 年。

59— 塞爾索‧富爾塔多，同前引書。

60— 克勞德‧福倫 (Claude Fohlen)：“*L'Amérique anglo-saxonne de 1815 a nos jours*”，巴黎，1965 年。

61— 羅伯特‧施奈伯，同前引書。

62—「國家的資本承擔了開始時的風險……官方資助鐵路不僅便於集資，而且還減少了修路的成本。在某些情況下，有了公款就有可能修築鐵路，包括修築支線在內，否則就是不可能。在一些更為重要的情況下，有了公款，就加速完成了一些用私人資本可能要拖延時間才能完成的規劃」，哈里‧H‧皮爾斯 (Harry H. Pierce)：“*Railroads of New York, A Study of Government Aid, 1826-1875*”，坎布里奇，麻塞諸塞，1953 年。

63— 克勞德‧福倫，同前引書。

64— 南方成為北京資本家的內部殖民地。戰後，為了在卡羅萊納州、喬治亞州和阿拉巴馬州修建兩個紡紗廠而進行的宣傳具有了聖戰的性質。但這絕非是道德方面的勝利，因為新工業的產生不全是人道主義行為。南方提供的勞力和電力較便宜，利潤也相當高，有時竟達 70%。來自北方的資本想使南方聽命於這一制度的重心。集中在北卡羅萊納州的煙業直屬於杜克托拉斯。為了利用更有利的法令，該托拉斯轉移到紐澤西州；開採阿拉巴馬州的鐵礦和煤礦的田納西鋼鐵公司在 1907 年轉由美國鋼鐵公司控制，並從此由它定價，這樣就消滅了令人不愉快的競爭。本世紀初，南方的人均收入與戰前水準相比，減少了一半。（C・范伍德沃德 (C. Vann Woodward)： *"Origins of the New South, 1879-1913"*，見於作者寫的 *"A History of the South"*，巴頓魯治 (Baton Rouge)，1948 年。）

五、掠奪的現代結構

老太婆彎下腰，用手給火煽風。這時她的形象恰似一隻黑色的老烏龜——彎彎的脊背和伸長又佈滿皺紋的脖子。但是，她破爛不堪的衣衫卻不能像龜殼那樣保護她。她行動遲緩完全歸咎於年事已高。在她身後，她那用木板和鐵皮釘成的小屋東倒西歪。再往遠處，還可以看到聖保羅郊區其他同樣簡陋的房屋。她面前有一隻黑糊糊的小鍋，煮咖啡的水已經開了。她把一個小鐵罐端到嘴邊，在喝咖啡之前，她晃動腦袋，閉上眼睛，嘴裡用葡萄牙語唸道：巴西屬於我們。

此時此刻，也在聖保羅市中心，當聯合碳化物公司執行主席舉起水晶杯，慶祝他的公司又吞併了巴西一家塑料工廠的時候，他想到的正是與老太婆唸的完全相同的一句話⋯⋯。

没有法力的避邪物

　　1916 年春，列寧寫完他關於帝國主義的論著時，美國資本在拉丁美洲外來私人直接投資總額中還佔不到五分之一。到 1970 年則佔大約四分之三。列寧所認識的帝國主義，是一個嚴厲懲罰任何膽敢興建工廠的殖民地或半殖民地的帝國主義，它當時的特徵是：工業中心貪婪地尋求國際市場以出口自己的商品；瘋狂地捕獲一切可能提供原料的產地；掠奪鐵、煤和石油；用鐵路線將征服的地域連接起來；金融壟斷集團發放毀壞性極大的貸款；發動軍事遠征和征服戰爭等。作為宗主國特權的工業化，與富國強加於窮國的統治制度不相容。第二次世界大戰以來，歐洲收回了在拉丁美洲的財產，讓席捲而來的美國投資。從此，投資方向發生了重大的變化。用於公眾服務事業和礦業方面的資本逐步且年復一年喪失其相對的重要性。與此同時，在石油、特別是在製造業方面的投資比例不斷增加。目前，在拉丁美洲，每三美元投資中就有一美元用於工業投資。（註 1）

　　各大公司的子公司只用了少量投資，一下子就越過了拉丁美洲各國針對外國競爭而建立起來的海關壁壘，並從內部控制了這些國家的工業化進程。它們輸出工廠，或經常地圍困和吞併現有的民族工廠。在這方面，它們得到多數地方政府熱情幫助，而且擁有國際信貸組織提供的各種訛詐手段。帝國主義資本從內部奪得市場，將地方工業的要害部門據為己有，也就是說，奪走或建立要塞，並以此控制其他部門。美洲國家組織是這樣描述這一進程的：「拉丁美洲企業正逐步地在已建立起來的工業和非高精密技術方面佔有優勢，而美國私人投資，也許也包括其他工業化國家的私人投資，正迅速地進一步參與一些需要較高的技術、對經濟發展進程起決定作用的主導工業。」（註 2）因此，布拉沃河以南的美國工廠，總的說來，比拉丁美洲當地的工廠更有活力。三個大國的增長速度很有說服力：以

1961 年為 100 計算，1965 年阿根廷工業產品的指數為 112.5，而同一時期美國子公司的銷售指數上升為 166.3。在巴西，這兩個指數分別為 109.2 和 120；在墨西哥為 142.2 和 186.8。（註 3）

當然，帝國主義公司欲將拉丁美洲的工業增長據為己有、並使之變為對其有利的資本的興趣，但並不意味著它們對各種傳統的經營方式沒有興趣。的確，聯合水果公司在瓜地馬拉的鐵路已不再盈利。在巴西，當債券股票電力公司和國際電話電報公司，被收歸巴西所有時，它們作了一筆極好的交易，因為巴西用金子賠償那些生銹的設備和該進博物館的機器。拋棄公共服務性行業，轉向能獲取更大利潤的經濟活動，並不等於拋棄原料。如果沒有拉丁美洲的石油和礦產，帝國將是什麼樣的命運？我們在其他章節已經談到，儘管對礦山的投資相應減少，美國的經濟仍離不開從南方來的供應和高額利潤。

另外，**把拉丁美洲工廠變成各大公司全球性機器的簡單零件的投資，絲毫沒有改變國際分工。窮國和富國之間進行資本及商品流通的渠道，絲毫沒有改變。拉丁美洲繼續出口失業和貧窮，即出口國際市場需要的原料，而此地區的經濟依賴於出口這些原料，和跨國子公司用廉價勞動力加工的一些工業產品。不平等交換一如既往：拉丁美洲低工資，資助了美國和歐洲的高工資。**

隨時準備證明外國「工業化」資本的侵入，有益於當地發展的政治家和技術統治論者不乏其人。他們認為，與老牌帝國主義不同，這個具有新特徵的帝國主義，將採取真正文明的行動，為被統治的國家造福，也就是說，當時占統治地位的強國，頭一次使它所表白的愛戀之情與其真實目的互相吻合。於是，感到內疚的良心不一定需要為自己辯解，因為它們已沒有罪，因為現在的帝國主義將傳播技術和進步，所以，用帝國主義這一過時的、令人憎恨的詞來形容它也許太俗氣。

然而，每當帝國主義為自己歌功頌德時，最好先檢查一下我們的錢袋。事實證明，這種新型的帝國主義，使其發展中心變富，但未能使其殖民地繁榮起來；它沒有緩解反而加劇了地區的緊張局勢；它使貧窮更加普遍，使財富更加集中；它支付的工資比底特律工資低二十倍，而售價比紐約高三倍；它變為國內市場和生產機構中關鍵部門的主人；它把發展據為己有，決定發展方向，為發展規定界線；它支配國內貸款，隨心所欲地引導外貿；它不僅僅使工業非國有化，而且使工業利潤非國有化；當它將大部分盈餘移到國外，更促使資源浪費；它不是為發展提供資金，而是抽走資本。

拉丁美洲經濟委員會指出，最近幾年，美國在拉丁美洲直接投資所得利潤的匯出部分是新投資的五倍。為了使外國企業能帶走它們的利潤，拉丁美洲國家把自己抵押出去，向外國銀行和國際信貸組織借款，從而加倍地增加了以後的損失。從這種意義上講，工業投資產生的後果與「傳統」投資產生的後果完全一樣。

在美國各大公司形成的世界資本主義堅實的範圍內，拉丁美洲的工業化同進步和民族解放漸不一致。**上個世紀，當港口城市戰勝了國家，自由貿易摧毀了剛剛誕生的民族工業時，避邪物在關鍵性的失敗中被剝奪了法力。二十世紀沒有孕育出能重新開創事業並將事業進行到底的、強大而有創造力的工業資產階級。所有的嘗試均半途而廢。拉丁美洲工業資產階級與侏儒同命運，即沒有發育就衰老了**。今天，拉美的資產階級分子是無比強大的外國公司的代銷商或代理人。說實在的，他們從未立下值得有其他命運的功勞。

是衛兵打開門户：
民族資產階級的無能應受譴責

　　拉丁美洲三大發展中心——阿根廷、巴西和墨西哥目前的工業結構已經暴露反射式發展特有的畸形。在其他更弱小的國家，工業衛星化進程除了個別例外，沒遇到多大困難。的確，今日除了出口商品和資本，還出口工廠，並在各方面進行滲透和壟斷一切的資本主義，並非有競爭性的資本主義，而是多國大公司時代的資本主義，它在全球範圍內，建立鞏固的工業整合體系。這些多國大公司是非常大的壟斷集團，它們所進行的各種活動遍及全球各角落。（註4）

　　美國資本在拉丁美洲集中的程度，比在美國當地還大，少數公司控制了絕大部分投資。**對這些公司來說，國家並不意味著要著手進行某項工作，也不是一面要捍衛的旗幟，更不是一個要掌握的命運。國家僅僅是要逾越的障礙，是一個供品嚐的多汁水果。說國家是障礙，是因為有時主權會添麻煩。**為國盡職是各國統治階級應負的天職嗎？急劇增長的帝國主義資本遇上了既無抵抗力、對其歷史作用又無認識的地方工業。**資產階級既不淌眼淚，又不流血，就變成了外國經濟侵略的同夥。**二〇年代以來，國家對拉丁美洲經濟的影響不斷地削弱，加上國際貨幣基金組織所起的好作用，這種影響已微乎其微。美國大公司以征服者的步伐進入歐洲，它們控制了舊大陸的發展。人們預言，在那兒建立的美國工業，即將成為僅次於美國和前蘇聯的世界第三個工業強國。既然富有傳統和生氣的歐洲資產階級，都未能擋住潮襲，難道能夠指望拉丁美洲資產階級，在這個歷史時期能帶頭進行一種不可能成功的資本主義獨立發展的冒險嗎？相反，在拉丁美洲，非國有化成為暴發性、花錢少而結局無比糟糕的進程。（註5）

在本世紀，拉美工業增長是受外界影響的。這種增長並非一項旨在促進國家發展的政策帶來的結果，它既不是生產力成熟的結果，也不是地主和一個出生不久就死亡的民族手工業階層間，爆發內部衝突的結果，這種衝突「已經解決」。拉丁美洲的工業，誕生於農產品出口體制內部，是為了解決因外貿下降造成的嚴重不平衡。的確，兩次世界大戰，特別是資本主義世界自 1929 年 10 月黑色星期五開始的大蕭條，造成這一地區出口銳減，因而促使進口能力猛降。在國內，突然奇缺起來的外國工業品，價格直線上升。那時沒有出現擺脫傳統依賴性的企業家階層，因為強大的工業推動力，來自地主和進口商手裡積攢起來的資金。在阿根廷，大牧場主控制著貨幣匯率。成為農業部部長的農業協會主席於 1933 年宣佈：「一個被肢解的世界使我們與世隔絕，從而迫使我們在國內生產已不能從那些不買我們產品的國家獲得的東西。」（註6）咖啡莊園主把靠外貿積累起來的相當大一部分資金用於聖保羅的工業化。政府的一份文件斷言：「與今日發達國家的工業化不同，巴西的工業化不是逐步地、在總的經濟變革進程中進行。相反，它成為迅速而緊張的過程，這一現象凌駕於原有的社會經濟結構，但沒有對它進行徹底的變革，成為巴西社會特有的各階層和各地區之間重大差別的根源。」（註7）

從一開始，新興工業憑藉政府為保護它而築起的關稅壁壘進行自衛。隨著國家採取限制和控制進口、制定特別匯兌率、免稅、購買剩餘產品或者給予補貼、修築公路以便運輸原料和商品、新建或擴大能源基地等一系列措施，新興工業才得以成長壯大。具有民族主義特徵、在群眾中有廣泛影響的赫圖利奧·瓦加斯政府（1930—1945 年和 1951—1954 年）、拉薩羅·卡德納斯政府（1934—1940 年）和胡安·多明戈·裴隆政府（1946—1955年），分別在巴西、墨西哥和阿根廷反映了民族工業必需根據不同情況和不同時期而起飛、發展或鞏固。實際上，表明資本主義發達國家工業資產階級一系列特性的「企業意識」，在拉丁美洲卻成為國家的一個特徵，特別是在這些關鍵的發展時期更是如此。**國家佔據了一個社會階級的地位，歷史一直要求出現這樣的階級，但成效不大。**國家代表了民族，使人民群眾從政治上和經濟上享受了工業化的好處。民眾主義首領創立的模式，沒有孕育出一個在本質上同當時所有的統治階級有區別的工業資產階級。比如，裴隆使工業聯合會的領導人感到恐懼，他們不無道理地看到外省起義的幽靈在布宜諾斯艾利斯郊區無產階級的暴動中徘徊。保守聯盟在 1946年 2 月選舉中被裴隆擊敗以前，就收到了工業家領袖的那張著名的支票。十年以後，當裴隆政府垮台之時，那些最重要的工廠的老闆重申，他們和寡頭集團之間的矛盾不是根本性的矛盾，因為他們自己本身勉勉強強也稱得上是寡頭集團的一部分。

1956 年，工業聯合會、農業協會和貿易交易所組成了一個捍衛結社自由、企業自由、貿易自由和雇工自由的共同陣線。(註8)在巴西，工業資產階級的重要階層與促使瓦加斯自殺的勢力站在一起。從這種意義上說，墨西哥的經驗具有不同尋常的特點，它對拉丁美洲變革進程所做的貢獻，確實比人們估計少得多。只有拉薩羅‧卡德納斯的民族主義政府向地主發動進攻，把從 1910 年就開始震動全國的土地改革進行下去；在其他國家，包括阿根廷和巴西，實施工業化的政府都未觸動莊園制，使它得以繼續扼殺國內市場和農牧業生產的發展。(註9)

總之，工業好像一架著陸的飛機，它沒有改變機場的基本結構。由於原有國內市場需求的限制，工業只能滿足市場消費的要求，沒能從廣度和深度擴大這個市場，而如果進行巨大的結構改革，是有可能實現這種擴大的。同樣，工業的發展迫使進一步進口機器、零配件、燃料和半成品，(註

10）但是，作為外匯來源的出口，卻不能迎接這一挑戰，因為出口商品來自農村，而土地的主人使農村處於落後狀態。

在裴隆政府時期，阿根廷政府壟斷了糧食出口，但未觸動土地所有制，既沒有對美國和英國肉類加工廠實行國有化，也沒有對羊毛的出口實行國有化。（註11）政府幾乎沒有推動重工業的發展，它沒有及時注意到，如果不建立本國的技術體系，它的民族主義政策在起飛時，就沒有了雙翅。曾靠與美國大使直接較量上台的裴隆，到了1953年便熱情地接待來訪的艾森豪，並要求外國資本提供合作以促進重工業發展。（註12）隨著逐步實現取代進口產品，和新工廠急需更高層次的技術和組織，民族工業迫切需要與帝國主義大公司實現「聯合」。這一傾向也在赫圖利奧·瓦加斯的工業化模式內部日趨成熟，並在他的悲劇性結局中暴露無遺。擁有最現代技術的外國寡頭壟斷集團，通過出售生產技術、專利和新設備，正在公開地、逐步地控制包括墨西哥在內，所有拉丁美洲國家的民族工業。華爾街最終取代了倫巴第街（Lombard Street）。在拉丁美洲享有超級權力的主要企業是美國企業。對工業進行滲透的同時，對金融和商界的干預愈演愈烈，這樣，拉丁美洲市場逐步被納入跨國公司的內部市場之中。

1965年，羅伯托·坎波斯，這位卡斯特略·布朗庫獨裁政府時期的經濟太上皇曾斷言：「具有浪漫色彩和超凡魅力的領袖人物的時代，正讓位於技術階層的時代。」（註13）美國大使館直接參與了推翻若昂·古拉特政府的政變。秉承了瓦加斯風格和願望的古拉特的垮台，標誌著民眾主義和大眾政策的結束。在軍事陰謀得逞後沒幾個月，一個朋友在他從里約熱內盧給我寫的信中說道：「我們是一個被擊敗、被統治、被征服和被摧毀的民族。」巴西非國有化進程，意味著必須用鐵腕實行不得人心的獨裁。資本主義的發展已經與諸如瓦加斯這樣的領袖人物，領導的偉大的群眾運動不協調。必須禁止罷工、摧毀工會和政黨、監禁、拷打和殺戮百姓、用暴力降低工人工資等等，也就是説，只有以使窮人更加貧窮為代價，來控制通貨膨脹。1966 和 1967 年進行的民意測驗表明，巴西 84% 的大企業家認為古拉特政府實行了有害的經濟政策。毫無疑問，在這些大企業家中有很多人是民族資產階級的大首領，而古拉特曾試圖依靠他們，來阻止帝國主義吸吮巴西經濟的血液。（註 14）在阿根廷，在胡安‧卡洛斯‧翁加尼亞將軍統治時期也鎮壓和扼殺人民。實際上，在 1955 年裴隆垮台後就開始這樣做了。在巴西，則是在 1954 年瓦加斯自殺後就開始。墨西哥工業的非國有化過程也恰好同壟斷了政府的黨採取更強硬的鎮壓政策相合拍。

費爾南多‧卡多索指出（註 15），在民眾主義政府積極保護下發展起來的輕工業，或稱其為傳統工業，要求擴大大眾的消費，也就是説，要求人們購買襯衫或香煙。與此相反，有活力的工業，即中間貨物和資本貨物，面向有限的、大企業和國家高高在上的市場，也就是面向有著巨大經濟實力的為數不多的消費者。**目前掌握在外國人手中的重工業，既依靠業已存在的傳統工業，又使傳統工業成為自己的附屬**。在技術水準低的傳統部門，民族資本尚有一些實力；資本家越是在技術或金融方面較少依賴國有化的生產方式，他就越是傾向於善意看待土地改革，願意通過工會鬥爭提高人民群眾的消費水準。相反，與國外聯繫最緊密的資本家、即重工業的代表人物，只要求加強附屬國內的發達地區與世界經濟體制之間的經濟聯繫，並使內部變革服從於這一首要目的。正像不久前在阿根廷和巴西進行的民意測驗結果所表明的那樣，這些人代表工業資產階級的主流。卡多索的文章是以上述民意測驗的結果作為基本材料。**大企業家以斬釘截鐵的口吻反對土地改革，他們中的大部分人都矢口否認工業部門與農業部門利益不一致，他們認為，對工業發展來説，再沒有比各生產階層之間的團結和**

西半球集團的加強更重要的事情了。只有百分之二的阿根廷和巴西大實業家認為，從政治上講，應該首先依靠勞動者。在民意測驗受調查的人當中，多數是民族企業家，他們中的大部分人，手腳也同樣被種種依賴的繩索捆綁在外國權力中心上。

在此情形下，能指望有別的結局嗎？工業資產階級是統治階級的一分子，而階級本身又受外來力量的統治。今日被貝拉斯科·阿爾瓦拉多政府沒收了財產的秘魯沿海主要的莊園主，同時又是三十一家加工廠和其他許許多多不同企業的主人。（註16）其他國家的情況也是如此。（註17）墨西哥也不例外：附屬於美國大財團的民族資產階級，與其說害怕帝國主義的壓迫，倒不如說更加害怕人民群眾的壓力。他們在大財團內的發展絕不像人們所認為的那樣有創造性，不過，他們卓有成效地成倍地增加了自己的財產。（註18）在阿根廷，賽馬俱樂部是莊園主們顯示社會地位的中心場所，俱樂部的創始人曾是工業家的領袖。（註19）這樣，自上一世紀末便開始形成一個不朽的傳統：**發了財的手工業者和地主的女兒結婚，以便利用夫妻關係，進入只有寡頭集團成員才能進入的地方，或者為了同樣的目的去購買土地。有不少牧場主則將手中積累的多餘資本投資在工業方面，至少在興旺發達時期是如此**。

靠做生意和開紡織廠發家的福斯蒂諾·法諾（Faustino Fano）連續擔任了四屆農業協會的主席，直到 1967 年他去世為止。報紙在為他撰寫的訃告中宣稱，「**法諾摧毀了農業與工業互為矛盾這一錯誤的見解。**」工業剩餘資本變為奶牛。迪·特利亞兄弟（Di Tella）是實力雄厚的實業家，他們將自己的汽車和冰箱製造廠賣給外國資本，轉而從事飼養改良牛的事業，以參加農業協會的展覽。半個世紀前，擁有布宜諾斯省全部土地的安喬雷納家族（Anchorena），在布宜諾斯興建了該市最重要的一處冶金廠。

在歐洲和美國，工業資產階級以截然不同的方式出現在歷史舞台上，又同樣以截然不同的方式擴大並鞏固其權力。

機器上飄著什麼旗？

老太婆彎下腰，用手給火煽風。這時她的形象恰似一隻黑色的老烏龜──彎彎的脊背和伸長著佈滿皺紋的脖子。但是，她那破爛不堪的衣衫卻不能像龜殼那樣保護她。她行動遲緩完全歸咎於年事已高。在她身後，她那用木板和鐵皮釘成的小屋東倒西歪。再往遠處，還可以看到聖保羅郊區其他同樣簡陋的房屋。她面前有一隻黑糊糊的小鍋，煮咖啡的水已經開了。她把一個小鐵罐端到嘴邊，在喝咖啡之前，她晃動腦袋，閉上眼睛，嘴裡用葡萄牙語念道：**巴西屬於我們**。此時此刻，也在聖保羅市中心，當聯合碳化物公司執行主席舉起水晶杯，慶祝他的公司又吞併了巴西一家塑料工廠的時候，他想到的正是與老太婆念的完全相同的一句話。當然，他用的是另一種語言。兩人之中必有一人錯了。

自 1964 年起，每當紀念國營企業的誕辰時，巴西一個又一個的軍事獨裁者總要宣佈即將對該企業實行他們所謂收復的非國有化。**1965 年 7月 6 日頒布的 56570 號法令，將石油化工的開發權保留給國家；同一天通過的 56571 號法令又廢除了前一號法令，規定私人資本也可以參與開發**。這樣，道氏化學公司、聯合碳化物公司、菲利浦石油公司和洛克斐勒財團，通過直接的、或與政府「合夥」的方式獲得了開發石油化工工業的權利。這是一塊令人垂涎的**鮮嫩的腰脊肉**。當時可以預見到七○年代將出現「石油繁榮」。在相隔幾小時就頒布兩條法令，這究竟發生了什麼事情？從莎士比亞到布雷赫特，許多人都樂於想像發生了什麼事。門簾在晃動，走廊裡腳步聲不斷，拚命地叩門，綠色的紙幣滿天飛，官府裡群情激昂等等。政府一位部長承認：**在巴西，除了國家本身，只有外國資本還是強大的，當然也有一些光榮的例外。**（註20）政府盡一切可能避免美國和歐洲大公司遇到這種令人不自在的競爭。

用於工業的外國資本，是在五〇年代開始大量進入巴西，這得到儒塞利諾・庫比契克總統（Juscelino Kubitshek）推行的目標計劃（1957—1960 年）有力的促進。這是令人興奮的發展時期。巴西利亞像從魔術師奇妙的禮帽中湧現出來，屹立在一片荒野之中，那兒的印第安人甚至不知道有輪子；人們修建公路，修築水庫大壩；汽車製造廠每兩分鐘即生產一輛轎車。工業高速度增長著。為外國投資敞開大門，歡迎美元闖入巴西，人們感覺到了發展的有力步伐。油墨未乾的鈔票進入流通。大躍進靠的是通貨膨脹和一筆由下幾屆政府承擔的、壓得人透不過氣的沉重外債。為使外國企業能向總公司匯利潤，收回投資，庫比契克總統保證它們享有使用特別兌換率的優惠。國家對企業從國外舉借的債務與企業共同承擔責任，也為還債和支付利息提供低價美元。根據拉丁美洲經濟委員會發表的一項報告（註21），在 1955 至 1962 年間進入巴西的投資總額中，有百分之八十是由國家作保的貸款。也就是說，企業五分之四以上的投資來自外國銀行，這些投資增加了巴西政府巨大的外債。另外，巴西對進口機器提供特別優惠的政策。（註22）民族企業享受不到這些賜予通用汽車公司或福斯汽車公司（Volkswagon）的便利。

當巴西社會科學研究所公佈耐心調查巴西各大經濟集團的有關材料時，暴露吸引帝國主義資本的非國有化政策的後果。（註23）在擁有超過四十億克魯塞羅（巴西貨幣單位）資本的企業聯合體中，有一半以上是外國企業，其中大部分是美國的。資本在十二億克魯塞羅以上的企業聯合體中，屬於外國集團的有十二家，而民族企業只有五家。毛里西奧·德凱羅斯（Mauricio vinhas de queiroz）對上述調查進行了分析後指出：「**經濟集團越大，它屬於外國的可能性也就越大。**」但是，更具有說服力的是：二十四家資本超過四十億克魯塞羅的民族企業中，僅有九家的股票與美國或歐洲資本沒有聯繫，儘管如此，它們中有兩家與外國董事會有些關係。調查表明，有十個經濟集團在它們各自的專業範圍內實際上行使壟斷權，而其中有八個是美國大公司的分公司。

然而，這一切對隨後發生的事件來說只不過是兒戲。從 1964 年到 1968 年中期，十五家汽車廠或汽車配件廠被福特、克萊斯勒、威利斯（Willy's）、西姆卡（Simca）、福斯或愛快羅密歐（Alfa Romeo）等汽車公司吞併；在電力和電子工業方面，有三家巴西大企業落入日本人的手中；惠氏（Wyeth）、布里斯托爾（Bristol）、美強生（Mead Johnson）和利弗（Lever）等公司兼併了一些製藥廠，使市場上的國產藥品僅佔五分之一；安納康達銅礦公司撲向有色金屬行業，聯合碳化物公司撲向塑料工業、化學工業和石油化工工業；美國罐頭製造廠、美國機械和鑄造廠和其他同行佔有了六家民族資本的機械和冶金企業；巴西大型冶金廠之一的巴西礦業總公司被伯利恆鋼鐵廠、大通曼哈頓銀行和美孚石油公司組成的財團以倒閉廠的價格買下來。議會專為調查這類問題而組成的委員會的結論是聳人聽聞的，但是軍政府關閉了議會，巴西民眾從不知道上述材料。（註24）

在卡斯特略·布朗庫將軍執政時期，簽署了一項實際上給外國企業以治外法權的投資保證協定，此外，還減少了外國企業要交的所得稅，向他們提供使用貸款的特殊便利。與此同時，掃除了上屆古拉特政府為防止利潤外流而設置的障礙。獨裁政府像拉皮條的人介紹淫婦那樣，將整個國家拱手讓出，試圖勾引外國資本家，並恰如其分地說道：「**在對待外國人方面，巴西是世界上最開明的國家之一，……不限制股東的國籍，……不規定註冊資本可匯出利潤的百分比極限，不限制資本返回原國的數額，並把用於再投資的利潤，視為原資本的增加……**」（註25）

　　阿根廷與巴西爭奪成為帝國主義投資的寵兒。在這同一時期內，阿根廷軍政府在頌揚它提供的優惠條件方面也不甘落後。1967年，胡安・翁加尼亞將軍在明確阿根廷經濟政策的演說中重申母雞向狐狸提供均等的機遇的故事：「**根據我國從來不歧視外國資本的傳統政策，在阿根廷的外國資本將與國內投資處於同等地位。**」（註26）阿根廷也不限制外國資本入境，即不限制外來資本在阿根廷國民經濟中所佔的比重，也不限制利潤匯出和資本返回原國等。專利權使用費、開發稅和技術服務費的支付方式變得非常靈活。除了各種鼓勵性措施和豁免方法之外，政府還豁免企業交稅並向他們提供特別匯率。1963至1968年間，在鋼鐵、汽車及零配件製造、石油化工、化工、電力、造紙和捲煙等（註27）許多不同的生產領域，有五十家阿根廷大企業實行了非國有化，其中二十九家落入美國人手中。1962年，西亞姆・迪・特利亞（Siam Di Tella）和阿根廷凱塞工業公司（Industria Kaiser Argentinas）這兩家私人民族資本企業，名列拉丁美洲五大工業企業之首，到1967年，這兩家企業均被帝國主義資本兼併。在阿根廷，那些年銷售額超過七十億比索的最強大的企業中，外國企業的銷售額占總銷售額的一半，國家企業占三分之一，而阿根廷私人企業僅佔六分之一。（註28）

　　美國在拉丁美洲製造業的投資有近三分之一集中在墨西哥。這個國家同樣既不限制資本的轉移，也不限制利潤返回原國。該國也因沒有任何兌換限制而引人注目。強制性的資本墨西哥化硬性規定，在一些工業部門中，大部分股份必須屬於墨西哥。該國工商部長於 1967 年宣稱：「總的來說，外國投資者熱烈歡迎這種**墨西哥化**，他們公開承認建立合資企業有許多好處。」他又說：「值得指出的是，即使是在國際上有名望的公司也在墨西哥建立了這種形式的聯合公司。同樣應該強調的是，工業墨西哥化政策不僅沒有削弱外資對墨西哥的熱情，而且 1965 年打破投資額紀錄以後，1966 年的投資總額又超過了 1965 年。」（註 29）1962 年，墨西哥最重要的一百家大企業中，有五十六家全部或部分被外國資本所控制，二十四家屬於政府，二十家為私人資本企業。這二十家民族資本的私營企業，其銷售額只佔上述一百家企業銷售總額的百分之七強。（註 30）目前，外國大商號控制了在計算機、辦公用具、機械和工業設備等方面投資總額的一半以上。通用、福特、克萊斯勒和福斯等汽車公司已鞏固了它們在汽車製造業和輔助廠網的勢力。新興的化學工業分屬杜邦公司、孟山都化學公司、帝國化學公司、聯合化學公司、聯合碳化物公司和氨基氰公司。主要的製藥廠落在帕克、大衛（Parke Davis）、默克（Mark&Co）、西德尼·羅斯（Sidney Ross）和施貴寶（Squibb）等公司手中。美國人造絲公司在化纖生產方面有舉足輕重的影響。安德森克萊頓（Anderson Clayton）和利伯兄弟公司（Lieber brothers）日益控制食用油的生產。外國資本大量地參與水泥、捲煙、橡膠及橡膠製品、日用品和各類食品的生產。（註 31）

國際貨幣基金組織的轟炸
有助於征服者登陸

　　政府兩位部長在議會的巴西工業非國有化委員會作證時承認，卡斯特略·布朗庫政府為使國外貸款直接流向企業而採取的措施，使民族資本的工廠處於極不利的境地。兩位部長所指的是 1965 年初頒布的著名的289 號條例，即外資企業從國外得到利息為百分之七或百分之八的貸款的同時，可以得到特別匯率，如果克魯塞羅貶值，政府還保證這些企業繼續享受原先的特別匯率，而本國企業得為它們辛辛苦苦在國內爭取到的貸款支付百分之五十的利息。這一措施的發明人羅伯托對此是這樣解釋的：「很顯然，世界是不平等的。有人天生聰明，有人天生愚笨。有人生來是運動員，有人生來是殘廢。世界上有大企業和小企業。有人在其生命最美好的時期夭折，另一些人則毫無意義地渡過漫長的一生，簡直是一種犯罪。在人的本性和事物的本質方面，存在著一種根本性的不平等。貸款機制也不例外。主張民族企業在使用外國貸款方面應該與外國企業享有同等權利，顯然是不瞭解基本的經濟現實⋯⋯」（註 32）

　　根據這一簡短、但內容豐富的資本主義宣言的論點，弱肉強食法則自然是人類生活的法則，世界上不存在不公正，因為我們所認為的不公正，只不過是宇宙殘酷和諧的表露，也就是說，貧窮的國家之所以貧困，就是因為它們窮。我們生來只是為了完成自己的使命，這是命中注定的，也就是說，一些人注定要順從，另一些人注定要統治別人。**有人引頸待斃，有人投繩拉索**。這部宣言的作者是在巴西貫徹國際貨幣基金組織政策的人。

　　如同在拉丁美洲其他國家一樣，實施國際貨幣基金組織的方案，有利於外國征服者踏著被夷平的土地進入巴西。自五○年代末以來，經濟衰退、貨幣不穩、貸款短缺和國內市場購買力下降等，大大地有助於搞垮民族工業並將其置於帝國主義公司腳下。國際貨幣基金組織以神奇的**穩定貨幣**為藉口，強加於拉丁美洲的政策，不僅沒有緩解反而加劇了不平衡。該組織別有用心地本末倒置並把現行經濟結構的危機與通貨膨脹混為一談。這個組織推行自由貿易，禁止進行多邊交易和簽訂以貨易貨協定，強迫緊縮國內貸款已到了令人窒息的地步，凍結工資和不鼓勵國家的經濟活動等等。除了此項計劃外，還加上大幅度貶值貨幣，從理論上講，這是為了恢復貨幣本來的價值和刺激出口。實際上，貨幣貶值只能刺激國內資本的集中，得益的是統治階級，也只能幫助來自國外、手提箱內塞滿大把美元的外商吞併民族企業。

在整個拉丁美洲，這種體制所生產的東西遠遠少於消費的需要，通貨膨脹正是這種**軟弱無力結構**的產物。但是國際貨幣基金組織不去從根本上解決生產供應不足的問題，而是重兵攻打供應不足的後果，這樣就進一步摧毀了國內消費市場本來就低得可憐的購買力，也就是認為，**在有忍饑挨餓的人的土地上，過分的需求會成為通貨膨脹的罪魁禍首**。國際貨幣基金組織的各種方案，不僅在求穩定和發展方面遭到失敗，而且從外部加劇了對各國的鉗制，增加了廣大貧苦大眾的貧困，使社會矛盾激化。在貿易自由、競爭自由和資本流通自由等神聖戒律的影響下，這些方案加速了經濟和金融非國有化進程。國際貨幣基金組織對廣泛實行貿易保護主義制度（關稅率、貿易限額、內部補貼）的美國從未提出哪怕是最輕微的批評，但是，對拉丁美洲卻一貫強硬，這個組織正是為此而創立的。

自從智利 1954 年接待了國際貨幣基金組織的第一個代表團後，這個組織的種種忠告遍及拉丁美洲各地。今日，大部分政府仍盲目地遵從該組織的指示。**治療的方法反而使病情惡化、以便更好地迫使病人接受貸款和投資之類的毒品**。國際貨幣基金組織直接提供貸款，或者為了讓其他組織提供貸款，大開必不可少的綠燈。誕生於美國，總部設在美國，並為美國服務的國際貨幣基金組織，確實是起到國際監察員的作用，沒有它的批准，美國銀行就不掏錢。世界銀行、國際發展銀行和其他世界性慈善機構，同樣以各國政府與國際貨幣基金組織這一擁有至高無上權力的機構簽署並履行意向書作為提供貸款的條件。拉丁美洲所有國家加在一起的票數尚不及美國所掌握票數的一半，美國正是靠這點來指導在世界上搞貨幣平衡的至高無上的製作者的政策，也就是說，在第二次世界大戰後期，當美元開始成為國際貨幣霸主時，國際貨幣基金組織恰好是為使華爾街對全球的金融支配權制度化而創立的。這個組織一貫忠於其主子。（註33）

拉丁美洲的民族資產階級確實具有吃年金的天賦，面對國外對民族工業雪崩似的衝擊，它沒有進行強大的阻擋。不過，帝國主義公司也確實使用了一整套摧毀拉美民族工業的手段。國際貨幣基金組織事先進行的轟炸有助進行滲透。這樣，在證券交易所行情暴跌之後，只打個電話就佔有了企業，代價僅僅是給些股票作為喘息之機，或者是把債務變成提供物資、使用專利和商標或引進技術。由於貨幣貶值而連番的外債，迫使民族企業為償還以美元計算的債務，而付出更多本國貨幣，外債就這樣成為致命陷阱。依靠進口技術代價是昂貴的，因為公司的技術訣竅包括吞併對方的高超技能。兩年多以前，巴西民族工業的最後一批勇士中，有人在里約一家報紙上宣稱：「**經驗證明，巴西常常拿不到出售某一家民族企業應得的收入，這筆錢留在購買國的金融市場裡生息。**」（註34）債權人索債時，把欠債人的設備和機器據為己有。巴西中央銀行公佈的數字表明，在 1965、1966 和 1967 年，五分之一以上的新投資實際上是把未償付的債務變為投資。

除了強者在金融和技術上訛詐弱者外，還要加上背信棄義的自由競爭。由於大跨國公司的子公司是世界性機構的組成部分，**它們可以在一年、兩年或所需要的時間裡賠錢。它們先壓低價錢，然後坐下來等候被圍困者投降。銀行配合包圍。由於民族企業並非如想像中那樣有償還能力，銀行於是拒絕向它提供給養。遭到圍困的企業很快舉起白旗。當地資本家就變成勝利者的小夥伴或僱員，也許可以得到他最嚮往的結局，就是以股份的形式從外國總公司那裡贖回其財產，靠吃年金快快活活地度餘生**。在壓價傾銷方面，巴西阿德西特（Adesite）膠帶廠被強大的聯合碳化物公司吞併的過程很能說明問題。總部設在明尼蘇達州、觸手遍及世界各地的這一家著名的蘇格蘭公司，先是在巴西市場以越來越低的價格銷售自己的膠帶，使阿德西特膠帶廠的銷售額不斷下降。銀行停止對該廠提供貸款。蘇格蘭公司還繼續壓價：先降價 30%，繼而降價 40%。這時，聯合碳化物公司出台了，它以令人絕望的價格購買了巴西這家工廠。隨後，它又和蘇格蘭公司協商將巴西市場一分為二，各佔一半。接著，它們一致同意將膠帶價格提高 50%。這就是消化了。幾年前，瓦加斯時代制定的反托拉斯法已被廢除了。

　　美洲國家組織自己承認（註 35），美國分公司充足的財政資源，「**使一些民族企業在嚴重缺乏流動資金時被代表外國利益的公司買走了**」。由於國際貨幣基金組織強迫壓縮國內信貸而進一步加劇了的財政資金的不足，扼殺了地方工業。但是美洲國家組織的同一個文件宣稱，美國企業為在拉丁美洲保持其正常的生產和發展所需要的資金中，足足有 95.7% 是以信貸、貸款和利潤再投資的方式來自拉丁美洲。在製造業方面，這一比例數為 80%。

銀行的入侵——美國照管本國的儲蓄存款，
且自由支配他國存款

本國資金納入了帝國主義各分公司的軌道，很大程度上在於，近幾年來美國銀行分行如雨後春筍般出現在拉丁美洲各地。向衛星國的國內存款進攻與美國長期的國際收支逆差有關。這種逆差迫使美國遏制其海外投資，也使作為國際貨幣的美元出現了聳人聽聞的貶值。拉丁美洲除提供食物外還提供唾液，美國只是張口而已。工業非國有化成為一件禮物。

據國際金融調查組織的資料（註36），1964 年布拉沃河以南的美國銀行分行有七十八家，而到 1967 年已增至一百三十三家。1964 年，這些銀行的存款額為八點一億美元，到 1967 年則為十二點七億美元。隨後，在 1968 和 1969 兩年裡，外國銀行迅猛發展。目前，第一國民城市銀行在拉丁美洲十七個國家足足有一百一十家分行。這一數字包括近幾年來被城市銀行買下的幾家全國性銀行。洛克斐勒財團的大通曼哈頓銀行於 1962 年買下了有三十四家分行的巴西家庭銀行；1964 年在秘魯買下了擁有四十二家分行的大陸銀行；1967 年買下了在哥倫比亞和宏都拉斯有二十四家分行的大西洋銀行；1968 年，又買下了阿根廷商業銀行。古巴革命對在古巴的二十家美國銀行實行國有化，但是美國從沉重打擊中恢復過來並漸漸有所發展，僅僅在 1968 年，就有七十多家美國銀行新分行在中美洲、加勒比海地區和南美洲那些最小的國家裡開業。

精確地瞭解同時進行的各種經濟活動（津貼、控股、金融和代辦處等）增長的規模是不可能的，但是人們知道，一些銀行所吸收的拉美資金，以相同的或更高的比例增長，這些銀行雖然沒有公開作為外國銀行分行進行營業，但是外國通過佔有起決定性作用的大量股份，或者是提供條件苛刻的信貸條款控制它們。

所有的銀行入侵都是為了把拉丁美洲的儲蓄引向在這一地區經營的美國企業，而民族企業則因缺乏信貸而被扼殺。在一些國家開展業務的美國銀行的公共關係部恬不知恥地宣稱，他們最重要的目的是使這些國家的國內存款被成為各銀行總行客戶的跨國公司所利用。（註37）可以想像，某家拉丁美洲銀行能躋足紐約吸收美國國內儲蓄嗎？肥皂泡般的幻想只能在空中破裂。美國明確禁止搞這種不可思議的冒險行動。在美國，任何一家外國銀行都不能接收美國公民的存款。相反，美國銀行卻可以通過為數眾多的分行隨心所欲地支配拉丁美洲國家的國內存款。拉丁美洲像美國一樣，熱心於使金融美國化。1966年6月，巴西折扣銀行與其股東協商，作出一項充滿民族主義精神的決定。這家銀行在其所有的文件上都印上了**我們信仰上帝**這樣一句話，並自豪地指出，美元也寫有**我們信仰金錢**這樣一句座右銘。

拉美銀行，包括那些沒有被外國資本滲透或圍困的在內，它們的貸款方向與城市銀行、大通銀行或美洲銀行相一致，即它們寧願滿足那些能提供可靠保證、進行大筆交易的外國工商企業的貸款申請。

進口資本的帝國

羅伯托在其制定的「政府經濟行動綱領」中預言，由於政府執行優惠政策，外國資本將湧入巴西，推進巴西的發展，為穩定巴西的經濟和金融做出貢獻。（註38）有關方面宣稱，1965年來自國外的新的直接投資額將達一億美元，但實際上只有七千萬美元。有關方面還斷言，在以後的幾年，每年的投資額將超過 1965 年的估計數，但是這些預言全都落空。1967 年外國在巴西投資了七千六百萬美元，而通過利潤、股利、技術援助費、「專利權使用費」或特許權使用費、註冊商標使用費等形式流失的資金超過新投資的四倍。除了這些流失的鮮血之外，還應加上秘密匯出國外的資金。巴西中央銀行承認，1967 年有 1.2 億美元通過不合法途徑匯出巴西。

顯而易見，逃逸的資金大大超過了投入的資金。追根究底，在工業非國有化的關鍵三年裡即 1965、1966 和 1967 年，新的直接投資比 1961 年要少許多。（註 39）美國在巴西的投資，大部分集中在工業方面，但是投資額不足美國在全世界範圍內工業投資總額的 4%。美國在阿根廷的投資剛剛佔上述投資總額的 3%，在墨西哥占 3.5%。華爾街沒有做出多大的犧牲就消化吸收了拉丁美洲最大的工業中心。

列寧這樣寫道：「以壟斷為主宰的現代資本主義的特點是資本輸出。」在我們今日生活的年代裡，正如巴蘭和斯威齊指出的那樣，帝國主義是從它勢力所及的國家進口資本。在 1950 年至 1967 年期間，不算利潤再投資，美國在拉丁美洲的新投資共計為三十九億二千一百萬美元。同期由企業匯往國外的利潤和股利達一百二十八億一千九百萬美元。外流的利潤是在這一地區新投資總額的三倍多。（註 40）根據拉丁美洲經濟委員會的看法，從那時起，利潤外流量再度增加，**最近幾年的收益為新投資的五倍**。阿根廷、巴西和墨西哥資金外流的增長幅度最大。但這僅僅是一個保守的估計。作為償還債務而匯出的相當大一部分基金實際上是投資所得的利潤，上述數字既不包括因支付專利費、特許權使用費和技術援助費而流向國外的錢，也不包括其他通常在「錯誤和遺漏」一欄目的掩蓋下，通過轉賬悄悄地匯走的錢，這一數字也不包括**各公司在給其子公司提供原料時，價格加碼所得的利潤，以及以同樣的熱情誇大其生產成本所獲得的利潤**。（註 41）

公司在這方面的想像力也反映在投資本身。的確，由於技術的迅速發展，固定資本在發達經濟中的更新週期越來越短，絕大部分出口到拉丁美洲國家的機器和設備，使用壽命已縮短，因為它們在原產地已經使用過一段時間。事實上，購買機器和設備的款已被部分或全部償還。但是，在向海外投資時，是不考慮這一細節的，也就是說，如果考慮到機器在出口前已經磨損這一事實，那麼，被隨心所欲提高了身價的機器，其價值確實與實際價值相差甚遠。另，總公司沒必要花錢在拉丁美洲，生產那些以前從國外賣給拉丁美洲的產品。

各國政府負責避免發生這類事情。它們預付資金給前來完成其救世主使命的子公司，於是，只要子公司在將要建廠的地方插上立牌，它就可以得到當地信貸。在進口所需物品時，子公司享有兌換優惠（這些物品實際上是在公司內部買賣的），在一些國家，子公司甚至能保證得到特別兌換率來清還自己的外債，這些債務通常是欠所屬公司的金融機構。《資料》（註42）雜誌的一項估算指出，1961 年至 1964 年，投入到阿根廷汽車製造工業的外匯，比建設總功率超過二千二百兆瓦的十七個火力發電廠和六個水力發電廠所需資金多 3.5 倍，相當於為使人均生產總值年增加 2.8%，重工業在十一年裡需要進口的機器和設備的總值。

專家治國論者比海軍陸戰隊
更有效地使人進退維谷

當企業帶走的美元大大超過所投入的美元時，拉美地區長期的外匯匱乏便進一步加劇。所謂「受惠」國家的資本非但沒有增加，反而有所減少。

於是貸款機制開始運轉。在拆毀拉美民族資本工業那脆弱的防衛堡壘、鞏固新殖民主義體制方面，國際信貸組織所起的作用十分重要。援助如同故事中的慈善家，他給自己的乳豬裝上一條木腿，但小豬之所以缺腿，是由於這位慈善家正一點一點地品嚐這只乳豬。美國因軍費開支和對外援助而造成的支付逆差，如一把懸在頭頂上的達摩克斯利劍（比喻安逸祥和背後所存在的恐慌和危險—編註），**既威脅著美國的繁榮，又同時使這種繁榮成為可能**。每當壟斷集團的美元發生什麼危險，帝國便派海軍陸戰隊前往救駕，而更為行之有效的辦法是派專家治國論者並發放貸款，以擴大生意，確保有原料和市場。

今日的資本主義，在世界權力中心，以一種無可置疑的私人壟斷和國家機器的雙重身份出現。（註 43）跨國公司直接利用國家機器來積累、翻倍和集中資本、深入發展技術革命、使經濟軍事化、並通過各種機制，確保成功地實現資本主義世界美國化。進出口銀行、國際開發署和其他一些小機構，在確保資本主義世界美國化方面各盡其職。一些自詡為國際機構的組織也在發揮同樣的作用。在下述機構中，美國擁有不容爭辯的領導權：國際貨幣基金組織和其孿生兄弟——國際復興開發銀行，以及泛美開發銀行。這些機構自稱有權制定申請信貸的國家必須遵循的經濟政策，它們向這些國家的中央銀行和有決定性意義的各個部發起卓有成效的攻勢、掌握所有經濟和金融方面的秘密材料、起草並頒布全國性法律、禁止或批准這些國家政府採取的措施，並詳詳細細地指定這些政府的方針政策。

國際慈善並不存在，對美國來說，搞慈善也要先從自家開始。對外援助首先在內部起作用，就是使美國經濟自我幫助。當羅伯托身為古拉特民族主義政府大使時，他將外援說成是一項擴大海外市場的計劃。此計劃的目的在於吸收美國剩餘物資，減少美國出口工業生產過剩。（註 44）爭取進步聯盟成立不久，美國商業部即慶賀該聯盟的順利進展，指出該聯盟已經為美國四十四個州的私營企業經辦了新的買賣，創造了新的就業機會。（註45）不久前，詹森總統在 1968 年 1 月向國會所作的報告中保證，1969年美國百分之九十以上的外援將用於資助購買美國商品，他說，「**為擴大這一比例，我已加緊努力，親自領導**」。（註46）1969 年 10 月，電報將爭取進步聯盟泛美委員會主席卡洛斯·桑斯·德聖瑪麗亞（Carlos Sanz de Santamaría）在紐約發表的爆炸性聲明傳到各地，他說，對外援助對美國經濟、對美國國庫都已產生了很好的效益。自五〇年代末美國發生收支不平衡危機以來，提供貸款的條件是要購買美國工業品，而美國的工業品比世界其他地方的同類產品價格更貴。美國不久前開始使用某些機制，如「否定產品目錄」。這是為防止受援國把信貸用於出口某些產品，因為美國能夠以很好的競爭條件把這些產品投到國際市場而無需採取自我行善手段。隨後實行的「肯定產品目錄」，使借助外援出售美國的一些工業產品成為可能。

這些工業產品以比國際市場高出 30% 至 50% 的價格銷售。美洲國家組織在上述文件中宣稱，資助所意味的那種聯繫是「**全面補貼美國出口商品**」。美國商業部承認，國際市場的價格極不利於生產機器設備的公司，「**除非它們能夠利用從不同的外援計劃中可以得到的最靈活的資助**」。（註47）1969 年底，當理察·尼克森在一次講話中保證放開外援的時候，他僅僅談到在拉丁美洲不同的國家購買產品的可能性。然而，在此之前，泛美開發銀行已採用過這種方式，委託它的特別行動基金組織發放貸款。但是經驗證明，簽訂合約時，最終總是選擇美國，或美國設在拉丁美洲的子公司作為供貨的一方。國際開發署、進出口銀行和泛美開發銀行的大部分機構發放貸款時，都要求必須由懸掛美國國旗的船隻負責運輸一半以上的貨物。美國海運費如此之貴，有時竟比世界上最便宜的海運費高兩倍。在通常情況下，為所運貨物提供保險的也是美國保險公司，而具體的保險業務又是通過美國的銀行來進行。

美洲國家組織對拉丁美洲得到的實際援助做了一個很能說明問題的估計。（註48）一旦除去「水分」就可以看到，只有百分之三十八的名義援助可視為實際援助。對工業、礦業和交通的貸款，以及補償性信貸，僅佔所得貸款的五分之一。進出口銀行的援助，從南向北伸展。美洲國家組織說，進出口銀行提供的資金，與其說是援助，不如說是對拉丁美洲地區的一種附加支出，因為美國通過這家銀行出口的商品是加價商品。

泛美開發銀行的大部分普通資金是由拉丁美洲提供的。但是這家銀行的文件除了蓋有本銀行的印章外，還帶有爭取進步聯盟的標誌。在泛美開發銀行內部惟有美國擁有否決權。拉丁美洲國家在泛美開發銀行內的表決權是根據每個國家向該銀行提供的資本按比例分配的，他們的票加在一起不夠通過重要決議所必需的三分之二多數。1969年八月，納爾遜·洛克斐勒在他向尼克森所作的著名報告中承認，「雖然美國未曾行使過它對泛美開發銀行貸款的否決權，但是由於存在著把否決權用於政治目的的威脅而影響到該銀行的各項決議」。

泛美開發銀行強加於他人的條件與公開宣稱是美國機構的組織所提的條件相同，那就是除了在宣傳中要特別提到爭取進步聯盟以外，貸款必須用於購買美國商品，至少一半的貨物必須用掛星條旗的貨船來運輸。凡是泛美開發銀行這位善良的仙女用魔棍碰過的各項服務，它都要規定對方應付的服務費和服務稅。它還決定水費應該收多少，規定下水道工程稅或住宅稅。這一切都是根據經它同意任命的美國顧問提出的建議來進行的。泛美開發銀行還批准工程設計圖，起草投標書，管理資金，監督工程進展情況等。（註 49）根據新殖民主義文化的準則，在改革拉美地區高等教育結構的任務中，泛美開發銀行的工作是卓有成效的。這家銀行給大學貸款，於是，沒有它的認可和批准，就不能修改大學的組織法或章程。與此同時，該銀行也迫使大學進行某些教育、管理及財政方面的改革。當發生爭議時，由美洲國家組織秘書長指定仲裁人。（註 50）

與國際開發署簽訂的合約不僅僅規定對方必需購買美國商品，使用美國船隻來運輸商品，而且通常還禁止對方與古巴和北越進行貿易，強迫簽約國接受美國技術人員在管理方面的監護。美國拖拉機或化肥與在國際市場可以低價購買的拖拉機或化肥之間存在著差價，為了彌補這種不平衡，國際開發署強迫那些利用信貸進口產品的國家免收這些產品的捐稅和關稅。國際開發署的外援包括警用吉普車和現代化武器，為了適當地維護受援國的社會秩序，貸款申請經國際開發署批准後，貸款額的三分之一能立即兌現，餘下的三分之二就要經國際貨幣基金組織批准才能發放。這個組織提出的各種方案往往引起社會的動亂。

如果說國際貨幣基金組織這樣做仍未能像拆鐘錶那樣，一個零件又一個零件地拆毀受援國主權的各種機制，那麼，國際開發署還會順便要求批准某些法律或法令。國際開發署是爭取進步聯盟主要的資金運輸工具。根據爭取進步聯盟泛美委員會與烏拉圭政府簽署的協議，烏拉圭政府保證，本國政府所有機構的收入和支出以及政府在稅率、工資和投資方面的政策，都由國際開發署這一外國機構直接控制（註 51），不必再列舉更多的令人費解的慷慨大方的事例了。然而，最苛刻的條件很少見諸於協定文本和公開承諾，而是掩藏於秘密補充條款之中。烏拉圭議會永遠不會知道，為了能夠在美國農業過剩保護法下得到麵粉、玉米和高粱，該政府已於1968 年三月接受了美國提出的烏拉圭當年大米出口的限額。

一把把匕首在援助窮國的幌子下閃閃發光。曾任爭取進步聯盟總經理的特奧多羅・莫斯科索（Teodoro Moscoso）承認：「……在聯合國或在美洲國家組織，有時候美國需要某個國家的一票，依照外交是冷酷無情的這一被奉為圭臬的傳統，該國家的政府很可能為這一票索價。」（註52）1962年，在埃斯特角大會上，海地代表用它的一票換來了一個新機場，而美國則得到了將古巴從美洲國家組織開除出去所需要的多數票。（註53）瓜地馬拉前獨裁者米格爾・伊迪戈拉斯曾宣稱，為了使美國履行購買更多的瓜地馬拉白糖的諾言，他不得不以瓜地馬拉將在爭取進步聯盟的所有會議上投反對票來要挾美國人。（註54）在若昂・古拉特民族主義政府時期（1961—1964年），巴西是爭取進步聯盟最偏愛的國家。初看起來，這似乎是一種奇談怪論。但是，一旦瞭解了巴西如何使用得到的援助，奇談怪論便戛然而止。爭取進步聯盟的信貸如同埋在古拉特前進道路上的地雷。卡洛斯・拉塞爾達（Carlos lacerda）當時是瓜納巴拉州（Guanabara）州長、極右派領袖，他得到的美元比巴西整個東北部多六倍，於是，人口不足四百萬的瓜納巴拉州在世界最壯觀的海灣旁為遊客修建美麗的花園，而巴西東北部的居民繼續成為拉丁美洲肌體上的一塊爛瘡。1964年6月，將卡斯特略・布朗庫扶上台的政變已經取得成功，托馬斯・曼（Thomas Mann）這位負責美洲事務的副國務卿、詹森總統的左膀右臂曾解釋說：「美國將原擬給古拉特政府的經援給了巴西幾位有能力的州長，希望以此來資助民主。華盛頓沒有為解決巴西的國際收支差額或為巴西聯邦政府的預算拿出過一分錢，因為那樣會使巴西中央政府直接受益。」（註55）美國政府斷然拒絕與秘魯貝朗德政府進行任何形式的合作，「除非秘魯政府像美國政府所希望的那樣，保證對國際石油公司採取寬大的政策。貝朗德拒絕了，其結果是到1965年底，秘魯甚至未能從爭取進步聯盟那裡拿到自己應得的貸款額」。（註56）眾所周知，貝朗德後來妥協了。可他丟了石油和政權，他為了生存而不得不屈從。

在玻利維亞，美國貸款沒有為這個國家建設自己的錫廠提供過一分錢，結果是錫礦石繼續運往利物浦，在那裡加工後再運往紐約。在玻利維亞這樣一個兒童死亡率高得與海地不相上下的國家，援助卻孕育出一個寄生的商業資產階級，使官僚集團膨脹。用這筆援助修建了高樓大廈、現代化的高速公路和其他一些耗費大而毫無效益的東西。美國的信貸機構和國際機構否定玻利維亞有權接受前蘇聯、捷克斯洛伐克和波蘭的幫助以便創建石化工業、開採、冶煉鋅、鉛和鐵、建設煉錫廠和煉銻廠。所以玻利維亞不得不只進口美國貨。當被美國援助吞噬　空的民族革命運動政府最終垮台時，美國駐玻利維亞大使道格拉斯・亨德森（Douglas Henderson）便開始準時出席獨裁者雷內・巴里恩托斯的內閣會議。（註57）

貸款的各項說明如此精確，如同一支測量各國貿易大氣候的溫度計，貸款還幫助驅散百萬富翁那明朗天空的政治烏雲和革命風暴。1963 年，以戴維・洛克斐勒（註58）為首的幾位商人宣稱：「美國將在那些表示願意進一步改善投資環境的國家，落實經濟援助計劃，而對那些未作出令人滿意的成績的國家，美國則將撤回其援助。」對外援助法明確規定，「凡是對任何美國公民的資產、或對一半以上的資產屬美國公民所有的企業、公司和社團實行國有化、沒收、贖買或加以控制的國家」，美國將中止對它的援助。（註59）爭取進步聯盟貿易委員會最傑出的委員中，有大通曼哈頓銀行、花旗銀行、美孚石油公司、安納康達公司和格雷斯公司的最高層領導人，這並非沒有必要。國際開發署用多種辦法為美國資本家開拓道路，其中有要求受援國批准投資擔保協定，以避免因發生戰爭、革命、起義或貨幣危機而可能造成的損失。美國商業部提供的材料表明，1966 年依照國際開發署的「投資保障計劃」，拉丁美洲十五個國家向美國私人投資者提供擔保，被擔保的為投資總額達三億多美元的一百個投資項目。（註60）

「阿德拉」並非墨西哥革命時期的一首歌名「阿德拉」（即拉丁美洲經濟發展協會的縮寫，也恰好是以女性名字為歌名的一首曲子，在墨西哥革命時期極為流行。—譯註），而是一個國際投資財團，是由紐約第一國民城市銀行、紐澤西美孚石油公司和福特汽車公司共同提議創立的協會。梅隆集團熱情地參加這一協會，入會者還有歐洲的一些大企業。正如參議員雅各・賈維斯（Jacob Javits）所說：「拉丁美洲為美國提供了一個極好的機會，那就是，美國借邀請歐洲『加入』協會之機表明美國不尋求統治地位或排斥他人……」（註61）拉丁美洲經濟發展協會在 1968 年的年度報告中**特別感謝泛美開發銀行為促進這一財團在拉丁美洲的貿易而提供的貸款**，報告也對國際金融公司在這方面的工作表示敬意，該公司是世界銀行的一個臂膀。

為了避免重複勞動和對投資機遇作出估價，「阿德拉」與這兩個機構保持著不斷的聯繫。（註62）還可列舉許多類似的神聖聯盟事例。在阿根廷，拉丁美洲為泛美開發銀行普通資金提供的資本，幫助了此銀行向諸如南方石油有限公司這樣一些企業提供非常適宜的貸款，或者資助美國費城巴德公司的子公司阿根廷金屬有限公司建設一個汽車配件廠。南方石油有限公司是債券股票電力公司的子公司，它得到的一千多萬美元貸款，用於建設一個石化總廠。（註63）在巴西，國際開發署的信貸使大西洋富田石油公司得以擴建其化工廠；進出口銀行為伯利恆鋼鐵公司設在巴西的子公司米納斯吉拉斯工商股份公司提供了優厚的貸款。由於爭取進步聯盟和世界銀行的幫助，飛利浦石油公司於 1966 年在巴西建成了拉丁美洲最大的一家化肥廠。這一切都算是援助，一切都加在受到命運女神恩惠的國家的外債上。

為了補充被巴蒂斯塔獨裁政權揮霍一盡的外匯儲備，卡斯楚在古巴革命勝利初期曾向世界銀行和國際貨幣基金組織申請貸款，這兩個組織答覆說，古巴首先應當接受一項穩定計劃。同其他國家一樣，這意味著要拆除國家機器，中止結構改革。（註64）世界銀行與國際貨幣基金組織同時在布雷頓森林（Bretton Woods）宣告成立，它們緊密協作，為共同目標而努力。在世界銀行，美國擁有投票總數的四分之一，而拉丁美洲二十二個國家的票數加在一起，幾乎不到投票總數的十分之一。世界銀行與美國的關係恰似雷鳴與閃電的關係。

據世界銀行解釋，它的大部分貸款用於建設公路和其他交通線路以及發展電力工業，因為這是「私營企業發展的基本條件」。（註65）這些基本建設工程確實為把原料運往港口和國際市場提供了方便，也促進了窮國已非國有化的工業的發展。世界銀行認為：「在盡可能大的程度上，應該把具有競爭性的工業讓給私營企業來經營，這並不意味著世界銀行完全排除向國營企業發放貸款，但它只有在以下情況發放貸款，即私人資本無力可及，經審查後，受援國能令人滿意地保證政府的介入，有效地使用貸款不相矛盾，同時，這種介入對私營企業和公司的發展不起限制作用。」想得到貸款就要執行國際貨幣基金組織的穩定措施和按時償還外債。世界銀行的貸款與採取控制企業利潤的政策是水火不相容的，「企業利潤受到過分嚴格的限制，使企業不能在心中有數的基礎上工作，更無法推動企業未來的發展」。（註66）從 1968 年起，世界銀行在很大程度上將貸款用於開展計劃生育工作、實現教育計劃、搞農產品貿易和旅遊上。

如同其他所有的國際性大財團的吃角子機器一樣，世界銀行是進行訛詐的有效工具，是為非常具體的勢力效勞。從 1964 年起，世界銀行的每一任行長均是美國有名的商人。（註67）自 1949 到 1962 年領導世界銀行的布萊克（Eugene R. Black），後來擔任了許多私營企業的領導職務，其中一職是世界上最強大的電力壟斷集團，即債券股票電力公司的領導。巧得很，世界銀行1966年脅迫瓜地馬拉與該電力公司簽訂一項體面的協定，作為落實胡隆與馬里娜（Jurún—Marinalá）水力發電廠建設計劃的先決條件。體面的協定的內容是：如果債券股票電力公司在瓜地馬拉幾年前白送給它的這塊盆地上遭受到損失，那麼，瓜地馬拉就要向該公司支付大筆賠款。另外，該協定還規定，瓜地馬拉政府許下諾言，不阻止該公司繼續在這個國家隨意確定電價。

也湊巧，世界銀行於1967年強迫哥倫比亞向債券股票電力公司的子公司—哥倫比亞電力公司支付三千六百萬美元，作為不久前對該公司陳舊的機器設備實現國有化的賠款。哥倫比亞就這樣購買了本屬於自己的東西，因為給這個公司的特許權早已在1944年到期。世界銀行的三位行長是洛克斐勒領導集團成員。他們是：麥克洛伊（John J. McCloy），1947至1949年領導世界銀行，以後不久轉而成為大通曼哈頓銀行領導機構成員；接替他領導世界銀行的是布萊克，他所走的道路與約翰正好相反，他來自大通銀行的領導機構；洛克斐勒集團的另一位成員為伍德（George D. Woods），他於1963年接替了布萊克的職位。無巧不成書，世界銀行直接參與洛克斐勒在巴西進行的最大的一項風險投資：建設南美洲最重要的石化聯合企業—聯合石化公司。世界銀行為這次風險投資提供的資金和實質性貸款占風險投資總額的十分之一。

拉丁美洲得到的貸款，有一半以上是國際貨幣基金組織開綠燈後，從美國私人和官方機構那兒得來的。國際性銀行的貸款也占相當比重。為了使拉丁美洲國家根據償還外債的需要來改造其經濟和金融體系，國際貨幣基金組織和世界銀行對拉丁美洲國家施加的壓力越來越大。履行所許下的諾言變得愈來愈困難，也愈來愈迫切，而履行諾言與否，是評價一個國家在國際上有無良好舉止的關鍵。拉丁美洲地區正處在被經濟學家們稱之為**外債爆炸**的時刻。這是扼殺的惡性循環，即貸款增加，投資不斷，結果是，償還貸款、支付利息、紅利和其他服務的費用也隨之增加。（註68）為了付清這些款項，只能依靠注入新的外國資本，新的外國資本又導致更大的承諾，就這樣連續不斷。支付外債利息吞噬著越來越多的出口收入，而由於價格無情地下降，已無法靠出口來資助必要的進口。為了能夠生存，拉丁美洲國家對新貸款的需要，如同肺需要空氣那樣，已變得必不可少。1955 年，出口收入的五分之一用於支付投資的本金、利息和利潤，這個比例仍在不斷擴大，已經到了即將爆炸的地步。1968 年，償還債務的總金額占出口收入的 37%。如果繼續依靠外國資本來填平**貿易窟窿**，資助帝國主義投資利潤外流，那麼，到了 1980 年，百分之八十以上的外匯將落入外國債權人手中，外債總額將超過外貿總值的六倍。（註69）世界銀行曾預言，到了 1980 年，由於要償還外債利息，流入不發達世界的新的外國資本就完全發揮不了其作用。但是，到了 1965 年，流入拉丁美洲的新的貸款和新投資，已經少於從這一地區僅以償付外債本息的形式所流失的資本。

工業化無法改變國際市場的不平等

商品交換、對外直接投資和貸款，共同構成國際勞動分工的緊箍。所有被稱之為第三世界的國家，它們相互之間的貿易只佔其出口貿易的五分之一強。這些國家依賴各帝國主義中心，同這些中心的貿易，佔其對外貿易總量的四分之三。（註70）在國際市場上，拉丁美洲大部分國家被視為只生產一種原料或一種食品。（註71）拉丁美洲擁有大量的羊毛、棉花和天然纖維，擁有傳統的紡織工業，但是，在歐洲和美國購買的紡織品總額中，拉丁美洲紡織品僅佔 0.6%。拉丁美洲地區注定要以出售初級產品為主，以便外國工廠能開工。再有，這些產品的大部分「由在國際上有各種聯繫的大財團出口。在國際市場上它們通過各種關係，可以以最合適的價格出售這些產品」，（註72）但是，所謂的最合適的價格是對通常代表買方利益的他們而言，**也就是說，他們是以最低價格購進**。在國際市場上，對原料的需求和工業品的供應，實際上實行壟斷。相反，基本產品的供應者也是最終產品的購買者，是分散經營的。上述財團是強大的，它們聚集在占統治地位的強國——美國周圍，美國的消費量幾乎等於地球上其他國家的總消費量；後者弱小，它們各自奮鬥，是被壓迫者之間的競爭。在所謂國際市場上，從未存在過所謂的供求自由，而是前者對後者實行專政，這種專政總是對發達的資本主義國家有利。最終確定市場價格的中心分別在華盛頓、紐約、倫敦、巴黎、阿姆斯特丹和漢堡，也在部長會議和證券交易所。大加渲染簽署的保護小麥（1949 年）、蔗糖（1953 年）、錫（1956 年）、橄欖油（1956 年）和咖啡（1962 年）等產品價格的國際協定，其作用有限，甚至毫無作用。只要注意一下這些產品價值的下降曲線就可證實，上述協定只不過是當弱小國家的產品價格低到令人吃驚的水準時，強國向弱小國家表示象徵性的歉意而已。拉丁美洲賣出的東西越來越賤，相比之下，買進的東西越來越貴。

　　1954 年，烏拉圭用二十二頭小牛可以買回一台福特牌拖拉機，而今天需要的小牛是當時的兩倍多。智利一經濟學家小組向中央工會作了一次報告，他們估計，如果從 1928 年起，拉丁美洲出口商品的價格，其上漲速度與進口商品價格同步，那麼拉丁美洲在 1958 年至 1967 年間，可從出口中多得五百七十億美元。（註73）不必追溯得太遠，聯合國估計，以 1950 年的價格為基礎，從 1955 年至 1964 年的十年中，拉丁美洲因不平等貿易損失了一百八十多億美元。1964 年以後，價格仍在繼續下跌。如果不改變目前的外貿結構，**貿易窟窿**（即進口需要與出口收入之間的差距）將愈來愈大，也就是說，每過一年，拉丁美洲所在的深淵就被挖深一層。如果拉丁美洲想使近期內的發展速度略高於過去十五年間那極低的發展速度，那麼，它需要進口的東西將大大超過它靠出口可得到的外匯。根據拉丁美洲經濟和社會計劃學會的估算（註74），1975 年貿易窟窿將可能上升至四十六億美元，1980 年可達到八十三億美元，佔這一年預期出口總值的一半以上。這樣拉丁美洲國家將畢恭畢敬拚命敲國際貸款人的大門。

埃曼努爾（A. Emmanuel）認為，**低價造成的不幸並非壓在具體的產品身上，而是壓在具體的國家身上**。總之，直到不久前還是英國主要出口產品之一的煤，同羊毛或銅一樣，都是初級產品，蔗糖的加工過程遠比愛爾蘭威士忌或法國葡萄酒的生產過程要複雜得多。瑞典和加拿大以極好的價格出口原木材。按照埃曼努爾的觀點，國際市場造成了貿易的不平衡，**因為窮國以較多的勞動小時，換取富國較少的勞動小時。剝削的關鍵在於，這兩類國家的工資水準差距太大，而這一差距與各國在生產力方面同樣存在著的巨大差距沒有聯繫在一起**。埃曼努爾認為，低工資決定了低價格，而不是低價格決定了低工資。窮國出口貧窮，這樣，窮國就越來越窮，與此同時，富國得到與貧窮相反的結果。（註75）根據薩米爾·阿明（Samir Amin）的估算（註76），如果不發達國家 1966 年所出口的產品是由發達國家用相同的技術但高得多的工資生產出來，這些產品的價格會發生很大的變化，不發達國家就可以多收入一百四十多億美元。

在生產那些可能無法與窮國競爭的產品時，富國確實利用了關稅壁壘以此來保護本國的高工資，過去和現在都是如此。美國依靠國際貨幣基金組織、世界銀行和關稅及貿易總協定，在拉丁美洲推行自由貿易和自由競爭的學說，迫使這些國家取消多種匯價，取消進出口配額、許可證制度以及海關稅率，但是美國卻從來不以身作則。它在國外鼓吹削弱國家的作用，可美國政府在國內則通過範圍廣泛的補貼體制，和優惠價格體制，來保護壟斷集團，美國還在對外貿易中採取高稅率和嚴厲的限制措施，實行咄咄逼人的保護主義。

關稅、其他捐稅、配額和禁運相結合。（註77）假如美國對阿根廷和烏拉圭生產的高質量、低價格的肉取消稅率和強制性的衛生檢疫，允許這些肉進入它的國內市場，那麼，美國中西部地區牧場主的繁榮將會如何呢？生鐵可以自由進入美國市場，但是如果鑄成鐵錠，每一噸就要付十六美分，而且此價格要根據鐵的加工程度按比例上升。銅和其他許多產品都是如此。只要把香蕉曬乾、把煙葉切碎、給可可豆加糖、把原木鋸成板材或者剔除棗核，關稅就會毫不留情地加在這些產品身上。（註78）1969 年 1 月，美國政府採取措施，確實停止購買墨西哥的番茄（墨西哥錫那羅亞州（Sinaloa）有十七萬農民種番茄），一直到美國佛羅里達州番茄種植者迫使墨西哥人提高番茄價格，以此來避免競爭。

當**即溶咖啡**之戰於 1967 年公開化時，世界貿易理論與現實之間最棘手的矛盾爆發了。此時，人們清楚地看到，**惟有富國有權為本身利益開發「相對的自然優勢」。從理論上講，這種優勢決定了國際勞動分工。**以驚人速度擴展的即溶咖啡世界市場掌握在雀巢公司和通用食品公司手中。人們估計，用不了多久，這兩大公司將供應世界所需咖啡的一半以上。美國和歐洲從巴西和非洲購買咖啡豆，然後拿到各自的工廠加工成即溶咖啡在全世界銷售。

然而，世界最大的咖啡生產國卻無權出口自己的即溶咖啡來參與競爭，無法利用國內較低的生產成本，也無權處理過剩的咖啡。在過去，巴西把過剩的咖啡燒毀，現在則貯藏在國家倉庫裡。巴西唯一的權利是提供原料，好使外國工廠發大財。當巴西即溶咖啡廠（世界上一百一十個廠中巴西僅佔五個）開始把自己的產品拿到國際市場時，就被指控為進行背信棄義的競爭。富國呼天喚地，巴西被迫接受強加於它的凌辱，即，在國內給自己生產的即溶咖啡加稅，稅率高得使巴西即溶咖啡無法在美國市場參與競爭。（註79）

在對拉丁美洲產品採取關稅、賦稅和衛生等方面的壁壘措施方面，歐洲毫不落後。歐洲共同市場徵收進口稅以保護其農產品在本國內部的高價，同時又給農產品以補貼，使農產品能夠以競爭價格出口。**歐洲共同市場用徵稅所得來發放補貼。窮國就是這樣掏錢給富庶的買主來與自己競爭**。一公斤牛裡脊肉，如果掛在漢堡或慕尼黑肉鋪的肉鉤子上，其售價相當於布宜諾斯或蒙德維多售價的五倍。（註80）在一次國際會議上，一位智利政府的代表不無道理地抱怨說：「發達國家允許我們向他們出售噴射式飛機和計算機，但是不讓出售我們在優越條件下生產的東西。」（註81）

帝國主義在拉丁美洲工業方面的投資，絲毫未改變它進行國際貿易的方式。**在與經濟中心交換產品的過程中，拉丁美洲地區繼續自我扼殺**。建在布拉沃河以南的美國企業，其產品集中在當地市場銷售，而不是出口。產品的出口比例呈下降趨勢。根據美洲國家組織的材料，美國子公司1962年出口額佔其年銷售總額的 10%，三年以後只佔 7.5%。（註82）拉丁美洲自己生產的工業品貿易只在拉丁美洲地區內增長：1955 年，工業品貿易占拉丁美洲國家之間貿易量的十分之一，1966 年，這一比例上升為

30%。（註83）

　　美國在巴西的一個技術代表團團長約翰・艾賓克（John Abbink）於1950年預言：「如果想避免美國所不能控制的經濟高速發展的打擊，美國就應準備『引導』不發達國家不可避免的工業化……如果不控制這種工業化，不管用何種方式加以控制，它就可能導致美國出口市場實質性縮小。」（註84）儘管工業化是從國外遠距離控制，但難道它不意味著可以用國產品替代以前不得不從國外進口的商品嗎？塞爾索・富爾塔多警告說，隨著拉丁美洲國家不斷替代更為複雜的進口產品，它們「對總公司提供的原料的依賴性趨於增加」。從1957年到1964年，美國子公司的銷售額翻了一番，與此同時，它們的進口（不包括成套設備的進口）卻增加了三倍多。「這一傾向似乎表明，替代的效益只是外國公司控制的工業擴張正在減退的一種機能」。（註85）依賴性並未剷除，只是發生了質變，即美國今日在拉丁美洲大量出售更加尖端的高技術產品。商業部認為：「從長遠看，隨著墨西哥工業的增長，美國增加出口的機會越來越大……」（註86）阿根廷、墨西哥和巴西是購買美國工業設備、電力設備、發動機、成套設備和配件的好買主。各大公司的子公司，以被蓄意抬高的價格從其總公司那裡購買所需物品。當談到外國汽車製造工業在阿根廷建廠時的安裝費時，比尼亞斯和加斯蒂亞索羅說道：「他們用很高的價格支付進口，這實際上是向國外匯款。在許多情況下，所付的款額相當大，所以儘管出售的汽車價格較高，這些企業不僅有虧損，而且開始破產，在國內的股值迅速消失……其結果是原先的二十二家企業到目前只倖存十家，其中還有幾家瀕於破產……」（註87）

　　分公司就是這樣支配拉美國家本來就短缺的外匯，這也算是為大公司的世界權勢增添光彩。從與遙遠的權力中心的關係來看，附屬性工業的運行結構同帝國主義經營初級產品的傳統體制區別不大。安東尼奧‧加西亞認為（註88），「哥倫比亞的」原油出口，嚴格地說，從來都是把從美國在哥倫比亞采油田開採的原油轉移到美國本土的工業中心，加以提煉、銷售和消費。這純粹是原油的物質轉移。「宏都拉斯」或「瓜地馬拉」的香蕉出口，具有食品轉移的特點，即一些美國公司從一些殖民種植園將香蕉轉運到美國的一些銷售和消費地區。不過，「阿根廷」、「巴西」或「墨西哥」工廠，不管它們的地理位置如何，他們在（美國）經濟領域中也有一席之地。如同其他機構一樣，這些工廠成為大公司國際體系的組成部分，它們的總公司根據將要在何處投入利潤，把利潤從一個國家轉移到另一個國家，還用高於或低於實際價格的價格銷售產品。（註89）

外貿的命脈就這樣為美國或歐洲企業所掌握，這些企業按照那些與拉丁美洲無關的政府和領導機構的標準去指引拉丁美洲的貿易政策。美國的子公司既不向蘇聯和中國出口銅，也不向古巴出口石油，它們也不從國際上原料和機器設備最便宜和最適宜的產地購買這些東西。

這種世界範圍內有效的協調行動，完全脫離「市場各種勢力的自由競爭」。當然，這種效率不會變為有利於國內消費者的較低價格，而是變為外國股東們更大的利潤。汽車工業的情況很具有說服力。在拉丁美洲國家，外資企業擁有充足的、極其廉價的勞動力，此外，官方政策在各方面均有利於增加投資，如捐贈土地、優惠的電費、政府為資助分期付款銷售而一再地打折扣、容易得到的資金等。如果這些還不夠，在一些國家，給外資企業的幫助甚至達到全免收入稅或銷售稅的地步。另一方面，市場是容易控制的，因為在中產階級眼裡，大規模的世界性宣傳運動所推薦的產品商標和款式具有神奇般的威信。然而，所有這些因素決定了這些企業在拉丁美洲地區生產的小汽車，其價格要比在它們所屬國家裡生產的小汽車貴許多。毫無疑問，拉丁美洲市場規模確實很小，但是，在拉美地區，各公司想賺錢的慾望比在世界其他地區都強烈，這也是事實。一輛在智利生產的福特汽車，價格比美國生產的同牌號車貴出三倍。（註90）阿根廷生產的一輛巴利安特或一輛菲亞特車，售價是美國或義大利售價的兩倍多（註91），巴西生產的福斯汽車，價格也比德國貴兩倍多。（註92）

技術女神不講西班牙語

　　美國有名的國會議員賴特・帕特曼（Wright Patman）認為，在許多情況下，一個人、一個家庭或一個經濟團體，只要擁有某個大公司5%的股份，就完全可以毫不費力地控制該公司。（註93）如果掌握5%的股份就能對萬能的美國公司行使領導權，那麼，要控制拉丁美洲一家企業又需要佔有多少股份？實際上，百分比低一些就足夠了。目前，拉丁美洲資產階級可引以為傲的東西已寥寥無幾，其中有合資企業，但這種企業只不過是用民族資本的參與來裝飾外來勢力，民族資本可以占合資資本的大部分，但面對強硬的外國夥伴，它從來不是決定性的資本。通常，與帝國主義企業合資的是政府本身，這樣，已變成民族企業的帝國主義企業，可以得到它所期望得到的各種保障和一種進行合作的、甚至是得到厚愛的大氣候。占「小部分」的外國資本，通常只是以轉讓必要的技術和專利的形式參與合資。被臍帶束縛在鄉土的拉丁美洲資產階級，是一些沒有創造性的資產階級商人，他們跪倒在技術女神祭壇前。**如果以外國佔有多少股份（儘管佔有的股份很少）和本國對技術的依賴程度（依賴性不大是非常罕見的）來衡量非國有化程度，那麼，拉丁美洲能有多少工廠算得上真正的民族工**

廠呢？例如，在墨西哥，佔有技術的外國人常常要求，**技術和管理方面擁有絕對控制權，要求墨西哥有義務把其產品賣給外國中間商，進口它們總公司的機器和其他物資，此外，還要求得到企業的一部分股份**，只有這樣才同意簽訂轉讓專利或先進技術的合約。（註94）不僅在墨西哥如此，被稱之為安地斯集團的國家（玻利維亞、哥倫比亞、智利、厄瓜多和秘魯）制定的一項計劃很能夠說明這一問題。此計劃的目的是對在本地區的外國資本採取一致的立場，即強調拒絕接受那些附加此類條件的技術轉讓合約。另外，計劃中還建議各國拒絕由擁有專利的外國企業，**來決定用此專利生產的產品的價格，或拒絕接受禁止把產品出口到某些國家的禁令。**

保護法第一個專利制度，約於四個世紀以前，由法蘭西斯·培根先生創建。培根愛說：「知識就是力量」，從此，人們便知道他言之有理。世界上的科學很少屬於全世界，從客觀上來說，它被幽禁在先進國家的國境線內。拉丁美洲不利用科學研究成果為自己的利益服務，理由非常簡單，**拉丁美洲沒有任何科學研究，因此，它只能忍辱接受毀壞和掠奪其自然原料的強國的技術。拉丁美洲至今仍沒有能力創造自己的技術來支持保護自身的發展。**單純從先進國家移植技術，不僅僅意味著文化上的隸屬，說到底，也意味著經濟上的隸屬，而且，有了這四個半世紀以來的經驗之後，人們完全可以肯定地說，這種作法無法解決任何不發達問題。上述經驗是把現代化引進到落後和無知的沙漠，形成不斷增加的現代化的綠洲。（註95）這一文盲充斥的廣闊地區，用於科學研究的總費用比美國少二百倍。1970年，拉丁美洲擁有的計算機數量不足一千台，而美國擁有五萬台。理所當然，拉丁美洲進口的計算機，機型的設計和語言程序的編排都在北方。儘管拉丁美洲的缺陷得到「改進」，但拉丁美洲的不發達現象並不是發展進程中的一個階段。這一地區是在未擺脫落後體制的情況下向前發展的，正如曼努埃爾·薩多斯基所指出，拉丁美洲在參與發展時，沒有自己的綱領和目標，這種所謂的**優勢**毫無用處。（註96）**繁榮象徵著依賴。拉丁美洲引進現代技術如同上一個世紀引進鐵路一樣，是為外國利益服務的，這些外國利益集團一再塑造拉美國家的殖民體系**。薩多斯基説：「我們像一隻走得慢又沒調準的鐘錶。雖然錶針在往前走，但它指示的時間與實際時間的差距，將越來越大。」

　　拉丁美洲的大學培養出少量的數學家、工程師和程序設計師，但他們怎麼都找不到工作，只能流亡他鄉。我們很闊氣，把我們最優秀的技術員和最有才幹的科學家提供給美國，這些人被北方的高工資和搞科學研究的良好條件所吸引而移民美國。另一方面，在拉丁美洲，每當某所大學或某所高等院校想加強基礎科學的研究，為不照抄外國模式又不為外國利益服務的技術奠定基礎時，總會有人藉口這樣會孕育動盪，及時地發動一場政變來打消這個念頭。1964年被降服的巴西利亞大學就是一例，守護現行秩序、身著盔甲的大天使們確實沒有搞錯：名副其實的文化自治政策要求對現行的各種體制進行深刻的變革並促進這個變革。（註97）

　　另一種選擇是依賴他人，即像猴子那樣照抄壟斷了最現代化技術的大公司所宣傳的種種成就，以便生產新產品、提高現有產品的質量或降低成本。在估計成本和收益方面，電腦具有確實可靠的計算方法，這樣，儘管拉丁美洲勞動力過剩，儘管一些國家的失業人數逐漸佔勞動人口的絕大多數，拉丁美洲仍進口專為減少勞動力而設計的生產技術。同樣，拉丁美洲本身的軟弱決定了它的進步取決於外國投資者的意志。顯而易見，大跨國公司在控制了各種技術手段時，也操縱著拉丁美洲經濟命脈的其他關鍵部門。當然，總公司從來不給子公司提供最新的技術革新成果，也從不主張任何不利於總公司的獨立。泛美開發銀行委託《國際商報》進行的一項民意測驗得出如下結論：「顯然，在拉丁美洲地區做生意的國際性大公司的分公司，在科學研究和發展方面沒有做出顯著的努力。實際上，大多數分公司沒有設立開展這方面工作的部門，只有屈指可數的分公司進行技術改造工作，還有一小部分公司（它們幾乎總是在阿根廷、巴西和墨西哥）進行了一些簡單的研究工作。」（註98）勞爾・普雷維什指出：「美國在歐洲的企業設有實驗室，以進行有利於加強這些歐洲國家科學和技術能力的研究工作，但在拉丁美洲卻不這樣做。」他還揭露一個非常嚴重的事實：「**由於缺乏專門知識（即先進技術），民族投資在引進技術時，所得的大部分技術是人所共知的技術，然而，這些技術是作為專門知識來引進的……。**」（註99）

從眾多意義上講，技術依賴的代價非常之高，要花響噹噹的美元。要估計此代價到底有多大是不容易的，因為企業在申報匯出款額時打了不少折扣。然而，官方數字表明，1950 年到 1964 年，墨西哥因接受技術援助而外流的美元增加了十五倍，而在同一個時期，新的投資增長不足兩倍。今日在墨西哥的外國資本有四分之三投資在機械工業，而 1950 年為四分之一。資本如此集中在工業方面只能意味著這是使用二手技術所連帶產生的現代化。墨西哥為二手技術付出的代價卻是最好的、頭等技術的代價。汽車工業以多種方式從墨西哥拿走了十億美元。美國汽車工業行業工會的一位負責人在參觀新建在墨西哥托盧卡市（Toluca）的通用汽車製造廠後這樣寫道：「工廠的設備比陳舊還糟糕。之所以還糟糕，是因為這是蓄意使用陳舊的機器設備。所有已過時的東西都是精心安排的……在裝配墨西哥工廠時，蓄意安裝了生產力低的機器。」（註100）對拉丁美洲欠可口可樂、百事可樂或果汁公司之情可作何種評論？這些公司向購買其專利進行工業生產的廠家收取高額費用，而向他們提供的卻是一種溶於水、加上糖和蘇打的原漿。

被排斥在外的人和地區

「與巴西共同發展」。紐約報紙上的大塊廣告呼籲美國企業家加入熱帶巨人迅猛增長的行列。聖保羅市睡不安枕，發展的腳步聲震耳欲聾，工廠、摩天大樓、橋樑和道路，如某些熱帶野生植物一樣，一下子拔地而起。但是，正如大家所知，那句廣告的正確譯法，似乎應是：「靠巴西來發展」。儘管發展的光芒誘人垂涎，但發展是一個賓客不多的宴會，宴會的主菜留待外國食客來享用。巴西已有九千多萬人口，本世紀末以前其人口將翻一番，但是現代化的工廠節省勞動力，在內地，原封未動的大莊園也不吸收勞動力。一個衣衫襤褸的小孩，兩眼閃著光芒，在觀賞里約熱內盧剛竣工的世界上最長的一條隧道。這個小孩有理由為自己的國家感到驕傲，但他是個文盲，靠偷來的食物充飢。

在整個拉丁美洲，受到熱烈歡迎的外國資本闖入了工業領域，這進一步顯示了工業化的「典型模式」與拉丁美洲工業化進程所表現出來的特點之間的差距，這種「典型模式」就是今日發達國家歷史書上所說的那種模式。這個社會制度像火山噴發岩漿那樣大量增加人口，但拉美工業卻拋棄勞動力，而且比例比歐洲還要高。（註 101）在可使用的勞動力與所應用的技術之間不存在任何連貫的聯繫，唯一的聯繫就是使用世界上最廉價的勞動力是較為合算的。在這富饒而又無人保護的王國，土地肥沃，地下資源極其豐富，人民生活卻非常貧困。被社會制度棄於路旁的勞動人民遭到嚴重的排斥，這阻礙了國內市場的發展，降低了工資水準。由於不進行生產的大莊園浪費了土地和資本，也由於小莊園不斷繁衍而浪費了勞動力，長期存在的現行土地所有制不僅使農村生產力低下這一老問題進一步尖銳化，而且還使得失業大軍潮水般地湧向城市。

農村半失業者全部加入城市半失業大軍。官僚階層在擴大，都市周圍的貧民窟在擴大，被剝奪了勞動權利的人只得躋身於這個無底洞。工廠不能為多餘勞力提供出路，但是這支浩浩蕩蕩的、隨時可利用的後備軍的存在，使工廠能夠向工人支付比美國或德國工人的工資低幾倍的工資。儘管生產力提高了，但工資仍然很低，生產力的提高是以減少勞動力為代價的。「附屬」型工業化具有排他性，即，**在世界人口增長指數最高的地區，人口以驚人的速度成倍增長，但是依附性資本主義的發展（這是遇難者多於航行者的航行）所排斥的人數**，大大超過它所能容納的人數。在拉丁美洲整個經濟人口中，加工業工人所佔的比例，**不是在增長，而是在下降**：五〇年代占 14.5%，今日僅佔 11.5%。（註 102）一項最新研究成果表明，「在未來十年裡，巴西平均每年應提供一百五十萬個**新的就業機會**」。（註 103）但是，在巴西這個拉丁美洲工業化程度最高的國家，工廠的全部就業人員只有二百五十萬人。

在每個國家，來自最貧困地區的勞動者湧入城市帶有群體性。每一家人抱著提高生活水準和在城市文明這一巨大的富有魅力的競技場中，得一席之地的希望來到城市，城市激起了他們就業的希望，又辜負了這一希望。看見了自動樓梯就好像見到了天堂，但是眼花撩亂不能當飯吃：城市使窮人更窮，城市是冷酷的，它將窮人永不可及的財富如小汽車、住宅、像上帝和魔鬼那樣強大的機器等，夢幻般地展示在他們的眼前，但是拒不向他們提供一份固定的工作和一間說得過去的棲身小屋，也不能讓他們每天中午飯菜滿桌。聯合國的機構（註 104）估計，在拉丁美洲城市人口中，至少有四分之一的人住在「達不到城市現代建設標準的臨時棚屋裡」。

這是專家們為這些破爛房子所起的、長而委婉的名字。在里約熱內盧，這些破房子被叫作「矮叢林」，在智利聖地牙哥被稱作「蘑菇」，在墨西哥城名為「茅屋」，在卡拉卡斯叫作「平民區」，在利馬名叫「小區」，在布宜諾斯艾利斯叫「貧苦村」，在蒙德維多叫作「石柵欄」。

每天拂曉以前，城市周圍都要冒出新的小屋，為貧窮和希望驅使而湧向城市的被排斥的人集居在這些用鐵皮、泥土和木板搭起的小屋裡。克丘亞語（印加帝國官方語言）的「外各（Huaico）」一詞，意為滑坡，秘魯人用這詞形容山區居民向沿海首都雪崩似的舉遷：利馬將近 70% 的居民來自地方各省。在卡拉卡斯人們稱這些人為「全才」，因為他們什麼活都幹。被排斥的人以「臨時性活計」為生，他們零敲碎打幹些零活，工作時有時無，或幹一些下三流的營生或禁活，比如當女傭人、臨時石工或瓦工、出售檸檬水或其他隨便什麼飲料的小販、臨時電工、清道夫或刷牆的漆工、乞丐、小偷、看汽車，總之，他們是有什麼就做什麼的勞動力。

由於被排斥者的增加速度比城市居民要快，聯合國上述機構的研究預示：從現在起，要不了幾年，「住在臨時棚屋裡的人將占城市居民的大多數」。這是失敗了的大多數。與此同時，這個社會制度的作法是將垃圾掩藏在地毯下面。政府憑藉機槍，不斷地清掃海灣附近山上的「矮叢林」和聯邦首都的「貧苦村」，把成千上萬的被排斥者請至視野以外。里約熱內盧和布宜諾斯，將社會制度帶來的貧困隱藏起來，不久之後，人們只會看到這兩座城市的繁榮昌盛，而看不到它的陰暗面，在這兩座城市裡，巴西和阿根廷全國創造的財富都被揮霍掉。

使各國深受其害的國際統治制度，也再現在每個國家內。工業集中在某些地區，反映了需求將預先集中在大港口或出口地區。巴西 80% 的工業集中在由聖保羅、里約熱內盧和貝洛奧里藏特（Belo Horizonte）構成的東南三角地帶，而忍饑挨餓的東北部在全國工業生產方面所佔的比重越來越小。阿根廷三分之二的工業集中在布宜諾斯和羅薩里奧。蒙德維多獨攬烏拉圭工業的四分之三。智利四分之三的工業，集中在聖地牙哥和瓦爾帕萊索。利馬及其港區集中了秘魯 60% 的工業。（註 105）

　　陷入貧困的內地廣大地區，並非因為與世隔絕，恰恰相反，落後原因，是這些地區遭受到由昔日殖民中心演變而來的工業中心，直接或間接剝削。阿根廷一位工會領袖宣稱：（註 106）「在一個半世紀的民族史所看到的，是違犯各團結協定、毀棄國歌和憲法中莊嚴的信念，以及布宜諾斯對外省的統治。軍隊、海關、由少數人制定，多數人遵守的法律、作為外國政權代理人的各屆政府（少數幾屆政府例外）建立了這趾高氣揚、聚斂財富與權力的首都。但是，如果我們對這種權勢和傲慢尋根問底，我們將在下面幾個地方找到答案，那就是密西昂奈斯省的茶園、福雷斯塔爾（Forestal）沒有生氣的城鎮、圖庫曼省荒蕪的蔗糖廠，和胡胡伊省（Huhuy）的礦井、巴拉那被拋棄的港口、貝里索（Berisso）的遷移等等。這一切構成一幅貧窮的景象，貧窮環繞著富有的中心，這是依靠已不能掩蓋和容忍的內部統治而建立的中心。」

　　安德烈·弗蘭克在研究巴西的不發達是如何發展時提出，巴西是美國的一個衛星國，而在巴西本國內，東北部對位於東南部的「內部宗主國」而言，也起著衛星的作用。通過許多事例可以明顯地看到兩極分化現象，例如私人和國家投資絕大部分集中於聖保羅，這個巨大的城市像一個大漏斗那樣，把在全國產生的資本佔為己有，其手段是搞不利於他人的貿易交往、獨斷專行的價格政策、內部優惠稅率和大量控制高級工程師和技術工人。（註 107）

從地區和社會的觀點來看，附屬型工業化使收入更加集中。**這種工業化生產出來的財富，既不面向全國，也不面向全社會，而是鞏固乃至加大已存在的收入不均。**即使是「被結合進來的」、人數越來越少的工人，他們的受益也沒有隨工業的增長而增長。採摘生產力提高的碩果是那些生活在社會金字塔塔尖的階層，對大多數人來說，這些碩果是苦的。從 1955 年到 1966 年，巴西機械製造工業、電工材料工業、交通業和汽車製造工業的生產力提高了將近百分之一百三十，但是在同一時期內，在上述行業就業的工人，實際工資只增加了百分之六。（註 108）

拉丁美洲提供廉價勞動力，如 1961 年，美國小時工資為二美元，阿根廷為三十二美分，巴西為二十八美分，哥倫比亞為十七美分，墨西哥為十六美分，瓜地馬拉幾乎不到十美分。（註 109）從那時起，差距開始拉大。**要想賺到相當於一名法國工人一小時的工資，巴西工人目前需要工作兩天半。美國工人工作十個多小時的工資，相當於里約熱內盧人一個月的工資。英國和德國工人只需要工作三十分鐘，就足以賺取里約熱內盧工人工作八小時的工資。**（註 110）拉丁美洲低工資造成產品在國際市場上價格低廉。在這個市場上拉丁美洲地區以極低的價格拿出自己的原料使富國消費者受惠，而在國內市場上，為使帝國主義公司獲取高額利潤，非國有化了的工業以極高價格出售產品。

所有的經濟學家一致認為，需求增長的重要性在於它推動工業的發展。在拉丁美洲，外國化的工業，絲毫沒有從廣度和深度方面擴大群眾市場的興趣。只有整個社會經濟結構進行深刻的變革，群眾市場才可能在橫向和縱向得到擴大，這種變革意味著可能爆發不適宜的政治風暴。在工業化程度最高的城市，工會或遭干預、或被摧毀或被馴服，在此種情況下，僱傭勞動者的購買力沒有相應地增長，工業品的價格也沒有下降：這是一個廣漠的地區，它有一個擁有巨大潛力的市場和一個因大部分人貧窮而緊縮的實際市場。實際上，**大的汽車製造廠和冰箱廠的生產，幾乎只面向拉丁美洲百分之五的人口**。（註111）每四個巴西人中，幾乎只有一人可被視為是真正的消費者。四千五百萬巴西人的總收入正好相當於社會另一端九十萬特權階層的總收入。（註112）

星條旗下的拉丁美洲經濟整合

有些天真的人至今還認為各國都以自己的國境線為界。他們斷言，美國同拉丁美洲經濟整合的關係不大或毫無相干，理由很簡單，美國既未加入拉丁美洲自由貿易協會，又不是中美洲共同市場的成員。這些人認為，正像解放者西蒙·玻利瓦爾所希望的那樣，拉美的整合，將不超越墨西哥與北方強大鄰國的國境線。懷有這種天真見解的人患有別有用心的遺忘症，他們忘記了大批海盜、商人、銀行老闆、海軍陸戰隊員、專家治國論者、頭戴綠色貝雷帽的士兵、大使和美國企業家首領，經過漫長的黑暗年代，已經掌握了南方大部分國家的命脈和命運，他們還忘記了目前拉丁美洲的工業，也處在帝國消化系統的深處。只要不事先打破不發達和依附的模式，拉丁美洲只能使各自的僕役地位整合，「我們的」團結就是「他們的」力量。

在拉丁美洲自由貿易協會的正式文件中，常突出私人資本在經濟整合進程中的作用。在前幾章，我們已經看到這種私人資本在誰的手中。例如，1969年4月中旬，企業事務協商委員會在亞松森召開會議，會議除商討其他事外，還重申了「拉丁美洲經濟的發展方向應該是，在以發展私營企業為主的基礎上，實現此地區的經濟整合」。會議還建議各國政府制定一項共同法規，來創建「主要由成員國的資本和企業家組成的跨國企業」。所有的鑰匙都拱手交給了小偷：1967 年 4 月在埃斯特角召開了首腦會議，在林登・詹森親自主持下完滿地結束會議時，通過了最後宣言，宣言竟提出支持創建股份共同市場，即一種金融整合，以便在拉丁美洲任何一個地方都可以購買位於這一地區範圍內的企業。官方的文件有過之而無不及，甚至明目張膽地建議公共企業實現非國有化。1969 年 4 月，在蒙德維多首次召開了拉丁美洲自由貿易協會肉製品工業專門會議。會議決定「**要求各國政府研究旨在，將國營肉聯廠逐漸變為私營肉聯廠的恰當辦法**」。烏拉圭政府有一名成員曾主持了這次會議，會後，烏拉圭政府立即將油門一踩到底，加速推行旨在破壞國營肉聯廠、對外國私營肉聯廠有利的政策。

取消關稅，這種使拉丁美洲自由貿易協會成員國之間的商品流通逐漸不受約束的作法，目的在於為跨國大公司的利益重新分配拉丁美洲的生產中心和市場。「規模經濟」居主導地位：在最近幾年完成的第一階段裡，完善了其發射架—即工業化城市的外國化進程，這些工業化城市將控制整個拉丁美洲市場。在巴西，對拉丁美洲經濟整合興趣最濃的企業，恰是外國企業（**註 113**），特別是那些最強大的企業。在接受泛美開發銀行在全拉丁美洲進行的一項民意測驗時，有一半以上的跨國公司（大部分是美國的）回答，他們正制定或打算制定六○年代後五年的規劃，以便參與拉丁美洲自由貿易協會拓寬的市場。為此，他們將建立或加強各自的地區性業務部門。（**註 114**）

1969 年 9 月，亨利・福特二世（Henry Ford II）在里約熱內盧表示，他希望參與巴西經濟發展進程，「因為形勢非常好」。他在記者招待會上宣佈：「作為參與的開始，我們購買了巴西威利斯・奧弗蘭公司（Willys Overland）。」他還斷言，他將把巴西生產的汽車出口到拉丁美洲一些國家。《國際商報》說，凱特皮拉爾這個「一貫將世界看作一個市場的公司」，在降低關稅率的談判尚在進行之時，就迅即利用這一機會，到1965年，這個公司已經開始從它建在聖保羅的工廠向南美洲一些國家提供平路機和拖拉機配件。聯合碳化物公司以同樣的速度，利用拉丁美洲自由貿易協會成員國之間互免關稅、產品稅和定金的機會，從它建在墨西哥的工廠向一些拉丁美洲國家提供電工產品。（註115）

貧窮潦倒、與世隔絕、資金流失、國內體制問題嚴重的拉丁美洲國家，逐步撤除了經濟、金融和財政壁壘，讓那些目前仍然分別扼殺拉丁美洲各國的壟斷集團能在地區範圍內擴大業務，鞏固新的勞動分工，其手段是按國家和行業搞專業化、規定對其子公司最有利的生產規模、降低成本、清除外來競爭對手，穩定市場等。只有在不影響總公司制定的全球政策的情況下，跨國公司的子公司才能在特定條件下和在特定範圍內去佔領某些產品的拉丁美洲市場。我們在其他章節已經看到，國際勞動分工在拉丁美洲繼續運轉，一如既往。此地區盡出現一些新奇的東西。在埃斯特角會議上，總統們宣佈「在保證實現經濟整合目標方面，外國私人企業將起重要作用」，他們決定泛美開發銀行「增加在拉丁美洲地區貿易中可用於出口的貸款」。

《幸福》雜誌1967年這樣評價拉丁美洲共同市場為北方貿易開闢的「迷人新機遇」：「在不止一家董事會的辦公室裡，共同市場正轉變為未來規劃制定要考慮的一個重要因素。生產銀河牌汽車的巴西福特汽車公司，希望與生產法爾孔牌汽車的阿根廷福特汽車公司共織一張美麗的網，使這兩種品牌的汽車佔領更大的市場，形成規模經濟。柯達公司已經在巴西生產相紙，它很想在墨西哥生產可供出口的膠卷，在阿根廷生產照相機和放映機」。（註116）《幸福》雜誌還列舉了一些「生產合理化」的例子以及擴大了活動範圍的其他公司，其中有：國際電話電報公司（I.T.T）、通用電力公司（General Electric）、雷明頓·蘭德公司（Remington Rand）、奧蒂斯電梯公司（Otis）、沃辛頓公司（Worthington）、汎世通輪胎公司（Firestone）、迪爾公司（Deere）、威斯汀豪斯電力公司（Westinghouse）和美國機械鑄造公司（American Machine and Foundry）。九年前，勞爾·普雷維什，這位拉丁美洲自由協會得力的辯護士這樣寫道：「從墨西哥經過聖保羅和聖地牙哥到阿根廷，我常聽到的另一種論點，是共同市場將向外國工業提供擴展機會，在我們今日有限的市場尚沒有這種機會……人們擔心共同市場的好處將主要為外國工業，而不是為民族工業所利用……過去和現在我都有這種擔心，這不是純粹的想像，而是我在實踐中已證實了存在著這種事實……」（註117）儘管普雷維什證實了這一點，但這並未妨礙他幾年以後簽署一項文件，在談到正在進行的經濟整合時這項文件斷言，「毫無疑問，外國資本對我們各國的經濟發展能起到重要的作用」（註118），該文件還建議成立「拉丁美洲企業家有效和公平參與」的合資企業。公平？不錯，必須捍衛機會均等。安納托爾·弗朗絲（Anatole France）說得好，法律中威嚴的平等，在於它對富人和對窮人都同樣禁止他們睡在橋下、沿街乞討和偷竊麵包。**但是，在當今這個世界上，僅通用汽車公司一個企業擁有的工人等於烏拉圭全國的經濟人口，該公司一年的盈利相當於玻利維亞整個國民生產總值的四倍。**

根據以往其他經濟整合進程的經驗，各公司認識到，在其他地區的資本主義發展中，以「局內人」身份進行活動有好處。這並非毫無成效，因為分佈在世界各地的美國子公司的銷售總額比美國出口總額高六倍。（註119）

在拉丁美洲如同在其他地區一樣，令人討厭的美國反托拉斯法毫無效力。在拉丁美洲，各國成為控制它們的外國公司的代號。拉丁美洲自由貿易協會的第一項補充協定，是 1962 年 8 月由阿根廷、巴西、智利和烏拉圭簽署的。但實際上簽署協定的是美國國際商用機器公司在四國的子公司。這個協定規定，在四國之間進行計算機設備和配件貿易時，減免進口稅，同時對從四國以外的地區進口這類設備要加稅。國際商用機器公司世界銷售中心「暗示四國政府，如果四國之間減免關稅，它將在巴西和阿根廷建廠……」（註 120）上述四國簽署第二次協定時，墨西哥也參加，這次是美國無線電公司（RCA）和艾恩德霍芬飛利浦公司（Philips of Eindhoven）提倡這幾個國家在交換電台和電視台設備時互免徵收進口稅。照此類推，1969 年春天簽署的第九個協定確認聯合碳化物公司、通用電力公司和西門子公司瓜分拉丁美洲的發電、輸電和配電設備市場。

在中美洲共同市場方面，中美五國把發育不良的、畸形的經濟聯合在一起的努力，唯一的用處是一下子推倒生產布匹、油漆、藥品、化妝品或餅乾的弱小的民族生產者，僅僅有利於增加一些公司的利潤和貿易範圍，如通用輪胎和橡膠公司（General Tire and Rubber Co.）、寶鹼公司（Procter and Gamble, P&G）、格雷斯公司（Grace and Co.）、高露潔棕欖公司（Colgate Palmolive）、真正產品公司（Sterling Products）或者國民餅乾公司（National Biscuit）等。（註 121）在中美洲，免除關稅與對外來的外國競爭，高築壁壘齊頭並進，這樣可以使國內的外國企業能以更高的價格銷售產品，得到更大的好處。羅傑‧漢森（Roger Hansen）由此得出結論：「通過關稅保護得到的補貼，超過通過國內生產過程所得的兌增值價值。」（註 122）

外國企業具有一般人所沒有的比例意識，自己的比例和他人的比例。比如説，在烏拉圭、玻利維亞、巴拉圭或厄瓜多這樣市場狹小的國家，建設大型汽車製造廠、幾座大型高爐或重要的化工廠有什麼意義呢？要根據國內市場的規模及其發展潛力來選擇進入這些國家的跳板。烏拉圭輪胎製造廠在很大程度上依賴汎世通輪胎公司，但是朝著整合邁進的企業都是汎世通輪胎公司在巴西和阿根廷的子公司。對建在烏拉圭的企業是限制其發展，對它和對奧利韋蒂公司（Olivetti）都採取同一標準。按照這個標準，由美國通用電力公司控制的義大利奧利韋蒂公司在巴西生產打字機、在阿根廷則生產計算機。羅森斯坦・羅丹認為，「**要得到有效的資金配額就需要在一個國家或地區內存在不平衡發展**」，拉丁美洲經濟整合也有東北部和發展中心之別。（註 123）

在總結《蒙德維多協定》簽訂八年來的執行情況時（簽署協定後建立了拉丁美洲自由貿易協會），烏拉圭代表揭露説，「**各國之間經濟發展程度的差別趨於擴大**」，因為單靠交換來增加貿易，勢必要擴大特權中心與落後地區業已存在的不平衡。巴拉圭大使也有同樣的抱怨，他斷言，弱國不可思議地資助自由貿易區最發達國家的工業發展，通過減免關稅來承受這些國家昂貴的國內成本。他還説，無論是在拉丁美洲自由貿易協會內部或者外部，破壞交換條件對巴拉圭都是同樣沉重的打擊，「**從自由貿易區每進口一噸貨，巴拉圭得付出雙倍的代價**」。厄瓜多代表説，實際情況是「**十一個國家的發展程度各不相同，因此在利用自由貿易區方面的能力有大有小，出現了受益與吃虧的兩極化現象……**」哥倫比亞大使從中得出的唯一結論是：「**自由貿易計劃以明顯的不均衡而有利於三個大國。**」（註 124）隨著經濟整合的發展，小國將逐漸放棄海關收入（巴拉圭國家預算所需的將近一半經費來自此項收入），以換取令人懷疑的好處，比如，從聖保羅、布宜諾斯艾利斯或墨西哥城購進由同一汽車公司生產的汽車，而如果從底特律、沃爾夫斯堡或米蘭購買的話，只需花一半的錢。（註125）由於確信這一點，所以經濟整合進程正在引起越來越多的摩擦。太平洋沿岸國家聚集在一起，成功地創建了《安地斯條約組織》，這是三個大國在拉丁美洲自由貿易協會的大範圍內處於明顯的霸主地位所造成的結果，即，小國力圖另行團結在一起。

儘管困難重重，問題也好像很棘手，但是，隨著衛星國不斷地將新的衛星拉入其依附性軌道，市場在逐漸擴大。在卡斯特略·布朗庫軍事獨裁統治時期，巴西簽署了一項保障外國投資的協定，規定每一項投資的風險和不利都由巴西政府承擔。具有意味深長的事是，簽署這一協定的官員在議會為這個協定的羞辱性條件作辯護時說：「在不遠的將來，巴西將在玻利維亞、巴拉圭或智利投資，屆時必將需要這種協定。」（註126）1964 年政變以後的歷屆政府，肯定了這種傾向，即，巴西對其鄰國起著「次帝國主義」作用。巴西一夥軍界核心人物力圖使巴西成為經管美國在這一地區利益的大管家，他們還號召巴西在南美洲搞霸權主義，如同巴西本身遭受到的來自美國的那種霸權主義。在這一方面，席爾瓦將軍（Golbery do Couto esilva）提出了另一個《天命所定》理論，這位「次帝國主義」思想家於 1952 年談到《天命所定》時這樣寫道：「在加勒比海地區，我們的《天命所定》論同我們北方大哥的《天命所定》論不發生摩擦，……」目前，席爾瓦將軍是巴西道氏化學公司的董事長。巴西所期望實行的次統治體制確實擁有充分的歷史依據，這包括從 1865 年戰爭，巴西以英國銀行界的名義毀滅巴拉圭，到巴西派兵率先支持海軍陸戰隊入侵多明尼加，正好過了一個世紀。

最近幾年，圍繞著有爭議的南美大陸領導權問題，棲身於巴西和阿根廷政府內的帝國主義重大利益代理人之間的競爭愈演愈烈。從各方面看，阿根廷無條件抗衡巴西強大的挑戰，因為巴西面積是阿根廷的兩倍，人口比阿根廷多四倍，鋼鐵生產幾乎是阿根廷的三倍，水泥產量是阿根廷的兩倍，能源產量是阿根廷的兩倍，商船隊的更新率是阿根廷的十五倍。另外，近二十年來，巴西的經濟增長速度比阿根廷要快得多。直到不久前，阿根廷小汽車和卡車的產量超過了巴西。按照目前的增長速度，到 1975 年巴西汽車產量將比阿根廷大三倍。1966 年，巴西遠洋船隊與阿根廷相當，而到 1975 年，其遠洋船隊噸位數將相當於整個拉丁美洲的總和。巴西向外國投資者提供它那廣闊的市場、豐富的自然資源、具有重大戰略價值的領土（除厄瓜多和智利外，它與南美洲其他各國接壤），它還為建立在巴西土地上的美國企業大踏步前進提供各種條件：巴西擁有比其對手更便宜更充足的勞動力。並非事出偶然，在拉丁美洲自由貿易協會成員國範圍內出售的成品和半成品中，有三分之一來自巴西。這就是注定要成為整個拉丁美洲獲得解放或被奴役的軸心國家─巴西。（註 127）當美國參議員富布賴特（Fulbright）1965 年在公開聲明中表示巴西的使命是領導拉丁美洲共同市場時，他也許沒有清楚地意識到自己講話的重要性。

西蒙·玻利瓦爾曾預言：
我們永遠不會幸福，永遠不會！

今天，美帝國主義要把拉丁美洲「結合成一體以便統治」，昨天，英帝國抱著同樣的目的卻把我們分開了。一群相互分離的國家是我們民族失敗的產物。當拿起武器的人民獲得獨立的時候，出現在歷史舞台的拉丁美洲是不同地區由共同的傳統聯繫在一起的拉丁美洲，它表現出一種親密無間的區域性團結，整個地區基本上只說有著共同起源的兩種語言—西班牙語和葡萄牙語。但是，正如特里亞斯所指出，我們當時缺少形成一個大國所必不可少的條件，那就是缺少經濟共同體。

為滿足歐洲對金屬和食品的需要而興旺發達起來的繁華中心城市，相互之間並無關聯：扇骨所有頂端的焦點在大洋彼岸。人員和資本隨著金子、蔗糖、白銀或靛藍染料命運的沉浮而轉移，只有港口和都市這些寄生在生產地區的吸血鬼永存。**在西蒙‧玻利瓦爾、何塞‧阿蒂加斯和何塞‧德聖馬丁的想像和希望中，拉丁美洲作為一個整體誕生於世，但是由於殖民制度本身的畸形，拉丁美洲在誕生之前已經破碎了**。港口城市的寡頭集團通過自由貿易鞏固了這種成為其收入源泉的支離破碎的結構：那些有文化的走私者不能孕育出資產階級在歐洲和美國實現的那種民族團結。早在拉丁美洲獨立之前，師承西班牙人和葡萄牙人的英國人，在上個世紀漫長的歲月裡，通過外交官白手套翻出的詭計、銀行家的掠奪和商人的誘惑，完善了這一結構。玻利瓦爾曾宣告：「對我們來說，美洲就是我們的祖國。」

可是，大哥倫比亞分裂為五個國家，解放者玻利瓦爾失敗了，臨終前他對烏達內塔將軍（Urdaneta）說：「我們永遠不會幸福，永遠不會！」在被布宜諾斯出賣以後，聖馬丁捨棄了指揮權；稱呼自己的戰士為美洲人的阿蒂加斯將軍孤獨地流亡巴拉圭，並在那兒死去。拉普拉塔河總督區早已分為四個國家。中美洲聯邦共和國的創始人法蘭西斯科‧德莫拉桑（Francisco de Morazán）被槍決，（註128）美洲腰部地帶碎為五塊，隨後又加上由老羅斯福從哥倫比亞分離出來的巴拿馬。

結果顯而易見：目前，**任何一家跨國公司的內聚力和團結意識，都比拉丁美洲這一群島嶼的內聚力和團結意識要大。**拉丁美洲被眾多的邊界線和極其不便的交通弄得支離破碎。當各國還沒有實現內部統一時，它們之間有何整合可言呢？各國內部都有嚴重的裂痕，都沒有解決被排斥的大片荒蕪沙漠和城市綠洲之間尖銳的社會分化和緊張狀態。悲劇在地區範圍內重演。為了以最便捷的路線向外國運送產品而修建的鐵路和公路，至今仍無可辯駁地證明，拉丁美洲無力或沒有能力實施拉丁美洲最傑出的英雄們所提出的民族計劃。

巴西同哥倫比亞、秘魯和委內瑞拉這三個鄰國之間沒有永久性的陸路交通，大西洋沿岸城市與太平洋沿岸城市之間沒有直接的電纜通訊線路，因此布宜諾斯與利馬之間，里約熱內盧與波哥大之間打電話就不可避免地要通過紐約。加勒比海與南美洲之間的電話通訊也是如此。拉丁美洲各國繼續同各自的港口結為一體，而這些港口否定了拉丁美洲的根源和客觀上的共性。地區範圍內的貿易幾乎全部通過海運，內地運輸實際上不存在。世界運輸卡特爾可以根據它的情趣規定運價和航線，拉丁美洲只得接受昂貴的運價和荒謬的航線。在這一地區運營的一百十八家海運公司中，只有十七家的船隻懸掛本地區國家的旗幟。運價使拉丁美洲經濟每年失去十億美元。（**註 129**）於是，貨物從巴西的阿萊格雷港運往蒙德維多，如果通過漢堡轉運，則能更快地運到，烏拉圭羊毛運往美國也是同樣的情況。從布宜諾斯艾利斯到墨西哥灣某一個港口的運費，如果通過美國的南安普敦運輸，可減少近四分之一的費用。（**註 130**）從墨西哥運木材到委內瑞拉，比從芬蘭運木材到委內瑞拉要貴一倍多，儘管從地圖上看，墨西哥比芬蘭距委內瑞拉要近得多。從布宜諾斯直接運化工產品到墨西哥的坦皮科，比通過紐奧良要貴許多。

美國提出了截然不同的目的，並確實達到了這些目的。美國獨立後七年，原來十三個殖民地的面積已擴大一倍，國土超越阿勒格尼山脈（los Aleganios），伸展到密西西比河流域。四年以後，美國創建了統一市場，統一了全國。1803 年，美國以令人可笑的低價向法國購買了路易斯安那，國土因此再擴大一倍。隨後是購買佛羅里達，到了上一個世紀中葉，又以《天命所定》的名義，侵略墨西哥並割走半個墨西哥的領土。接著是購買阿拉斯加，強奪夏威夷、波多黎各和菲律賓。在實現很久以前開國前輩們明確表示和追求的目標的過程中，殖民地變成了國家，國家又變成了帝國。當美洲北部一面擴張邊界一面向內地發展時，向外發展的美洲南部則如手榴彈一般炸為碎塊。

目前的經濟整合進程，既與我們的根源無緣，又不能使我們達到自己的目標。玻利瓦爾早已作出精確的預言，他說，美國好像是由上帝指定來以自由的名義在美洲播下貧困的。（註 131）通用汽車公司和國際商用機器公司（IBM）不可能殷勤到替我們舉起在鬥爭中倒下的團結與解放的旗幟。在今天，當代的叛徒們也不可能去實現昔日被出賣的英雄們的意願。在重建拉丁美洲的道路上，要扔入海底的腐朽東西很多。任務只能落在遭劫掠、受凌辱和被詛咒的人身上。拉丁美洲的民族事業首先是社會事業，也就是說，為了使拉丁美洲獲得新生，每一個國家必須從推翻統治者開始。起義和變革的時代展現在眼前。有人相信命運在上帝的膝頭上，但是事實上，命運如同激烈的挑戰，正作用於人們的思想意識。

1970 年底於蒙德維多

**沒有法力的
避邪物**

1— 四十年前，美國在拉丁美洲加工工業的投資只佔其投資總額的 6%。
到了 1960 年，投資比例已接近 20%，並繼續上升到將近三分之一。聯
合國拉美經濟委員會 (Naciones Unidas, CEPAL)： "*El financiamiento
externo de América Latina*"，紐約—智利，聖地牙哥，1964 年及
"*Estudio económico de América Latina*"，1967、1968 和 1969 年。

2— 美洲國家組織總秘書處 (Secretaría General de la Organización de
Estados Americanos)： "*El financiamiento externo para el desarrollo
de la América Latina*"，華盛頓，1969 年。內部的文件，美洲經濟和
社會理事會第六次年會。

3— 美國商業部 (Departamento de Comercio de los Estados Unidos)
和爭取進步聯盟泛美委員會 (del Comité Interamericano de la Alianza
para el Progreso) 資料。美洲國家組織總秘書處 (Secretaría General
de la OEA)，同前引書。

**是衛兵打開門
戶：民族資產
階級的無能應
受譴責**

4— 保羅·A·巴蘭 (Paul A. Baran)、保羅·M·斯威齊 (Paul M.
Sweezy)： "*El capital monopolista*"，墨西哥，1971 年。

5— J·J·塞萬 - 施賴伯 (J. J. Servan-Schreibet)： "*El desafío
americano*"，智利，聖地牙哥，1968 年。

6— 阿爾弗雷多·帕雷拉·丹尼斯 (Alfredo Parera Dennis) 引自
"*Naturaleza de las relaciones entre las clases dominantes argentinas
y las metrópolis*"，見 "*Fichas de investigación económica y social*"，
布宜諾斯艾利斯，1964 年 12 月。

7— 計劃和總協調部 (Ministério do Planejamento e Coordenação
Geral)： "*A industrialização brasileira: diagnóstico e perspectivas*"，
里約熱內盧，1969 年。

8— 達爾多‧庫內奧 (Dardo Cúneo)：*"Comportamiento y crisis de la clase empresaria"*，布宜諾斯艾利斯，1967 年。

9— 在上述時期內，智利、哥倫比亞和烏拉圭也經歷了替代進口的過程。在此之前，烏拉圭總統何塞‧巴特列‧奧多涅斯 (José Batlle y Ordóñez)（1903—1907 年和 1911—1915 年執政）曾是拉美資產階級革命的先知。烏拉圭先於美國用法律確定了八小時工作日。巴特列福利國家的經驗沒有局限於貫徹當時最先進的社會法令，而且還有力地推動了文化的發展和群眾性教育，對公共服務行業和一些具有重要經濟意義的生產部門實行了國有化。然而，巴特列沒有觸及地主的權力，也沒有對銀行和外貿實行國有化。目前，烏拉圭忍受著這位先知也許是不可避免的疏忽和繼承人的背叛所釀成的後果。

10—「轉由在國內生產某種產品僅僅『替代了』在本國經濟之外創造的總值的一部分……隨著這種替代產品的消費迅速增長，它所引起的對進口的需求可能在短期內超過了外匯經濟……」，瑪麗亞‧德孔塞桑‧塔瓦雷斯 (María de Conceição Tavares)：*"O processo de substitução de importações como modelo de desenvolvimento recente na América Latina"*，拉丁美洲經濟委員會和拉丁美洲經濟和社會計劃學會 (CEPAL-ILPES)，里約熱內盧，參見本章末。

11— 伊斯梅爾‧比尼亞斯 (Ismael Viñas)、歐亨尼奧‧加斯蒂亞索羅 (Eugenio Gastiazoro)：*"Economía y dependencia (1900-1968)"*，布宜諾斯艾利斯，1968 年。

12— 經濟事務部部長於 1953 年 11 月 27 日這樣回答《視界》(Visión) 雜誌記者的提問：「一除了石油工業之外，阿根廷還希望同外國資本合作發展哪些工業？」

「一更明確地說，按先後秩序列舉，先是石油，第二是冶金工業……重型化工……生產交通工具……生產車輪和傳動軸……還要在國內生產柴油機」。（阿爾弗雷多‧帕雷拉‧丹尼斯引，同前引書。）

13— 奧克塔維奧‧楊尼 (Octavio Ianni)：*"O colapso do populismo no*

Brasil"，里約熱內盧，1968 年。

14— 盧西亞諾・馬丁斯（Luciano Martins）："*Industrialização,
burguesia nacional e desenvolvimento*"，里約熱內盧，1968 年。

15— 費爾南多・恩里克・卡多索（Fernando Henrique Cardoso）
："*Ideologías de la burguesía industrial en sociedades dependientes
(Argentina y Brasil)*"，墨西哥，1970 年。

16— 弗朗索瓦・布里高（François Bourricaud）、豪爾赫・布拉沃・布雷
薩尼（Jorge Bravo Bresani）、亨利・法夫（Henri Favre）、讓・皮爾（Jean
Piel）："*La oligarquía en el Perú*"，科馬，1969 年，此材料引自法
夫的文章。

17— 里卡多・拉戈斯・埃斯科瓦爾（Ricardo Lagos Escobar）："*La
concentración del poder económico. Su teoría. Realidad chilena*"，
智利，聖地牙哥，1961 年；比維安・特里亞斯（Vivian Trías）："Reforma
agraria en el Uruguay"，蒙德維多，1962 年。兩書提供了不可辯駁
的事例，即數百個家族佔有了工廠、土地、大商店和銀行。

18—「墨西哥的資本家變得越來越反覆無常，野心越來越大。不管他
們發財的起點是靠什麼生意，他們都擁有一個暢通無阻的渠道網，為他
們所有的人，或者至少是那些最顯赫的人，提供增加利潤的可能性，或
者通過友誼、合營、聯姻、干親關係、互相提供方便、參加某些俱樂
部或協會、經常舉行集會，以及理所當然的一致的政治態度等手段，
把他們的利益交織在一起。」阿隆索・阿吉拉爾・蒙特維爾德（Alonso
Aguilar Monteverde）及其他作者："*El milagro mexicano*"，墨西哥，
1970 年。

19— 這是卡洛斯・佩萊格利尼（Carlos Pellegrini）。當賽馬俱樂部要出
版他的演說集以示敬意時，他收回了主張工業化的那幾篇演說。達爾多・
庫內奧，同前引書。

20— 埃里奧・貝爾特蘭 (Hélio Beltrão) 部長在里約熱內盧商業協會午餐會上的講話，見 *"Correio do Povo"*（人民郵報），1969 年 5 月 24 日。

21— 拉丁美洲經濟委員會和全國經濟開發銀行 (CEPAL-BNDE)：*"Quince años de política económica en el Brasil"*，智利，聖地牙哥，1965 年。

22— 極力擁護外國投資的經濟學家，歐亨尼奧・古丁 (Eugênio Gudin) 估計，僅這最後一項，巴西就給美國和歐洲企業送去了十億美元。莫亞西爾・派桑 (Moacir Paixão) 估計，在汽車工業的建立時期，美國和歐洲企業所得的優惠相當於當時的國家預算。保羅・希林 (Paulo Schilling) 指出（*"Brasil para extranjeros"*，蒙德維多，1966 年），巴西政府一面給大的國際跨國公司讓了許多利益，使它們能以最少的投資獲取最大限度的利潤。另一方面，則拒絕給瓦加斯時期創建的國家發動機廠提供幫助。後來，在卡斯特略・布朗庫 (Castelo Branco) 政府時期，這家國營企業被賣給了阿爾法・羅米歐公司 (Alfa Romeo)。

23— 毛里西奧・比尼亞斯・德克羅斯 (Maurício Vinhas de Queiroz)：*"Os grupos multibilionarios"*，見 *"Revista do Instituto de Ciências Sociais"*，里約熱內盧聯邦大學 (Universidade Federal)，1965 年 1—12 月。

24— 這個委員會得出的結論是：1968 年，外國資本控制了巴西資本市場的 40%，外貿的 62%，海運的 82%，對外空運的 67%，機動車生產的 100%，車輪氣胎生產的 100%，藥品工業的 80% 以上，化學工業的近 50%，機械生產的 59%，汽車配件工廠的 62%，鋁生產的 48% 和水泥生產的 90%。外國資本中有一半是屬於美國企業，其次為德國企業。順便值得指出，聯邦德國（西德）在拉丁美洲的投資呈上升趨勢。巴西每生產兩輛汽車，其中有一輛是大眾公司的，這是全拉丁美洲地區最重要的一家公司。拉美第一家汽車廠是一個德國企業，即 1951 年在阿根廷建立的奔馳汽車廠 (Mercedes-Benz)。拜耳化學公司 (Bayer)、赫司特公司 (Hoechst)、巴斯夫公司 (BASF, 化學原料製造業)、先靈公司

（Schering,Schering-Plough 是一家全球性的跨國製藥公司）等控制著拉美的大部分化學工業。

25— "*The New York Times*" 特刊，1969 年 1 月 19 日。

26— 塞爾希奧・尼古勞 (Sergio Nicolau)："*La inversión extranjera directa en los países de la ALALC*"，墨西哥，1968 年。

27— 羅赫略・加西亞・盧皮 (Rogelio García Lupo)："*Contra la ocupación extranjera*"，布宜諾斯艾利斯，1968 年。

28— 聯合國拉丁美洲經濟委員會 (Citado por Naciones Unidas,CEPAL) 引自 "*Estudio económico de América Latina,1968*"，紐約—智利，聖地牙哥，1969 年。

29— "*Visión*" 雜誌報導，1967 年 2 月 3 日。

30— 何塞・路易斯・塞塞尼亞 (José Luis Ceceña)："*Los monopolios en México*"，墨西哥，1962 年。

31— 何塞・路易斯・塞塞尼亞 (José Luis Ceceña)："*México en la órbita imperial*"，墨西哥，1970 年；阿隆索・阿吉拉爾 (Alonso Aguilar)、費爾南多・卡蒙娜 (Fernando Carmona)："*México, riqueza y miseria*"，墨西哥，1968 年。

國際貨幣基金組織的轟炸有助於征服者登陸

32— 羅伯托・坎波斯 (Roberto Campos) 部長在議會調查委員會關於民族企業與外國企業進行交易的報告中提供的證詞。打字稿，巴西利亞眾議院，1968 年 9 月 6 日。

不久以後，坎波斯發表了關於秘魯政府民族主義態度的一種奇怪的理論。據他認為，貝拉斯科・阿爾瓦拉多 (Velasco Alvarado) 的政府沒收美孚石油公司 (Standard Oil) 只不過是「男子漢好出風頭」的一種表現。他寫道，民族主義的唯一目的是滿足人類原始的仇恨。他補充說，「驕傲既不創造投資，也不增加資本量……」(el orgullo no genera inversiones, no aumenta el caudal de capitales...)（發表在 "*O Globo*"（環球報），1969 年 2 月 25 日）

33— 薩穆埃爾·利希滕斯坦 (Samuel Lichtensztejn)、阿爾維托·庫里爾 (Alberto Couriel)："*El FMI y la crisis económica nacional*"，蒙德維多，1967 年；比維安·特里亞斯 (Vivian Trías)："*La crisis del Imperio*"，蒙德維多，1970 年。

34— 費爾南多·加斯帕利恩 (Fernando Gasparian)，見"*Correio da Manhã*"（晨郵報），1968 年 5 月 1 日。

35— 美洲國家組織總秘書處，同前引書。

銀行的入侵——
美國照管本國
的儲蓄存款，
且自由支配他
國存款

36— 國際金融調查組織 (International Banking Survey)，見"*Journal of Commerce*"（貿易報），紐約，1968 年 2 月 25 日。

37— 羅伯特·A·貝內特 (Robert A. Bennett)、卡倫·阿爾蒙蒂 (Karen Almonti)："*International Activities of United States Banks*"，見"*The American Banker*"，紐約，1969 年。

進口資本
的帝國

38— 經濟協調與計劃部 (Ministério do Planejamento e Coordenação Econômica)："*Programa de Ação Econômica do Govêrno*"，里約熱內盧，1964 年 11 月。兩年後坎波斯 (Campos) 在聖保羅的麥肯齊大學 (Universidad Mackenzie) 講話時強調說：「由於處在組建過程的經濟沒有資金來發展自己（如有資金，它們就不會落後），所以，接受所有願意同我們一起冒風險（進步是一種美妙的風險）並獲得一部分成果的人的合作是合法的。」1966 年 12 月 22 日。

39— 美國貿易部的有關機構高興地指出：「1965 年以後，從巴西匯來的資金有所增加」，「作為利息、收益、紅利和特許權稅流進的資金在增加，貸款的期限和條件取決於向國際貨幣基金組織作出的承諾」，見"*International Commerce*"，1967 年 4 月 24 日。

40— 美洲國家組織總秘書處，同前引書。甘迺迪 (Kennedy) 總統早在 1960 年就承認，「我們從需要資本的不發達國家中得到了十三億美元，而我們給他們的只有兩億美元的資本投資。」（在勞聯 (AFL-CIO)—產聯大會上的發言，邁阿密，1961 年 12 月 8 日）。

41— 1955—1966 年間，神秘的錯誤和遺漏在委內瑞拉超過一億美元，在阿根廷超過七點四三億美元，在巴西為七點一四億美元，在烏拉圭為三點一億美元。聯合國，拉丁美洲經濟委員會，同前引書。

42— "Fichas de investigación económica y social"，布宜諾斯艾利斯，1965 年 6 月。

專家治國論者
比海軍陸戰隊
更有效地使人
進退維谷

43— V·A·切普拉科夫 (A. Cheprakov)："El capitalismo monopolista de Estado"，莫斯科，參見本章末；保羅·A·巴蘭、保羅·M·斯威齊，同前引書；比維安·特里亞斯，同前引書。

44— "O Estado de São Paulo"（聖保羅州報），1963 年 1 月 24 日。

45— "International Commerce"（國際貿易），1963 年 2 月 4 日。

46— "Wall Street Journal"（華爾街報），1968 年 1 月 31 日。

47— "International Commerce"（國際貿易），1967 年 7 月 17 日。

48— 美洲國家組織總秘書處，同前引書。

49— 例如在烏拉圭。1963 年 5 月 21 日蒙德維多省政府與美洲開發銀行 (IDB) 簽署擴大下水道的協定。

50— 例如在玻利維亞。1966 年 4 月 1 日科恰班巴的蘇克雷大學與美洲開發銀行 (IDB) 簽署改善農業科學教育的協定。

51— "diario Ya"（已經報）發表的文件，蒙德維多，1970 年 5 月 28 日。

52— "Panorama"，社會文獻資料研究中心，墨西哥，1965 年 11-12 月。

53— 為了表示謝意，還向杜瓦利埃 (Duvalier) 獨裁政府許諾要修建通往機場的一條公路。歐文·弗勒姆 (Irving Pflaum)（"Arena of Decision. Latin American Crisis"，紐約，1964 年）和約翰·傑拉西 (John Gerassi)（"The Great Fear in Latin America"，紐約，1965 年）一致認為，這是一次賄賂事件，但是美國沒有實現向海地許下的諾言。在巫毒教的神話中代表死神的杜瓦利埃感到受騙了。據說，這個老巫師請求魔鬼幫助他向甘迺迪 (Kennedy) 報復。當甘迺迪總統在達拉斯被殺後，他就滿意地笑了。

54— 採訪喬治・安妮・蓋耶 (Georgie Anne Geyer)，見 *"The Miami Herald"*，1966 年 12 月 24 日。

55— 向眾議院一個委員會作的聲明。納爾遜・沃內克・索德雷 (Nelson Werneck Sodré) 引自 *"História militar do Brasil"*，里約熱內盧，1965 年。

56— 弗雷德里克・B・派克 (Frederick B. Pike)：*"The Modern History of Peru"*，紐約，1968 年。

57— 阿馬多・卡內拉斯 (Amado Canelas)：*"Radiografía de la Alianza para el Atraso"*，拉巴斯，1903 年；馬里亞諾・巴普蒂斯塔・古穆西奧 (Mariano Baptista Gumucio) 和其他作者：*"Guerrilleros y generales sobre Bolivia"*，布宜諾斯艾利斯，1968 年；約翰・岡瑟 (John Gunther)：*"Inside South America"*，紐約，1967 年。

58— 不久以後，戴維 (David) 的女兒，佩吉・洛克斐勒 (Peggy Rockefeller) 決定到里約熱內盧一個名叫雅卡雷茲諾 (Jacarezinho) 的貧民窟去生活。她的父親、世界上最富有的人之一到巴西去做生意時，親自到佩吉住的平民之家去看望。他品嚐了簡單的飯菜，看到了漏雨的房子和老鼠從門縫進來就害怕。臨走時，他在桌上留下了寫有好幾個零的支票。在那兒，佩吉住了好幾個月，同和平隊合作。支票不斷地寄來，每張支票的錢數等於房東十年勞動所得的錢。當佩吉回國時，這家人，包括其房子已完全變樣了。這個貧民窟從來沒有這麼富有的人。佩吉簡直是從天上直接掉到這裡，好像一下子中了所有的彩票。於是，佩吉的房東成了政府的寵兒。電台電視台來採訪，報紙雜誌發表文章。宣傳機器開動了，他成了所有巴西人要學習的榜樣：「他是靠自己的勞動和節省而擺脫貧困；你們看，你們瞧，他沒有把賺來的錢拿去買酒喝。他現在有電視機、電冰箱、新傢俱，孩子們有鞋穿等等。」所有這些宣傳忘記了一個細節，那就是佩吉仙女 (hada Peggy) 的訪問。巴西有九千萬人口，奇蹟只有在一個人的身上出現。

59— 希肯盧珀正案第 620 條。對外援助法。這條法律專門講「在 1962 年 2 月 16 日前或者在此日子以後」所採取的反對美國利益的措施。1962 年 2 月 16 日，布里佐拉州長沒收了巴西南里約格朗德州的電話公司，此公司是國際電話電報公司分公司。這項決定使華盛頓和巴西利亞關係緊張化了，該公司不接受政府提供的賠償費。

60— "*International Commerce*"，1967 年 4 月 10 日。

61— 北美拉美人研究會通訊引 (Citado por NACLA Newsletter)，1970 年 5-6 月。

62— 拉丁美洲經濟發展協會年度報告 (ADELA Annual Report)，1968 年，北美拉美人研究會引，同前引書。

63— 美洲開發銀行 (Banco Interamericano de Desarrollo)："*Décimo informe anual, 1969*"，華盛頓，1970 年。

64— 哈里·馬格多夫 (Harry Magdoff)："*La era del imperialismo*"，見 "*Monthly Review*"，西班牙文文摘，1969 年 1-2 月。

65— 世界銀行 (The World Bank)、國際金融公司 (IFC) 和國際開發協會 (IDA)："*Policies and Operations*"，華盛頓，1962 年。

66— 世界銀行、國際金融公司和國際開發協會，同前引書。

67—「我們的援外計劃……為美國公司開發新市場……把受益國的經濟引向自由貿易體系。在這種體系內，美國公司可以得到發展。」尤金·布萊克 (Eugene R. Black) 在 "*Columbia Journal of World Business*"，第 1 卷，1965 年。

68— 聯合國，拉丁美洲經濟委員會，同前引書；"*y Estudio económico de América Latina*"，1969 年，紐約 - 智利，聖地牙哥，1970 年。

69— 根據拉丁美洲經濟和社會計劃學會 (Instituto Latinoamericano de Planificación Económica y Social) 預測："*La brecha comercial y la integración latinoamericana*"，墨西哥—智利，聖地牙哥，1967 年。

工業化無法
改變國際市場
的不平等

70— 皮埃爾·雅萊 (Pierre Jalée)：*"Le pillage du Tiers Monde"*，
巴黎，1966 年。

71— 在 1966—1968 年的三年裡，咖啡佔了哥倫比亞出口總收入的
64%，在巴西占 43%，在薩爾瓦多佔 48%，在瓜地馬拉為 42%，哥
斯大黎加為 36%。香蕉佔了厄瓜多外匯收入的 61%，在巴拿馬佔了
54%，在宏都拉斯為 47%。尼加拉瓜 42% 的外匯收入靠棉花；多明
尼加共和國外匯收入的 56% 靠糖。在烏拉圭，肉、皮革和羊毛提供了
83% 的外匯。銅佔了智利貿易收入的 74%，佔了秘魯的 26%。錫是玻
利維亞出口值的 54%。委內瑞拉從石油得到了其外匯的 93%。聯合國，
拉丁美洲經濟委員會，同前引書。至於墨西哥，「其外匯收入的 30%
以上靠出口三種產品，40% 以上靠五種產品，50% 以上靠十種產品。
這些大多數為未加工的產品，主要運往美國市場」。巴勃羅·岡薩雷斯·
卡薩諾瓦 (Pablo González Casanova)：*"La democracia en México"*，
墨西哥，1965 年。

72— 馬科·D·波爾納 (Marco D. Pollner)，拉丁美洲一體化協會和美
洲開發銀行共同寫的 *"Los empresarios y la integración de América
Latina"*，布宜諾斯艾利斯，1967 年。

73— 智利工人統一工會 (Central Única de Trabajadores de Chile)：
"América Latina, un mundo que ganar"，智利，聖地牙哥，1968 年。

74— 拉丁美洲經濟和社會計劃學會，同前引書。

75— A·埃曼努爾 (A. Emmanuel)：*"El cambio desigual"*，墨西哥。

76— 安德烈·岡德·弗蘭克 (André Gunder Frank) 引：*"Toward a
Theory of Capitalist Underdevelopment"*，*"Underdevelopment"*
文選序言。未發表。

77— L·德爾沃特 (L. Delwart) 在 *"The Future of Latin American
Exports to the United States: 1965 and 1970"*，紐約，1970 年，例
舉了限制進口拉丁美洲商品的各種現行條例。

78— 哈里·馬格多夫，同前引書。

79— *"Revista Fator"*，里約熱內盧，1968 年 11—12 月。

80— 卡洛斯·基哈諾(Carlos Quijano)：*"Las víctimas del sistema"*，蒙德維多，1970 年 10 月 23 日。

81— *"New York Times"*，1968 年 4 月 3 日。

82— 美洲國家組織總秘書處，同前引書。1969 年受國會基金會之托，對美國在墨西哥的子公司作了一次廣泛的調查。調查結果表明，在被調查的企業中，有一半是受命於美國的總公司，不得在國外出售其產品。這不是設立子公司的目的。米蓋爾·S·懷翁切克(Miguel S. Wionczek)：*"La inversión extranjera privada en México: problemas y perspectivas"*，見 *"Comercio exterior"*，墨西哥，1970 年 10 月。1963 年，在阿根廷、巴西、秘魯、哥倫比亞和厄瓜多等國，加工產品的出口與工業生產總值的比例沒有超過 2%。在墨西哥為 3.1%，在智利為 3.2%。（阿爾多·費雷爾(Aldo Ferrer)在拉丁美洲一體化協會和美洲開發銀行共同撰寫的上述一書。）

83— 聯合國(Naciones Unidas)，拉丁美洲經濟委員會(CEPAL)，同前引書。

84— *"Jornal do Comercio"*，里約熱內盧，1950 年 3 月 23 日。

85— 塞爾索·富爾塔多(Celso Furtado)：*"Um projeto para o Brasil"*，里約熱內盧，1968 年。

86— *"International Commerce"*，1967 年 4 月 24 日。

87— 伊斯梅爾·比尼亞斯、歐亨尼奧·加斯蒂亞索羅，同前引書。

88— 安東尼奧·加西亞(Antonio García)：*"Las constelaciones del poder y el desarrollo latinoamericano"*，見 *"Comercio exterior"*，墨西哥，1969 年 11 月。

89— 這並非新的手段。在烏拉圭的英國冷藏公司做生意賠本，這樣它可以得到政府的補貼，也可以讓它在倫敦的六千家肉鋪得到高額利潤。在那兒，每公斤烏拉圭肉的價格比烏拉圭從出口這些肉所得的錢高四倍。吉列爾莫·伯恩哈特(Guillermo Bernhard)：*"Los monopolios y* *la industria frigorífica*"，蒙德維多，1970 年。

90— 薩爾瓦多·阿連德 (Salvador Allende) 總統的聲明。據法新社 1970 年 12 月 12 日電。

91— "*La Razón*" 發表的材料，布宜諾斯艾利斯，1970 年 3 月 2 日。

92— "*Resultados da indústria automovelística*"，見 "*Conjuntura económica*" 專文，1969 年 2 月。

技術女神不講
西班牙語

93— 北美拉美人研究會通訊 (NACLA Newsletter)，1969 年，4—5 月。

94— 米蓋爾·S·懷翁切克 (Miguel S. Wionczek)："*La trasmisión de la tecnología a los países en desarrollo:proyecto de un estudio sobre México*"，見 "*Comercio exterior*"，墨西哥，1968 年 5 月。

95— 維克托·L·烏爾基迪 (Víctor L. Urquidi)："*Obstacles to Change in Latin America*"，克勞迪奧·貝利斯 (Claudio Véliz) 和其他作者，倫敦，1967 年。

96— 曼努埃爾·薩多斯基 (Manuel Sadosky)："*América Latina y la computación*"，見 "*Gaceta de la Universidad*"，蒙德維多，1970 年 5 月。為了說明發展主義的幻想，薩多斯基引用了美洲國家組織一位專家的證詞。喬治·蘭多 (George Landau) 認為：「同一些發達國家相比，不發達國家有些優勢，因為當它們要引進新設備或新技術時，一般說來都要選擇最先進的，這樣，它們就得到了工業化最高的國家為了取得這些成就而進行的數年調查和大量投資的成果。」

97— 奧斯卡·J·馬吉奧羅 (Oscar J. Maggiolo) 在集體著作："*Hacia una política cultural autónoma para América Latina*"，蒙德維多，1969 年。

98— 古斯塔沃·拉戈斯 (Gustavo Lagos) 等人："*Las inversiones multinacionales en el desarrollo y la integración de América Latina*"，波哥大，1968 年。

99— 勞爾·普雷維什 (Raúl Prebisch)："*La cooperación internacional*

en el desarrollo latinoamericano"，見"Desarrollo"，波哥大，
1970 年 1 月。

100— 萊奧·芬斯特 (Leo Fenster)，1969 年 7 月。安德烈·岡德·弗蘭
克 (André Gunder Frank) 引自 "Lumpenburguesía: lumpendesarrollo
"，蒙德維多，1970 年。不管怎麼說，外國子公司總是比民族企業更
現代化。以民族資本最後幾個堡壘之一的紡織工業為例，其自動化程度
極低。根據拉丁美洲經濟委員會統計，1962 年和 1963 年，歐洲有四個
國家為本國紡織業購買新設備時，所投資的錢要比全拉丁美洲在 1964
年用於同一目的的投資總額多六倍。

被排斥在外的　　101— 1957 年（沒有更新的資料），美國子公司在歐洲的工廠中所使用
人和地區　　的勞動力與其投資的比例比在拉丁美洲高。美洲國家組織總秘書處，同
前引書。

102— 聯合國，拉丁美洲經濟委員會，同前引書。

103— F·S·奧布賴恩 (F. S. O'Brien)："The Brazilian Population
and Labor Force in 1968"，供內部討論文件，總協調和計劃部
(Ministério do Planejamento e Coordenação Geral)，里約熱內盧，
1969 年。

104— 聯合國，拉丁美洲經濟委員會 (CEPAL)："Estudio económico
de América Latina, 1967"，紐約 - 智利，聖地牙哥，1968 年。

105— 聯合國，拉丁美洲經濟委員會，同前引書。

106— 雷蒙多·翁加羅 (Raimundo Ongaro) 來自獄中的信，見"De
Frente"，布宜諾斯艾利斯，1969 年 9 月 2 日。

107— 安德烈·岡德·弗蘭克 (André Gunder Frank)："Capitalism
and Underdevelopment in Latin America"，紐約，1967 年。

108— 經濟協調和計劃部，同前引書。

109— Z·羅馬諾瓦 (Z. Romanova)："La expansión económica de
Estados Unidos en América Latina"，莫斯科，參見本章末。

110— 據 *"Jornal do Brasil"* （巴西日報）報導，這是英國搞組織勞動工作的專家。塞奇‧伯恩（Serge Birn）提供的資料，里約熱內盧，1969 年 1 月 5 日。

111— 安德烈‧岡德‧弗蘭克，同前引書。

112— 聯合國，拉丁美洲經濟委員會（CEPAL）：*"Estudio sobre la distribución del ingreso en América Latina"* ，紐約—智利，聖地牙哥，1967 年。「1953 年以前的幾年裡，在阿根廷出現了逐步重新分配收入的重要進程。根據所掌握的較為詳細的三年材料，這一年的平等現象較少，而在 1959 年則較多。在墨西哥，從 1940 年到 1964 年這一較長的時間裡，各種指標表明，20% 的收入最低的家庭，其收入不僅是相對而且是絕對地減少。」

星條旗下的拉丁美洲經濟整合

113— 毛里西奧‧比尼亞斯‧德克羅斯，同前引書。

114— 古斯塔沃‧拉戈斯（Gustavo Lagos）等人在美洲開發銀行一書中的文章：*"Las inversiones multinacionales en el desarrollo y la integración de América Latina"* ，波哥大，1968 年。根據拉丁美洲自由貿易協會（ALALC）所容許，有 64% 的企業在本地區內搞出口貿易，出口化工和石油化工產品，人造纖維、電子產品，工農業機械，辦公用品，發動機、量具、鋼管和其他產品。

115— *"Business International"* ，拉丁美洲自由貿易協會（LAFTA）：*"Key America's 200 Million Consumers"* ，調查報告，1966 年 6 月。

116— *"Fortune"* 登載：*"A Latin American Common Market Makes Common Sense For U. S. Businessmen Too"* ，1967 年 6 月。

117— 勞爾‧普雷維什（Raúl Prebisch）：*"Problemas de la integración económica"* ，見 *"Actualidades económicas financieras"* ，蒙德維多，1962 年 1 月。

118— 普雷維什（Prebisch）、桑斯‧德聖瑪麗亞（Sanz de Santamaría）、馬約夫雷和埃雷拉（Mayobre y Herrera）：*"Proposiciones para la creación del Mercado Común Latinoamericano*",提交給弗雷 (Frei) 總統的文件,1966 年。

119— 賈德·波爾克 (Judd Polk)(美國國際商會理事會 ,U. S. Council of the International Chamber of Commerce)和 C·P·金德爾伯格 (C. P. Kindleberger)(麻省理工學院 ,Massachusetts Institute of Technology)提供了關於世界資本主義經濟美國化的非常豐富的材料 並發表了自己的見解。見國務院刊物 "*The Multinational Corporation*",對外研究辦公室,華盛頓,1969 年。

120— 《國際商報》,同前引書。

121— E·利薩諾 (E. Lízano F): "*El problema de las inversiones extranjeras en Centro América*",見 "*Revista del Banco Central de Costa Rica*",1966 年 9 月。

122— "*Columbia Journal of World Business*",北美拉美人研究會 通訊 (NACLA Newsletter),1970 年 1 月。

123— 保羅·N·羅森斯坦 - 羅丹 (Paul N. Rosenstein-Rodan): "*Reflections on Regional Development*",美洲開發銀行引,作者 多人,同前引書。

124— 拉丁美洲自由貿易協會 (ALALC) 常務執行委員會特別會議,1969 年 7 月和 8 月,"*Apreciaciones sobre el proceso de integración de la ALALC*",蒙德維多,1969 年。聯合國貿易和發展會議主任在紐 約提醒人們,作為只縮小貿易堡壘的簡單過程來說,經濟整合將「在 大陸處於總蕭條的情況下維持高度發展的飛地(飛地 enclaves:在本 國境內的隸屬另一國的一塊領土。—譯註)。」西德尼·德爾 (Sidney Dell): "*The Movement Toward Latin American Unity*",集體寫作, 羅納德·希爾頓 (Ronald Hilton) 出版,紐約 - 華盛頓 - 倫敦,1969 年。

125— 在巴西和阿根廷,汽車工業 100% 屬於外國資本,在墨西哥,外 資佔大多數。拉丁美洲自由貿易協會: "*La industria automotriz en la ALALC*",蒙德維多,1969 年。

126— 比維安·特里亞斯 (Vivian Trías)： "*Imperialismo y geopolítica en América Latina*"，蒙德維多，1967 年。烏拉圭同意從巴西增加進口機械，以換取巴西向烏拉圭北部供電。現在，烏拉圭的阿爾蒂加 (Artigas) 和里維拉 (Rivera) 兩省，未經巴西批准，不得增加電的消耗。

127— 戈爾貝里·杜科托·希爾瓦 (Golbery do Couto e Silva)： "*Aspectos geopolíticos do Brasil*"，里約熱內盧，1952 年。

西蒙·玻利瓦爾曾預言：
我們永遠不會幸福，永遠不會！

128—「他下令準備好武器，脫下帽子，下令瞄準，糾正瞄準，下令開槍，然後倒下了。他還把滿是鮮血的頭抬起來，並說道：我還活著。重新開槍，他就嚥氣了！格雷戈里奧·布斯塔門特·馬塞奧 (Gregorio Bustamante Maceo)： "*Historia militar de El Salvador*"，聖薩爾瓦多，1951 年。在特古西加爾巴 (Tegucigalpa) 廣場，每到星期天晚上，樂隊在莫拉桑 (Morazán) 銅像下演奏輕音樂，但是銅像的名字是錯的。這個騎著馬的人並不是主張中美洲團結的人的銅像。在莫拉桑被槍斃後，受政府委託去巴黎請一位宏都拉斯的雕塑家，此人把錢都花在遊玩上，最後只好在跳蚤市場買了馬里斯·卡爾內將軍 (Mariscal Ney) 的塑像帶回國。中美洲的悲劇就成了一切滑稽戲了。

129— 聯合國，拉丁美洲經濟委員會 (CEPAL)： "*Los fletes marítimos en el comercio exterior de América Latina*"，紐約 - 智利，聖地牙哥，1968 年。

130— 恩里蓋·安古洛·H (Enrique Angulo H.)： "*Integración de América Latina, experiencias y perspectivas*"，集體寫作，墨西哥，1964 年。

131— 西德尼·德爾 (Sidney Dell)： "*Experiencias de la integración económica en América Latina*"，墨西哥，1966 年。

作者後記：七年以後

一、《拉丁美洲：被切開的血管》第一次出版至今已有七年了。

寫這本書是為了與人們交談。外行作家同外行讀者說話，是想公佈官方歷史，即勝利者講述的歷史所隱瞞或謊報的某些事實。

最令人鼓舞的回音不是來自報紙的文學版，而是來自發生在大街上的一些真人真事。例如，在一輛穿越波哥大街道的汽車上，一個姑娘正給坐在身旁的女夥伴讀這本書，後來她站起來，高聲朗誦給全體乘客。又比如在智利大屠殺的日子裡，一位婦女逃離聖地牙哥時，把本書裹在嬰兒的尿布裡；還有一個大學生，他在布宜諾斯花了一個星期的時間走遍了科里恩特斯街的所有書店，在一個又一個書店裡逐段閱讀本書，因為他沒錢買下一本。

同樣，本書得到的最好的評價並非來自有名望的評論家，而是來自軍事獨裁政權，它們禁止此書就等於稱讚了它。例如，《血管》不能在我的國家烏拉圭流傳，在智利也不行，阿根廷當局通過電視台和報紙控告此書是腐蝕青年的工具。布拉斯·德奧特里（Blas de Otero，1916—1979，西班牙社會詩人）說過，「他們不許人們閱讀我寫的文章，因為我所寫的就是我所看到的事情。」

經過一段時間後，我高興地看到《血管》不是一本沉默的書，我對此感到高興並非虛榮。

二、我知道，在這本書的宣傳裡，我用寫愛情小說或海盜小說的形式來談政治經濟學，也許是褻瀆神明。但是，坦白地說，閱讀某些社會學家、政治家、經濟學家或者歷史學家用密碼式的語言寫成的一些有價值的著作，對我來說實在是等於爬山，太難了。深奧的語言不見得總是文章寫得深刻的必然代價。在某些情況下，這也不過是把缺乏與他人交談的本領說成是知識分子的一種美德。我懷疑無聊常常就是如此用來為現行的秩序祝福，這樣就可以證明，知識是傑出人物的一種特權。

順便說說，一些面向有信仰的讀者的富有戰鬥精神的著作，也有類似情況。儘管這些著作使用了革命的詞句，但是我覺得，它們機械地重複著所說的話，用同樣現成的句子，同樣的形容詞，同樣的演說方式對著同樣的那些人說話。我覺得這是順從主義。也許這種教區式的文學與革命之間的距離如同色情文學與情慾之間的距離那麼遠。

三、一個人寫東西是想回答在腦海裡嗡嗡作響的問題。它們如頑固的蒼蠅不讓人入睡，當一個人寫的東西，以某種方式同社會需要回答的問題一致時，就會有某種集體意義。我寫《血管》是為傳播他人的思想和我自己的經驗，這也許多多少少能幫助解決一直折磨著我們的各種問題。拉丁美洲是一個命中注定要受凌辱和受窮的地區嗎？誰決定的？是上帝的過錯還是自然界的過錯？是令人喘不過氣的氣候或是劣等種族？是宗教？是習俗？不幸會不會是歷史的產物，是由人來創造的，因而也可以由人來摧毀？

我一貫認為，崇拜過去是反動的。右派選擇了過去是因為它們喜歡死人，即靜止的空間，靜止的時間。有權勢的人，那些靠遺傳使其特權合法化的人，他們是懷舊的。學歷史好像參觀博物館，一大批木乃伊是騙人的把戲。有人向我們謊報過去也同樣謊報現在，給現實帶上假面具。強迫被壓迫者把壓迫者製造的僵化了的、貧乏的、他人的歷史變成自己的歷史，這使被壓迫者心甘情願地去過不屬於他自己的生活，好像這是唯一可過的生活。

在《血管》中，往事總是作為我們活生生的歷史由現在來召喚。本書是到歷史中去尋找有助於解釋現實的各種關鍵，因為現實也在創造歷史，但出發點必須是：改變現實的首要條件是認識現實。在這兒，展示在人們面前的，不是一群穿著像是要赴化裝舞會的、在陣亡之前發表長篇的莊嚴講話的英雄們，而是一批在時間和空間裡尋找能預感到我們今天步伐的群眾的腳步聲。《血管》來自現實，但也來自其他書，其他比這本更好的書，這些書幫助了我們瞭解我們自己是什麼人，以便知道自己將來可以成為什麼人，也是這些書使我們知道我們來自何方，以便能更好地推測我們要走向何處。這一現實和那些書都證明，拉丁美洲的不發達是他人發達的結果，說明我們拉美人之所以窮，正是因為我們腳下的土地是富饒的，自然界給予的得天獨厚的地方是歷史詛咒的地方。在我們這個世界，這個擁有強大的中心和屈服的外圍的世界，對任何財富至少是要懷疑其來歷。

四、從《血管》第一次出版至今的這段時間裡，歷史對我們來說，一直是一個殘酷的老師。

這個制度成倍地增加了飢餓和恐懼，財富繼續集中，貧困繼續擴散。那些專門性國際機構在文件中承認這一點，他們那些咬文嚼字的語言稱我們這些被壓迫的地區為「發展中國家」，把工人階級無情的貧困化稱為「收入再分配的倒退」。

國際大機器繼續運轉：各國為商品服務，人人為物質效勞。

隨著時間推移，輸出危機的方式日益完善。壟斷資本主義達到了最高程度集中，它控制世界市場、信貸和投資，因而就有可能系統地、越來越多地轉移矛盾，也就是說，外圍地區心平氣和地為那些中心的繁榮做出了犧牲。

國際市場仍然是這一行動的關鍵之一。在那裡，多國公司實行專政，正如斯威齊所說，我們稱之為多國，是因為它們在許多國家經營，但從它們屬於誰和由誰控制這點來看，多國公司又是地道的本國公司。世界範圍內的不平等並不因為巴西目前向南美其他國家和遙遠的非洲及近東市場出口福斯汽車而有所改變。追根究底，是德國福斯汽車公司自己決定，從它在巴西的子公司向某些國家出口汽車更為便宜。於是，巴西提供了低生產成本和廉價的勞動力，德國卻拿走了高額利潤。

當某一種原料能逃脫低價格的不幸命運時，強加於人的現象並不會神奇般地結束。1973 年以來的石油問題就是如此。難道石油不是一種國際性買賣嗎？現在被叫作埃克森公司（Exxon）的紐澤西美孚石油公司、英荷殼牌石油公司或者海灣石油公司，是阿拉伯公司還是拉美公司？誰拿走了最豐厚的那部分利潤？此外，針對石油生產國而掀起的鬧劇很能說明問題。一些膽敢維護自己石油價格的國家，立刻成為造成歐洲和美國通貨膨脹及工人失業的代罪羔羊。最發達的國家在提高自己任何一種產品的價格之前又徵求過誰的意見呢？二十多年來，石油價格一再下跌，不像樣的石油低價意味著世界上的大工業中心可以得到巨額補貼，而他們的產品則越來越貴。同美國和歐洲產品價格不斷上升相比，新的石油價格只不過是把價格恢復到 1952 年的水準，原油只不過是恢復了它在二十年前的購買力而已。

五、在這七年裡發生的重要事件之一是委內瑞拉石油國有化。國有化雖然沒有打破委內瑞拉在提煉和銷售方面的依賴性，但是為自治開闢了新的前景。委內瑞拉石油公司這個國營企業誕生不久，就位居拉丁美洲五百家最重要公司之首。該公司除了經營原來的傳統市場外，還開始經營新的市場，它很快就有了五十個新客戶。

然而，像往常一樣，當國家成為本國主要財富的主人時，就要問誰是這個國家的主人了。對基本資源實行國有化，這本身並不意味著要重新分配收入以利於大多數人，也不是必然要危害少數統治者的權力和特權。在委內瑞拉，浪費的經濟依然完完整整地繼續運轉。在這個社會的中央，在霓虹燈的照耀下，一個有百萬家產、揮霍無度的社會階級放射出光芒。1976 年，進口增加了 25%，在很大程度上是進口了充斥著委內瑞拉市場的奢侈品。崇拜象徵權力的商品，人類的生活局限於競爭和消費。在不發達的汪洋大海裡，少數特權階層模仿世界上最富有社會中最富有的人的生活方式和習俗。在與紐約一樣喧鬧的卡拉卡斯市，自然界給予的最好的「天然」財富，如空氣、陽光、寧靜等，越來越少，越來越貴。委內瑞拉民族主義的元老、主張收回石油的先知，胡安·巴勃羅·佩雷斯·阿方索（Juan Pablo Pérez Alfonso）警告說：「當心，人會餓死，但也會撐死。」（註1）

六、我是在 1970 年最後幾天寫完了《血管》的。

1977 年的最後幾天，貝拉斯科·阿爾瓦拉多死在手術台上。人們把他的靈柩一直抬到墓地，在利馬的大街上從來沒見過這麼多的人。貝拉斯科·阿爾瓦拉多將軍出生於秘魯北部乾旱土地上一個普通的家庭裡，他領導了進行社會和經濟改革的進程。在秘魯現代史上，這次改革是試圖進行的意義最深遠的一次改革。從 1968 年起義之後，軍政府推動了真正的土地改革，並為收回外國資本強行奪走的自然資源開闢了道路。可是，早在貝拉斯科·阿爾瓦拉多去世之前，革命已經被人舉行了葬禮。創造性的進程是短命的，它最終被淹死在放債人和商人的訛詐之下，革命既死於任何家長式的計劃所具有的脆弱性，也死於缺乏有組織的群眾基礎。

1977 年聖誕節前夕，當貝拉斯科·阿爾瓦拉多將軍的心臟在秘魯這塊土地上做最後的跳動時，在玻利維亞，另一個與他毫無相似之處的將軍用拳頭猛擊寫字檯。玻利維亞獨裁者烏戈·班塞爾（Hugo Bánzer）將軍，用一個不字拒絕赦免犯人、流亡者和被解雇的工人。於是，從錫礦來到拉巴斯的四個婦女和十四名兒童開始絕食。

——現在不是時候——行家們是這樣認為的，我們會告訴你們什麼時候合適。

她們席地而坐。

婦女們說，——我們不是同你們商量而是把此事告訴你們。我們已經決定了，在礦山那邊，總是在絕食，只要你生下來，你就開始絕食。在那邊，我們也會死去的，雖然會死得慢一些，但還是要死的。

政府的反應是懲罰和威脅，但是絕食把長期以來遭受遏制的力量釋放出來。全玻利維亞震動了，露出了牙齒。十天左右，已不是四個婦女和十四名兒童在絕食。一千四百名勞動者和工人開始絕食，獨裁政權感到天要塌下來了，不得已才實現了大赦。

安地斯山兩個國家就是這樣從 1977 年跨入 1978 年。在北邊，在加勒比海地區，經過同美國新政府進行的棘手的談判後，巴拿馬在等待著實現已向它承諾的結束運河的殖民地位。在古巴，人民在慶祝戰無不勝的社會主義革命勝利十九週年。幾天後，在尼加拉瓜，狂怒的群眾衝上街頭，索摩查獨裁者之子也是索摩查獨裁者從縫隙裡窺探。憤怒的群眾燒了幾家公司，其中有一家是專搞吸血營生的血漿公司，此公司於 1978 年被火吞沒，它原是古巴流亡分子的財產，專門把尼加拉瓜人的血賣給美國。買賣血液與其他生意一樣，生產者只能拿到小費。例如加勒比埃莫公司（Hemo Caribbean）每升血只付給海地人三美元，然後以每升血二十五美元的價格賣給美國。

七、1976 年 8 月，奧爾蘭多・萊特列爾（Orlando Letelier）發表文章，揭露皮諾切特（Pinochet）獨裁政府搞的恐怖活動和享有特權的小集團搞的「經濟自由」是一丘之貉。（註2） 曾在薩爾瓦多・阿連德政府內任部長的萊特列爾在美國流亡，不久後在美國被炸得粉碎。（註3）在這篇文章中他認為，智利的經濟聽命於隨意確定各種物價的壟斷集團。所以，講自由競爭是荒唐的。他還說，在這個國家裡，真正的工會是非法的，工資由軍事委員會下令規定，在這種情況下，談論勞動者的權力是可笑的。萊特列爾描述了獨裁政府如何精心地取消人民團結政府時期所取得的成果。獨裁政權把薩爾瓦多・阿連德收為國有的壟斷集團和寡頭集團的工廠一半歸還給原主，另一半拿來拍賣。汎世通輪胎與橡膠公司買下了國營輪胎廠，帕森斯（Parsons）和惠特莫爾公司（Whittemore）買下了一家大的紙漿廠……萊特列爾說道，目前，智利的經濟比阿連德政府上台前更集中、更壟斷。（註4）買賣是空前地自由，被關進牢裡的人也是空前地多。在拉丁美洲，企業自由與公眾自由水火不相容。

市場自由嗎？在智利，從 1975 年初起就開放了牛奶的價格，其後果很快出現，兩家企業控制了牛奶市場，牛奶的銷售價格立刻上漲 40%，而收購價格則下降了 22%。

在人民團結政府時期，兒童死亡率下降了許多，皮諾切特上台後，死亡率以令人震驚的速度上升。當萊特列爾在華盛頓大街上被害時，智利人口的四分之一沒有任何收入來源，它們之所以能繼續生存下去，全靠別人的善心或者靠自己的頑強和狡猾。

在拉丁美洲，少數人的幸福與多數人的不幸之間存在著的鴻溝比在歐洲或美國大得多。因此，為了維持這種距離而採取的手段就更為凶殘。巴西有一支人數眾多、裝備良好的軍隊，可是在國家預算中只有 5% 用於教育。烏拉圭目前把預算的一半用於武裝部隊和警察；國內五分之一就業人口的任務是監視、迫害或懲罰其餘五分之四的人。

我們這個地區在七〇年代發生最重要的事件無疑是一場悲劇，那就是 1973 年 9 月 11 日推翻了薩爾瓦多·阿連德民主政府、血洗智利的軍事政變。

在此不久以前，即在 6 月，烏拉圭發生了政變，議會被解散了，工會被宣佈為非法並被禁止一切政治活動。**（註 5）**

1976 年 3 月，阿根廷的將軍們再次執政，已成為一堆垃圾的胡安·多明戈·裴隆遺孀的政府，不痛不癢地倒了台。

現在，南部三國成了世界的爛瘡，一個不斷出壞消息的地方。拷打、綁架、殺人、流放已司空見慣。這些獨裁政權是健康機體裡要摘除的毒瘤，還是因體制感染而流出的膿？

我認為，在受威脅的嚴重程度與對付它的野蠻程度之間總是存在著密切的聯繫。如果不考慮若昂·古拉特和胡安·何塞·托雷斯（Juan José Torres）政權的經驗，你就無法理解今天發生在巴西和玻利維亞的事。在倒台之前，這兩個政府進行了一系列的社會改革，並推行了民族主義的經濟政策。在巴西，這一進程是在 1964 年中斷的，在玻利維亞則是 1971 年。同樣，人們完全可以說，過去滿懷希望的智利、阿根廷和烏拉圭，現在正因此而贖罪。阿連德政府時期進行的深刻改革，埃克托爾‧坎波拉（Héctor Cámpora）政府時期曾動員阿根廷工人群眾，並高高飄揚的正義的旗幟，以及烏拉圭青年迅速的政治化，都是這個無能的、已經歷著危機的制度所不能忍受的挑戰。強烈的自由氣氛衝擊著那些鬼怪，於是把近衛軍叫來拯救秩序。掃除計劃是消滅的計劃。

八、美國國會的記錄常常記載著干涉拉丁美洲的不可辯駁的證據。在因犯過罪而思想上受折磨時，人們便到帝國的懺悔室去淨化自己的靈魂。例如，最近幾年，美國官方承認對一些災禍負有責任的次數成倍增加，公開的、詳細的懺悔，除了證明其他事之外還證明美國政府通過賄賂、間諜活動和訛詐直接參與了智利的政治。犯罪的戰略是在華盛頓策劃好的。從 1970 年起，基辛格（Kissinger）和情報部門細微地策劃了阿連德的垮台，把數百萬美元發給人民聯盟合法政府的敵人。正因為如此，卡車主在 1973 年才得以堅持長時間的罷工，使國家相當一部分經濟癱瘓。由於確信自己逍遙法外，話就會多了。反對古拉特的政變發生時，美國駐巴西大使館是它在全世界最大的使館，當時任大使的林肯‧戈登十三年後對一個記者承認，美國政府很早以前就已經資助反對改革的勢力了。戈登說道：「見鬼！在那個時期，這已經多多少少成為一種習慣，中央情報局已習慣於支配用於政治目的的資金。」（註6）就在這次採訪中，戈登說到在發生政變的日子裡，五角大樓在巴西沿海部署了一艘巨型航空母艦和四艘油船，「以備巴西反古拉特力量尋求我們的援助。」他說，這種援助「不僅是道義上的。我們還會給予後勤方面的幫助，提供給養、彈藥、石油等。」

卡特總統開始奉行人權政策以來，靠美國干涉上台的那些拉丁美洲政府發表了措辭強烈的聲明，反對美國干涉他們的內部事務，這已是習以為常的了。

　　1976 年和 1977 年，美國國會決定停止向一些國家提供經濟和軍事援助。然而，美國的大部分外援是不通過國會過濾的。所以，儘管發表聲明、決議或者提出抗議，皮諾切特政府在 1976 年還是從美國得到未經議會批准的二億九千萬美元的直接幫助。阿根廷魏地拉將軍（Videla）的獨裁政府上台剛一年，已經從美國私人銀行手中得到一億五千萬美元，從美國有決定性影響的兩個機構（世界銀行和泛美開發銀行）得到四億一千五百萬美元。1975 年阿根廷在國際貨幣基金組織的特別提款權為六千四百萬美元，兩年後則上升為七億美元。

　　卡特總統關心在一些拉丁美洲國家發生的屠殺，看來這是好事，但是現在的獨裁者不是自學成材的人，他們從五角大樓在美國和巴拿馬運河地區開辦的學習班上學到鎮壓的技術和統治的藝術。今天，這些學習班繼續在辦，據說學習的內容絲毫沒有改變。今天，對美國來說，成為禍端的拉美軍人是好學生。幾年前，當世界銀行現任主席羅伯特・麥克納馬拉任美國國防部長時，曾一字一句地說過：「他們是新的領袖。他們事前親自瞭解了我們美國人如何考慮問題，如何辦事，我不想詳細說明這些人處於領導地位所意味的價值。我們要不惜代價與他們交朋友。」（註7）

　　使人癱瘓的人，你們可以給我們提供輪椅嗎？

　　九、法國的主教們談論的是另一種更深刻又不那麼顯眼的責任。（註8）「我們是屬於那些自認為是世界上最先進的國家，也是屬於從剝削發展中國家中受益的一部分人。我們看不到這給許多國家的人民帶來了的肉體上和精神上的痛苦。我們是在幫助加強當今世界的分裂，在這個世界裡，富人統治窮人，強者統治弱者最為突出。我們是否知道，如果西方國家不控制貿易往來，我們就不會浪費資源和原料？我們是否看不見是誰從走私武器中得到好處？在走私方面，我們國家已起了令人傷心的榜樣。我們是否懂得，貧窮國家政權的軍事化是工業化國家實行經濟和文化統治的結果？在這些工業化國家裡生活的準則就是獲得利潤和金錢所意味的權力。」

獨裁者、劊子手和追查者：恐怖活動像郵局或銀行那樣，有它自己的工作人員，也是因為需要才搞恐怖活動的。這不是奸詐的人搞的陰謀。皮諾切特將軍像是哥雅黑色畫的一個人物，可供精神分析學家們大加剖析，也像是香蕉共和國可怕傳統的繼承人。不過，這個或那個獨裁者的病歷或者習慣，可以使歷史更有味道，但這本身不是歷史。如今，有誰敢說第一次世界大戰爆發的原因是德國皇帝威廉一手臂長一手臂短而自卑所致呢？伯托特·佈雷赫特（Bertolt Brecht）1940 年底在工作日記上寫道：「在民主國家裡，經濟的暴力性是不暴露出來的，而在專制主義國家裡，暴力的經濟性也是不暴露出來的。」

在拉丁美洲南部的國家，騎士們掌握了政權，這是制度的一種需要，當統治階級已無法用其他手段搞他們的交易時，國家恐怖主義就開始行動了。在我們這些國家裡，如果拷打不是行之有效的，那它就不會存在。如果掌握權力的人能確實控制形式上的民主，那麼這種民主就會有連續性。在困難時期，民主成為反對國家安全的罪行，也就是說，成為反對國內特權和危害外國投資安全的罪行。我們那些剎人肉的機器是國際機器的一部分，全社會正在軍事化，非常時期成為永久的時期。同時，只要帝國主義體系中心緊一緊螺絲，鎮壓機器便能領導一切了。每當危機的陰影在窺探，就必須加倍剝削窮國，以保證富國充分就業，有公眾自由和高速度的發展。這是劊子手與受害者之間的關係。陰險的辯證法：存在著一個連續受凌辱的結構，它始於國際市場和金融中心，終於每個公民的家庭。

十、海地是西半球最貧窮的國家，在那兒，替人洗腳的比替人擦皮鞋的多，一些兒童為了一個硬幣去洗沒有鞋可擦的赤腳顧客的腳。海地人平均壽命為三十多歲。每十個海地人有九個是文盲。山坡上貧瘠地耕種的東西供國內消費，肥沃的山谷裡種的東西是為了出口，最好的土地用來種咖啡、甘蔗、可可和美國市場所需要的其他產品。在海地沒有人打壘球，但海地卻是世界上主要的壘球生產國。在國內不乏有些作坊僱用童工，以每天一美元的工資裝備錄音帶和電子元件。當然，這都是供出口用的，在拿出屬於恐怖的代理人的份額之後，所得利潤理所當然也要出口。在海地，任何抗議，哪怕是微小的，都要坐牢或被殺害。儘管有些難以想像，但從1971 年到 1975 年間，海地勞動者的工資比原來已經極低的實際價值下降了四分之一。（註9）有意思的是，在同一時期，又有一批新的美國資本進入海地。

我還記得大約在兩年前布宜諾斯一家報紙發表的一篇社論。一家老牌保守報紙在怒吼，因為某一個國際文件把阿根廷說成是不發達的、依附性的國家。怎麼可以用衡量海地這個如此貧窮、如此黑的國家的尺度來衡量一個文明的、歐洲式的、繁榮的白人國家呢？

無疑，差距是巨大的，儘管這些差距同布宜諾斯那傲慢的寡頭集團所作的等級分析毫無關係。然而，不管有多少差別和矛盾，阿根廷沒有擺脫扼殺整個拉丁美洲經濟的惡性循環。而且，沒有任何驅邪的方法可以使它擺脫這一地區的國家或多或少共同存在著的現實。

追根究底，魏地拉將軍搞的屠殺不比多克爸爸（指海地終身總統弗朗索瓦‧杜瓦利埃〔Papa Doc Duvalier 〕。1971 年去世。一譯註〕杜瓦利埃或其繼承人更文明，不過阿根廷搞鎮壓的技術水準更高些。從本質上講，兩個獨裁政權都為一個共同的目標效勞，即為要求得到廉價產品的國際市場提供廉價的勞動力。

魏地拉獨裁政權一上台就趕緊禁止罷工，宣佈開放價格並同時凍結工資。政變五個月以後，新的外國投資法使外國企業和本國企業機會均等。於是，自由競爭結束了一些多國公司在地方企業面前所處的不合理的不利地位。例如，無依無靠的通用汽車公司就是一個例子，此公司的世界銷售額等於阿根廷 的國民生產總值。現在，除了一些微弱的限制外，此公司可以自由匯出利潤和原來的投資。

這個政權滿一週歲時，工資的實際價值下降了 40%。這是恐怖的功勞。魯道夫‧沃爾什（Rodolfo Walsh）在一封公開信裡揭露：「有一萬五千人失蹤，一萬人被囚禁，四千人死亡，成千上萬的人被流放，這就是這種恐怖赤裸裸的數字。」此信是 1977 年 3 月 29 日寄給政府委員會的三名頭頭的，就在同一天，沃爾什被綁架，失蹤了。

十一、不容懷疑的來源所提供的材料證實，外國在拉丁美洲新的直接投資中，只有極小的一部分來自原來的投資國。據美國商業部發表的一份調查，(註10)僅有 12% 的資金來自美國總公司，22% 來自拉美所得的利潤，剩下的 66% 是來自國內的信貸，特別是國際信貸。歐洲或日本的投資比例也差不多，而且還必須看到，來自總公司的 12% 的投資常常只不過是轉讓已使用過的機器或者是公司給自己的工業先進技術、專利或商標隨意定的價格。因此，多國公司不僅奪走了它所在國的國內信貸，以換取提供很值得懷疑的資本，而且還加倍地增加了這些國家的外債。

1975 年拉丁美洲的外債幾乎比 1969 年多三倍。(註11) 巴西、墨西哥、智利和烏拉圭在 1975 年把將近一半的進口所得用來還債、支付利息和支付設在本國的外國企業的利潤。在這一年裡，償還債務和向國外匯款吞噬了巴拿馬從出口所得的 55%，在秘魯為 60%（註12），1969 年，玻利維亞每個居民欠國外一百三十七美元，1977 年欠四百八十三美元。從未徵求玻利維亞居民的意見，他們也沒有見到把繩子套在他們脖子上的這些貸款的一分錢。

　　在那些還舉行選舉的為數不多的拉丁美洲國家中，花旗銀行不是候選人，也沒有哪一個將軍名叫國際貨幣基金組織。可是，誰下令，誰執行呢？誰放債誰就可以指揮。為了還債，就要增加出口。為了資助進口，為了對付外國企業匯向總公司的大批利潤和特殊收費，也要增加出口。出口的購買力在下降，而增加出口意味著挨餓的工資。群眾性的貧困，這是外向型經濟成功的秘訣，它阻礙了為維持協調的經濟發展所需的國內消費市場的發展。我們這些國家變成了回聲，逐漸地失去了自己的聲音。依賴於他人，為了解決它國的需要而存在。同時，根據國外的需求來改造經濟，使我們又回到原先的被扼殺狀態，即為外國壟斷集團的掠奪敞開大門，迫使我們向國際金融界借新的、更大的貸款。惡性循環是非常完善的，外債和外國投資迫使我們成倍地增加出口，而外債和外國投資又在吞噬出口所得。完成這樣一項項任務可不能彬彬有禮，要使拉丁美洲勞動者完成為他人的繁榮效勞的任務，就必須把他們囚禁起來，這囚禁可以在牢籠的鐵欄內，也可以在牢籠外。

　　十二、野蠻地剝削勞動力與使用集約性技術並非不相容，在我們這些國家裡從來不是不相容的。例如，在西蒙・帕蒂尼奧時期，大批玻利維亞工人死在奧魯羅礦井裡，這些工人進行著拿工資的奴隸式的生產，但使用的卻是很現代化的機器設備。被稱為錫男爵的人很善於把當時最先進的技術同最低的工資結合在一起。（註13）

此外，在我們今天，引進經濟最先進國家的技術同萬能的多國公司奪走屬於地方資本的工業企業的過程是一致的。資本集中的過程是透過「無情地燒毀已過時的企業來進行的，而被燒燬的正好是民族企業，這並非偶然現象」（註14）。拉美工業迅速的非國有化帶來了它們越來越大的技術上的依賴。作為權力的決定性關鍵，資本主義世界的技術是由宗主國中心壟斷的。拉美工業引進來的是二手技術，但是那些中心以原版價格出售拷貝。1970年墨西哥引進外國技術付的錢比1968年翻了一倍，在1965—1969年期間，巴西也翻了一倍，阿根廷在同一時期的情況也是如此。

照搬技術增加了本來就高的外債，給勞動市場帶來了毀滅性的後果。在為向國外匯兌利潤而建立的體系內，「傳統」企業的勞動力的就業機會在日益減少。為了令人懷疑的所謂推動經濟其他部門的發展，現代工業的小島因減少生產某種產品所需要的時間而犧牲了勞動力。同時，人數眾多、日益擴大的失業大軍的存在也為扼殺工資的實際價值提供了便利。

十三、現在，連拉丁美洲經濟委員會的文件也在談論國際勞動的重新分工。一些技術人員希望，再過幾年拉丁美洲出口的成品會同它現在出口的原料和食品一樣多。「發達國家與發展中國家（包括拉丁美洲國家在內）的工資差別可能會導致一些國家間新的分工，而由於競爭，勞動成本高的工業會從發達國家轉移到發展中國家。例如，巴西或墨西哥製造業的勞動力成本通常比美國低得多。」（註15）

是推動進步還是搞新殖民主義冒險？電機和非電機產品已成為墨西哥

主要出口產品之一。在巴西，汽車和武器的出口日益增多。一些拉丁美洲國家正在經歷工業化的新階段，在很大程度上，這種工業化是由國外的需求和佔有生產資料的外國人來促進和引導的。這是否是為我們「外向型發展」的漫長的歷史增加新的一頁呢？在國際市場上價格不斷地上漲的產品，不是「加工產品」，而是那些最精密、技術成分更多的產品，即最發達的經濟所特有的產品。不管拉丁美洲出售的是原料或是製成品，它最主要的出口品是廉價的勞動力。

難道我們的歷史經驗不就是在發展的掩蓋下進行的毀壞和瓦解的經驗嗎？幾個世紀之前，征服毀壞了土地，強行種下供出口的農作物，並為了滿足海外對金、銀的需求而在礦井卜和淘金的地方消滅了土著居民。隨著他人的進步，從這場屠殺倖存下來的前哥倫布時期的居民，他們的食品構成惡化了。今天，秘魯人民生產蛋白質含量極高的魚粉，供美國和歐洲餵牛，而在大多數秘魯人的飲食中卻見不到蛋白質。福斯汽車公司在瑞士的子公司每出售一輛汽車就種一棵樹，這是為生態環境慷慨做出的貢獻。與此同時，該公司在巴西的子公司卻毀壞數百公頃森林，在這些地方生產供出口的肉。難得吃一次肉的巴西人民向國外出口的肉越來越多。在不久前的一次談話中，達西·里貝羅告訴我，一個福斯汽車共和國在本質上與香蕉共和國沒有什麼區別。出口香蕉所得的每一個美元，只有十一美分留在生產國內（註16），而這十一美分中，舊香蕉園勞動者的只是微不足道的部分。當一個拉美國家出口汽車時，這種比例難道會改變嗎？

販賣黑奴的船隻已不再漂洋過海了。現在的奴隸販子在勞動部。非洲式的工資，歐洲式的價格。在拉丁美洲，所有的政變難道不是掠奪戰的幾個片斷嗎？新上台的獨裁政府立刻邀請外國企業前來使用本地廉價而充足的勞動力、無限止的信貸、減免稅和一切手到即得的自然資源。

十四、智利政府緊急計劃的職員月工資等於三十美元，一公斤麵包值半美元，因此等於每日可得兩公斤麵包。在烏拉圭和阿根廷，最低工資目前等於六公斤咖啡的價格。巴西最低月工資為六十美元，但是臨時農業工人在咖啡、大豆和其他供出口的農產品種植園勞動時，日工資為五十美分到一美元。墨西哥牛飼料所含的蛋白質比養牛的農民每日所攝取的蛋白質還要高。牛肉是供國內少數特權階層，特別是供國際市場享用的。在官方慷慨的信貸政策和各種便利條件的保護下，墨西哥為出口而發展的農業蒸蒸日上，可是從 1970 到 1976 年，每個居民攝取的蛋白質數量下降了，在墨西哥農村，每五個兒童中，只有一人的體重和身高屬正常。(註17) 在瓜地馬拉，供國內消費的大米、玉米和菜豆的種植是聽天由命，可是供出口的咖啡、棉花和其他產品則佔有了信貸的 87%。從事種植和採集咖啡（咖啡為外匯的主要來源）的瓜地馬拉家庭中，每十戶中只有一戶的食品達到最低水準。(註18) 在巴西，作為巴西人基本食品的小米、菜豆和木薯只能拿到全部農業貸款的 5%，其餘貸款給了出口產品。

不久前發生的蔗糖國際價格下跌沒有像從前那樣，在古巴農民中引起了一場飢餓，古巴現在已經不存在營養不良。與此相比，幾乎同時發生的咖啡國際價格上漲並沒有減輕巴西咖啡種植園工人長期的貧困。巴西咖啡協會一個高級領導人承認，1976 年咖啡價格的上漲「沒有直接反映在工資上」(註19)（價格上漲是由於霜凍毀壞了巴西當年的咖啡）。

實際上，供出口的農作物本身同老百姓的福利並非不可相容，同經濟的「內向型」發展也不矛盾。追根究底，在古巴，出口蔗糖成為創建一個嶄新世界的桅桿。在這個世界裡，人人都可以享受發展的成果，人與人之間關係的軸心是互相支援。

十五、現在已知道誰注定要為調整體系時出現的危機付出代價了吧。拉丁美洲出售的大部分產品的價格同它從壟斷技術、貿易、投資和信貸的國家購買的產品價格相比，是無情地下降的。為了彌補差額和履行對外國資本的義務，就必須以數量來彌補因價格而失去的部分。在這種情況下，拉美南端的獨裁政權把工人工資削減了一半，把每一個生產中心變成了強迫勞動的集中營。工人也要彌補他們在市場上出售的勞動力的價格下跌。勞動者被迫以數量，以工作小時，來彌補其工資失去的那部分購買力，國際市場的規律就是這樣重現在拉丁美洲每一個勞動者所生活的小小世界中。對那些「有幸」有固定工作的勞動者來說，八小時工作日僅僅是紙上談兵，他們通常要勞動十、十二甚至十四個小時，不止一個勞動者沒有星期天。

工傷事故也在成倍地增加，這是在生產力的祭壇上奉獻的人血。下面列舉 1977 年底在烏拉圭發生的三件事：

——生產石塊和道碴的鐵路採石場，收益翻了一倍。初春時，葛里炸藥（含硝化甘油的炸藥）爆炸，有十五名工人死亡。

——在爆竹廠門前，失業者排成長龍，有些兒童在勞動。產量破記錄，12 月 20 日一聲響，死了五名工人，數十人受傷。

——12 月 28 日上午 7 時，一個魚罐頭廠的工人拒絕入廠，因為他們聞到了強烈的瓦斯味兒。廠方威脅他們，如不進廠就會失業，工人仍然不進廠。廠方威脅他們要叫軍隊來，此企業以前有好幾次也叫來了軍隊。工人進廠後，死了四人，好幾個人住醫院。原因是氨氣洩漏。（註20）

與此同時，獨裁政權自豪地宣佈：烏拉圭人可以購買比以往任何時候都便宜的蘇格蘭威士忌酒、英國果醬、丹麥火腿、法國酒、西班牙金槍魚和台灣服裝。

十六、瑪麗亞・卡羅利娜・德赫蘇斯（María Carolina de Jesús）是在垃圾堆和兀鷲中出生的。

她長大、受苦、拚命勞動。她愛過男人，生過孩子。她在一個小本子裡歪歪斜斜地記下了她做的事情和所過的日子。

有一個記者偶然讀了這些小本子，於是瑪麗亞變成了著名的作家。她的著作《空屋》（*La Favela*），講的是她在聖保羅一個骯髒的郊區生活了五年的日記，此書被譯成十三種文字，在四十個國家流傳。

瑪麗亞這巴西的灰姑娘，成了世界消費的產品，她離開了貧民窟，周遊世界，被採訪、照相，評論家們讚揚她，紳士們招待她，總統們接見了她。

歲月流失。1977年初某個星期天的早晨，瑪麗亞死在垃圾堆和兀鷲之中。已經沒有人記得這位曾寫過「飢餓是人體內的炸藥」的婦女。

曾經以他人的剩飯為生的她，一時間成為幸運兒。她可以上桌吃飯，但飯後點心過了之後，魔法就結束了。當她還在幻想時，巴西仍然是每天有一百名工人因工傷而殘廢，每十個兒童中有四人注定要成為乞丐、小偷式的魔術師。

各種統計數字是樂觀的，它們不管人是否倒霉。在那些倒著轉的國家，每當經濟發展時，社會的不正義也隨之發展。在巴西「奇蹟」最為成功的時期，在國內最富有城市的郊區，兒童死亡率上升了。厄瓜多石油造成的突然繁榮帶來了的是彩色電視而不是學校和醫院。

城市膨脹到快要爆炸了。1950年拉丁美洲有六個城市的人口超過一百萬人，1980年將有二十五個。（**註21**）在大城市的邊緣，被趕出農村的廣大勞動者與這個制度為「多餘的」青年公民安排的命運是相同的。善於謀生的人，用拉美流浪漢的方式去設法生存下去。「生產體系一直在明顯地表明它沒有足夠的能力來為這一地區越來越多的勞動力，特別是大批

的城市勞動力創造就業機會⋯⋯」（註22）

　　不久以前，國際勞工組織的一份調查指出，拉丁美洲有一億一千萬以上的人處於「嚴重貧困」狀態。其中有七千萬人可算是「貧困」。（註23）人口中百分之幾的人所吃的東西不夠人體所需？用內行人的話來講，「收入低於最低標準的均衡飲食價格」的，有巴西42%的人口，哥倫比亞43%，宏都拉斯49%，墨西哥31%，秘魯45%，智利29%和厄瓜多的35%。（註24）

　　如何控制受折磨的大多數人的反抗？如何防止可能出現的反抗？既然這個制度不是為這些人運轉，如何避免這部分人日益增加呢？除了行善外，剩下的就是警察。

　　十七、在我們這塊土地上，製造恐怖同其他製造業一樣，也用高價購買外國的先進技術。購買並大規模使用在全世界試用過的美國的鎮壓技術。在這個領域裡，拉丁美洲的統治階級表現了某種創造性的才能，不承認這點是不公平的。

　　我們的資產階級未能獨立發展經濟，他們要創建民族工業的嘗試像母雞飛行一樣，飛得既低距離又短。在我們漫長的歷史進程中，政權的主人也多次證明他們缺乏政治上的想像力，文化上也是毫無成果。但是他們懂得如何安裝巨大的恐怖機器，他們也為發展消滅人、消滅思想的技術做出了自己的貢獻。在這個意義上，拉普拉塔河流域國家最近的經驗是很有說明力的。

　　阿根廷軍人一上台就警告說：「他們將花很長時間去消毒。」烏拉圭和阿根廷統治階級先後號召各自的武裝力量去粉碎主張變革的力量，要連根拔除，要使國內特權階層的秩序永久化並為吸引外國資本創造誘惑人的經濟條件和政策，那就是：被毀壞的土地、有秩序的國家、馴服而廉價的勞動力。沒有任何地方比墓地更秩序井然。老百姓立刻成為內部敵人，從國家安全理論的觀點來看，任何一種表示人的存在，任何抗議式簡單的懷疑都是危險的挑戰。

於是形成了複雜的預防和懲罰的機制。

表面現象掩蓋著深刻的理性。要使鎮壓行之有效，就要有些專橫。除了呼吸外，人的任何其他活動都可能構成犯罪。在烏拉圭，拷打已成為審訊時慣用的手段，任何一個人都可以成為受害者，不僅是搞反對活動和嫌疑犯和有罪者。這樣，在全體公民中散佈對拷打的恐懼，它像一種侵入到每家每戶，滲透到每個公民心靈的、使人麻痺的氣體。

在智利，追捕的結果是三萬人死去，在阿根廷不槍斃人，而是綁架人。受害者失蹤。由在黑夜裡看不見的軍隊來完成此項任務。不留下屍體，沒有人負責。屠殺總是與官方有關，但從來不是官方搞的，殺人者逍遙法外。這樣，集體的痛苦擴散得更快。沒有人匯報，沒有人作解釋，每個罪行對受害者的親屬來說都是一種沉痛的躊躇，對其他人則是一種警告。國家恐怖主義打算靠恐懼使老百姓不敢動。

在烏拉圭，要想有工作或者維持原來的工作，就必須得到軍人的批准。在這個國家裡，要想在兵營和警察所之外找到工作是相當難的，這使得在被列為左派分子的三十萬公民中，有相當大的一部分人被迫流亡國外。這種狀況對威脅留下的人也是有好處的。蒙德維多各報常常發表表示悔過自新的文章和一些公民為了以防萬一捶著胸膛聲明：「我從來不是，現在不是，將來也不是……」

在阿根廷，已經不需要靠法令來禁書了。新的刑法像往常一樣，凡被認為是擾亂性的書，其作者和出版者都要受到制裁。此外，還要處罰發行者和書店老闆，使沒有人敢出售此書。如果這樣還不夠，它們還處罰讀者，使沒有人敢讀此書，更不敢收藏它。購書者受到的待遇就是法律上規定的對待吸毒者的待遇。（註25）在打算要建立的聾啞人社會裡，每一個公民都要成為自己的審判官。

在烏拉圭，出賣人不犯法。大學生入學時要寫書面誓言，發誓要揭露在大學區進行「與學習無關的任何活動」的人。大學生們對在他面前發生的任何事件都負有共同的責任。在打算要建立的夢遊症患者的社會裡，每一個人既要監視自己又要監視他人。然而，這個制度不相信人，這完全有道理。在烏拉圭有十萬名警察和士兵，告密者也有十萬人。特務的活動場所在大街上、咖啡店、工廠、中學、辦公室和大學裡。誰高聲抱怨生活費用高，生活有困難，誰就要坐牢，因為他「違犯了武裝力量的道德準則」，要坐三至六年牢。

十八、1978年1月公民投票時，凡是贊成皮諾切特獨裁的，要在票中的智利國旗下面畫一個十字，反對的則在一個有黑邊的格子裡畫十字。

這個體制想把自己與國家融為一體。晝夜不停止地向公民作宣傳的官方報紙說這個制度就是國家，制度的敵人就是祖國的叛徒。對不公正表示憤怒或表示願意改革就成為背叛的證據。在許多拉美國家裡，沒有被驅逐出境的人就在自己的國家裡流亡。

當皮諾切特慶祝勝利時，被獨裁政權稱之為「集體曠工」的罷工，不顧恐怖而在全智利爆發了。阿根廷大部分被綁架和失蹤的人都是曾開展某種工會活動的工人。人民有無限的想像力，他們想出了新的鬥爭方式，如悲傷勞動、起鬨勞動等，並通過互相支持找到了擺脫恐怖的新途徑。1977年全年，阿根廷發生了數次一致性罷工，當時，失去生命的危險同失去工作的危險一樣存在。不可能一筆勾銷有著長期鬥爭傳統的組織起來的工人階級作出回答的權力。同年五月，烏拉圭獨裁政權在總結它如何掏空人們的思想和削弱集體意識時不得不承認：「現在國內還有 37% 的公民關心政治。」（註26）

在我們這塊土地上，我們看到的不是資本主義原始的幼年時期，而是資本主義血腥的衰敗。不發達並非發達的一個階段，它是發達的後果。拉丁美洲的不發達來自他人的發達，現在它還在養活他人的發達。因在國際上處於奴役地位，這個制度變得無能為力，從一誕生就垂死，它的根基是泥做的。它自我推薦懷有使命，希望與永恆融合在一起。任何回憶都具有顛覆性，因為它與現實不同，對未來的任何設想也是如此。強迫回魂屍吃無鹽的東西，因為對它來講，鹽是危險的，吃了就會醒過來。這個制度以螞蟻那種永遠不變的社會作為自己的範例，所以它同人類的歷史相處得不好，因為歷史的變化比較多。而且，在人類歷史中，任何破壞性的行為，早晚都會導致創造性的行為。

愛德華多・加萊亞諾
1978 年 4 月於卡萊拉，巴塞隆納

註 釋

1— 採訪皮埃爾‧克拉克 (Jean-Pierre Clerc)，見 "*Le Monde*" （世界報），巴黎，1977 年 5 月 8、9 日。

2— "*The Nation*" （民族報），8 月 28 日。

3— 犯罪事件 1976 年 9 月 21 日發生在華盛頓。在此之前，烏拉圭、智利和玻利維亞一些政治流亡者在阿根廷遇害，其中最有名的是卡洛斯‧普拉特斯 (Carlos Prats) 將軍，他是阿連德 (Allende) 政府軍事系統的關鍵性人物。他的汽車於 1974 年 9 月 27 日在布宜諾斯艾利斯一個車庫內被炸。另一個人是胡安‧何塞‧托雷斯 (Juan José Torres) 將軍，他曾領導玻利維亞一個短命的反帝政府，1976 年 6 月 15 日遭槍殺。還有烏拉圭議員塞爾馬爾‧米切利尼 (Zelmar Michelini) 和埃克托爾‧古鐵雷斯‧魯伊斯 (Héctor Gutiérrez Ruiz)，他們在布宜諾斯艾利斯被綁架、遭拷打並被殺害，時間為 1976 年 3 月 18 日到 21 日之間。

4— 由基督民主黨 (Democracia Cristiana,D.C.) 政府開始、人民團結政府深入進行下去的土地改革也遭到破壞。瑪麗亞‧貝亞特里斯‧德阿爾蓋克 (María Beatriz de Albuquerque W.)： "*La agricultura chilena: ¿modernización capitalista o regresión a formas tradicionales? Comentarios sobre la contra-reforma agraria en Chile*" ，見 "*Iberoamericana*" ，第 6 卷，第 2 分冊，1976 年。拉丁美洲研究所，斯德哥爾摩。

5— 三個月以後大學舉行了選舉。當時這是剩下的唯一選舉。獨裁政權的候選人獲得了 2.5% 的選票。但是，為了維護民主，獨裁政權關押了大部分大學生，然後把大學交給那 2.5% 的人。

6— "*Veja*" ，第 444 期，聖保羅，1977 年 3 月 9 日。

7— 美國眾議院撥款委員會，1963 年海外撥款工作，第 87 屆國會聽證會，第 2 次會議，第 1 部分。

8— 盧爾德 (Lourdes) 聲明，1976 年 10 月。

9— 見 "*Le nouvelliste*"，太子港，海地，1977 年 3 月 19—20 日。
阿古斯丁·奎瓦 (Agustín Cueva) 引自 "*El desarrollo del capitalismo en América Latina*"，二十一世紀，墨西哥，1977 年。

10— 艾達·梅·曼特爾 (Ida May Mantel)："*Sources and uses of funds for a sample of majority-owned foreign affiliates of U. S. companies, 1966-1972*"，美國商業部 (U. S. Department of Commerce)，"*Survey of Current Business*"，1975 年 7 月。

11— 聯合國，拉丁美洲經濟委員會 (CEPAL)："*El desarrollo económico y social y las relaciones externas de América Latina*"，聖多明各，多米尼加共和國，1977 年 2 月。

12— 長著小翅膀的錢不需要護照就可以旅行。靠開發我們自然資源所得的相當一部分利潤外流到美國、瑞士、聯邦德國（西德）或其他國家。到了那兒之後，這些錢就像在馬戲團那樣，翻一個觔斗，然後作為貸款回到我們這些國家。

13— 阿古斯丁·奎瓦 (Agustín Cueva)，同前引書。

14— 同上。

15— 聯合國，拉丁美洲經濟委員會，同前引書。

16— 聯合國貿易和發展會議 (UNCTAD)："*The marketing and distribution system for bananas*"，1974 年 12 月。

17— "*Reflexiones sobre la desnutrición en México*"，見國家外貿銀行出版的 "*Comercio exterior*"，第 28 卷，第 2 期，墨西哥，1978 年 2 月。

18— 羅傑·伯比奇 (Roger Burbach)、帕特里夏·弗林 (Patricia Flynn)："*Agribusiness Targets Latin America*"，北美拉美人研究會，第 12 卷，第 1 期，紐約，1978 年 1—2 月。

19— 同上。

20— 工會和新聞界提供的材料，見 "*Uruguay Informations*"，第 21

和 25 期，巴黎。

21— 聯合國，拉美經濟委員會，同前引書。

22— 同上。

23— 國際勞工組織 (OIT)：*"Empleo, crecimiento y necesidades esenciales"*，日內瓦，1976 年。

24— 聯合國，拉丁美洲經濟委員會 (CEPAL)，同前引書。

25— 在烏拉圭，宗教法庭的法官們已經現代化了。這是野蠻同資本主義做買賣意識的一種奇怪的混合。軍人不再燒書了，他們把書賣給造紙公司，造紙廠把書撕碎，變成紙漿，再送回消費市場去。說讀者見不到馬克思，這不是真的，他在，但不是以書本的形式而是以餐巾的形式。

26— 1977 年 5 月 21 日阿巴里西奧·門德斯 (Aparicio Méndez) 總統在派桑杜 (Paysandú) 舉行的記者招待會。他說道：「我們正在避免國家因政治上的激情而出現悲劇。好人不談獨裁，不想獨裁，也不要求人權。」

「⋯⋯我們默不吭聲已經夠久了，久到跟笨蛋沒兩樣⋯⋯」

（維護委員會之起義聲明，拉巴斯市，1809 年 7 月 16 日）

無論透過何種方式，少了下列這些人的協助，這本書是不可能完成的：

塞吉歐‧巴古、路易斯‧卡洛士，木韋努托、費南多‧卡莫納‧亞迪榭雅‧卡斯堤婁、阿貝多‧柯瑞耶、安德列‧昆戴‧法蘭克、羅赫里歐‧賈西亞‧盧坡、米格爾‧拉巴卡、卡洛斯‧雷薩、薩母爾‧列支敦斯頓、胡安‧安東尼奧‧歐東內、阿道夫‧貝雷曼、阿圖爾‧波爾內、赫曼‧拉瑪、達西‧里貝洛、奧蘭多‧洛哈斯、胡立歐‧羅塞尤、保羅‧席林、卡爾—海因茨‧史坦席克、薇薇安‧特里雅斯，以及達尼‧畢達特。

他們和許多朋友於撰寫本書的近幾年鼓勵我。我將成果獻給他們。當然，他們對於此書造成的後果是無辜的。

於蒙特維多，1970 年末

Homeward Publishing
Homeward　HW007

拉丁美洲：被切開的血管
(LAS VENAS ABIERTAS DE AMÉRICA LATINA)

南方家園出版 Homeward Publishing
書系 觀望 Homeward
書號 HW007

作　　者　愛德華多‧加萊亞諾（Eduardo Galeano）
譯　　者　王玫、張小強、韓曉雁、
　　　　　張倉吉、吳國平、鄧蘭珍
主　　編　唐梅文
企劃編輯　黃榮慶、張羽甄、鄭又瑜
校　　編　吳佩羿
書封設計　黃暐鵬
內文排版　賴佳韋
發 行 人　劉子華

南方家園文化事業有限公司 NANFAN CHIAYUAN CO. LTD
台北市松山區八德路三段 12 巷 66 弄 22 號
電話：（02）25705215~6
24 小時傳真服務：（02）25705217
劃撥帳號 50009398　戶名 南方家園文化事業有限公司
讀者服務信箱：E-mail：nanfan.chiayuan@gmail.com

總 經 銷　聯合發行股份有限公司
電　　話　(02)29178022
傳　　真　(02)29156275

印　　刷　約書亞創藝有限公司　joshua19750610@gmail.com
初版一刷　2011 年 7 月
二版一刷　2013 年 4 月
二版二刷　2015 年 11 月
定　　價　380 元
ISBN 978-986-88314-9-0
Printed in Taiwan‧All Rights Reserved

拉丁美洲：被切開的血管／愛德華多・加萊亞諾（Eduardo Galeano）作；王玫
等譯 . -- 二版 . -- 臺北市：南方家園文化，2013.04
面；公分 . --（觀望；HW007）
譯自：Las Venas Abiertas De America Latina
ISBN 978-986-88314-9-0（平裝）

1. 經濟史　　2. 拉丁美洲

552.54　　　　　　　102005203